石鸥 主编

百年中国 1840—1949 教科书图文史

赵长林 李玉峰 编著

物理

SPM 南方传媒
全国优秀出版社
全国百佳图书出版单位
广东教育出版社
·广 州·

国家出版基金项目
NATIONAL PUBLICATION FOUNDATION

图书在版编目（CIP）数据

百年中国教科书图文史：1840—1949. 物理 / 石鸥
主编；赵长林，李玉峰编著. -- 广州：广东教育出版
社，2024.10. -- ISBN 978-7-5548-6444-9

Ⅰ. G423.3-092

中国国家版本馆CIP数据核字第2024E4Y948号

百年中国教科书图文史　1840—1949　物理
BAINIAN ZHONGGUO JIAOKESHU TUWENSHI　1840—1949　WULI

出　版　人：朱文清
丛书策划：李朝明　卞晓琰
项目负责人：林检妹　黄　倩
责任编辑：朱梦华　蔡潮生
责任校对：朱　琳
责任技编：杨启承
装帧设计：邓君豪
出版发行：广东教育出版社
　　　　　（广州市环市东路472号12—15楼　邮政编码：510075）
销售热线：020-87615809
网　　址：http://www.gjs.cn
邮　　箱：gjs-quality@nfcb.com.cn
发　　行：广东新华发行集团股份有限公司
印　　刷：广州市岭美文化科技有限公司
　　　　　（广州市荔湾区花地大道南海南工商贸易区A幢）
规　　格：889 mm × 1194 mm　1/16
印　　张：19.75
字　　数：395千
版　　次：2024年10月第1版
　　　　　2024年10月第1次印刷
定　　价：188.00元

如发现因印装质量问题影响阅读，请与本社联系调换（电话：020-87613102）

导　论

小课本，大启蒙，大学问，大政治。

需要构建中国特色的课本的学问——教科书学。

教科书学只能建立在多领域、多维度研究成果基础上，尤其是建立在教科书文本丰富、教科书发展史得到基本梳理、教科书理论研究成果突出、教科书使用研究取得明显进展等基础上。

很显然，教科书发展史的研究是重要维度。教科书发展史就是教师教什么、学生学什么的历史，就是教育教学内容的历史，就是一代又一代的先辈对后辈的期望的历史。这种历史的研究，要依赖过往人们的教育活动所保留下来的实物或遗存来进行。本套教科书图文史就是注重遗存的教科书实物的体现——聚焦于1840—1949年我国教科书文本实物。

一

19世纪中叶以来，中华大地风起云涌，巨大裂变在社会的各个领域发生。1862年京师同文馆的成立与大量洋务学堂的创办，标志着我国古代教育的开始退出和新式教育逐渐兴起。新式教育能否成功，很大程度上取决于能否提供适应时代的新式教科书。一代开眼看世界的知识分子行动起来，新式教科书如雨后春笋般涌现，新知识、新思想、新观念如开闸之水，轰然涌入古老的中国。中国传统的知识系统为西方以近代学科为分类标准构建起来的新知识系统所冲击，中华民族壮丽的启蒙大幕徐徐拉开，中国近现代教科书事业也走上了一条可圈可点之路。

教科书是时代的镜子。1840—1949年中国近现代教科书发展历程，折射出中国艰难曲折的变革之路、复兴之路。教科书的发展史，就是中华文明的进步史，是中国社会的变迁史，是中华民族的心灵史。

（一）西学教科书的引进时期

大约处于19世纪中至19世纪末这一时期。科举时代，没有近代意义的新式教育和新式学堂，只有启蒙教育和科举预备教育，学生初学"三百千千"，进而学"四书五经"，我们称之为"教材"，但不是现代意义上的教科书。现代意义的教科书是从19世纪后期开始，伴随着新式学堂而逐渐发展起来的。当时大量西学教科书被教会学校和洋务学堂引进，拉开了中国现代教科书发展的帷

幕。这一过程表现出如下基本特征:

第一,现代教科书处于萌芽阶段。作为教科书,这些西式教材的基本要素不全,没有分年级编写,基本上还没有使用"教科书"一词,多用"读本""须知""入门""课本"等来命名。不仅"教科书"文本还未出现,即便现代意义的"科学"也没有找到恰当的名称,所以当时出现了不少类似于"格致""格物""火学""汽学""名学""计学"等教材。这些教材整体上处于前教科书阶段,或现代意义的教科书的萌芽阶段。

第二,教科书多从西学编译而来,且多出现在科学技术领域。这些西式教材主题多为洋务运动中最急迫需要的知识类型,如工兵、制造、天文、算学等,同时也适应了当时洋务学堂的教学需要。教材的编译和出版多与教会的印刷机构以及洋务运动的教育与出版机构相关,如墨海书馆、美华书局、京师同文馆、江南制造局翻译馆等。西式教材的编译者主要由中国学者和欧美传教士共同组成。

第三,教科书与一般科技类西学书籍没有明显界限,广泛流布于社会和学堂。19世纪中晚期的中国,从国外译介的西学著作和教材几乎是相同的,没有本质区别。它们既是开明知识分子了解西学的门径,也被充作教会学校和早期新式学堂的教学用书,甚至中国一些地方的书院也多以它们为教材。

(二)自编教科书的兴起与蓬勃发展时期

这一阶段起始于19世纪末南洋公学自编教科书,止于清朝终结。这是教科书的引进与自编自创结合、引进逐渐为自编自创所取代的阶段,是教科书涉及学科基本齐全的阶段,也是教科书要素日益完整的阶段。这一时期产生的教科书,我们一般称为"新式教科书",以区别于前一阶段的以翻译为主的"西式"或"西学"教科书。有学者认为,"西学"与"新学"二词意义相仿,但新学在1894年后方见盛行。西学更重在引进之学[1],新学则已经有国人自动、主动建设,用本国语言消化的味道了[2]。这很能够说明近代西式和新式教科书的微妙区别。这一时期的标志性事件是我国第一个近代学制的颁布,延续1300多年的科举制度的废除,以及第一套现代意义的教科书产生。这一时期教科书发展的主要特征是:

第一,学堂自编教科书不断涌现。伴随着科举制的取消,新式学堂迅猛出现,对新式教科书的需求激增,以南洋公学、上海澄衷蒙学堂、无锡三等公学堂等为代表的学堂自主编写的教科书影响大、使用范围广,逐渐打破了编译的西学教科书垄断的格局。

第二,我国最早的现代意义的教科书产生。适应1904年《奏定学堂章程》的正式实施,中国第一套现代意义的教科书——《最新教科书》(商务印书馆1904年版)出版发行,紧接着由清学部编撰的第一套国定本教科书也开始陆续出版发行。这些教科书首先是以"教科书"命名,其次要

[1] 王尔敏. 中国近代思想史论[M]. 北京:社会科学文献出版社,2003:18.
[2] 孙青. 晚清之"两政"东渐及本土回应[M]. 上海:上海书店出版社,2009:12.

素基本齐全，分册、分年级、分学科编写，有配套教授书发行，已经是很完整的现代意义的教科书了。[1]

第三，教科书编写主体发生变化。这一阶段的教科书作者大多是中国学人，以留日学生群体为主，部分教科书原型也来自日本教科书。以商务印书馆和文明书局等为代表的中国本土民间书坊开始加入教科书编写与出版队伍。

（三）教科书的兴盛与规范化时期

时间大致定位在中华民国成立到壬戌学制颁布及其相应的教科书编写出版使用[2]。中华民国的建立，把教科书推向了重要的发展阶段。清末到民国早期，各种思潮纷至沓来，形成了中国历史上教科书受各种新思潮、新主义影响，发展最开放、最活跃的时期之一。新教育思潮下多样化的教科书不断涌现，为民国共和思想的传播和民国教育的发展作出了重要贡献。这一阶段的主要特点有：

第一，清末旧教科书全部退出，民国新政体要求下的新教科书迅速登场。为适应1922年新学制需要，成套而完整的教科书逐渐实现对学校教学的全覆盖，零散的、单本单科的、小型出版机构的教科书逐渐被挤出学校、挤出市场，新教科书编写与出版机构以商务印书馆、中华书局以及后起的世界书局为突出代表。

第二，教科书编写主体再次发生变化。1922年新学制的出台，以适应该学制的教科书的编写出版，把留欧美学生推上了教育的前台。留欧美学生逐渐取代留日学生成为教科书的主要编撰队伍，大批崭露头角的学者参与到教科书的编写中。

第三，以白话文编写的教科书逐渐取代文言文教科书，横排教科书逐渐取代竖排教科书，教科书外在形式基本定型。从表面来看，白话文只是一种语言形式，它与教育内容的新旧无必然的关系。但白话文具有平民性和大众性，对国民文化的普及，对塑造国民全新的世界观、价值观都意义重大，可以说，白话文是传播新文化、新思想的有效载体。民初白话文的使用，使得现代教科书以摧枯拉朽之势普及。同理，没有海量的教科书，任胡适等知识分子如何呼号呐喊，白话文的普及都可能非常缓慢。

（四）多种政治制度并存下的教科书发展时期

这一阶段大致从1927年开始，一直持续到1949年。前期是教科书稳定、制度化并略显沉闷时期；中后期是教科书全面服务抗战、服务尖锐的阶级对抗的时期，是一个统整和分化并行的时期。抗日战争的爆发致使中国政治格局发生新的变化，由土地革命战争时期中国共产党领导的革命根据地和国民党统治区域，到解放战争时期逐渐分割成解放区、国统区、沦陷区的不同政治气候，形成

---

[1] 在我们看来，现代意义的教科书要符合如下基本条件：分册、分开级编写，按学科编写，有配套的教授书或教授法。

[2] 因为根据新学制编写的教科书全面投入使用总会滞后于新学制实施几年，所以此阶段约到1927年前后。

了不同政治语境下的教科书新格局。

第一，国民党的党化教育、三民主义教育在教科书中强势出现。国统区教科书的编写与出版逐渐往国定本集中，教科书逐渐进入相对平稳甚至沉闷的发展时期，日益规范化、标准化，但也少了开放的生气，少了创新的锐气，教科书发展的兴盛时期结束了。

第二，中国共产党领导的抗日根据地及解放区的教科书呈现出服务抗战、服务党的宣传的鲜明特征。它们为共产党的事业发展和壮大作出了重要贡献，为新中国教科书建设铺垫了基石。

第三，抗战时期，沦陷区教科书的奴化教育色彩浓厚，尤以伪满洲国的教科书为甚。

总体而言，抗战期间的地缘政治导致教科书分化发展，教科书的社会动员与政治宣传功能发挥到极致。

二

尼采说过：重要的不是怀念过去，而是认识到它潜在的力量。而要认识教科书的潜在力量，恰恰又需要认清楚教科书的过去或过去的教科书。这是我们编撰这套教科书图文史的初衷之一。

首先，早期教科书对于我国现代科学具有重要的启迪、导引甚至定型价值。著名学者托马斯·库恩（Thomas kuhn）认为"任何一门科学中第一个范式兴起的附带现象，就是对于教科书的依赖"[1]。中国一些学科的早期发展与定型，几乎都离不开早期教科书。比如，有研究认为张相文《初等地理教科书》和《中等本国地理教科书》的出版，标志着中国民族的新地理学的产生[2][3]。台湾学者王汎森认为，在近代中国建立新知的过程中，新教科书的编撰具有关键的作用，很多学科的第一代或前几代教科书，定义了我们后来对许多事物的看法，史学就是其中的一个[4]。傅斯年在20世纪30年代写了《闲谈历史教科书》一文，称编历史教科书"大体上等于修史"，可见其对教科书的"充分看重"[5]。

其次，早期教科书是传播新思想、新伦理的最适切的工具，是新教育得以成功的最重要的保障。在漫长的传统教育里，"三百千千""四书五经"等都是不可撼动的经典教材，但是当新学校创办、新课程实施以后，这种不分科、不分年级，不顾教与学，只重灌输的旧教材日益暴露出它的不适应性。旧教材是可以"修之于己"，但不易"传之于人"的文本。旧学堂先生大多是凭经验和理解来教的，学童大多是凭禀赋和努力来学的，大多的结局是"人人能读经而能经学者无几，人人

[1] 托马斯·库恩. 科学革命的结构[M]. 金吾伦, 胡新和, 译. 北京: 北京大学出版社, 2003: 85.

[2] 杨吾扬. 地理学思想史纲要[M]. 开封: 河南大学地理系, 1984: 98.

[3] 林崇德, 姜璐, 王德胜. 中国成人教育百科全书: 地理·环境[M]. 海南: 南海出版公司, 1994: 192.

[4] 王汎森. 执拗的低音: 一些历史思考方式的反思[M]. 北京: 生活·读书·新知三联书店, 2014: 33.

[5] 傅斯年. 傅斯年集[M]. 广州: 花城出版社, 2010: 401.

能识字而能小学者无几，人人能作文而能词章学者无几"[1]。所以，在西学知识大量涌入中国、新式教科书逐渐进入新学堂的时代，理论上旧教材就已经失去了作为新学堂教材继续存在的基础。尤其是废科举、兴学堂之际，旧教材被取代已经是大势所趋。传统旧教材不敌按照现代教育学理论构建的、关注教也关注学的新教科书。当时的士人事实上已经意识到旧教材与新教科书之间的巨大差距，甚至认为，即便教旧内容，也应该用新形式。许之衡1905年就指出，经学乃孔子之教科书，今人能够完全理解者极少，这因为旧教材与今天的新教科书不同，"使易以今日教科书之体例，则六经可读，而国学永不废"[2]。这实际上等于已经承认旧教材不如新教科书效果好。张之洞更是明确表示，中学之"存"不能不靠西学之"讲"。[3]可见，现代意义的教科书闪亮登场完全是时代所需，是应运而生，而且一出现，就以摧枯拉朽之势取代了旧教材，新式教科书地位得以确立。到《最新教科书》出现时，教材的性质发生了巨大的变化，在文本意义上真正实现了教与学的统一，以"教科书"命名的现代新式教科书全面登场，完成了由纯粹的教本、读本向教学结合文本的转型。

再次，早期教科书为我国的现代化进程培养与输送了大批新式人才。到第二次鸦片战争之后，洋务派及当时的先进知识分子基本上已经认识到中国落后于西方，主要是人才的培养落后，是科学技术落后。因此，中国要改变落后挨打的局面，就必须发展新式教育，大力培养人才。而新式教育的成功，依赖于新式教科书。19世纪末20世纪初，中国历史的进程到了一个极具转折意义的时刻，新式学堂如雨后春笋般涌现，一批最不能遗忘的教科书诞生了，演绎了一幕思想大启蒙、科学大传播的历史教育剧，它们为启民智、新民德，培养大批现代社会的呐喊者和建设者，作出了重要的知识贡献和人才储备。

章开沅先生曾经为戊戌变法的失败找原因："百日维新是幸逢其时而不得其人。"[4]这是非常有道理的。不过，戊戌变法的失败也许还与新教育即开而未开，新教科书即出而未出，即将找到但还没有大规模实践传播改革思想的媒介或工具有关。在这一意义上，确实是"不得其人"。即便在士大夫精英中，有新思想、新知识者也寥寥无几，更不要说普通民众了。这个时候，任变法者颁布的维新诏令雪花般飞舞，也只能看作主观愿望，一厢情愿。社会还没有准备好，心态、舆论、思想、观念都还没有准备好迎接这场变法。所以，不管是谁，都无法完成这场不能完成的变法，它失败得如此迅速也就在情理之中了。谭嗣同曾经自责性急而导致事情不成。其实，性急也就意味着时候还不到，之所以时候不到，是因为新思想之星火还未成燎原之势，人才还没有储备到基本够用。

几年后情况变了。维新变法以后十余年，几乎是新思想、新观念如火如荼的燎原时期，其中新教育、新式教科书教材起了重要作用，它把新思想、新观念传播到千家万户，由此推动了近代中国启蒙高潮的形成。严格地说，辛亥革命的成功一定程度上与当时的变革舆论的传播和革命思想的宣

[1] 罗志田. 裂变中的传承：20世纪前期的中国文化与学术[M]. 北京：中华书局，2003：143.
[2] 许之衡. 读国粹学报感言[J]. 国粹学报，1905（6）：4.
[3] 罗志田. 裂变中的传承：20世纪前期的中国文化与学术[M]. 北京：中华书局，2003：143.
[4] 章开沅. 改革也需要策略[J]. 开放时代，1998（3）：12-13.

传有密切关系。当时初步的民主自由的思想、宪政共和的观念随着海量新式教科书铺天盖地而来。以《最新教科书》为例，1904年一经出版便势不可挡，在那毫无现代化营销渠道的时候，"未及数月，行销10余万册"[1]。1907年有传教士惊叹，商务印书馆"所编印的优良教科书，散布全国"[2]。民智为之而开，民德为之而新，武昌的枪炮声尚未完全平息，许多地方已经插上了革命的旗帜。读书声辅佐枪炮声，革命的成功乃成必然。没有教科书的普及，就不会有民众思想与观点的前期储备，就不会有辛亥革命的一呼百应。某种意义上，教科书的出现比康有为等人深邃的著作，对普通民众的影响更大。

最后，早期教科书是中国课程与教学论的重要研究领域，它对今天的教科书建设仍具有难得的参考价值。早期教科书的内容结构与形式呈现，选文的经典性与时代性、稳定性与变迁性，作业设计与活动安排等，都是今天课程教学论需要研究的，都是教科书编写值得参考的。课程教学历史不是一个个文本，可离了文本，历史难以企及。今天看来，几乎教科书的所有要素、结构与类型，都发生并完成在19世纪后期至20世纪20年代，以后只是在这些基础上的漫长提质过程。我们完全可以从今天的教科书中看到百年前教科书的样子。遗憾的是，总体上我们对这一时期的教科书研究还不够，这是一个学术开拓空间非常广阔的研究领域。教科书是一个跨学科、综合性的资料库和研究域，种类繁多的教科书，对政治、经济、文化、教育有全方位的反映和描述，是研究该时期社会思潮、观念认识、语言形态、乡风民俗、价值观、人生观等领域的鲜活而宝贵的历史材料。大部分学科可以从中获取本学科需要的早期研究史料及发展素材。这是一个没有断裂的、连续的而又变化的学科发展史的活资料库。难怪不同学科的科学史专家对现代科学引入、发展与定型的研究几乎都要盯着早期教科书。[3]

三

几乎没有教科书可以溢出教科书史的范畴，也几乎没有一个教科书文本能够挣脱教科书史的发展谱系而天然地、孤立地获得价值。教科书一定是继承的，也是创新的；一定是独立的文本，也是系列文本。站在教科书的历史延长线上，摆在我们面前可资借鉴的精神遗产既广阔又复杂。系统梳理其实很难，厘清它们的背景与意义更难。本套书涉及的教科书覆盖1840—1949年晚清民国中小学

[1] 王建军. 中国近代教科书发展研究[M]. 广州：广东教育出版社，1996：111.

[2] 林治平. 近代中国与基督教论文集[C]. 台北：宇宙光出版社，1981：219.

[3] 比如郭双林著《西潮激荡下的晚清地理学》（北京大学出版社2000年版）、邹振环《晚清西方地理学在中国：以1815至1911年西方地理学译著的传播与影响为中心》（上海古籍出版社2000年版）、杨丽娟《地质学在中国的传播与发展：以地质学教科书为中心（1853—1937）》（浙江古籍出版社2022年版）、张仲民等《近代中国的知识生产与文化政治：以教科书为中心》（复旦大学出版社2014年版）等，甚至本杰明·艾尔曼《中国近代科学的文化史》（上海古籍出版社2009年版）等，都把早期教科书与早期科学的发展紧密关联起来。

主要学科。而在清中晚期，学堂课程并未定型，很多学科边界也不明晰，教科书本身也未定型，诸如格致教科书、博物教科书、蒙学课本、蒙学读本等均属于这种情况，均有综合类教材的色彩。一些教科书按今天的课程命名不好归类，一些教科书更是随着课程的选取而昙花一现，这都给我们今天的梳理带来了困难。所以，有些早期教科书也许出现在不同分卷上，比如格致教科书，有可能出现在物理卷，也可能出现在化学卷、生物卷。同理，也有些早期教科书因为分类不明晰，所以各卷都可能忽视、遗漏了它。也有些教科书实在不好命名，比如早期的修身、后来的公民一段时期也出现过"党义""三民主义"等等，都和今日之课程名称不能完全对应。

教科书发展史的梳理需要依赖过去师生用过的文本，这是历史上的课堂教学活动仅存下来的几种遗存之一。本套书的一个特点就是看重教科书实物，这遵循了我们的研究原则：不见课本不动笔，不见课本慎动笔。我们很难想象离开教科书实物的教科书脉络的梳理。无文本，不研究，慎研究。就好像中国的小说史、诗歌史、电影史研究，甚至任何文本研究，离开文本，一切都是浮云。特别是教科书，它和其他任何文本不一样，因为其他文本都有独一无二的名称，独一无二的作家，一提起某某人的某某书，大家就有明确的指向性，绝不会混淆犯晕，研究者和读者可以在同一文本上展开对话。比如曹雪芹的《红楼梦》，茅盾的《子夜》。唯有教科书是名称高度雷同的文本，我们说"历史"，说"数学"，几十年上百年一直这么说，成百上千的、完全不一样的文本都是这个名称，因此让研究者和读者很难迅速在同一文本上展开对话的命名，如果不展示文本的实物图像，很容易让人云里雾里一时半会进不了主题。如何让读者明白我们是在讨论这本《历史》，而不是那本《历史》？

由此，本套书特别关注图文结合，简称"图文史"。适时展示教科书实物照片，让读者能够比较清晰地知道我们在讨论哪一种教科书。而且，以图证史、以图佐文也是我们的重要追求（沿袭了《新中国中小学教科书图文史》的风格）。南宋史学家郑樵曾在《通志·图谱略》中谈到图文结合的价值是"左图右史""索象于图，索理于书"。足见图像对学理呈现的重要性。确实，有时图像比文字包含更多的东西。英国著名史学家彼得·伯克（Peter Burke）在《作为证据的图像：十七世纪欧洲》（*Images as Evidence in Seventeenth-Century Europe*）一文中提出，图像是相当重要的历史证据，要把图像视为"遗迹"或"记录"，纳入史料范围来处理。他著有《图像证史》（北京大学出版社2008年版）一书，专门研究怎么让图像说话。在他看来，现在的学界已经出现了一个"图像学转向"（Pictorial Turn）。

本套书以时间为经，以学科为纬，以文领图，以图辅文，由语文（国语、语文）、数学（含珠算）、外语（英语、日语、法语）、科学、物理（含格致等）、化学、生物、德育（修身、公民、政治）、历史、地理（含地文学、地质学等）、音乐、体育、美术共13册组成。这套书与《新中国中小学教科书图文史》（广东教育出版社2015年版）衔接贯通，比较系统地呈现出一个多世纪以来中国近现代中小学教科书的发展历史，也算了却我们一个心愿。

　　这套书的编写非常艰难。一是作者的组织不易。从事教育史、学科史研究的学者相对较多，即便是学科课程史也有不少研究者，但长期研究教材史（像内蒙古师范大学的代钦教授之于数学教材史、上海师范大学的胡知凡教授之于美术教材史）的学者还是相当少的，长期研究教材史而又有暇能够参与本套书编写的人更少，能够集中一段精力主动参与本项目的研究者更是少之又少。二是虽然我们最后组织了一个小集体，但这些作者多是高校的忙人，有的还是大学的校级领导，尽管他们已经尽力了，但让他们完全静下心来如期而高质量地完成任务还是很难。三是项目进行期间遭遇三年新冠疫情，而要较好地完成这套书，需要翻阅大量教科书文本实物，疫情使得我们几乎没有办法走进首都师范大学教科书博物馆，更不要说将书中文本与实物一一对应，而有些文本的照片及其清晰度又几乎是必不可少的。这一切因素都直接影响了本套书的进展，也影响了书中一些照片的品质，加之受限于作者和主编的水平导致各卷质量多少有些不均衡，难免遗憾。还有方方面面不必一一言说的困难。说实在的，我这个主编有时候很有挫败感，也很难受。不仅我难受，有些作者也被我逼得很难受，逼得他们害怕收到我的微信，逼得他们害怕回复我的要求。对不起这些作者！感谢之余，希望得到他们的谅解。

　　主编难，作者难，责任编辑也很难。

　　难为广东教育出版社的卞晓琰、林检妹、黄倩及其团队成员了。他们要面对作者，面对主编，面对多级领导，面对一而再再而三进行的审读与检查，面对有时候模糊不清的照片和让人提不起神的文字。他们要一一解决，一一突破。他们做到了，只是多耗了一杯又一杯的猫屎咖啡，多熬了一个又一个的漫漫长夜。面对他们的执着与认真，我们还能松懈、还敢松懈吗？我们的水平不易提高，态度还是可以端正的。感谢他们！

　　感谢广东教育出版社社领导多年来的支持与看重。曾经有学界朋友对我说：你们的成果要是在北京的国家级出版社出版就好了！我笑笑。我以前说过：我看重认真做我们的书的人和出版社。今天我还是这么说，我依然把郑重对待一个学者的学术成果作为选择出版社最重要的标准，这就是我们选择广东教育出版社的原因。感谢他们！感谢广东教育出版社几任社领导及其具体操持者对我们作品的看重！

　　感谢时任教育部教材局局长、现在是我的同事的田慧生教授长期对我们的关心！感谢首都师范大学孟繁华教授对我们研究成果的支持！感谢首都师范大学教育学部、教育学院及首都师范大学教科书博物馆提供的各种帮助与便利！感谢我的同事和我们可爱的博士、硕士团队！感谢给我们直接、间接引用了其研究成果或给我们以启发的所有专家学者！感谢在心，感激在心，感恩在心。

2024年7月20日于北京学堂书斋

（石鸥，首都师范大学教育学部教授、博士生导师）

目　录

第一章

西方近代物理学知识的传入奠定物理教科书起点（1582—1840） 001

第一节　我国古代科技教育为西方近代物理学知识的传入奠定基础　002

第二节　西方近代物理学知识的传入　006

第二章

清末民间自由发展时期的物理教科书（1840—1905） 023

第一节　"格物"时期的物理教科书　024

第二节　进入分科时期的物理教科书　047

第三章

清政府审定制下的物理教科书（1905—1911） 067

第一节　清政府教科书审定制度　068

第二节　政府机构出版的物理教科书　071

第三节　民间出版机构出版的物理教科书　086

第四章

民初壬子癸丑学制时期的物理教科书（1912—1922）　　103

第一节　民国初期精彩纷呈的物理教科书　　104

第二节　民初商务印书馆出版的物理教科书　　108

第三节　民初中华书局出版的共和政体物理教科书　　130

第四节　其他出版社出版发行的物理教科书　　138

第五章

民国壬戌学制时期的物理教科书（1922—1937）　　153

第一节　壬戌学制时期物理课程标准的发展　　154

第二节　新学制物理教科书的多元化发展（1922—1927）　　158

第三节　日益规范的物理教科书（1927—1937）　　193

第六章

全民族抗战与解放战争时期的物理教科书（1937—1949）　　263

第一节　国民党统治区的物理教科书（1937—1949）　　264

第二节　沦陷区的物理教科书（1937—1945）　　283

第三节　伪满洲国的物理教科书（1931—1945）　　289

第四节　中国共产党革命根据地的物理教科书（1927—1949）　　291

后　记　　302

第 一 章

西方近代物理学知识的传入奠定物理
教科书起点（1582—1840）

　　任何一个历史事件的出现都不是偶然的，也不是一夜之间突变的，近代物理教科书的出现也是如此。基于此历史认知，我们把物理教科书史的产生拉伸到西方物理学知识传入中国的历史起点来考查。1582年（明万历十年）意大利传教士利马窦来到澳门，次年乘船来到广州，1601年到北京朝见万历皇帝，拉开了物理学知识"西学东渐"的序幕。从1582年到1840年鸦片战争开始时，传教士由在中央政府的管理下传播物理学知识，变作一个"特权"阶层自由传播物理学知识，前后经历了近260年，这期间西方物理学知识在中国的传播经历了一个跌宕起伏的历史过程。关于"西学东渐"，有一种主流的史学观点，认为"西学的真正东渐是在戊戌变法失败之后"，且是以日本为中介进行的。基于物理学知识中外交流史和物理教科书史的调查来看，这种史学观点并不符合事实。

第一节
我国古代科技教育为西方近代物理学知识的传入奠定基础

西方近代物理学知识的开端可追溯到1543年哥白尼在《天体运行论》中系统提出的"日心说"。后经开普勒和伽利略的物理观测和实验验证，证明了"日心说"比"地心说"更具有科学解释力，并开辟了近代物理学的实验方法和归纳方法。借助物理观测和物理实验法、归纳法，开普勒在1609年提出的开普勒第一、第二定律，伽利略在1638年出版的《关于力学和位置运动的两门新科学的对话》，创建了近代动力学理论体系。此外，伽利略还设计、制造，并最早使用望远镜进行了天体观测，发现了月球表面高低不平的环形山，成为利用望远镜观测天体的第一人。望远镜在天文观测和军事上的广泛应用，为西方传教士借助物理学知识和各种天文仪器开展传教活动打下了基础。

西方近代物理学知识的传入不是缺乏知识基础的嫁接，而是在我国历代科技教育和科技知识的基础上被理解和接纳的。从学科政治学的视野看，最重要的是基于中国历代封建王权对天文历法的高度重视。我国古代的科技教育起步早，而且形成了制度化体系并取得了辉煌成就。在商周时期，工商食官制度逐渐形成，"于是在工商食官制度下，官营手工作坊，遂成为培养技术工人的'大学校'，在其中产生了我国最早的艺徒训练，时间要比近代资本主义的艺徒制早得多"[1]。

一、《考工记》是具有科技教科书意义的科技著作

春秋战国后，科技在富国强兵中的功能被重视；官办"畴人之学"重心下移，科技教育走向"学在四夷"，"私塾"和"家传"成为民间科技教育的主要形式。秦汉后，"畴人之学"更进一步演变为职官性的"宦学"。《易经》《诗经》等经学教科书中记载的自然常识起到了在古代市民阶层中传播科技教育的功能。官学出版的《考工记》《天工开物》《营造法式》和墨家私学出版的《墨经》展示了我国古代科技教育"官学"和"私学"双轨运行机制的成就，也是古代科技教育的典型教科书。此外，唐代《毛诗草木虫鱼图》、宋代《诗图》和《名物蒙求》、明代《幼学琼林》

---

[1] 梅汝莉，李生荣. 中国科技教育史［M］. 长沙：湖南教育出版社，1992：40.

等蒙学课本，均有自然常识，也应该算作古代科技教育教科书。《考工记》由春秋战国时期齐人所作，经考证出自稷下学宫的学者。从其内容看，《考工记》并不是简单的工程技术制作说明书，而是体现中国古代社会分工专业化水平和宣扬儒家倡导的各安其位、遵守社会秩序的治国思想、工匠精神的工程技术著作。就其历史影响力而言，无论是从"畴人之学"还是"家传之学"都起到了科技教科书的作用。如清代戴震撰写的《考工记图》（如图1-1-1所示）中说，国有王公、士大夫、百工、商旅、农夫、妇功（女红）六职，百工是其中之一（百工是周代职官名，作者注）。王公是最高管理者，是坐而论道的；士大夫是官吏，是治国策略的执行者，需要知行合一；百工是工匠，需要具备审视金、木、水、火、土五种材质的曲直方圆的能力，并制造出国家和公众需要的器物；商旅是生意人，他们使各地珍异物品流通起来供人们交易；农夫是种地人，是勤力耕耘让土地生长出财富的人；妇功是将蚕丝和亚麻等制作成衣物的人。从《考工记图》的记述看，春秋战国时期，我国就具有了社会分工的社会思想，对从事每一种职业需要的关键能力也有清楚的定位和表述。妇女的社会地位并不是我们传统意义上理解的具备家族从属地位的人，而是六职之一，是能够为国家和家族创造财富的社会群体。

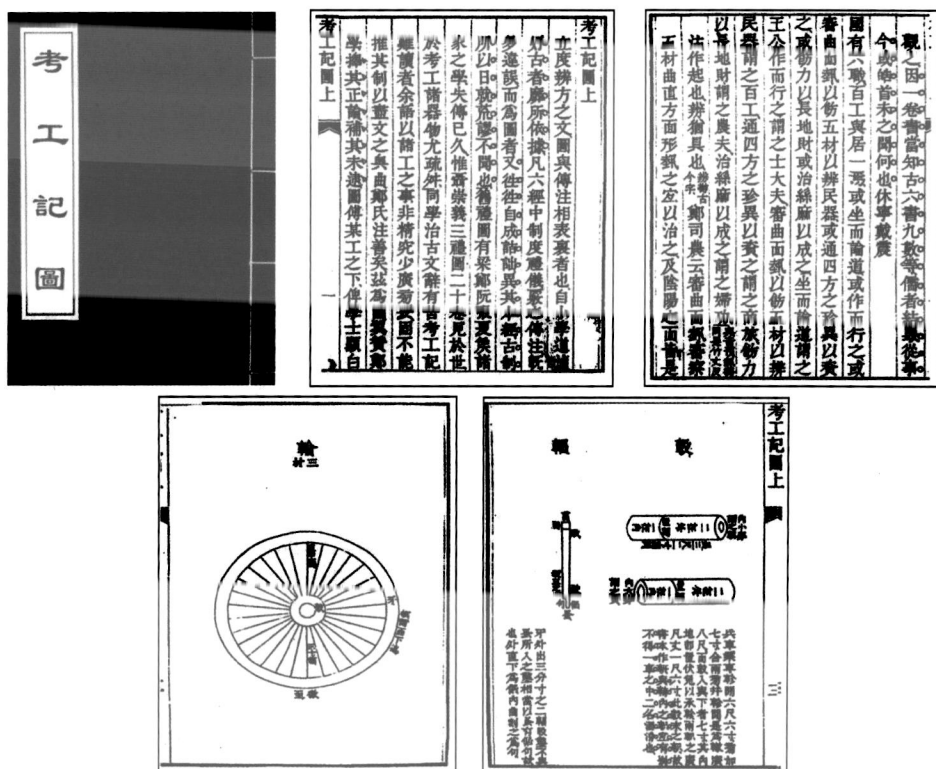

1-1-1

图1-1-1　《考工记图》封面及样章

　　《考工记》同时也是一部工程技术制造标准和代代相传的工程技术教科书。《考工记》原文只有7 000字，分总论和攻木（木工）、攻金（青铜铸造）、攻皮（皮革加工）、设色（调色、绘画、印染）、刮摩（治玉）、抟埴（制陶器）六章。

每一章都明确了产品部件名称、用料标准及选材方法、产品设计标准、生产工艺规范、产品检验方法等，显然是一部工程技术标准。《考工记》被后人不断丰富和发展，具有代表性的有南宋林希逸的《鬳斋考工记解》、明末徐光启的《考工记解》、清戴震的《考工记图》。据统计，对《考工记》注疏图解等有上百种版本。这也从侧面反映了我国封建社会对工程实用技术的重视和代际传播范围的广阔，这也是教科书的特质之一。清代戴震的《考工记图》注重以图文并茂的方式传播工程技术知识，这是教科书设计应该坚持的基本原则。

二、《周易》是具有科学教科书性质的自然哲学著作

《周易》自周朝以来被列为群经之首，并在上层社会和市井社会得以广泛传播。《四库全书总目提要》提道："《易》道广大，无所不包，旁及天文、地理、乐律、兵法、韵学、算术，以逮方外之炉火，皆可援《易》以为说，而好异者又援以入《易》，故《易》说愈繁。"《周易经传集解（卷二）》（如图1-1-2所示）开章即言："有天地然后万物生焉，盈天地之间者惟万物。"《周易》是儒学经典的重要组成部分，孔子的理想又是通过教育实现国家治理的目的，"学而优则仕"的教育制度设计和"立德立功立言"的思想促成了《周易》成为一种教科书式的知识传承。

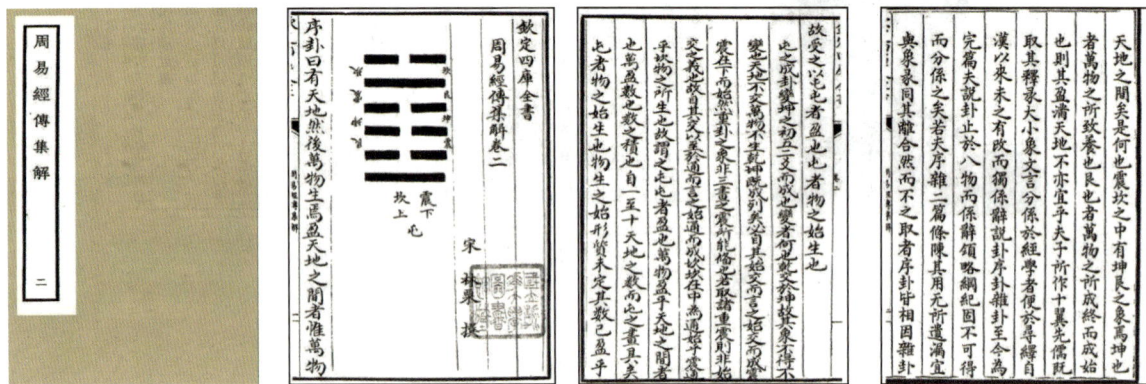

图1-1-2　《周易经传集解（卷二）》封面及样章

《周易》的自然哲学意义表现在其对自然现象的理性升华。如其借助自然现象来说明治国理政的道理，"天地感，而万物化生；圣人感人心，而天下和平"，借助外在于人的自然力量"天象"来传达"天事政事合一"的思想，通过"学而优则仕"的体制机制，将"天事"转化成了社会政治实践，进而又转化为"天人合一"的思想，用天象和自然来规训世俗个体的生活行为方式。人们在学习《周易》或利用《周易》占卜时，学习"自然现象"知识，也通过"传授"和"意推"的方

式，理解自然和人生的规律，促成了中国古代"天人合一"的科学认识论思想。这种思想有其后现代的价值合理性，也有阻碍我国实现现代化的消极功能。

　　总之，古代科技教育从官学层面看，以《考工记》为代表的工程技术教育范式主要流传于工匠群体，以《周易》为代表的科技哲学教育思想通过科举制度广泛流传于社会各阶层。整体来看，在中国古代封建社会，科技教育最为关注和取得成就的领域主要集中在天、算、农、医四科和机械建筑器物的制造技术，这为西方近代物理学知识的传入打下了知识、思想和社会文化基础。西方传教士来到中国，通过参与修订天文历法赢得官方的支持，通过农业、工业常用的机械力学来赢得社会群体的认可，既助推西方近代物理学知识的传播，反过来又通过传播西方近代物理学知识来强化其宗教传播的功能。

第二节
西方近代物理学知识的传入

　　明末，中国和欧洲的海上贸易进一步发展，文化交流伴随着海上和陆上丝绸之路的经济贸易一起进入中国，欧洲近代物理学知识和科学思想则主要通过耶稣会传教士引入中国。耶稣会是在16世纪欧洲"宗教改革"的背景下，由投身成为教士的原西班牙士兵罗耀拉为主创建的，耶稣会仿效军队编制，组织严密，纪律森严，其会士主要从事传教和教育活动。"耶稣会把基督教传播到印度、中国和美国，挽救了即将崩溃的罗马教会，而且也提高了整个天主教世界的教育和知识水平。"[1]明末清初，来到中国的知名传教士利玛窦、汤若望、邓玉函、南怀仁等具有很深的自然科学造诣，他们的目的虽是以物理学知识的传播为工具以争取政府官员的支持和吸引教徒，但是其传教活动也在客观上促进了我国对近代西方物理学知识的引入与传播。

一、利玛窦的文化传教观与西方科技知识的传入

　　1552年（明嘉靖三十一年），西班牙传教士沙勿略最早进入珠江口外的上川岛进行传教活动。1582年，利玛窦奉耶稣会远东巡视员范礼安之召来到澳门，此时澳门已被葡萄牙人租借29年，西欧商人与传教士已在珠江口附近的屯门、上川从事贸易和传教活动。利玛窦在澳门从事传教活动1年，并学习汉语，1583年随传教士罗明安由澳门来到广东当时的首府肇庆。他们拒绝了耶稣会内部形成的"一手拿剑，一手拿十字架"[2]的武力传教呼声，"范礼安对要求中国教徒学葡文、讲葡语、穿葡服、效葡风，推行葡化政策，持不同态度，认为这样做不利于开展传教事业，更不可能进入中国传教。主张教士要熟悉中国国情，学通中国语言文字，尊重中国固有的文化和风俗习惯，才能进入中国传教"[3]，而转向文化融入传教观念。他们学习汉字和经学，与王公贵胄、儒学士大夫交流，著书立说，传播西方文化和物理学知识。可以说利玛窦是中国近代历史上通过传教传播西方科学知识的代表，"他在1582年到达澳门。他的看法是，欧洲教士如果把自己表现为一个学问家而

[1] 韦尔斯. 世界史纲要［M］. 南昌：江西人民出版社，2006：267.
[2] 朱维铮. 利玛窦中文著译集［M］. 上海：复旦大学出版社，2001：6.
[3] 罗方光. 利玛窦在肇庆［J］. 岭南文史，1986（4）：40.

非僧侣，可能更容易被中国人接受。所以他通过自身努力，学会了汉字和汉语，这些技巧使他在北京赢得了许多有影响力的朋友。……在晚明的朝廷圈子里，利玛窦及其他耶稣会士被视为西儒，被视为在天文历法、数学、水利学和地理学方面给人留下深刻印象的人"[1]。

利玛窦早期传教走官僚路线，借助西洋奇物贿赂官员赢得支持，在了解中国官员与地方乡绅、士大夫相互制约、有机结合的运行体制后，开始重视通过著书立说赢得上流社会的支持，并逐渐走上"学术传教"之路，这为后来西方传教士普遍重视通过教科书编写走"教育传教"之路奠定了基础。应该说利玛窦这种具有本土意识的传教方式，对于我们借鉴西方发达国家物理教育改革经验有一定的方法论启示意义。

由朱维铮主编的《利玛窦中文著译集》，共收录利玛窦的《天主实义》《交友论》《二十五言》《西国记法》《坤舆万国全图》《上大明皇帝贡献土物奏》《西琴曲意》《西字奇迹》《几何原本》《浑盖通宪图说》《畸人十篇》《乾坤体义》《圜容较义》《测量法义》《同文算指》《复虞淳熙》《理法器撮要》等多部中文著作，比较系统地展示了利玛窦的传教思想和其对西方科技知识的传播情况。如图1-2-1所示是利玛窦携带的天文书籍和《几何原本》中译本样章。

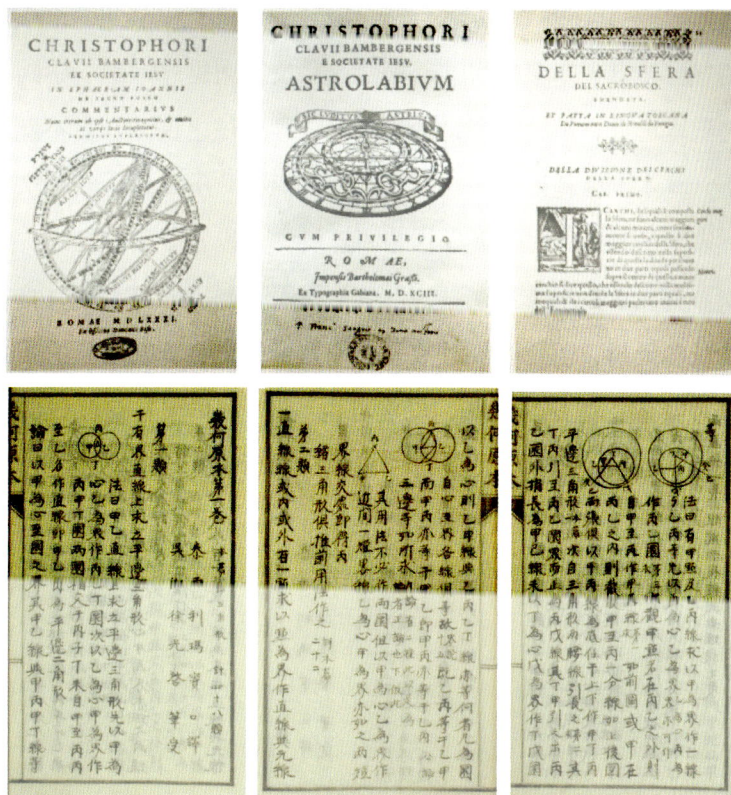

1-2-1

图1-2-1　利玛窦携带的天文书籍和《几何原本》中译本样章

[1] 伊佩霞. 剑桥插图中国史［M］. 赵世瑜，赵世玲，张宏艳，译. 济南：山东画报出版社，2001：157.

利玛窦的著作内容结构虽然突出了"学术传教"特点，但是通过传播西方近代科学知识，使中国士大夫阶层改变了对科学、对世界、对宇宙的看法。如《乾坤体义》说："地与海本是圆形，而合为一球，居天球之中，诚如鸡子，黄在青内。"[1]借助鸡蛋的类比，让当时的世人比较直观地知道了地球的椭圆形状和基本结构。同时，利玛窦很注意观察、融入和利用中国日常交往文化，来扩大西方科技知识的影响力。如为了赢得中国儒生对于欧洲科学的敬意，便致力于传播欧洲的天文学和几何学，目的在于诱导中国儒生接受天主教义[2]。

利玛窦是我们目前发现最早翻译并使用"物理之书"名词的传教士。其在《译几何原本引》中提道："夫儒者之学，亟致其知，当由明达物理耳。物理渺隐，人才顽昏，不因既明，累推其未明，吾知奚至哉！吾西陬国虽偏小，而其庠校所业格物穷理之法，视诸列邦为独备焉。故审究物理之书极繁富也。"[3]在利玛窦时期的欧洲学术领域，物理学还没有独立成为自然科学的一个分支，数学与物理学都同属于自然哲学的研究范畴，牛顿将其物理学著作定名为《自然哲学的数学原理》，既是学科尚未分化的结果，也是数学与物理学知识体系具有不可分离性的表征。利玛窦从西方学者的视角看我国的教育与学术，指出我国学校教育与西方相比缺失物理之学，导致"人才顽昏"。

利玛窦在译介西方自然科学知识的同时，把西方科技实用思想带到了中国。"夫为国之政，必熟边境形势，外国之道里远近，壤地广狭，乃可以议礼宾来往之仪，以虞不虞之变，不尔，不妄惧之，必误轻之矣。不计算本国生耗出入钱谷之凡，无以谋其政事，自不知天文，而特信他人传说，多为伪术所乱荧也。农人不预知天时，无以播植百嘉种，无以备旱干水溢之灾，而保国本也。医者不知察日月五星躔次，与病体相视乖和逆顺，而妄施药石针砭，非徒无益，抑有大害。故时见小恙微疴，神药不效，少壮多夭折，盖不明天时故耳。商贾懵于计会，则百货之贸易、子母之入出、侪类之衰分咸晦混，或欺其偶，或受其偶欺，均不可也。"[4]利玛窦在这段说明中，指出科学对治国理政、农业生产、医疗、商贸、日常生活的影响以及应用价值，同时，也指出培养注重实证的科学精神的意义，避免"特信他人传说""为伪术所乱荧"，并对科学及科学教育的功能进行比较全面的阐释。从这段文字中也可以看出，当时我国科技教育、国民的科技素养与当时西方列强的确存在很大差距。

自利玛窦以降，在西方传教士群体译介传播西方物理学知识的同时，产生了一个社会附加效应：让日常白话进入翻译书籍中。如利玛窦翻译的"论日月蚀"，或"问：'日月蚀之理如何？'答曰：'日蚀者，缘朔时月至黄道，在日之下，遮掩日光，人不能见日轮，谓日蚀也。……地形

[1] 朱维铮. 利玛窦中文著译集［M］. 上海：复旦大学出版社，2001：173.

[2] 同［1］692.

[3] 同［1］298.

[4] 同［1］299-300.

在九重天之当中，若望时月至黄道，正与太阳相对，地球障隔，其光不得直射，则月失光而人以为蚀。'"[1] 我们推测这与外国语翻译成汉语的难度和传教士学习文言文的难度有关。在今日汉语国际教育的过程中，我们仍然习惯于用日常用语来解释和翻译书面语。由此，我们不难推测，传教士掌握得比较好的汉语是日常白话而不是文言文。日常白话进入传教士翻译语言之中，可能还有另一个原因，就是传教士通过采用免费教育、提供食宿等手段，吸纳贫困阶层的子女入教堂学习，因此采用社会底层的白话作为书写和交流语言，是一种必然的选择。

借助科学知识的传播，对世人进行人生、友情、做人道理的教育，类似于现在的德育意识课程，在当时也产生了一定的历史积极意义。如在"论地球比九重天之星远且大几何"一节结尾，利玛窦提出"使有人在第四重天已上视地，必不能见，则地之微比天不只如点焉耳，而我辈乃于一微点中分采域为公侯、为帝王，于是篡夺称大业，窃脱隔邻疆碑而侵他畴。日夜营求，广辟田地，殖已封境，于是竭心剧神，立功传名，肆彼无限之贪欲，殆哉殆哉！"[2]朱维铮评论说："耶稣会维护教皇和经院哲学的传统权威，却反对追逐世俗权力，提倡道德自律，注重科学和艺术的修养，特别重视将人教育成为有责任感的公民，等等，同样属于人文主义。"[3]

利玛窦于1610年病逝于北京，他生前先后在广东肇庆、江西南昌、江苏南京建立较为稳定的传教据点，后入驻北京，并进入政治中心阶层。他循序渐进且小心翼翼地把西方文艺复兴后的科学知识、宗教意识、人文情怀传播到中国，同时也从一位西方学者的视角将中国的政治、社会、文化和科技图景介绍到了西方，尤其是"学术传教"思想成为后来西方教科书制度在中国发展的思想基础。客观上说，利玛窦"用三棱镜、世界地图、天文仪器开拓了人们的眼界，纠正了错误的地理概念，提高了人们对自然现象的认识，改变了人们盲目自大的心理，其影响是深远的"[4]，从这个意义上说，利玛窦是为中西文化交流作出卓越贡献的人物。当然，利玛窦传播西方科学知识的真实愿望是传教，本质上是为实现西方宗教对中国人民的思想统治服务的，这是我们研究教会教科书应持的历史观点。

二、汤若望对天文学与光学知识传播的贡献

汤若望是进行"学术传教"的著名传教士。1592年5月1日，汤若望出生于德意志莱茵兰地区一个信奉天主教的贵族之家，"汤若望"这个名字，是他抵达中国后，出于入乡随俗的缘故，才另取的汉名。1618年4月16日，金尼阁神甫携带着汤若望等年轻会士，和德国神甫约翰·特伦茨（即为

[1] 朱维铮. 利玛窦中文著译集［M］. 上海：复旦大学出版社，2001：176.
[2] 同［1］178.
[3] 同［1］7.
[4] 罗方光. 利玛窦在肇庆［J］. 岭南文史，1986（4）：51.

后来取汉名为邓玉函的神甫）离开欧洲驶往中国。1618年10月4日，航船抵达印度的果阿，在果阿休整几个月后，于1619年5月20日再次启程赶赴中国，1619年7月20日到达澳门，开始了在中国47年的传教生活。汤若望历经明、清两个朝代，崇祯、顺治、康熙三代帝王，并借助其渊博的科技知识与应用技术，赢得了显赫的政治地位。1623年，汤若望因成功预测三次月食而声名大振。他在1629年刊印的《远镜说》，成为传播光学和望远镜制造技术的奠基性著作；1630年出版《坤舆格致》，1634年与徐光启、李天经共同编成《崇祯历书》一百三十七卷，后又参与制造火炮。1643年（明崇祯十六年）由汤若望口授，安徽宁国人焦勖纂、河北涿鹿人赵仲订的《火攻挈要》，描述了大炮冶铸、制造、保管、运输、演放以及火药配制、炮弹制造等原理和技术（如图1-2-2所示）。汤若望在天文历法、火炮制造技术上的卓越成就，使他赢得了历任皇帝的器重，1644年11月，他被顺治皇帝任命为钦天监的第一位洋监正，1658年（清顺治十五年）受一品封典，至1666年去世，官至光禄大夫。

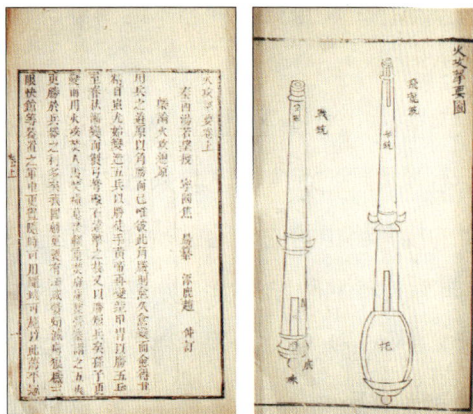

1-2-2

图1-2-2 《火攻挈要》样章

汤若望在译介西方天文历法方面做出了重要贡献，成为中西文化交流的重要使者。他制造的许多天文仪器在观测和验证天象中起到了重要作用，其最著名的物理学著作《远镜说》，系统介绍了伽利略望远镜的结构、工作原理和月亮、太阳、土星、金星的运行规律（如图1-2-3所示）。"挟西洋新法之声望，清廷于八月中旬开始，由内院大学士冯铨出面，以是否精习新法为准，考究裁汰钦天监各科，当时应参加考试的官生共八十余人。"[1] 可以说汤若望的天文学著作被官方列为"教材"。

汤若望所著天文历法、火炮的制作技术以及伽利略望远镜的原理，传播了西方近代天体物理学、力学、简单机械、光学以及化学的知识，不愧为西学东渐的开创者。在发现的《远镜说》民间抄本中，有日文注疏，说明在明末清初时期《远镜说》对日本科技知识产生了影响，由此可推断，西方物理学知识最早是通过中国传播到了日本。

[1] 徐海松. 清初汤若望的"通天"角色与西学东渐 [J]. 杭州师范学院学报，1998（1）：91.

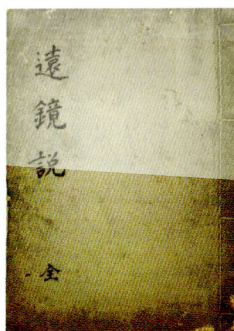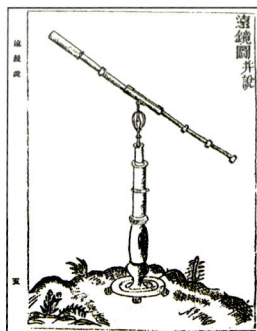

1-2-3

图1-2-3 《远镜说》封面及样章

　　《远镜说》的目录如表1-2-1所示，它采用图文并茂的编写体例，语言也较为通俗易懂，适合缺少物理学基础知识的人学习和阅读。如关于望远镜便于近视者使用及其工作原理的介绍部分，不但配有"物象从镜平行入目之图"，而且文字陈述贴近当时的市井口语："一利于苦近视者用之。世有自少好远游、喜远望者，年老目衰，则不苦视远物而苦视近物，不耐三角形射线而耐平行射线，习性使然。耳若用远镜之中高镜则物象一点之小，散射镜面从镜平行入目，巧合其习性，视近不劳而自明也。然又有未尝好远游远望而平日专务平直是视者，亦必老至力衰则视物不能敛聚其象，象形直射恍惚不真，若用中高镜则物形虽小，而暗视之自大而显矣。"应该说汤若望的《远镜说》为今后物理教科书的翻译打下了基础。

表1-2-1 《远镜说》目录

章	节
首利用	一利用于仰视
	一利用于直视
次附分用之利	一利于苦近视者用之
	一利于苦远视者用之
	一分用不如合用之无不利

（续表）

章	节
次原繇	一易象不同而远镜独妙于斜透以为利用之原
	一射线不一而远镜兼拊乎屈曲以为斜透之繇
	一视象明而大者繇乎二镜之合用
次造法用法	一镜
	一筒
次造法用法	一远近各得其宜
	一避使观
	一安放调停
	一衰目近视用诀
	一借照作画
	一习用诀
	一去垢诀

三、邓玉函、王徵对力学与机械知识传播的贡献

在明末清初，译介西方力学和机械知识的另一著名传教士是邓玉函。他1576年出生于德国康斯坦茨（今属瑞士），1590年始先后在弗莱堡大学和纽伦堡的阿尔特多夫大学学习医学，1600—1603年在巴黎成为著名数学家、符号代数学的创立者维达的学生和合作者。1603年进入帕多瓦大学学习医学，伽利略当时正在该校任教。到了1611年，他又继伽利略成为当时著名的科学社团山猫学院的第七名成员[1]，其卒于1630年（明崇祯三年）。邓玉函在物理学知识传播中，具有代表性的著作是其口授、王徵译绘的《远西奇器图说录最》（日本东京大学图书馆资料显示广及堂刻印版书名为《惠世奇器图说录最》，如图1-2-4所示）。该书刊行于1627年（明天启七年），是我国第一部系统介绍西方力学和机械知识的著作。该著作序言部分介绍说，《奇器图说》[2]是传教士带来的7 000余部图书中的一部，并回顾了自《考工记》以来我国历代宗工哲匠创造的木牛流马等具有代表性的奇器。在自豪感慨之余，提到编译《远西奇器图说录最》的目的是西方书籍不仅告诉我们怎么做，而且告诉我们为什么这样做，可以开发心智，这是我国历代能工巧匠传世之工比较薄弱的地方。应该说王徵对中西方机械工程领域差异的认识还是比较深刻的。

---

[1] 石云里. 明末首部望远镜专论《远镜说》补考 [J]. 安徽师范大学学报（自然科学版），2018（4）：308.

[2] 《远西奇器图说录最》收录四库全书时，名为《奇器图说》。

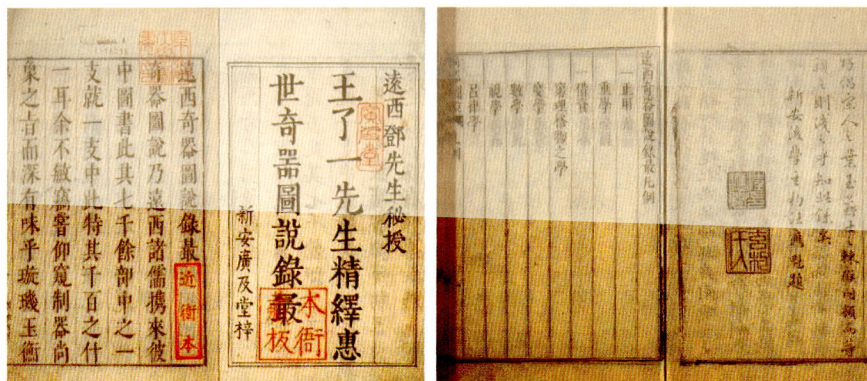

1-2-4

图1-2-4 《远西奇器图说录最》

《远西奇器图说录最》采用章款（节）结构，具体目录如表1-2-2所示。从章节目录看，该书创建了"理论+应用"的叙事方式；从著作内容看，该书采用"文字说明+图解"的讲解方式，而且书中介绍和使用了"自行车"的概念，并介绍了制作方法。

表 1-2-2 《远西奇器图说录最》目录

章	款（节）
正用	重学
借资	穷理格物之学、度学、数学、视学、吕律学
引取	勾股法义、圜容较义、盖宪通考、泰西水法、几何原本、坤兴生图、简平仪、浑天仪、天问略、同文算指、天主实义、畸人十篇、七克、自鸣钟说、望远镜说、西学或问、西学凡
制器器	度数尺：验地平尺、合用分方分圆尺、合闭分方分圆各由一分起至十分尺 规矩：二足规矩、三足规矩、两螺丝转合闭定用规矩、单螺丝转合闭任用规矩、画铜铁规矩、画纸规矩、作鸡蛋形规矩、作螺丝转型规矩、移远画近规矩、写字以大作小以小作大规矩、螺丝转母、活锯、双翼钻、螺丝转铁钳
记号	号必用西字者，四字号初似难记，然正因其难记，欲览者怪而寻索，必求其得耳。况号止二十形象各异又不甚烦，不甚难乎，今将西字总列于左，即以中字并列释之，以便观览，且欲知西字止十号耳，可括万音万字之用（对书中引用的20个拉丁文符号进行了说明——作者注）。以上记号盖因图中诸器多端须用标记而后说中指，其记号一一可详解耳，用之不尽不论也，图中之简明易知者，则不用
每所用物名目	柱：长柱、短柱 梁：横梁、侧梁 架：高架、方架、短架、杠杆 轴：立轴、平轴、斜轴、抵轴 轮：立轮、搅轮、平轮、斜轮、飞轮、行轮、星轮、鼓轮、齿轮、辐轮、抵轮、灯轮、水轮、风轮、十字立轮、十字平轮、半规斜轮、木板立轮、木板平轮、锯齿轮、半规锯齿轮、上下相错锯齿轮、左右相错锯齿轮

（续表）

章	款（节）
每所用物名目	曲柄：左右对转曲柄、上下立转曲柄、单轱辘、双轱辘、滑车、推车、曳车、驾车、玉衡车、龙尾车、恒升车 索：曳索、垂索、转索、缠索、水戽、水杓、连珠戽、鹤膝转轴、风篷、风扇、活辊木、活地平、活桔槔
诸器所用	用器、用人、用马、用风、用水、用空、用重、用杠、用轮、用龙尾、用螺丝、用秤杆、用滑车、用搅、用转、用推、用曳、用揭、用坠、用荐、用提、用小力、用大力、用一器、用数器、用相等之器、用相胜之器、用相通之器、用相辅之器
诸器能力	能以小力胜大重、能使重者升高、能使重者行远、能使在下者递上而不穷、能使不动者常动而不息、能使不鸣者自鸣、能使不吹者自吹、能使大者小、能使小者大、能使近者远
诸器利益	省大力、免大劳、解大苦、释大难、节大费、长大识、增大智、致一切难致之物平易而无危险
全器图说	引重图说、转重图说、取水图说、转磨图说、解木图说、解石图说、转碓图说、转书轮图说、水转日晷图说、代耕图说、水铳图说、取力水图说、书架图说、人飞图说

从邓玉函口授、王徵译绘的《远西奇器图说录最》的内容看，其结构为"理论+技术应用"两个部分，在理论部分把力学、数学在物理学中应用的基础知识都进行了基础性介绍；在技术应用部分介绍各种机械的构造、工作原理、选材与制度、安装和使用方法等。其中第一、第二卷具有现代物理教科书的特征：

第一，《远西奇器图说录最》是组合式编写的著作，著作内容目的是让读者学会并掌握书中所展示的知识。其第一、第二卷多取自斯蒂文（旧译西门）的《数学札记》下册，第二卷还取自意大利工程师维特鲁威（旧译味多）的《建筑术》，第三卷多采用意大利工程师拉梅里（旧译剌黑里）的《论各种工艺机械》；第二卷与伽利略《力学》中的诸器所用、运动与重心诸定义、等子与杠杆、辘轳与绞盘、滑车、螺旋、阿基米德螺旋、力之冲击诸章"颇相暗合"，浮力部分与伽利略的《论水中物体的性质》的内容相合[1]。

第二，书中的内容译自西方学校教材。根据邓玉函大学的学习经历和专业背景，不难推断，该书的西方科学技术内容应为邓玉函在中学或大学学习掌握的内容。四库全书版《奇器图说》序言中写道："奇器图说译自西庠文字而作者也，西庠凡学各有本名，此学本名原是力艺。力艺之学西庠首有表性言，且有解所以表此学之内美也，次有表德言，所以表此学之外美好，今悉译其原文本义，两列于左。"

第三，著作的内容结构与现在的力学及简单机械部分的教科书内容结构仍有内在联系。四库全书版《奇器图说》卷一包括序言、凡例（出版说明）、表性言（力艺学的内性）、表德言（力艺学的外德）、地心说、地球尺寸、重力、定体的几何形状、形心、重心及其求法、流体与凝体（固

[1] 张柏春. 王徵与邓玉函《远西奇器图说录最》新探 [J]. 自然辩证法通讯，1996（1）：47.

体）的重量和体段（体积）、水的流动性与压力、浮力与本重（密度）的数量关系。卷二则分类介绍简单机械的类型、用途、结构、力学原理和功用，这与王徵作为明代举人的知识修养以及从小对机械技术兴趣浓厚，并有很深的技术造诣有关。其在《两理略》中回忆说："忆余少时，妄意武侯木牛流马，必欲仿而行之。……往往考古证今，旁咨远访，穷索苦思忘食寝，废酬应，一似痴人。乃痴想之极会得西儒自鸣钟法，遂顿生一机巧，私仪必可成也。"[1]并在其序言中发现使用了"重学""物理"等物理词汇。

第四，该书的表述具有教科书的语言特点。以水日晷图说为例，书中介绍了水日晷的制作方法（如图1-2-5所示），"先以小缸承（盛）水，于底钻一小孔，徐徐出水。上安小轱辘，长转轴出墙外，轱辘上缠以索，下端系重木，如α，然亦不必太重，上端系小重，如ρ，墙外轴端，定安日晷，如i。水徐徐下，则重木亦必徐徐下，而日晷以时转矣，此省便法也"。利用浮力、滑轮的机械原理比较科学、清晰地解释了水日晷的制作方法，简洁明了。同时，配有透视图，用拉丁文标识。

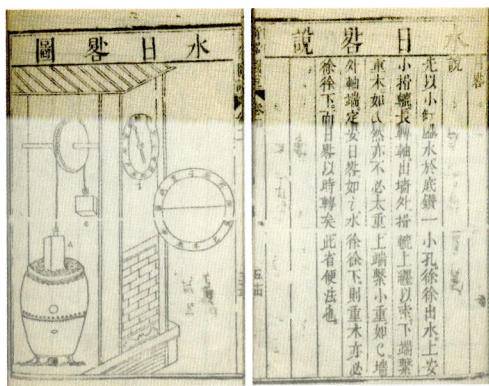

图1-2-5　水日晷结构示意图及制作方法介绍

第五，注重基本概念和基本理论的介绍。如对"力""艺""力艺"的概念进行了定义性解释，并呈现出三者之间清晰的逻辑性。四库全书版《奇器图说》中写道，"力是气力、力量，如人力、马力、水力、风力之类，又用力、加力之谓，如用人力、用马力、用水风之力之类""艺则用力之巧法、巧器"（如图1-2-6所示），力艺就是"所以善用其力、轻省其力之总名也"，力艺学即重学，"重学"一词的组成指"学乃公称，重则私号"，在序言中将重学、文学、理学、算学，以及后面提到的医学，进行了分类比较，这应是最早的学科分类观念。清末民初《重学》教科书名称的出现，也应源于此。

第六，提出数学、物理学、工程学学习的内在联系。四库全书版《奇器图说》中写道："造物、生物有数、有度、有重，物物皆然数，即算学。度乃测量学，重则此力艺之重学也，重有重之性理，以此重较彼重之多寡，则资算学，以此重之形体较彼重之形体大小，由资测晷学。故数学、度学、正重学之所以必须益三学，均从性理而生，如兄弟内亲不可相离者也。"如图1-2-6所示。王徵在《远西奇器图

[1] 张柏春. 王徵与邓玉函《远西奇器图说录最》新探 [J]. 自然辩证法通讯，1996（1）：45.

说录最》序言中记述邓玉函指导其翻译西方机械书籍时，讲到"译是不难，第此道虽属力艺之小技，然必先考度数之学而后可。盖凡器用之微，须先有度有数。因度而生测量，因数而生计算，因测量计算而有比例，因比例而后可以穷物之理，理得而后法可立也。不晓测量计算，由必不得比例；不得比例，则此器图说必不能通晓。测量另有专书，算指具在《同文》，比例亦大都见《几何原本》中。"[1]

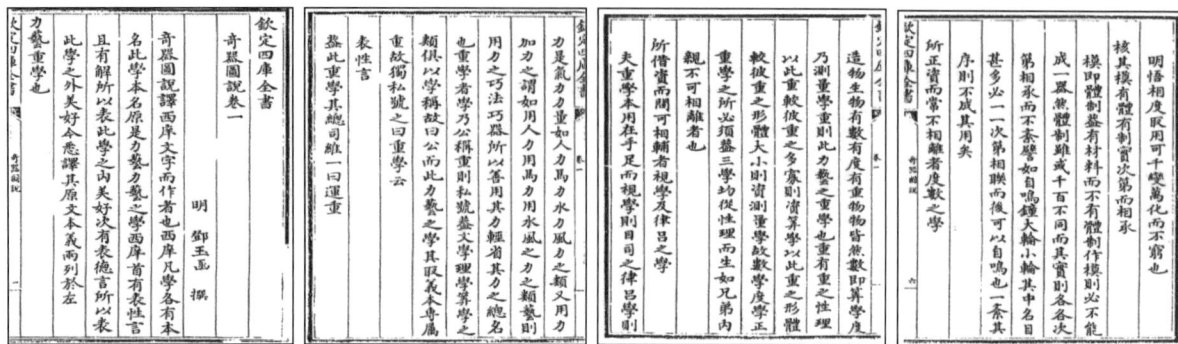

图1-2-6　四库全书版的《奇器图说》样章

四、南怀仁对物理学知识系统传播的贡献

明末清初，对西方物理学知识传入中国具有重大影响的另一位传教士是南怀仁。南怀仁，1623年10月9日出生于比利时古脱莱城附近的毕登。1641年加入耶稣会，1658年来华传教，是清初最有影响力的来华传教士之一，曾任康熙皇帝的老师，官至钦天监监正。1688年1月28日病逝于北京，康熙皇帝颁谕曰："朕念南怀仁来自遐方，效力年久，综理历法，允合天度；监造炮器，有益戎行；奉职勤劳，恪恭匪懈；秉心质朴，终始不渝。……加工部侍又加二级，谥勤敏。"[2]

清顺治时期，朝廷对西洋历法采取比较宽容的政策，但中西历法之争也持续不断。钦天监吴明恒和新安卫官生杨光先对以"西洋新法"编制而成的《时宪历》进行抨击，但由于汤若望、南怀仁制定的西洋历法较之中国传统历法与天象更加吻合，因此对《时宪历》的评击并没有被朝廷采信。顺治皇帝因病去世后，康熙即位，以鳌拜为首的满族守旧势力执政，大肆变更顺治开明政策，中西历法之争遇上执政权力之争。1664年，杨光先再次参劾汤若望等传教士，大罪有三："潜谋造反，一也；邪说惑众，二也；历法荒谬，三也。"[3]汤若望、南怀仁被判入狱，西洋新法被废，重新启用大统旧法，杨光先升任钦天监监正。

[1] 张柏春. 王徵与邓玉函《远西奇器图说录最》新探 [J]. 自然辩证法通讯, 1996（1）: 46.

[2] 崔广社. 南怀仁在华事迹考 [J]. 文献季刊, 2004（2）: 201.

[3] 彭林. 从《畴人传》看中西文化冲突中的阮元 [J]. 学术月刊, 1998（5）: 81-85.

1665年，北京突发百年一遇大地震，朝野深为恐慌，以为是教案触怒了上苍，加之太皇太后等的干预，南怀仁获释。1667年，康熙皇帝亲政，认为中西历法之争是打击鳌拜势力的最佳突破口；1668年11月23日，康熙派大学士李蔚召集南怀仁西洋历法派与杨光先旧历法派，令双方当面实测。康熙交给两方各一根日晷针，预推次日正午日影精确位置。经11月24日、25日、26日三天实测，日影均正合南怀仁等所画之界，而杨光先、吴明烜都有差错，被免职。南怀仁重回钦天监，主持历法修订工作。康熙也因西洋历法的科学性，而对西学产生兴趣，南怀仁成为康熙的洋教师。南怀仁为感激康熙的信任，用四年时间制成了一套六件的天文仪器，即赤道经纬仪、地平制仪、纪限仪、天体仪等。在康熙平定三藩时，又建造火炮，立下汗马功劳，后官至工部右侍郎。如图1-2-7所示是1669年南怀仁献给康熙皇帝的浑天仪及年款。

1-2-7

图1-2-7　1669年南怀仁献给康熙皇帝的浑天仪及年款

南怀仁著书颇丰。1668年，南怀仁撰写的《测验纪略》一卷，在北京印行。1670年，南怀仁著有《教要序论》一卷、《善恶报略说》一卷，在北京印行，可以看出西方传教士借助科学知识传教的方法已经成为一种模式。随后，南怀仁著《验气说》一卷（1671年）、《赤道南北星图》（1672年）、《仪象图》二卷（1673年），在北京印行。1674年，南怀仁取得了更大的成功，进呈新制《灵台仪象志》，制作《坤舆全图》，并著《坤舆图说》《坤舆外纪》；南怀仁受命制造大炮，用于平定吴三桂叛乱，升钦天监监工，加太常寺卿衔，1678年，南怀仁撰《康熙永乐年历法》三十二卷，令钦天监官生学习。1681年，南怀仁著《神武图说》分理论二十六，图解四十四，详述铸炮术，在北京印行[1]。1683年，南怀仁编撰完成晚年西学集大成之作《穷理学》六十卷，并于8月26日进呈康熙皇帝，提请"镂板实行"，礼部、翰林院士大夫的议复对此书不利，康熙皇帝将书发还南怀仁。目前，北京大学收藏《穷理学》残抄本十四卷。尚智丛根据杜鼎克、钟鸣旦的论文，并依据《穷理学》残抄本订正了其中的个别错误，制作了内容结构表，如表1-2-3所示。

[1] 崔广社. 南怀仁在华事迹考［J］. 文献季刊，2004（2）：200-258.

表 1-2-3 《穷理学》残抄本十四卷的内容与来源

门类	卷次	内容	译本来源	底本
逻辑学与方法论	理辩之五 公称		傅泛际与李之藻：《名理探》之《五公》	Commentarii Collegii Conimbricensis S.J.in Universam Dialecticam Aristotelis（Coimbra.1606）
	卷一	哲学起源与知识论		
	卷二、三	对"宗、类、殊、独、依"五类概念（praedicabilia）的一般讨论		
	卷四	宗（genus）、类（species）		
	卷五	殊（differentia）、独（proprium）、依（accidens）：五类概念的相同与差异之处	—	—
	理辩之总论（命题间的推理）		《名理探》未刊印部分	Analytica Priora in Universam Dialecticam Aristotelis（Coimbra. 1606）
	卷一	题列（proposotio）、限界（terminus）		Ibid cap. 1. quaestio 1-2
	卷二	真题相转（de conversione absolutarum propo sitionum）		Ibid cap. 2. quaestio 1-2
	卷三	何若题相转		Ibid cap. 3. quaestio 1-3
	卷四	形与式云何		Ibid cap. 4. 5. 6. 7. quaestio 1-2
	卷五	论理推由属何若之称谓造成者		Ibid cap. 8-23的摘要
客体属性测量、工程测量和大地测量	卷六	ff.1a-10a：通合几何（combined quantity）（亚里士多德十范畴之一）	《名理探》之《十伦》卷三	Cap. 6 of In Universam Dialecticam
		ff.10b-15b：无穷（infinity）（亚里士多德十范畴之一）		Ⅲ，cap.5-7 of Commentarii Collegii Conimbricensis Societatis Jesu In octo libros Physicorum Aristotelis
		ff.16a-27b：通合之分数（mathematica infinity）（亚里士多德十范畴之一）		Ibid.，Ⅲ. cap.8
		ff.28a-41b：居所（place）（亚里士多德十范畴之一）	《名理探》之《十伦》卷五	Ibid.，Ⅳ.cap.1-5
		ff.42a-45a：空虚（vacuity）（亚里士多德十范畴之一）		Ibid.，Ⅳ.cap.6-9
		ff.45b-51：暂久（time）*（亚里士多德十范畴之一）		Ibid.，Ⅳ.cap.10-14
		ff.52-57：动（movement）（亚里士多德十范畴之一）		Ibid.，Ⅲ.cap.1-2 and Ⅴ. cap.1-4

（续表）

门类	卷次	内容	译本来源	底本
力学与机械	《轻重之理推》卷七	ff.1a-14b：轻重之理推，50款	邓玉函. 王徵：《远西奇器图说录最》卷一	—
	—	ff.15a-41a：力艺之理推，84款（天平、等子、杠杆、滑车、轮盘、藤线）	邓玉函、王徵：《远西奇器图说录最》，卷二	—
客体属性测量、工程测量和大地测量	卷八	ff.1a-2b：重物经线并分带省力及其所行之道，3题	金尼阁：《重学》；薛凤祚：《历学会通》	—
		ff.3a-8b：凡齐带齐托重体者各带托若干之理推，14题		—
		ff.9a-10a：异色轻重比例之法；异色之体轻重比例表（金、汞、铅、银、铜、铁、锡、蜂蜜、水和蜡的比重）	南怀仁：《仪象志》（1674年，共14卷），卷二，ff.28-30a	—
		ff.11b-15b：滑车（pulley）、轮盘（gearwheel）、螺丝（screw）	同上，卷二，ff.41a-47b	—
		ff.16a-31b：弹道学（ballistics）	南怀仁（著）	—
		ff.32-38：垂线球（pendulum）	《仪象志》卷四，f.30等	—
	卷九	ff.1a-5a：验气之说	《仪象志》卷四，ff.2-7a	—
		ff.5b-9a：测气燥湿之理	《仪象志》卷四，ff.7b-13	—
		ff.9b-11b：气水等差表；气水差全表	《仪象志》卷四，ff.14-16	—
		ff.12a：推中域云高度之理	《仪象志》卷四，ff.19	—
		ff.12b-16b：空际异色井虹霓珥云诸象之理	《仪象志》卷四，ff.20-26	—
		ff.17a-23b：测水平之理	《仪象志》卷四，ff.27-29	—
		ff.24a-25a：泉源在河海江湖诸水平上永流之所以然	南怀仁（著）	—
		ff.25b-27b：江河泛滥之缘由	南怀仁（著）	—
		ff.28-32：江河消长多寡并水流迟速之比例，9题	南怀仁（著）	—
		ff.33-37：江河泛滥之防备, 3端	南怀仁（著）	—

（续表）

门类	卷次	内容	译本来源	底本
客体属性测量、工程测量和大地测量	卷九	ff.36-49：坤舆之论	南怀仁：《坤舆图说》（共2卷，1672年）卷一，ff.36-40，ff.1-5；高一志：《空际格致》（1633年）	—
		ff.49b-53a：气行与水行轻重相同之理推	南怀仁（著）	—
		ff.53b-55：俗云龙挂之解说（龙卷风）	高一志：《空际格致》	—

五、方以智的《物理小识》与物理知识传播的本土化

方以智（1611—1671），安徽桐城人，1640年（明崇祯十三年）中进士，在京任翰林院简讨（本作"检讨"，避崇祯帝讳改）[1]。《物理小识》初稿成于1643年（明崇祯十六年），后继续有增改，1664年（清康熙三年），方以智主持庐陵县青原山，在于藻等人资助下，将《物理小识》书稿付刻[2]。四库全书收录《物理小识》十二卷，注"明方以智撰，子中通、中德、中发、中履同编。四本"[3]。1935年，商务印书馆出版的王云五主编《万有文库》收录方以智著《物理小识》共十二卷，包括卷首：序文、凡例、总论；卷之一：天类（气、光、声、律、五行）、历类；卷之二：风雨雷电类、地类、占候类；卷之三：人身类；卷之四：医药类（上医药）；卷之五：医药类（下药）；卷之六：饮食类、衣服类；卷之七：金石类；卷之八：器用类；卷之九：草木类上；卷之十：草木类下、鸟兽类上；卷之十一：鸟兽类下；卷之十二：鬼神方术类、异事类。

从《物理小识》目录看，方以智理解的"物理"更接近现代我们理解的"自然科学"的物理概念，与清末的"格物"概念相一致。但《物理小识》的卷一、卷二属于分科后的"物理"概念。因此，称《物理小识》是分科后西方近代物理学知识本土化的奠基性著作是合适的。方以智用此书作为其私塾的教材，虽不是新式学堂，但教材内容引入西方近代物理学知识，因此，称此书为近代物理学教科书奠基性著作亦不为过。

方以智的《物理小识》是西学东渐的成果，对此科学史专家有共识。关增建认为"在地体形状方面，中国思想界传统上认为大地是平的。16世纪末，西方传教士来到我国，带来了先进的地圆学说。方以智经过认真地思考，毅然接受了这一新思想，他说：'地体实圆，在天之中。……相传地浮于水上，天包水外，谬矣。地形如胡桃肉，凸山凹海。'"[4]1936年，在陈文涛笺证、福州文明

[1] 王璐. 方以智与物理小识 [J]. 黑龙江史志，2010（21）：182.

[2] 王孙涵之，孙显斌. 方以智《物理小识》版本考述 [J]. 自然科学史研究，2017（3）：440.

[3] 同 [2] 442.

[4] 关增建.《物理小识》的天文学史价值 [J]. 郑州大学学报（哲学社会科学版），1996（3）：63.

书局出版的《方以智物理小识》一书的附篇（一）"方以智时代东渐之西学"中，陈文涛认为"方以智《物理小识》一书，公布于崇祯十六年，系西历1643年，距利玛窦之来华（1582年）已后六十年，距邓玉函、汤若望之来华（1619年）亦后二十余年，智耳目至少一部分，曾受西方教士之濡染。故于所著通雅中常引西说，以驳中说"[1]。此外，方以智参考了其师王宣（字虚舟）的《物理所》内容。

方以智在《物理小识》总论中，提出对当时物理规律及其功能的认识："潜草曰：圣人官天地、府万物、推历律、定制度、兴礼乐，以前民用，化至咸若，皆物理也。其常也，即其变也。变未有极乎？变极自反乎？惟神而明之者知之。"[2]这段话体现了方以智对"事物发展规律"的认识，以及掌握事物变化规律在治理国家中的功能。其对"变有极乎？""变极自反乎？"的哲学思考，对今日"科学知识的增长有无极限？""科学知识的应用有无边界？"的辩论都很有启发。

此外，方以智在总论中提及带有现代意义的知识分科思想以及物理学科在整个学科体系中的地位。"潜草曰：言义理、言经济、言文章、言律历、言性命、言物理，各个专科，然物理在一切中，而《易》以象数端几格通之，即性命、生死、鬼神，只一大物理也。"[3]

卷一的正文颇有将西方物理学知识"经化"的特征，语句的叙事方式与传教士编译的书籍有明显差异，而叙事内容明显接受了西方物理知识观。如关于日月食的解释："日月食。蔡邕言侧匿，许慎言眺朒，解以朔晦月见，此历差耳。月质以日映为光，合朔日食。月质掩日，望有月食，地球之影隔日也。凡见月之处，见食皆同。而日食则异，其不当顶而斜迤者，皆不见日食也。故分秒各别，此质测也。故人以占君相致敬者，类应之心几也。中谓曰：'平行，相距实引，交周、分时，各有算法，但日距限，如在百度之外，则日不食。月距黄线，小于并径则食，若等者相切，大者相涉，则月不食。'"[4]如图1-2-8所示。

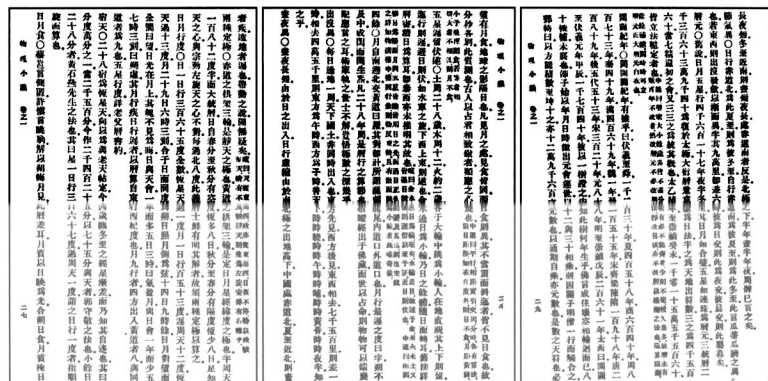

图1-2-8 《物理小识》样章

[1] 陈文涛. 方以智物理小识：附篇［M］. 福州：福州文明书局出版，1936：2.

[2] 方以智，王云五. 物理小识［M］. 上海：商务印书馆，1936：3.

[3] 同［2］10.

[4] 方以智，王云五. 物理小识［M］. 上海：商务印书馆，1936：28.

明末清初，社会处于变迁之中，崇祯皇帝希望封建王权重建，清军入关希望构建一个新的政治体系稳定政权，而西学既是一种实用技术，也是一种可资利用的政治力量，因此，西方物理学知识在皇权的支持下得到系统地传入。但随着政权日益稳固，加之物理学知识在一个农业国家和自给自足经济体中的作用是微不足道的，教民规模的发展又成为影响专制政权稳固的负面因素。而天主教教义、教民生活习俗与中国传统礼仪的冲突一直存在，中国礼仪对稳固政治又如此重要，且封建皇权的本质在于维护其封建专制政权的延续而非臣民的幸福和国家的兴旺，于是禁教便又成为皇权的必然选择。

虽然康熙皇帝较为开明，对西方物理学知识并不排斥，但是西方传教士带来的宗教文化与中国传统文化的冲突却不可调和。从宏观层面来看，天主教基本教义与中国儒释道文化的核心价值取向难以融合，教民对"上主"的敬仰取代了"皇帝"，这是统治阶级所不能接受的。从日常文化层面看，中国几千年的儒家传统礼仪对处于被统治地位的市民阶层的思想和日常行为的社会控制是非常有效的，家国意识和等级文化认同在"礼仪"中每天都潜移默化地得到强化。但传教士所倡导的西方礼仪文化会削弱人们对皇权的"敬畏"和"忠诚"，这就动摇了中国几千年封建统治的文化基础，东西方文化的开放交流自然难以实现。1692年，康熙皇帝曾发布上谕，"只要皈依后还依旧祭祖，便容忍基督教"，这个立场与利玛窦的看法一致，但梵蒂冈派来使节迈拉尔·德·图尔农后，改变了这个立场。图尔农几次谒见康熙皇帝，反对中国教徒祭祖，并和天主教的其他牧师一起反对耶稣会的其他指令。此外，图尔农还坚持确立教廷对传教士及其中国信徒的权威，此权威由教廷驻扎北京的使节行使。[1]

物理学知识与政治、宗教和东西方文化的冲突是在明末清初传教初期即存在的问题。科学知识演变为五四运动乃至中国近代社会变革的一种政治力量，植根于西方近代科学对中国几千年传统文化中封建迷信的揭露。思想和观念的改变是推行政治变革的前提，因此物理学知识的文化政治性自然也就表现了出来。"由于东西方文化的差异，不仅有耶稣会士与中国儒生之间的学术交锋与辩难，亦发生阻碍传教与传播科学知识的政治事件。罗马教皇于1720年发布对华教廷禁令，从而又迫使康熙帝分别于1721年、1722年下令禁教。乾隆帝于1757年（乾隆二十二年）颁布闭关令，绝大部分传教士因而离开中国，仅在北京钦天监和皇宫内留下极少数耶稣会士从事天文历法和修理钟表的工作。科学知识的传播因此随之中断。"[2]

---

[1] 伊佩霞. 剑桥插图中国史［M］. 赵世瑜，赵世玲，张宏艳，译. 济南：山东画报出版社，2002：168.

[2] 戴念祖. 古代物理学史［M］. 长沙：湖南教育出版社，2002：412.

第二章

清末民间自由发展时期的物理教科书（1840—1905）

  1840年鸦片战争迫使中国打开国门，传教再一次取得"合法"且特权的地位，传教士也继承了利玛窦借助科学文化传播进行传教的思想，西方物理学知识再次大规模传入，物理教育开始了新的发展，近代物理教科书应运而生。在西方传教士拥有"特权"且清王朝尚未掌握教堂新式教育规律的大环境下，物理教科书的发展呈现出民间性和自由性的特征。

1840

第一节
"格物"时期的物理教科书

1840年鸦片战争开始后，清王朝进入加速衰败时期，上层统治弱化，传教活动"合法化"，传教工作不再像明末清初需选派教会精英人才，以求引起士人、权贵、皇帝认同，这个时期来华的基督教新教传教士的主要任务是吸引市民阶层、扩大教民规模。接踵而来的新教传教士继承了学术助教的传统，兴办教会学校，普及科学知识，同时传教士对西方科学技术的译介出现了高潮，其中以上海墨海书馆译书最盛。

一、清末民间自由发展时期

1840—1905年我们称之为民间自由发展时期，一方面缘于清政府对教科书管制权虚弱，另一方面新式学堂主要为传教士兴办，少数是地方乡绅兴办，晚清政府尚没有管理意识，也缺乏相应的管理经验和管理机制。我们以王冰著《中外物理交流史》、戴念祖编《物理教育史》、陆敬华编《中国科学技术史》为据，对1840—1905年我国编译出版的主要物理教科书进行了整理，如表2-1-1所示。

表 2-1-1　1840—1905 年我国主要物理教科书统计表

序号	教科书名称	作者	出版商	时间
1	博物通书	［美］玛高温（译述）	宁波府镌刻	1851年
2	光论	［英］艾约瑟（著），张福僖（译）	上海墨海书馆	1853年
3	声论	［英］艾约瑟（著），张福僖（译）	上海墨海书馆	
4	博物新编	［英］合信（编译）	上海墨海书馆	1855年
5	重学	［英］艾约瑟（著），李善兰（译）	上海墨海书馆	1858年
6	谈天	［英］赫歇尔（著），伟烈亚力、李善兰（译）	上海墨海书馆	1859年
7	格物入门	［美］丁韪良（编译）	京师同文馆	1868年[1]

[1] 咏梅，冯立昇在《〈格物入门〉在日本的流播》［载于西北大学学报（自然科学版）2013年第1期］一文中，认为丁韪良编译《格物入门》出版于1868年。

（续表）

序号	教科书名称	作者	出版商	时间
8	格致启蒙	［英］罗斯古等（著），林乐知、郑昌棪（编译）	江南制造局	1879年
9	电学	［英］瑙挨德（诺德）（著），傅兰雅、徐建寅（译述）	江南制造局	1879年
10	电学纲目	［英］廷德尔（著），傅兰雅、周郇（译述）	江南制造局	1881年
11	格物测算	［美］丁韪良（编）	京师同文馆	1883年
12	格致总学启蒙	［英］赫斯贲（赫胥黎）（著），艾约瑟（译）	总税务司署印	1886年
13	格物小引	［英］赫胥黎（著），罗亨利、瞿昂来（译）	江南制造局	1886年
14	格物释器	［英］傅兰雅（辑释）	江南制造局	1898年
15	物理学	［日］饭盛挺造（编纂），藤田丰八（译），王季烈（重编）	江南制造局	1900年
16	中学校初年级理化教科书	［日］和田猪三郎（著），虞辉祖（译）	上海科学仪器馆	1902年
17	物理易解	陈榥（著）	教科书译辑社	1902年
18	中学物理教科书	［日］水岛久太郎（著），陈榥（译）	教科书译辑社	1903年
19	物理教科书	［日］本多光太郎（著），陆世芬等（译）	教科书译辑社	1903年
20	格致教科书	王化成（编译）	上海商务印书馆	1903年
21	物理学·最近中学教科书	［美］何德赉（著），谢洪赉（译）	上海商务印书馆	1904年
22	普通应用物理教科书	陈文哲（编）	上海昌明公司	1904年

　　统计表显示，1900年之前，我国编译出版的物理教科书，以英、美国家传教士编译的为主。1900年之后，日本学者编译出版的物理教科书较多。1906年实行教科书审定制度以后，我国学者自编的物理教科书进入主导期。

　　1905年12月光绪皇帝降旨成立学部，统管全国教育工作，明确忠君、尊孔、尚公、尚武、尚实五端为教育宗旨；1906年明确实施教科书审定制度，于闰四月初六日发布《学部为招录本部酌拟官制等事宜折单事致外务部咨文》，提出学部设审定科"掌审查教科图书，凡编译局之已经编辑者，详加审核颁行，并收管本部应用参考图书，编录各种学艺报章等事"[1]。这是官方文献较早出现"教科图书"一词，也是国家教科书审定制度的肇始。1904年陈文哲首版《普通应用物理教科书》，1905年、1906年修订再版，成为学部审定通过的首批物理教科书之一。但从教科书出版周期考虑，该书应属于物理教科书自由发展时期的成果，是一部延迟到审定期出版并进行完善了的物理教科书。

---

[1] 中国第一历史档案馆. 清学部成立档案史料［J］. 历史档案. 1989（4）：51.

二、以"格物"为译名的物理教科书

"格物"（博物）教科书更接近于现在的"科学"教科书。在1900年日本学者饭盛挺造采用"物理学"书名编辑出版教科书之前，我国物理教科书是以格物、格致、博物的名称与知识体系呈现的。格物的主体是物理学知识，包括力学、声学、热学、电学、磁学、光学的内容，此外还把自然地理、植物学、化学的知识也融进了格物教科书中，使其同时具有自然常识的特征。因此，我们把1900年前具有代表性的物理教科书归入格物教科书时代，1900年后选择代表性物理教科书进行评介时，我们比较注重具有现代意义上的物理学知识体系的代表性教科书。1903年王化成编译、上海商务印书馆出版的《格致教科书》，仅在第一章总论中提及格致试验与化学实验，其他章节分别为"论三种物质""热学""光学""声学""电学""磁学""重率与密率"，书名虽坚持用"格致"而不采用"物理学"，但教科书的主要知识体系已经是现代我们所理解的分科意义上的"物理学"了。从今日倡导的"科学教育的大概念"、STEAM教育（即集科学、技术、工程、艺术、数学等多学科融合的教育）的理念回头看，可能"格物"教科书的编写范式更有利于学科知识的融合。

（一）玛高温译述的《博物通书》

1851年美国来华传教士玛高温译述了《博物通书》（如图2-1-1所示），该书在宁波府镌刻，被学者称为第一本教科书性质的中文电磁学著作。目前，澳大利亚国家图书馆和我国学者雷银照收藏了此书。雷银照介绍说，《博物通书》共45页，前2页是英文，后43页是中文，约10 800个汉字，45幅插图。

图2-1-1 《博物通书》封面

《博物通书》第一次将西方电磁学知识介绍到中国；第一次创造了至少13个汉语物理学术语，如电气；第一次把电报机的原理介绍到中国；第一次提出汉字编码方案[1]。《博物通书》中"电气通标"部分的序言写道："西洋新法，凡通信移文，虽数千里，一刻可至，此宝贵之要法也，无论

---

[1] 雷银照. 寻找失落的《博物通书》［N］. 人民日报，2010-8-17（20）.

国政民事，皆所必需。今欲详明其理，先从电气立论，高明者即此细究，自能知之。第一章引言，第二章电气玻璃器，第三章电气五金器，第四章吸铁石气，第五章电气连吸铁石，第六章通标。"（如图2-1-2所示）从"电气通标"序言可以看出，一是传教士编译使用的中文语言风格带有"通俗性"，使用了标点来断句；二是指出了学习科学技术知识对于国家政治、民事的重要意义；三是强调传播科学技术知识具有宗教情怀，落实传教士团体达成的把宗教教育融入科学技术知识教育之中的理念。

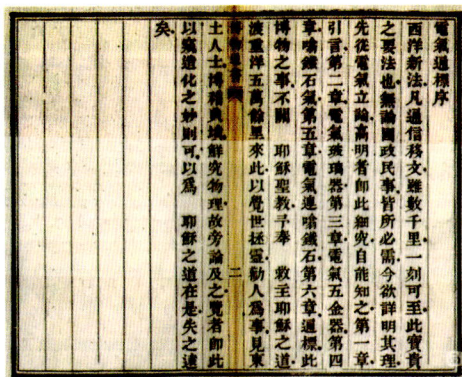

图2-1-2　《博物通书》中"电气通标"部分序言

日本东京电机大学综合媒体中心的网页上，有一张《博物通书》手抄本的照片，照片右侧的文字非常明确地指出"电气"一词来自中国的汉文西书（如图2-1-3所示）。《博物通书》第一章的引言对摩擦起电的叙述为："琥珀用燥羊毛，摩擦一边。此摩擦处，便能拾芥，就是电气发出。"[1]

图2-1-3　《博物通书》手抄本照片及名词解释

（二）合信编译的《博物新编》

1855年（咸丰五年），英国医师传教士合信编译出版了介绍十九世纪初叶西方科学技术发展状况的启蒙读物《博物新编》。合信，1816年出生在伦敦，曾获英国医学硕士学位，是皇家外科学会的会员，1839年来到中国，在澳门伦敦布道会任医师，后在广州西关外金利埠开设惠爱医馆[2]。《博物新编》先刊印于广州，同年由上海墨海书馆印行，共三集。初集主要介绍了地气论、热论、

[1] 雷银照."电气"词源考［J］.电工技术学报，2007（4）：4-6.
[2] 邹振环.合信及其编译的《博物新编》［J］.上海科技翻译，1989（1）：45.

水质论、光论、电气论五部分，包括部分化学的内容。二集包括天文略论、地球论、昼夜论、日离地远近论、日体圆转论、地球亦行星论、众星合论等部分，主要介绍天文学的相关知识。三集包括鸟兽略论等部分。该书图文并茂，语言通俗易懂，知识内容系统全面，成为当时影响非常大的科学启蒙读物。其章节目录整理如表2-1-2所示。

表 2-1-2 合信编译的《博物新编》目录

分册	章	节
初集	地气论	气机筒、养气（注：指氧气）、炭轻（注：指碳氢）二气、轻气球（注：指氢气球）、风雨针、轻气（注：指氢气）、磺强水（注：指硫酸）、物质物性、寒暑针、淡气（注：指氮气）、硝强水（注：指硝酸）、风论、炭论、盐强水（注：指盐酸）
	热论	三质递变、汽柜、轮拨、蒸汽、冷水柜、汽尺、火轮车、火炉、汽制
	水质论	漕运、山水、泳气钟（注：指潜水钟）、却水衣（注：指潜水衣）、海水
	光论	空中巨人、空中船像、海市蜃楼、光射之速、光射斜直、空桥、日晕月晕、光分远近、虹霓、咸汐光、磷光、虫光
	电气论	
二集		天文略论、地球论、昼夜论、行星论、日离地远近论、日体圆转论、仿做地球经纬法论、各国土地人物不同论、四大洲论、万国人民论、地球亦行星论、地球圜日成四季论、月轮圆缺论、月轮本体论、月蚀定例论、潮汐随月论、水星论、金星论、火星论、小行星论、木星论、上星论、土星论、彗星论、经星异见论、经星位远论、众星合论
三集		鸟兽略论、猴类、象论、犀论、虎类论（内载狮子）、虎论、豹论、犬类、熊罴论、马论、骆驼论、（齿合）兽论、胎生鱼论、鹰类论、无翼禽论

《博物新编》不仅在我国多次转印再版，而且很快传到日本，受到日本学者的高度重视，在19世纪60年代初两次被幕府官方学术机构翻刻。其在我国图书市场有民国惠爱医局版、民国三年重印版、咸丰墨海书局版、明治九年柳絮书屋版、明治七年福田氏藏梓版等，如图2-1-4所示，该书在

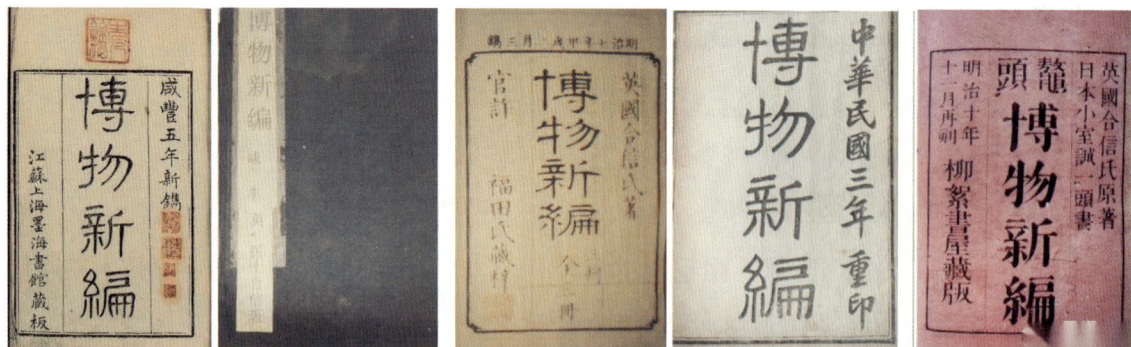

图2-1-4 咸丰、民国、明治版的《博物新编》

19世纪的中国和日本科学教育领域影响最大。从日本翻译的《博物新编》看，一是当时日本的汉字阅读水平很高；二是版权意识比较强；三是在鸦片战争初期清朝文教界对西方科技图书的翻译对日本还有较大影响，并非单向学习日本；四是中日之间科技教育的差距在甲午战争后加大。

从《博物新编》的内容来看，图书的编写采取先集中展示图形，如图2-1-5所示，再进行文字讲解的编写结构。初集第一章"地气论"，主要讲了大气压、抽气机、真空管、氧气和氮气的制备及氧化反应的内容，没有物理、化学分科的概念。本教科书的图示采用透视原理图，比较直观。在这一章介绍了在真空罩里轻物体和重物体向下落地一样快，"罩内无气，钱毛齐落"，并介绍了抽气机的结构和工作原理，氢气球的结构和工作原理，气压针和温度计的结构和工作原理，氧气、氮气的制备方法，铁丝在氧气中的燃烧实验，并注释说"瓶内满以氧气，用火点铁线甚光明"，同时还联系煤窑的真实环境，阐述了煤窑内因一氧化碳比较多，遇火即焚烧的问题，并介绍了煤窑灯笼的结构示意图。

《博物新编》注重联系工农业生产实际。如在"水质论"一章，主要讲了简单机械的原理和应用，借助杠杆原理讲了"桔槔借力取水法"，借助连通器原理讲了如何将山上的水引到房间，以及压水柜的结构和应用。在"热论"部分，介绍了蒸汽机的原理和结构，火车的组成和运动原理。

《博物新编》的文字表述注意采用类比的方法，让学习者容易理解，如图2-1-5所示，"大地体圆如橙，其外有气环绕之，如蛋白包裹其黄也。自地而上高约一百五十里，人物皆处其中，若鱼类之在水，鱼赖水以长，人藉气以生，鱼不能离水，人不能离气，其理相同"。

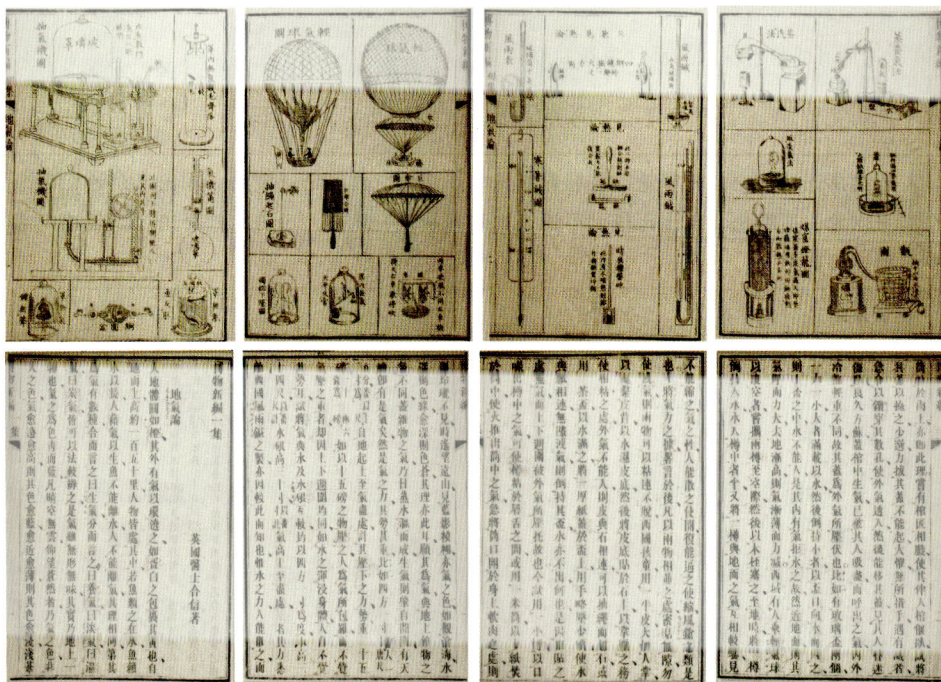

2-1-5

图2-1-5　《博物新编》中的示意图和样章

1876年，广东南屏人容兆伦在日本出版了《博物新编》（全二册），为四、五集，由日本大角氏刊印。如图2-1-6所示，封面有"官许"二字，说明当时日本亦有出版审查许可制度；印有"清国容兆伦著"，说明日本有版权保护制度，虽使用"著"，但该书应为容兆伦编译的书籍。清朝广东南屏人绍云为该书作序，并对该书大加赞赏："余是岁之秋游于东京，闻吾乡人，容兆伦先生博闻多览，余踵访之。他日先生携其《博物新编》数千言，而辱示于余，阅其文，穷尽事理，无微不精，无远不极，所谓穷道理于目前，视万物于掌上。余喟然而叹，先生之多才多艺，非博学之士，其能如是耶？至若前刊《博物新编》，虽无所不备，而其事理之穷尽，究不如是编。"认为容兆伦的《博物新编》与合信的《博物新编》相比，容兆伦的书在物理现象和规律的解释上更优。容兆伦著的《博物新编》的篇目如表2-1-3所示。

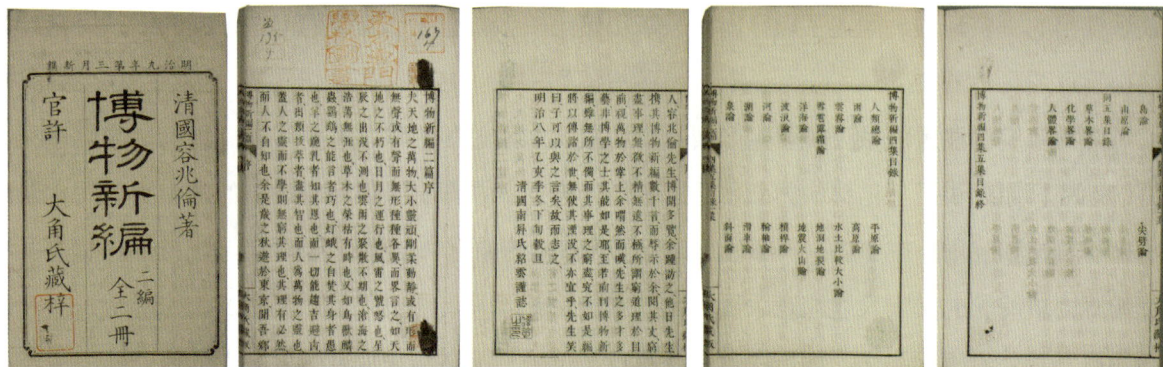

2-1-6

图2-1-6　容兆伦著的《博物新编》封面、序和目录

表 2-1-3　容兆伦著的《博物新编》篇目表

四集目录	人类总论、雨论、云雾论、雪雹露霜论、洋海论、波浪论、河论、湖论、泉论、岛论、山原论、平原论、高原论、水土比较大小论、地洞地裂论、地震火山论、杠杆论、轮轴论、滑车论、斜面论、尖劈论
五集目录	草木略论、化学略论、人体略论

从书的内容看，容兆伦所著《博物新编》并不是合信所编《博物新编》前三集的续集，而是自成体系，是整合的科学体系，它包含了自然地理学、生物学、物理学、化学等学科知识。就物理学知识而言，其延续了"配图+文字"的编写方式，且文字、图示印刷非常清晰、精致，如图2-1-7所示。

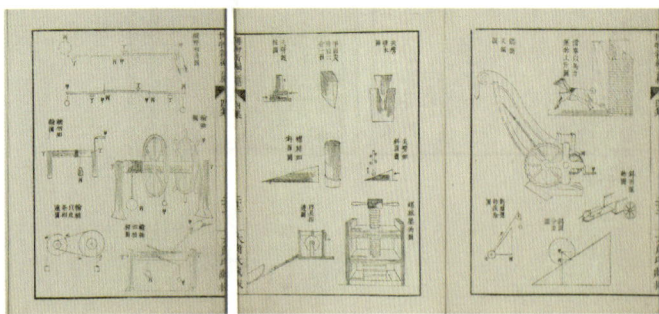

2-1-7

图2-1-7　容兆伦著的《博物新编》中的插图

清末编译的物理教科书，注重讲述科技哲学和科学思想，有比较好的科学思想性。以容兆伦所著《博物新编》的"杠杆论"部分为例（如图2-1-8所示），第一段先讲物理规律和分类方法，

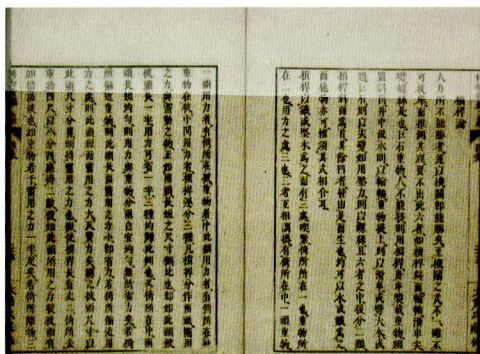

图2-1-8 容兆伦著的《博物新编》中的"杠杆论"

"人力所不能胜者，运以机关即可胜矣"，告诉读者，人面对自然问题时，可以借助杠杆解决自身能力局限问题。又讲到"机关之式不一，虽不可枚举，而推测其理，要不出此六者，如杠杆、斜面、轮轴、滑车、尖劈、螺丝是也"。意在告诉人们，机械工具样式虽然种类很多，按物理学的原理可分为杠杆、斜面、轮轴、滑车、尖劈、螺丝六类。在纷繁复杂的事物表象中找出规律进行分类，是物理学重要的研究方法。接着又指出，这六类机关中最基本的只有两种：一种是杠杆，一种是斜面。"六者之中，复分二类，杠杆、斜面为首，其余四者，皆由是而生也。"这里的杠杆、斜面就不是具体的杠杆、斜面了，而是"物理模型"意义上的杠杆、斜面。然后讲杠杆的结构，"杠杆以铁或坚木为之，而有三处吃紧。倚所所在一也，重物所在一也，用力之处三也，三者互相调换。有倚所在中，一头重物，一头用力者。有倚所在彼，重物居中，此头用力者。有倚所在此，重物在彼，中间用力者。杠杆遂分三种；凡杠杆分作两头，需用之力与所需动之物正如两头，长短之尺寸倒比也，即如此头较彼头长一半，用力可省一半，三种均归此例也。又倚所在中，两头长短均匀，则用力与重物分两自宜均匀，无所省力矣。若倚所偏近重物，则此头长而需用之力小，即省力。若倚所偏近用力之处，则此头短而需用之力大，反费力矣。总之，彼头尺寸以此头分算，则得需用之力也"。从语言风格看，该教科书的用语有口语化倾向，如两头、此头、彼头；对杠杆的类型进行了归类和结构分析；语言讲述的逻辑性比较强，图示与语言讲述相配合，并用中文"甲、丙、丁"标注杠杆支点、用力点；插图及标示准确、清晰，如图2-1-9所示。

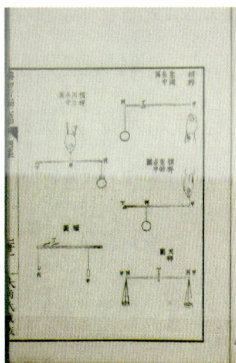

图2-1-9 容兆伦著的《博物新编》中的杠杆插图

合信和容兆伦所编《博物新编》教科书对于中日科技文化交流、促进两国科学教育发展都起到了非常重要的作用。清末我国科学教科书的编译工作不逊于日本，而且对日本的科技教育也产生了较大影响。只不过清朝当权者对科技教育在国家战略层面的重要性的认识远不如日本，加之以科举为核心的教育制度、儒学求仕文化的传统、重思辨轻实验的思维方式，导致从朝廷到市井都没有把握住科技教育的机遇。这些问题在清王朝设立官办同文馆和开设课程的争论中可见一斑。

（三）丁韪良编译的《格物入门》

丁韪良，1827年4月10日出生于美国，受美国长老会委派来华传教，于1850年到达中国，在中国生活60余年，经历道光、咸丰、同治、光绪、宣统、民国6个时期，作为美国传教士的同时历任美国驻华公使译员、同文馆总教习、京师大学堂西学总教习、湖北济美学堂总教习、湖北仕学院讲友等职，是一位汉学家和中国通。他1916年12月17日卒于北京，终年89岁。

1869年11月26日，丁韪良正式就任同文馆总教习一职，相当于现高校教务长。京师同文馆的设立，标志着我国国办现代高等教育的发端；京师同文馆天文算馆的设立，标志着西方现代科技教育进入我国教育制度体系。而由此引发的科技教育与传统儒学教育在官方知识体系中的冲突与斗争，体现了文化意识在知识领域以政治形式出现时的极大冲击力。1866年12月11日，主持洋务、总理各国事务衙门大臣恭亲王奕䜣上奏，拟在同文馆中添设天文算馆，引起保守派的指责，大学士倭仁上折"立国之道，尚礼义不尚权谋；根本之图，在人心不在技艺"，虽然最终奕䜣获胜，但报考天文算馆的学生很少。1867年6月21日，天文算馆举行入学考试，此前报名者98人，考试者72人，录取30人，入学后成绩差被退学者20人，剩余10人又被分散到英、法、俄三馆，1869年美国公使布朗评价京师同文馆"仅是一个语言学校，名为同文馆者而已"[1]。

丁韪良任同文馆总教习后，首先增加学习课程。1876年丁韪良根据学生的学习基础和资质的差异，分别编制了八年和五年课程计划，并逐步扩充同文馆所设专业，于1888年（光绪十四年）开设格物馆，1895年改名格致馆。丁韪良编译《格物入门》一书是在任同文馆总教习之前，他于1864年开始着手编译工作，1867年完成编译工作，1868年3月由京师同文馆（扉页印京都同文馆，戊辰仲春月镌）刊印[2]。其编译《格物入门》的起因主要是有感于当时中国人的封建迷信，这种封建迷信思想对于传教又是一个巨大的思想障碍。他说："中国的教育局限于纯文学、伦理以及政治。高级学者对于石头为何落地的了解不超过牛顿之前的欧洲人。他们对所有的现象都用'阴''阳'二力的作用来解释。他们的化学尚未脱离炼金术阶段。他们依赖于'五行'学说……使是诸如开矿、筑路这样实际的事务在他们处也是由被称作'风水'的一种伪科学规律所控制。"[3]他按照"由格物而

[1] 王文兵. 丁韪良与中国［M］. 北京：外语教学与研究出版社，2008：107.
[2] 同［1］131-132.
[3] 同［1］131.

推及造物"的思路，通过西方自然科学技术知识的普及来破解中国的迷信思想，消解保守主义儒学派对西方"奇技淫巧"的抵制。

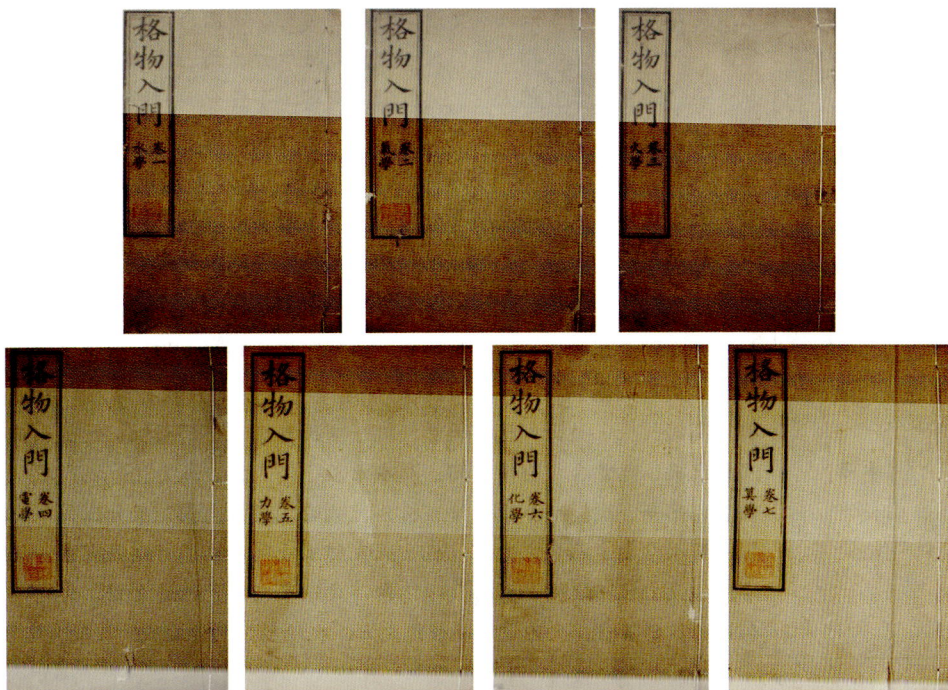

图2-1-10　《格物入门》七卷封面

《格物入门》共七卷，其封面如图2-1-10所示。内容分别是水学，气学，火学，电学，力学，化学，算学。即丁韪良的格物知识体系包含"理、化、数"，其中化学卷包含了部分生物学知识，算学卷属于现在数学物理方面的内容，是数学在物理学中的应用部分，而非单纯地讲解数学知识。具体目录如表2-1-4所示。

表 2-1-4　《格物入门》七卷目录

卷	章	节
第一卷 水学	上章 论静水	涓滴相吸、水与气不同涨缩者少； 水学三纲 推论第一纲：引水之法、海水凸出、形同球面、以水秤测量地势； 推论第二纲：水力下压、水力上托、压柜水箱； 推论第三纲：水深力大、冲进坚桶、催裂高山、水力傍压、压力总处、筑堤、蓄水、浮沉之故、以水测量轻重、油酒比水轻重、各物比水轻重、水权、轻重表、酒表、甲论浮沉、细管吸水
	下章 论流水	水跃高低、水流疾徐、水表、节水管、提水管、吸水管、压水管、双行水管、求火水龙、自涌泉、喷水马、水力汲水、喷水狗、自流井、油井、行舟过山、水轮、无轮水磨、喷水船、水碓、搅水龙、船厂、浮厂、水流高低、波浪之理、船轮之式

（续表）

卷	章	节
第二卷 气学	上章 论天气	天气高厚亦有限制、天气有体质、其分两可称、不能与他物并处、以水验之、天气轻重、天气下压、吸物之理、以水银测度天气、风雨表预知风雨、测量高低、空盒风雨表、测量高低宜慎天变、天气渐高渐薄、下压分两、酒撒间流泉同为一理、天气涨缩、力愈大气愈缩、天气轻重层次、随冷热涨缩、天气火轮、吸气筒、玻罩试验、气车、积气筒、积气泉、积气开山、积气入水、论风、起风之故、通气于矿窨、近赤道通商风、风有冬夏易向、风有早晚易向、风多无定向、风南北循环、旋风、旋风有二、避旋风之法、风行疾徐、风称二式、风磨二式、论雨、落雨之故、雨源由海、计算雨数、雨尺
	中章 论蒸气	与水气有别、蒸气四纲、验第一纲、验第二纲、验第三纲、水化蒸汽涨甚力大、验蒸汽之力、述蒸汽之用、古人以之惊愚、古人以之为戏、后人始用、历述有用之机、高氏气机、吴氏气机、天然气机、塞氏气机、牛氏气机、瓦德气机方为尽善、双行气机、气管合页自能启闭、添水入釜不需人力、通力轮、稳行球、节气合页、气表、平安合页、节水机、节火机、记数轮、气机全式、机分二种、高度机、低度机、筋水之力、石煤之力、气机初兴有妨工业、气机通行众民有益、气机织纺贸易丰盛、火力代纺之由、火力代织之由、火轮车之由、铁道之式、火轮车之式、其行甚速、其费甚省、火轮过山、创作之人、火轮船、创作之人、火轮舟车西国甚多
	下章 论音声	天气飏声、飏声快慢、飏声远近、他物亦能飏声、不飏声之物、发声之由、声音高低之故、音分有八、类分有三、中西同律、音分十层、声音相触消减、应声之故、回响之迟速、回响之方向、回响之聚处、低声楼、传声管、扬声筒、接声筒、耳为接声、口为发声、皆赖天气
第三卷 火学	上章 论热气	热气不可无、溯其来源、热显为火无热则冷、热令物涨、防冷热钟摆、寒暑表式、以水银造之、发伦表、以酒精造之、以天气造之、百度表、自记表、热表、物因冷而涨者有之、热气发散、热气引散、不引热则暖、引热不分上下、热气外射、热气返照、物受热易失热亦易、色热相涉、以热化形其法有二、变化万物其热不一、无热化形热自增减、物化而热自减、物化而热自增、各物吃热其量不同、冰令水滚、冬夏冷热之故、五带冷热之故、各地冷热之故、结冰之高、凝露之故、地中之火、地中之热、力热互生、力原于日、热有二说
	下章 论光	明源分类、光行极速、星光射地仍需时久、光之浓淡随其远近、三法试之、辨影之深浅、分光之明暗、以减影度之、光之返照测度方向、水影倒置、论照镜、平鉴返照、数鉴交照、传影筒、凹鉴返照、凸鉴返照、光之被折测度方向、论透镜、凸镜透光、火镜焚物、凹镜透光、论眼目、目辨大小画分远近、暗中视物、水镜测海、论显微镜、论射影灯、论远镜、返照远镜、折光远镜、三光形状、论照画、其法渐精、照画传真、照画印字、光分各色、中西同义、白光分为七色、七色复为白光、论虹霓、雨点分光、二虹并见、虹有定方、空中成影、隔瓶倒影、海市蜃楼、陆地假水、光有二说、如水有源、光由微气、似水扬波、光之无质实有证验、透光宝石反致阻光、二光相合反致成暗、光音相似、论冷光、冷光实有微热、光照直斜冷暖有别

（续表）

卷	章	节
第四卷 电学	上章 论乾（同"干"）电	雷电一物、电气隐伏于万物、电分干湿、干电由揩摩而显、地中有电、论干电机、简轮以生电、架以引电、瓶以蓄电、义以放电、合以接电、易制电机、电气二说、一气分多寡、二气分阴阳、二说难辩、物以引电分类、试电有无、辨其阴阳、二气并生、电气发光作声、电花美观、电气劈物、电气生火、电烧金类、以电穿物成孔、以电震人、度量电气、起风催水、摇铃运物、蒸汽生电、电蓄于物之外、电有浓淡、机器所造与雷电无异、云际引电、须防危险制器宜慎、防雷卫室、防雷卫身、雷患无多、北方晓由电返照、龙挂由电、生物发电、雷鱼生电、雷鳝生电、天生电机、鱼身云际电无二致、三轻相联
	中章 论泾（同"静"）电	二金交感因生泾电、电堆电池、但氏电池、葛氏电池、斯美电池、电极电路、泾电发光、泾电燃火、泾电化水、电化诸物、化物变色、以电融金、以电包金、电制印板、电气吸铁、电称、电钟、以电代炬、以电医病； 附论磁石：磁石大用、磁石吸铁、磁石定向、二极之异同、传失吸力、吸驱有解、磁气运行于地球、电极与地极不同、定北针偏上下、定北针偏东西、无极针、航海罗盘
	下章 论电报	通信极速、电之疾徐、设法验之、放炮击钟为号、印字写字通言、为益极大、由渐而兴、电力八种、电报八法、初兴多弊、渐用渐精、其力由吸铁、电报磁铁、电钥、副磁铁、画直机式、印字机式、写字机式、指字机式、不可少者有五、申论电池电路、池有正负、路有来回、地为回路、铜丝铁丝用为电线、防电气散漫、防雷电入室、海底通信、海底电缆、英美二国海底通信、万里长缆二修始成、海底断缆失而复得、一缆未足、东洋电路、前则暂停继又复行、电报巨款公帑民捐、电报四奇、空中电见以之通信、电报奇速先时可知、滴水生电通信海涯万里、取火
第五卷 力学	上章 论力推原	论物之行止、行之速、动之力、力可变通、渐动渐静、被载借力、力热互易、物不分于动静、动有三阻、无自行之器、物力有三、物之涨缩、物之软硬、物之轻重、论地球吸力、物之升降、二物相吸、吸力通例、物之轻重按地心远近、始论吸力、月被地吸绕地而行、地被月吸致有潮汐、论潮汐、向背皆潮、日亦成潮、潮分大小、大潮之故、小潮之故、潮汐疾徐、潮汐高低、月不失位之故、论离中毗中之力、地不失位之故、地球如匾球之故、论重心、重心偏则不稳、测重心之法、动物三纲、推论第一纲、推论第二纲、推论第三纲、论物相触、测炮子之疾徐、斜触触回二角均匀、有无跃力相触有殊、阐明跃力、有跃力者相触之理、论力之分合、二力合一、星宿运行之故、一力分二、藉风航海之理、二力一用、论物之坠地、因轻重有疾徐、渐快之故、下坠之理、比疾徐之法、坠物架、其疾徐之通例、掷物上行之理、递减之差、平掷落下、测炮子远近高低、苗未高低、炮子被天气所阻、他物亦有所阻、虽行甚疾仍有限制、极速则弗大而危其、火药数种、力由化气、枪式宜省药力
	下章 论助力器具	力具分类、论杠杆、杠杆三种、计力通例、靠头在中、重物在中、用力在中、称秤之理、自来杠杆、数具相连、省力需时、论轮轴、与杠杆同理、计力通例、数具相连、论滑车、滑车二种、计力通例、数具相连、以滑车升高、鹤颈称、论斜面、释其用明其理、省力需时、论尖劈、释其用明其理、计力通例、省力需时、论螺丝、计力通例、力具合用、六种归二、以轮通力、钟表动无快慢是以纪时、其力有二、钟摆之理、起落高低均匀、其道长短时刻无殊、钟摆之用、钟锤之用、随长短有疾徐、随高低有疾徐、无摆无锤之钟表、木力有二、死物吸驱之力、生物自具之力、于血验之、于筋验之、力在善用、器能助力不能生力、力能预储以待用时、于水验之、于地之吸力验之、于物之张力验之、计力之法、计力通例、于车马验之、计力之用、摩揩阻碍、摩阻有益、材力不同、物形与力相涉、空管之式致能胜力、于物验之

（续表）

卷	章	节
第六卷 化学	上章 论物之原质	化学大旨、辨物异同、分其纯杂、究其变化、交感分合、三轻所感、论物之体用、物之所同、物之所异、原质细渺、似合未合、微质相吸之例、推求原行、原质与五行不同、命名有法以彰原质、自拉氏始各国通行、配合成物如笔画成字、原行总目、工夫有二、原质相合异同有别、同类相合、异类相合、变形易性、色变、形变、味变、臭变、相合挽（同"掺"）和有别、相合五则、第一则、第二则、第三则、第四则、第五则、原质相合有定数、结成颗粒有定式、成珠分类、分合有序强弱相克、物被电气分合、达微氏论电化物
	第二章 论气类	气有数种、昔人未知、按量相合、量气之法、见水而变入水而隐、论养（同"氧"）气、炼养气之法、以养气养火、以养气然（同"燃"）物、其然物养火之义、试其养火、试其养生、呼吸之故、草水呼吸与动物相反、玻璃湖海动植并生、炭养互换、养气所化依类别之、论淡（同"氮"）气、炼淡气之法、以之作气球、以之生烈火、二气明灯、以火生水、论硝气、炼硝气之法、去养存硝、不毒致死灭火可然、硝养相合五种、硝酸、喜气、风中硝气、风中各质、散布均匀、二气相引、论盐气、炼盐气之法、色臭轻重、爱水怕光、与金属相合、与淡气相合、退色解臭、盐酸、硝油火药、盐气与各质相合、论炭精、纯者三种、金刚实炭、笔铅亦炭、烧炭之理、令物变色变臭何如、炭气、炼有二法、试有数端、炭淡相合、炭淡重气、炭淡轻气、达微氏防火灯、灯烛生光之理、煤气燃灯、造煤气之法、论硫磺、与养气合生二物、磺酸、火药、论光药、炼光药之法、与养气合成数种、与淡气合生一物、硼精、玻精、论海蓝、炼海蓝之法、征验海蓝、海蓝与他物相合
	第三章 论金类	原行多半属金、金类所同者、金类所异者、与他物交感、论炭精、灰中生金、水中生火、灰精生硝、论硷精、令水分化、论阿嚤呢、论石精、论矾精、论白铅、论黑铅、论铁、生铁炼熟、熟铁化钢、论铜锡、论银、征银之法、论水银、论黄金、论白银、论信石、论盐类、盐类二种、论酸类、征酸类之法、论蛤利、征蛤利之法
	第四章 论生物之体质	动植皆生、其体为原质合成、化本于生、其质不一须辩异同、其质变革化生新类、缘生物而造之、生物之常质、四者变化多种、养生之质总分二类、不含硝气者四种、树胶、木汁、以木汁造火棉、火棉之用、粉子、糖、含硝气者三种、蛋白、肉胶、乳膏、二者质同而形异、各质功用生热生肉、交感生酒醋、须酵令酝酿、酒精纯杂、磺精、盐精、草酸、草碱； 附化学总论：化学辅佐医道、分化配药、解毒救命、验尸征毒、与炼丹相涉而仍相异、同本而异名、所求者迥异、其法不同、其理各别、其效有殊、国兴化学、民专化学、料不易备、要者可得、凑合多种、精术必由师授、习化学以明理
第七卷 算学	上章 测算水学	压柜、计其力、推其理、水面自平之故、平而不平、计其所差、水之下压、水之旁压、水之压力按深递加、由重心计压力、多寡相抵、水权之理、以水权物、以高低分轻重、沉浮之理、以水量物、水流疾徐、测算江河、水自孔流、水之倒跃、水面下退以之计时、水自旁跃、物行水中愈速愈阻
	第二章 测算气学	吸气筒、天气下压、风雨表细差格、天气渐高渐薄、天气高有界限、天气愈高愈稠、恒雪线、天气中含水气、计吸水管之力、计提水管之力、计压水管之力、计蒸气之力、其力按热递加、其力按稠递加

（续表）

卷	章	节
第七卷 算学	第三章 测算光学	光按远近等差、离物稍远明似无差、天气阻光令明渐杀、平镜返光之理、光平来平返、光之聚散返照亦然、凹镜返光之理、镜面如球聚光半径之中、镜面若抛物线返光皆平、平镜成影之理、影形方差度、平镜影形大小比例、凹镜聚热之理、释折光之理、验折光之法、光透平镜出入相平、凸镜影形大小比例、凸镜光差度、双线镜式、椭圆镜式、月牙镜式、光生色之故、物随厚薄变色之理、验薄物变色之法
	第四章 测算力学	论吸力、吸力通例、物离地渐高渐轻之例、空球之内无所吸移、物入地渐深渐轻之例、论动静、物行平速之例、物行渐速之例、平速而行以四边形度之、渐速而行以三边形度之、坠地加速之例、上掷减速之例、平速加速相比、计物之下掷、计物之上掷、以自坠为则、论力之分合、二力合一、路径对角、三力合一、数力相合、物循曲线之故、计掷物之路、以一力分数力、一力分二其角相交、一力分二任成何角、一力分二恒得定数、施力方向与功效相涉、物受数力而定之例、数力自数面总合为三、论重心、分两似尽聚重心、察二物之重心、察数物之重心、测三边形之重心、测多边形之重心、二物动而重心静、一物动而重心随、论物之相触、无跃力而相触、无跃力而逆触、有跃力而相触、触后疾徐互易、论助力器具、计算杠杆之力、计算轮轴之力、计算滑车之力、计算斜面之力、计算螺丝之力、计算尖劈之力、六具之通理

　　《格物入门》第一版由总理衙门大臣徐继畬、董恂作序。徐继畬在序言中提出的"内而析理，外而利用"的物理教学思想是难能可贵的。董恂在序言中则总结了西学的发展历程，提到西学的传播始于利玛窦，肯定了南怀仁和美国传教士雅裨理的贡献。两篇序言之后，有丁韪良所作的出版说明，指出格物之学缘于人类对未知世界的好奇心。"格物之学源于开辟太初之人，始出两间，环视万物，究其性情，别其名目，斯为格物"。同时，指出西方各国争相在学校开设格物之学、赐予爵位，激励科技教育，是富强之策，可以说丁韪良是较早提出"科技强国"思想之人。"泰西之兴格物久矣，而近代尤隆尚也，各国设庠序以课之，赐显爵以劳之，遐迩遍搜，互相争先，盖富强之策在是已。"说明在十九世纪，西方社会已经十分重视科技教育，对科学与社会富裕、国家富强关系的认识已很深刻，可以看出当时中国与西方国家在科教兴国认识上的差距。

　　《格物入门》的编写体例也很有特点，每一卷前面是图示，图示注明与后面的节目之间的对应关系，比较直观；正文部分均采用对话问答式方法，便于学生自学。

　　教科书内容的编写还注重联系生产实际，强调物理实验。对物理教学仪器、生产工具、实验操作过程的文字叙述比较详尽，配合文字前面的图示，有比较好的教学效果。如图2-1-11所示，教科书不仅比较直观地介绍了连通器的原理，还说明利用连通器原理，可以引水入室、制作水秤等，并在后面的方案叙述中，以问答的方式进行了详细说明，体现了理论联系实际的物理教学原则。

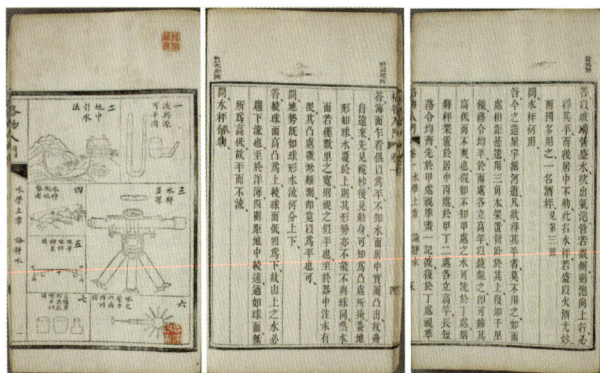

2-1-11

图2-1-11 《格物入门》中的"水学"样章

问：水秤何物？

答：以玻璃管盛水，吹出气泡，管若微侧，则泡向上行，必得其平，而后居中不动，此若水秤。若盛以火酒尤妙，西国多用之，一名酒秤（见第三图）。

问：水秤何用？

答：今之造屋宇掘河道，凡欲得其平者，莫不用之……

《格物入门》七卷比较全面地介绍了西方科学技术发展的整体和前沿内容。"水学"中讲了静力学、动力学的内容，"气学"中讲了分子运动论的内容，"电学"中讲了电磁学的内容，"火学"中讲了热学和光学的内容，"力学"中比较全面地介绍了伽利略和牛顿力学、天体物理的内容，"算学"中部分属于初步的数学物理方法，作为单独一卷专门讲运用数学方法解决物理问题，是值得肯定的。更难能可贵的是，用"无名电"介绍了伦琴发现的 X 射线，而且讲到了 X 射线可以用于透视。每一卷都注意结合生产上的应用，如格物在推磨、开凿运河、修建铁路、制造蒸汽机、电机、电报机、火车等方面的应用。《格物入门》还注重用科学方法解释中国人难以理解的自然现象，如海市蜃楼和雷电等，有助于破除迷信。

（四）林乐知和郑昌棪编译的《格致启蒙》

1879年江南机器制造总局出版的《格致启蒙》，共分化学、格物学、天文、地理四卷，由美国传教士林乐知和海监郑昌棪共同编译，这本教科书明显呈现出分科编写的特点，每卷的原著者不同。其中《化学》的作者为英国化学家罗斯古，《格物学》的作者为英国物理学家司都蘜，《天文》的作者为英国天文学家骆克优，《地理》的作者为英国地理学家祁覵，如图2-1-12所示。

《化学》部分共有22章加3个附录，配有化学实验插图36幅。其中第1个附录为"试验例"，具有化学实验教学法的意味："一、凡欲试验与看，须先熟练将所试本文熟记，方能一面讲解，一面搬演。二、所用器具均须洁净，搬演时心手灵敏又显豁呈露。……五、大学徒看明试验各法可令亲手演练，师长在旁监视。"附录2为"试验诚言"专章，告诫化学实验中需要注意的52个问题。附录3为课后思考题，"试问第一，论火：一问蜡烛纳入小口瓶内烧之，究成何物？二问用何法表明烛烧后与未烧时分别之处？······"化学卷没有章节标题，按"第一""第二"等的形式，直接展开课文内容。

2-1-12

图2-1-12　《格致启蒙》封面、扉页及样章

《格物学》和《天文》为现在的物理学内容，《格物学》课文结构和《化学》相似，共90章3个附录，其与《化学》不同之处在于，《格物学》分有九编，每编设计若干章，章有标题名称，此外《格物学》配有插图48幅，使用铜版印制。具体章节目录如表2-1-5所示。

表 2-1-5　《格物学》目录

章	节
总论	第一 论格物原起；第二 论动静；第三 论力；第四 论吸力；第五 论结力；第六 论化学爱力；第七 论各力之用
地心吸力作何运用	第八 论重心；第九 论权衡；第十 论物之三种性质；第十一 何为定质；第十二 何为流质；第十三 何谓气质
论定质性情	第十四 论定质改变；第十五 论定质弯坠；第十六 论定质料力；第十七 论摩擦粘力
流质性情	第十八 论流质改变；第十九 论流质能传力；第二十 论压水柜；第二十一 论流质面平；第二十二 论水平测；第二十三 论深水压力；第二十四 论流质浮力；第二十五 论浮水之理；第二十六 论较量轻重；第二十七 比他流质浮力，第二十八 论征管吸水
气质性情	第二十九 论空气压力；第三十 论空气轻重；第三十一 论空气压力表；第三十二 论风雨表；第三十三 论抽气筒；第三十四 论抽水筒；第三十五 论虹吸

（续表）

章	节
物动	第三十六 论物动之力；第三十七 论量物动之功数；第三十八 论物动所成之功数；第三十九 论物力静存
摆摇之动	第四十 论音声；第四十一 论响声与音韵；第四十二 论声有力；第四十三 论空气传声；第四十四 论音声、动法；第四十五 论动速力；第四十六 论声之回应；第四十七 论能明某音声有若干摆摇之动
热学	第四十八 论热之本性；第四十九 论物因热而涨；第五十 论寒暑表；第五十一 论寒暑表造法；第五十二 论定质涨伸；第五十三 论流质涨伸；第五十四 论气质涨伸；第五十五 论热涨之力；第五十六 论物受热度多寡；第五十七 论各质化变；第五十八 论水之隐热；第五十九 论汽之隐热；第六十 论水沸成汽　水烘晒成汽；第六十一 论水沸度在乎压力；第六十二 论热化；第六十三 论冷结；第六十四 论热散；第六十五 论热气之引传；第六十六 论热气之凸传；第六十七 论光与热之晕射传；第六十八 论光行之速；第六十九 论回光；第七十 论光入水出水之线路；第七十一 论镜透光；第七十二 论透镜；第七十三 论光色各行其各路；第七十四 总前论；第七十五 论力生热　热生力
电学	第七十六 论物之有通电有不通电；第七十七 论电气有二；第七十八 论二种电气；第七十九 论显电引分隐电；第八十 论电发火；第八十一 论试电；第八十二 论金类物有关引电；第八十三 论发电聚电机器；第八十四 论蓄电瓶；第八十五 论电力；第八十六 论电气流通；第八十八 论电气流通形性；第八十九 论电线报；第九十 总论
附录部分	试验例；试验诚言；各章习题

在"电学"一节，课文内容有用"唵字""工夫"等世俗口语性词汇来说明"时间"概念，说明当时教科书用语注重生活化、通俗化。课文引介了电气（即电磁波）的传播速度和时间"秒"的概念（电气一秒工夫行三十六万英里），三十六万英里折算公制为五十八万公里，说明当时认为电气的传播速度为光速的二倍。此前在"第六十八 论光行之速"一章中，介绍了光的传播速度是十八万六千英里一秒（即289 681.92千米/秒），和现在的数字一致。这说明当时测算的电气的传播速度是光速的二倍，现在认为光也是一种电磁波，其传播速度即为光速。

课文介绍了电气的最新应用。1856年，塞勒斯·菲尔德成立大西洋电缆公司，1857年该公司开始负责铺设电缆的工程，但没有成功。1866年7月13日，当时世界上最大的船只"大东方号"离开爱尔兰瓦伦西亚岛，驶向加拿大的纽芬兰，成功铺设第一条跨大西洋海底电缆。《格致启蒙》于1879年编译出版，即引介了1866年铺设成功的世界首条跨大西洋的电缆，"现在美国与欧洲诸国隔大西洋一万余海里，置有电气线，不及一秒工夫，可以传达信息"，如图2-1-13所示。课本内容非常先进、前沿，扩展了国人的新技术应用视野。

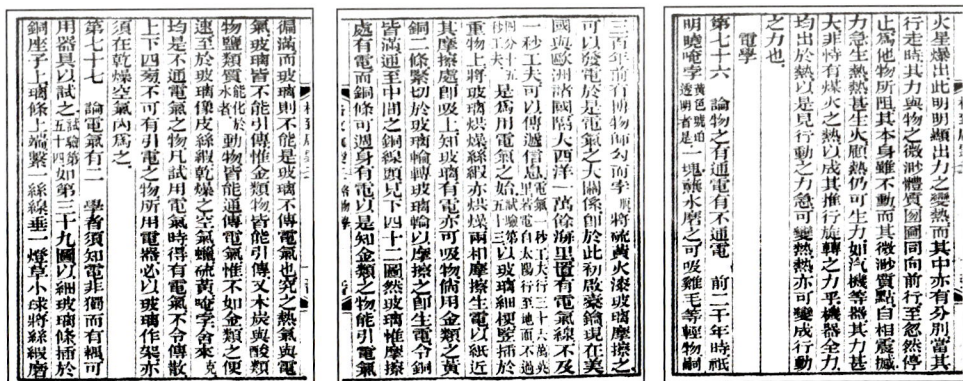

图2-1-13 《格致启蒙·电学》样章

（五）艾约瑟译的《格致总学启蒙》

1886年11月，清政府总税务司署刊印了《格致总学启蒙》（如图2-1-14所示），该书由汉学家艾约瑟译自赫胥黎的《科学导论》[1]，具有自然常识的性质。艾约瑟于1823年12月19日出生于英格兰，父亲为公理会牧师，同时也经营一所私立学校，艾约瑟很小就受到宗教和世俗知识的熏陶，后来，进入伦敦大学学习，获学士学位后继续接受神学教育，1847年，他在伦敦接受神职，在英格兰当了短期的牧师之后，申请加入伦敦会，并希望来中国传教。1848年3月19日，艾约瑟离开英国，同年7月22日抵达香港，9月2日来到上海。艾约瑟在墨海书馆的工作主要是管理图书，并协助麦都思（1796—1857）编写宗教宣传品。他还参与创办了一所寄宿学校，用中文和西方人的先进方法向中国孩子提供实用的宗教教育。艾约瑟有着惊人的语言天赋，他掌握的语言有英语、德语、法语、拉丁语、希腊语、希伯来语、叙利亚语、波斯语、梵语、泰米尔语、汉语（包括大多数方言）、日语、朝鲜语等，其自然科学造诣也很深厚，生前还是英国皇家亚洲学会荣誉会员。1853年，他

图2-1-14 艾约瑟译不同版本的《格致总学启蒙》封面

[1] 王扬宗. 赫胥黎《科学导论》的两个中译本：兼谈清末科学译著的准确性 [J]. 中国科技史料，2000（3）：207-221.

与浙江海宁数学家李善兰合译《重学》20卷及《圆锥曲线》3卷，又与浙江湖州人张福僖合译《光论》，1859年出版《中国之宗教状况》，向西方介绍中国儒、释、道三教的历史和现状，1880年出版《中国之佛教》。1905年4月23日，艾约瑟溘然长逝，终年81岁，在华生活了57年[1]。

《格致总学启蒙》共分3卷67节，上卷主要讲人是如何认识客观世界的、认识客观世界的基本方法、客观世界的一般性质；中卷主要讲流体力学、热学、动物学、植物学的内容，其中动物学、植物学的内容是从物质不灭定律的角度讲的，内容和物理密切联系，但没有讲到电学和光学的内容；下卷只有两节，讲了心理学的内容，也是从物理心理学的角度介绍的。书中目录首次出现"节"，有的版本为"一节"，有的版本为"第一节"，节有标题，内容有标点断句，注重联系学生日常生活中遇到或见到的自然现象，课文语言生活化，而且注重启发学生思维。另一种翻印本则出现"第一节""第二节"字样。通过分析收集到的目录资料，我们整理其目录如图2-1-15和表2-1-6所示。

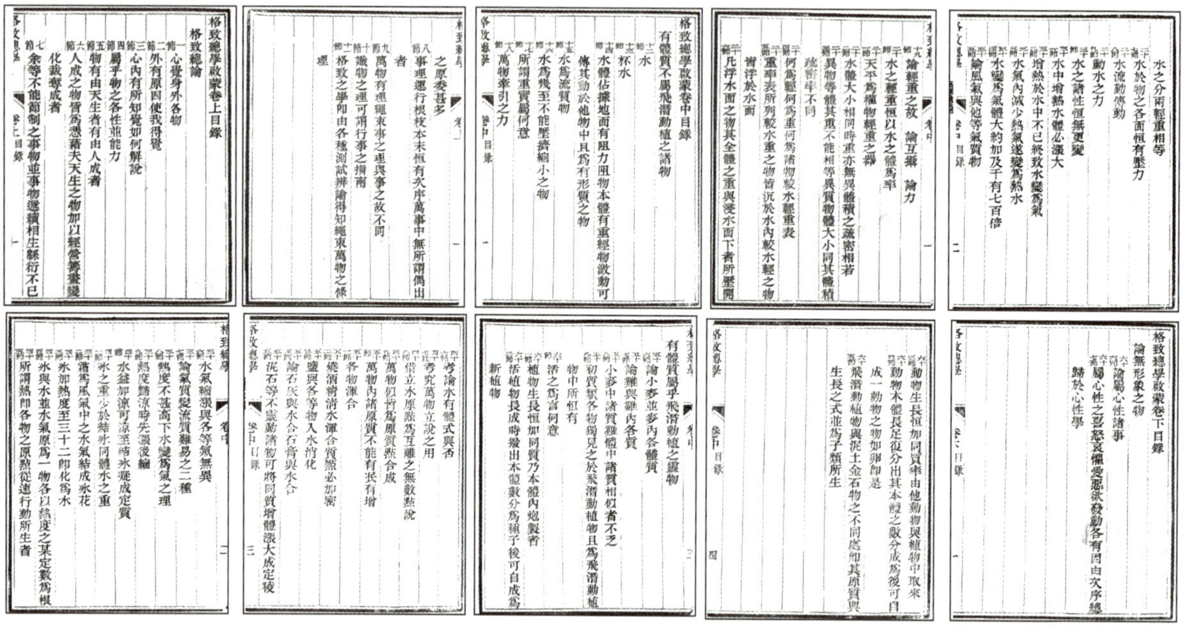

2-1-15

图2-1-15　《格致总学启蒙》目录

表2-1-6　《格致总学启蒙》目录

卷	节
卷上 格致总论	一节 心觉身外各物；二节 外有原因使我得觉；三节 心内有所知觉如何解说；四节 属乎物之各性并能力；五节 物有由天生者有由人成者；六节 人成之物皆为凭藉夫天生之物加以经营筹划变化裁夺成者；七节 余等不能节制之事物并事物递续相生绵衍不已之原委甚多；八节 事理运行根枝本末恒有次序万事中无所谓偶出者；九节 万事有理绳束事之理与事之故不同；十节 识物之理可谓行事之指南；十一节 格致之学即由各种测试辨（辩）论得知绳束万物之条理

[1] 汪晓勤. 艾约瑟：致力于中西科技交流的传教士和学者 [J]. 自然辩证法通讯，2001（5）：4-5.

（续表）

卷	节
卷中 有体质不属飞潜动植之诸物	十二节 水；十三节 杯水；十四节 水体占据地面有阻力阻物本体有重经物激动可传其动于他物中且为有形质之物；十五节 水为流质物；十六节 水为几至不能压挤缩小之物；十七节 所谓重实属何意；十八节 万物牵引之力；十九节 论轻重之故 论互摄 论力；二十节 水之轻重恒以水之体为率；二十一节 天平为权物轻重之器；二十二节 水体大小相同时重亦无异体积之疏密相若；二十三节 异物等体其重不能相等异质物体大小相同其体积疏密率不同；二十四节 何为轻何为重何为诸物较水轻重表；二十五节 重率表所列较水重之物皆沉于水内较水轻之物皆浮于水面；二十六节 凡浮水面之物其全体之重与浸水面下者所压开水之分两轻重相等；二十七节 水于物之各面恒有压力；二十八节 水流动传动；二十九节 动水之力；三十节 水之诸性恒无更变；三十一节 水中增热水体必涨大；三十二节 增热于水中不已终致水变为气；三十三节 水气内减少热气遂变为热水；三十四节 水变为气体大约加及千有七百倍；三十五节 论风气与他等气质物；三十六节 水气缩涨与各等气无异；三十七节 论气质变流质难易之二种；三十八节 热度不甚高下水变为气之理；三十九节 热度归凉时先涨后缩；四十节 水益加凉可凉至结冰凝成定质；四十一节 冰之重少于结冰同体水之重；四十二节 霜为风气中之水气结成冰花；四十三节 冰加热度至三十二即化为水；四十四节 冰与水并水气原为一物各以热度之某定数为根；四十五节 所谓热即各物之原点从速行动所生者；四十六节 考论水有体式与否；四十七节 考究万物立说之用；四十八节 借立小原点为互离之无数点说；四十九节 万物似皆为原质点合成；五十节 万物内诸原质不能有灭有增；五十一节 各物混合；五十二节 烧酒精清水混合质点必加密；五十三节 盐与各等物入水消化；五十四节 论石灰与水合石膏与水合；五十五节 泥石等不灵动诸物可将同质增体涨大成定稜有体质属乎飞潜动植之灵物；五十六节 论小麦并麦内各体质；五十七节 论鸡与鸡内各质；五十八节 小麦中诸质鸡体中诸质相似者不乏；五十九节 初质类各物独见之于飞潜动植物且为飞潜动植物中所恒有；六十节 活之为言何意；六十一节 植物生长恒加同质乃本体内炮制者；六十二节 活植物长成时发出本体数分为种子后可自成为新植物；六十三节 动物生长恒加同质率由他动物与植物中取来；六十四节 动物本体长足复分出其本体之数分成为后可自成动物之物如卵即是；六十五节 飞潜动植物与泥土金石物之不同处即其原质与生长之式并为子类所生
卷下 论无形象之物	六十六节 论属心性诸事；六十七节 属心性之喜怒哀惧爱恶欲发动各有因由次序总归于心性学

当代物理教育改革的一个突出特点就是比较注重从学生日常生活经验引入，联系日常生活经验进行物理学概念和规律的理解。早在19世纪，英国的科学家、哲学家赫胥黎为了便于听众和读者理解科学知识，就非常注重从人们日常熟知的自然现象出发，讲解科学知识和科学方法。水是人们日常生活中最为常见和常用的物质，他就从水开始，讲解物理现象和物理科学基本知识，引导人们树立科学的知识观念。在《格致总学启蒙》中，水的主题占了全书一半以上的篇幅，如以一杯水为例，详细论述了物质的性质和变化及其蕴含的物理和化学基本规律；说明水有体积、有阻力、有重量（质量）、可以传动力，是物质的一种形式，并说明流体的基本性质；从水有重量论述到万有引力和力的概念，又从万有引力、地球重力等解释水的重量和比重（相对密度）等概念；比较了其他

物质与水的比重，说明浮力定律、水的压力、流动水的能量；用力学的观点解释水的液、固、气三态转化的过程。论述了空气的成分和与水有关的气象现象，如冰、雪、霜等；从解释热现象说到了构成物质的微粒，专门用一节说明科学假说的概念及其用途，进而论述水的分子假说；介绍水的最小微粒（即水分子）由一个氧原子和两个氢原子组成，物质都是由分子或原子组成的，以及物质不灭等。

如图2-1-16所示，艾约瑟在《格致总学启蒙》的"十三节　杯水"中讲道："譬犹有一水杯于此，水仅半满，试思其杯为何物？如何而有？内盛之水如何而有？功用何若？徐为推想之，则知杯为玻璃成者。原乎其始，必有人以数种泥石镕化于火，先成柔质，经匠人妙手经营，方成此杯形，是杯为人手所造者也。而内盛之水不然，水为天生之物，无论于江河井泉池沼，随手取之均可，或于天降雨时，置缸瓮于檐下接水，可立待其满盈。水之为物，能透光，并能解人物之渴，且能消化糖类，本性原凉。第兹时无暇论其若许事，姑先论乎尤便者而已。"这段课文，从观察日常生活中的一杯水，引出玻璃杯是用数种泥石制成的人造物，而水则是自然物，存在于江河井泉水池和沼泽之处，并浅显地解释了水的性质和功能，即水是透明的，可以解渴，可以溶化糖类。其语言简单易懂，采用问答形式，联系生产生活常识，容易吸引学生学习，但较《格物入门》缺少直观的图片说明。

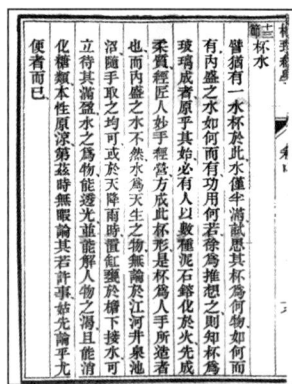

图2-1-16　　《格致总学启蒙》中的"十三节　杯水"内容

（六）罗亨利和瞿昂来合译的《格致小引》

1886年，《格致小引》由英国传教士罗亨利和我国宝山学者瞿昂来合译，江南制造局出版。《格致小引》与艾约瑟译的《格致总学启蒙》均译自英国化学家赫胥黎所著《科学导论》，《格致小引》对原书删节比较大，全书仅有1万字左右，而《格致总学启蒙》有4万字左右。《格致小引》的译文的词句更加具有我国书面语的特点，词句比较精练，易于理解和阅读，但译者对原书科学内容的理解能力较艾约瑟弱一些[1]。从课文结构看，《格致小引》目录使用了章节体，共四章六十七节，每节围绕一个问题展开，详细章节目录如表2-1-7所示。

[1] 王扬宗. 赫胥黎《科学导论》的两个中译本［J］. 中国科技史料，2000（3）：207-221.

表 2-1-7 《格致小引》目录

章	节
第一章 论物与格物	第一节 知觉与物；第二节 因果；第三节 缘故；第四节 物性物力；第五节 人造之物天生之物；第六节 人所造者仍是天生；第七节 因果有难知；第八节 万物有一定之道；第九节 理与故之别；第十节 物理当知；第十一节 格致学
第二章 论有体质之物	第十二节 水；第十三节 一杯水；第十四节 水有体积阻力重率传动力；第十五节 水是流质；第十六节 水压难缩；第十七节 重之义；第十八节 摄力；第十九节 重之故；第二十节 水之重率依其体积；第二十一节 天平；第二十二节 水体积等重率亦等并体质疏密；第二十三节 疏密各异；第二十四节 重率之比；第二十五节 轻重于水故浮沉；第二十六节 吃水之数即物重数；第二十七节 水周围有压力；第二十八节 水传动力；第二十九节 水动力；第三十节 水性不变；第三十一节 水热则涨；第三十二节 水加热变汽；第三十三节 汽减热变水；第三十四节 水变汽体积约加一千七百倍；第三十五节 空气；第三十六节 汽为涨缩流质；第三十七节 气与汽质；第三十八节 水化为汽；第三十九节 沸水至冷先缩后涨；第四十节 水加大冷成冰；第四十一节 冰之重率轻于水；第四十二节 霜为空气中水结之冰粒；第四十三节 冰加热至三十二度化水；第四十四节 冰水汽一物三名；第四十五节 热系质点速动所生；第四十六节 水之质点；第四十七节 疑辞；第四十八节 水疑质点所成；第四十九节 体质皆疑质点所成；第五十节 原质不灭原数不增；第五十一节 化合；第五十二节 物化合而改其疏密；第五十三节 流质化合定质；第五十四节 水化石灰石膏；第五十五节 金类质加其颗粒而大
第三章 论生物	第五十六节 麦；第五十七节 鸡身各质；第五十八节 麦与鸡有相同之质；第五十九节 植物动物常有布路他特；第六十节 生字何意；第六十一节 植物之长在加其身内各质；第六十二节 植物长而生其类如麦子；第六十三节 动物之长同于植物；第六十四节 动物长而生其类如鸡子；第六十五节 生物异于金类之物有三
第四章 论无体质之物	第六十六节 性情；第六十七节 性情学有定理

　　《格致小引》较《格致总学启蒙》具有编译和意译的特征，并把原书中一些举例解释的内容进行了删减。如图2-1-17所示，第一章第一节"知觉与物"中提道："人生于世，以耳司听、目司视、鼻闻臭（嗅）、口嗜味、手能扪，为知觉，以所听、所视、所嗜、所扪为物。"介绍了耳朵、眼睛、鼻子、嘴巴、手的功能，课文内容虽然是生活中的体验，但是解释了人的意识与物质的关系这一科技哲学基本问题。赫胥黎作为一位哲学家，其科学著作的内容贯穿着人作为主体与物质世

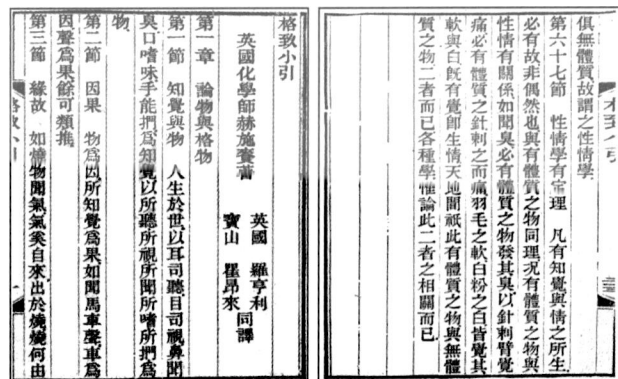

2-1-17

图2-1-17 《格致小引》部分目录及样章

界客体的关系问题，认为人对世界的认识是通过感官的感觉与知觉得到的。相对于《格致总学启蒙》，《格致小引》语言简练、用词比较准确，具有书面语的特征，其由传教士与熟悉物理学的中国学者联合编译，应该说易读性和编写质量比较高。

严格意义上说，《格致小引》应为赫胥黎原著《科学导论》的缩编本或摘编本。以《格致小引》和《格致总学启蒙》的"一杯水"一节为例，比较如表2-1-8所示。

表 2-1-8 《格致小引》和《格致总学启蒙》内容对比

教科书名称	节	文本内容
格致小引	第十三节 一杯水	譬若有水一杯，杯由人造，水系天生。所异者，透光而冷，可以止渴化糖，此其大略也。
格致总学启蒙	第十三节 杯水	譬犹有一水杯于此，水仅半满，试思其杯为何物？如何而有？内盛之水如何而有？功用何若？徐为推想之，则知杯为玻璃成者。原乎其始，必有人以数种泥石镕化于火，先成柔质，经匠人妙手经营，方成此杯形，是杯为人手所造者也。而内盛之水不然，水为天生之物，无论于江河井泉池沼，随手取之均可，或于天降雨时，置缸瓮于檐下接水，可立待其满盈。水之为物，能透光，并能解人物之渴，且能消化糖类，本性原凉。第兹时无暇论其若许事，姑先论乎尤便者而已。

从表2-1-8可以看出，《格致总学启蒙》中"杯水"一节有207个字符（含标点符号），相对应的《格致小引》中"一杯水"一节只有39个字符（含标点符号）。《格致总学启蒙》译本更接近原文，有对物理现象的描述，更具生活性、情境性、逻辑性，更容易被学习者所理解。而《格致小引》译本采用的是文言文，用词更为精练、概括。

第二节
进入分科时期的物理教科书

1900年，由饭盛挺造编纂、藤田丰八翻译的《物理学》教科书，是目前发现的最早以"物理学"命名、具有现代物理教育意义的物理教科书，其上、中篇于1900年由江南制造局出版，下篇于1903年出版。1902年陈榥在日本教科书译辑社出版《物理易解》，1903年又译补出版了日本学者水岛久太郎所著《中学物理教科书》，均提及"物理学"一词，且所编译物理学教科书的知识体系与之前格物、格致教科书有很大不同，基本实现了将物理学与博物学、化学、植物学等知识内容的分离，故将此时期的物理学教科书作为分科来研究。

一、饭盛挺造编纂的《物理学》教科书的内容体系

日本学者饭盛挺造（1851—1916）编纂的《物理学》教科书由另一位长期在中国工作的日本学者藤田丰八（1869—1929）所翻译。饭盛挺造于1851年8月出生于肥前（日本九州西北部旧国名）国佐贺县，1874年毕业于东京外国语学校德语专业，1882年兼任东京大学预备科和医学部的物理学教师，1884年自费留学德国并在法兰克福大学学习物理学，1886年取得物理学博士学位。回国后，先后担任日本第四高等学校（1887年）、女子高等师范（1893年）等学校的教授，是东京数学物理学会最初的会员[1]。

藤田丰八是一位长期在中国从事文化出版和教育工作，熟悉中国语言和文化的学者。他毕业于东京帝国大学文科大学汉文科，1897年春，藤田丰八来到中国上海受聘为由上海农学会主办、罗振玉主持的《农学报》的专职日文翻译。藤田丰八在《农学报》和《农业丛书》中翻译介绍了大量日本农业科技资料及西方农业科学研究的新成果，为中国农业科学的近代化做出了不可低估的贡献。1898年5月，农学会筹集经费在上海新马路梅福里创办东文学社，由藤田丰八全面主持学社教学工作。藤田丰八在东文学社期间，翻译出版了日本早期物理学家之一饭盛挺造的《物理学》，这是我国最早以物理学命名的、具有现代物理学意义的物理学书籍[2]。《物理学》教科书译本后又经我国

[1] 咏梅. 饭盛挺造《物理学》的日文底本及其与中译本的比较［J］. 内蒙古师范大学学报（自然科学汉文版），2005（3）：335.
[2] 咏梅. 东洋史学家藤田丰八在中国的活动及其影响［J］. 内蒙古师范大学学报（哲学社会科学版），2007（2）：143-144.

著名翻译家王季烈润词重编。

　　《物理学》全书分上、中、下篇，如图2-2-1所示。其中上篇共分四卷，卷一为总论，分4章25节；卷二为重学：定质重学，分3章12节；卷三为重学：流质重学，分3章16节；卷四为重学：气质

物理學上篇 ｜ 光緒庚子秋 製造局鋟板 ｜ 物理學上編卷一 總編　日本飯盛挺造編纂　日本丹波敬三校補　日本柴田承桂校補　長洲王季烈重編　第一章 物理學之根本研究法致用及區分　第一節 萬彙及物質 萬彙學之命義及其區分　一 萬彙及物質 雜列於兩大之際凡全境曰萬彙其各自為一者名曰萬彙物體 Natural bodies. 於空處者名曰物質 Matter (Substance) 卽實質　二 萬彙學 用知識以表明萬彙使之條理秩序此等之⋯

物理學中篇 ｜ 光緒庚子秋 製造局鋟板 ｜ 物理學中編卷一 滾動通論　日本飯盛挺造編纂　日本丹波敬三校補　日本柴田承桂校補　長洲王季烈重編　第一節 滾動之本性　一 定義 凡物體之質點或其一分彼此震動不絕是謂滾動 又謂震動 Undulatory motion. 震動為本態而可見至物理學中之滾其形雖不可見而物體極小分實有震動之勢故總稱之曰滾動蓋物體質點之動而成滾無論何物皆可使之現此象也⋯

物理學下篇 ｜ 歲在癸卯之夏 江南製造局列 ｜ 物理學下編卷一 磁性學　日本飯盛挺造編纂　日本丹波敬三校補　日本柴田承桂校補　長洲王季烈重編　第一節 磁性之定義及其種類　一 定義 某質之鐵能引他鐵使之附接於已又此鐵如能旋轉無阻則其所向必一定其此特異之性者名曰磁鐵西名摩格乃脫 Magnet. 名此性質曰磁性 Magnetism. 地方尋常者因在小亞細亞之摩格乃西亞 Magnesia.⋯

2-2-1

图2-2-1　《物理学》（上、中、下篇）封面、扉页和首页

重学，分3章20节。具体目录如表2-2-1所示。该书虽为两位日本学者所著，但因其汉语水平较高且拥有在中国教育界长期工作的经验，教科书的内容结构和语言风格，得到学术界和教育界的高度评价，认为该书"卷各为章，章各为节，析理既精，译言亦雅，言格致者亟宜读之""论理新，且各有实验列式以相发明，洵理科中善本也""皆立说证明实验，列代数算式以求其理之确当，译笔亦清疏可喜"[1]，"是一部很有特色的佳作，兼具系统性、科学性、通俗性和实用性，熔中西学于一炉，既有学术价值，又有普及作用，至今仍有启发意义"[2]。

表 2-2-1 《物理学》上篇目录

卷	章	节及页码
卷一 总论	第一章 物理学之根本研究法致用及区分	第一节 万汇学之命义及其区分 一至三；第二节 物理学研究法 三至五；第三节 物理学之功用 五至六；第四节 物理学之区分 六
	第二章 物体通有性	第一节 定义及通览 七；第二节 体积性 七至十三；第三节 障阻性 十三至十六；第四节 恒性 十六至二十一；第五节 不减性 二十一至二十三；第六节 分性 二十三至二十五；第七节 隙积性 二十五至二十七；第八节 变积性 二十七至二十九
	第三章 运动物质及力之通论	第一节 运动及静止 二十九至三十一；第二节 均等运动 三十一至三十二；第三节 不等运动 三十二至三十三；第四节 无碍直坠 三十三至四十一；第五节 垂直掷动 四十一至四十七；第六节 物质 四十七至五十；第七节 力 五十至五十七
	第四章 物体之公力	第一节 定义及通览 五十八；第二节 质点摄力 五十八至六十；第三节 凝聚力 六十至六十六；第四节 黏力 六十六至七十九；第五节 重力 七十九至八十三；第六节 宇宙摄力 八十三至八十四
卷二 重学（定质重学）	第一章 力之平均分合及重心	第一节 平均之定义及要旨 一至二；第二节 力之合成及分解 二至十四；第三节 重心 十四至二十一
	第二章 器具	第一节 器具通论 二十一至二十五；第二节 单式器具（第一项 杠杆 二十五至三十九；第二项 滑车 三十九至四十二；第三项 轮轴 四十三至四十五；第四项 斜面 四十五至四十九；第五项 螺旋 四十九至五十二；第六项 劈 五十二至五十六）；第三节 复式器具 五十六至六十
	第三章 运动通论	第一节 运动之类别 六十；第二节 撞击 六十至六十六；第三节 抛掷运动 六十六至七十；第四节 悬摆运动 七十至八十七；第五节 循心运动 八十七至九十九；第六节 运动之三则 九十九至一百

[1] 顾燮光. 译书经眼绿［M］. 北京：北京图书馆出版社，2003：527-528.

[2] 咏梅. 饭盛挺造《物理学》的日文底本及其与中译本的比较［J］. 内蒙古师范大学学报（自然科学汉文版），2005（3）：339.

第一节 进入分科时期的物理教科书

（续表）

卷	章	节及页码
卷三 重学（流质重学）	第一章 流质总论	第一节 流质之本性 一；第二节 流质之性质 一至二；第三节 流质中所有压力之波及 二至七
	第二章 流质本重之压力均等波及	第一节 总括 七至八；第二节 流质之下压力 八至十二；第三节 流质之侧压力 十二至十四；第四节 连通管 十四至十八；第五节 在一器中之流质能平均之理 十八；第六节 流质之上压力 十九至二十二；第七节 在流质中物体之状态 二十二至三十；第八节 较重之测定数 三十至四十六
	第三章 流质之运动	第一节 水之运动总论 四十六至五十；第二节 流质之流射 五十至五十三；第三节 射出之水数 五十四至五十五；第四节 由管而射出 五十五至五十六；第五节 水车 五十六
卷四 重学（气质重学）	第一章 气体通论	第一节 体质之本性 一至二；第二节 气质之性质 二至三；第三节 比较定质及气质 四至五；第四节 空气有压力及其压力之强度 五至十；第五节 就被闭于一所之稠密空气以验其压力所在及强度 十至十四
	第二章 空气压力之致用	第一节 风雨表 十四至十九；第二节 呼吸及吸水饮水 十九至二十；第三节 虹吸 十至二十二；第四节 滴管 二十二至二十四；第五节 吸水筒 二十四至二十七；第六节 压水筒 二十七至二十八；第七节 空气之上压力及轻气球 二十八至三十
	第三章 扁闭空气于器中令稠密以用其压力	第一节 海伦球 三十至三十三；第二节 防火水龙 三十三；第三节 气质涨力表 三十三至三十五；第四节 风箱 三十五至三十六；第五节 蓄气筒 三十六至三十七；第六节 压气机 三十七至三十八；第七节 泳气钟 三十八至四十一；第八节 抽气机 四十一至四十九

表 2-2-2 《物理学》中篇目录

卷	章	节及页码
卷一 浪动通论	一	第一节 浪动之本性 一至七；第二节 浪动之种类 七；第三节 浪动之要义 八；第四节 浪动之定律 八至十；第五节 物理学之区分
卷二 声学	第一章 声音总论	第一节 声之本态及发生 一至二；第二节 传声之理 二至七；第三节 传声之速率 七至九；第四节 声之大小 九至十一；第五节 回声 十一至十四；第六节 折声 十五
	第二章 声音及紧要发音体	第一节 乐音 十五至十九；第二节 音隔 十九至二十二；第三节 弦音 二十二至二十四；第四节 板面音乐 二十四至二十七；第五节 吹音 二十七至三十九；第六节 留声器 四十至四十一；第七节 摩汤生音 四十一；第八节 感音及增音 四十二至四十三；第九节 附音及音趣 四十三至四十四；第十节 交音 四十五至四十六
卷三上 光学上	第一章 发光及传光	第一节 光之要义 一至二；第二节 光之本性 二至四；第三节 光源 四至六；第四节 传光 六至九；第五节 光之浓淡 九至十四；第六节 光行速率 十四至二十
	第二章 回光	第一节 回光总论 二十至二十四；第二节 平面回光镜之现象 二十四至三十；第三节 凹回光镜所现诸象 三十至四十；第四节 凸回光镜之现象 四十至四十四
	第三章 折光	第一节 折光总论 四十四至五十七；第二节 论平面玻璃上之折光线 五十七至六十一；第三节 论凸透光镜之折光 六十一至七十二；第四节 论凹透光镜之折光 七十三至七十四；第五节 并列透光镜 七十五至七十六

（续表）

卷	章	节及页码
卷三下 光学下	第四章 论光之分列色	第一节 光与色 一至八；第二节 论光之吸收 八至十；第三节 日光光带及各色之功用 十一至十四；第四节 灭光色差 十四至十八；第五节 光带上之分列光色 十八至二十二
	第五章 光学器具	第一节 眼目 二十三至三十七；第二节 单式显微镜 三十七至三十九；第三节 复式显微镜 三十九至四十一；第四节 日光显微镜 四十一至四十四；第五节 影戏灯 四十四；第六节 暗箱及照相法 四十四至四十七；第七节 视画箱 四十七至四十八；第八节 远镜 四十八至五十三
	第六章 光之本性	第一节 论光之本性 五十四至五十五；第二节 以脱振动之景状 五十五至五十八；第三节 论回光 五十八至六十；第四节 论折光 六十至六十二；第五节 交光浪 六十二至六十四；第六节 弯曲光浪即转 六十四至六十七；第七节 光浪之长 六十七至六十九；第八节 透光薄片所现彩色 六十九至七十三；第九节 分极光 七十三至八十六

表 2-2-3　《物理学》下篇目录

卷	章	节及页码
卷一 磁性学	一	第一节 磁性之定义及其种类 一；第二节 磁铁之吸引力及指向力　至十　；第三节 磁铁互现之功用 十一至十三；第四节 磁铁之感应 十三至十七；第五节 制磁铁法及其引重力 十七至二十一；第六节 磁铁之排列 二十一至二十二；第七节 地球之磁性 二十二至二十七；第八节 磁铁之偏倚 二十七至三十二；第九节 磁铁之倾斜 三十二至三十四
卷二 电学上 （静电气）	一	第一节 电气之现象 一至三；第二节 电气之分与及易传体难传体 三至五；第三节 阳电气阴电气 五至九；第四节 电气之感应即附电 九至十三；第五节 物体上所有电气之排列 十三至十八；第六节 电发火光及双感应 十八至十九；第七节 附增电器 十九至二十二；第八节 发电机 二十二至三十七；第九节 聚电器 三十七至四十五；第十节 摩电器之功用 四十五至五十七；第十一节 电器之本能 五十七；第十二节 空气中电气现象 五十七至六十四
卷三 电学下 （动电气）	第一章 动电气之生起及 强弱	第一节 切电气（又名卖法尼电气） 一至三；第二节 发动电气之定律 三至七；第三节 单个切电源 七至八；第四节 多连切电源 八至十四；第五节 不变电源 十四至十九；第六节 蓄电池 十九至二十；第七节 热电气 二十至二十三；第八节 电行力强弱及传电体之阻力 二十三至二十八
	第二章 动电气之功用	第一节 动电气功用之种类 二十八；甲 电行路中之功用/第二节 生理上功用 二十九至三十；第三节 发热功用 三十至三十一；第四节 发光功用 三十一至三十四；第五节 化物功用 三十四至四十二；第六节 电气化分之致用 四十二至四十五；乙 外部之功用/第七节 运动功用 四十五至五十一；第八节 磁铁上功用 五十一至五十九；第九节 附电气功用即感应电器 五十九至八十二
	第三章 电气之磁性及附电 所有工艺中应用	第一节 电报机 八十二至九十三；第二节 电气铃及电气时辰表 九十三至九十五；第三节 电气原动机 九十五至九十七；第四节 电语机及显微声机 九十七至一百；第五节 电气发动机 一百至一百十二；电学附录/动物电气 一百十二至一百十四

（续表）

卷	章	节及页码
卷四 气候学	第一章 包围地球之气质 （即空气）	第一节 空气压力 一至七；第二节 空气之流动（即风）七至十七
	第二章 地球上之热	第一节 空气之热 十七至二十；第二节 每日热度与每年热度之差异 二十至二十三；第三节 地球上热度之分受 二十三至二十八
	第三章 空气之湿度	第一节 空气中之水气 二十九至三十一；第二节 验湿器及湿度表 三十一至三十三；第三节 空气中沉降物 三十三至三十八
	第四章 空气中光学之现象	第一节 朝夕之朦气光 三十八至三十九；第二节 天气之青色 三十九至四十；第三节 日晕月晕及副日 四十；第四节 虹霓 四十至四十三

从表2-2-1、表2-2-2和表2-2-3所示的《物理学》教科书目录结构看，这套教科书具有六个显著特点：一是内容结构系统全面，包括了当时物理学学科在力学、声学、光学、电学、热学领域取得的研究成果。二是内容比较新颖，贴近物理学的前沿，力学部分引介了万有引力、力的分解、重心的概念，声学部分引介了留声机，电学部分引介了蓄电池、电气发动机等。三是注重物理学理论的技术应用，每卷、每章都结合物理理论知识的学习，介绍物理学在技术领域的应用，如结合重力理论引介了压气机、抽气机的应用，在电磁学部分引介了发电机、蓄电池等内容。四是重视物理学研究方法的教学，上篇开辟专章引介了物理学的思想方法。五是语言风格更加接近白话文，适合平民阶层子女学习，可能这是日本教科书平民化的成果。六是形成了现代教科书基本的卷（编）、章、节结构，标识了页码，卷与卷之间有教学秩序的思考，每一章的节目之间具有严格的逻辑结构。下面我们以物理学研究方法、物理学基本理论、物理学知识应用三个典型章节作为案例分析。

如图2-2-2所示，第一章第一节为"万汇学之命义及其区分"，内容包括"一万汇及物质，罗列于两大之间，感触于五官之际，凡兹全境名曰万汇（Nature），其各自为一者名曰万汇物体（Natural bodies），凡物体者即已被充塞之空处而充塞于空处者，名曰物质Matuer（Substance）即实质。二万汇学，用知识以表明万汇使之条理秩序，此等学称曰万汇学（Natural science），其知识所表明即万汇物体之性质及变化，与此二者之定律及根原（源）也，万汇物体之性质及变化名曰现象（Phenonmena），现象之原由名曰力（Forces）"。然后举例分析，万汇学各分支学科的研究内容，提出了万汇学的学科结构图示，将万汇学分为万汇理学（含物理学、化学、生理学）和博物学（动物学、植物学、矿物学）两大门类六大学科，这个学科分类是我国科学史上较早对自然科学进行系统学科分类的体系。

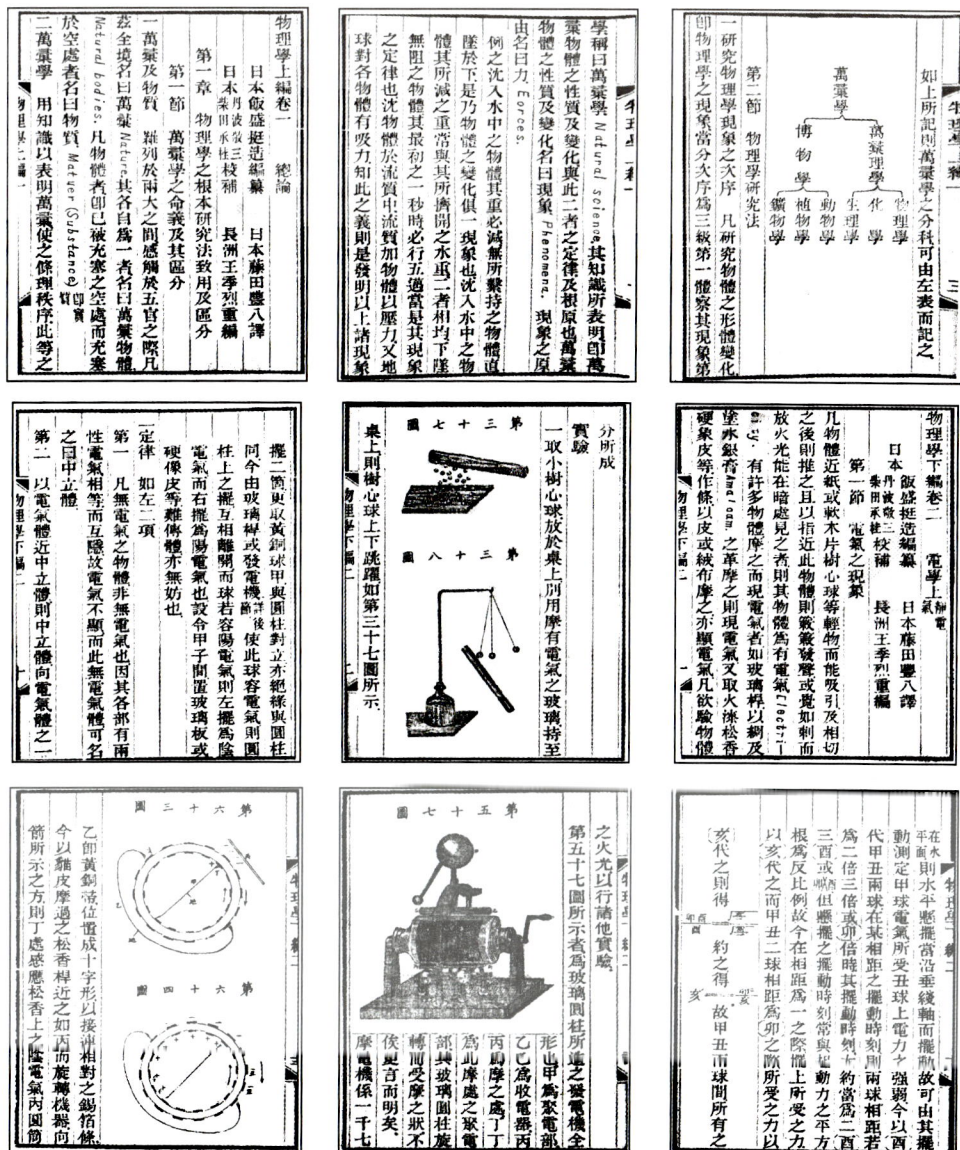

图2-2-2 《物理学》样章

在此基础上，后面专门介绍了物理学的三种基本研究方法，一是体察，二是寻检其定律，三是严明其原由。就是观察、总结规律、得出结论、进行论证解释，是最初的探究式物理教学法。教科书中提到"二体察，凡研究物理学之根本，由于五官之感觉（即谓经验）是就万物之现象精深谛见，即所谓体察（Observation），以得之者也。现象有二：一不由人为而天然生者，一由人为而使之生者，皆可就而体察之也。因欲研究而使物现某象名曰试验（Experiment），试验者恰似诘问万物使之解释或答辩也，施实验则必需各种器具，体察亦然，此类之器具称曰物理学器具（Physical instruments or apparatus）"。这段关于体察方法的论述内容很丰富，一是此版物理学教科书的物理研究方法中用"体察"而不是现在的"观察"，更能准确反映"体察"方法的含义，因为物理现象感情阶段的认识，不仅要用眼睛看，而且需要味觉、嗅觉、触觉等五官系统去"体察"；二是强调"体察"是儿童学习物理学的根本方法；三是提出"感觉""经验"的概念，并且指出经验不是五官的简单"摹写"，而是需要形成"精深谛见"，这恰恰是目前中小学科学和物理学科探究式学习中需要加强的部分；四是对"体察"的物理现象进行了分类：自然的物理现象、人为的物理现象；五是指出物理"试验"也是"体察"方法，儿童学习物理学需要借助物理仪器设备进行"试验式体察"。

饭盛挺造编纂、藤田丰八编译的《物理学》教科书从物理学知识结构、儿童学习心理、物理思想方法、教科书章节逻辑、编目结构、教科书语言风格等方面，奠定了今后物理教科书编译的一种范式。其出版所处的社会背景也非常具有历史意义，1905年清政府取消科举考试，中国开始从制度层面全面推进西方意义上的现代学校学制系统的改革，物理教科书编写开始进入制度化管理时期。饭盛挺造编纂、藤田丰八编译的《物理学》为物理教科书的审定标准，提供了范型和参照。

二、陈榥著的《物理易解》与水岛久太郎著的《中学物理教科书》

陈榥于1872年生于浙江义乌，13岁中秀才，26岁公费留学日本，进入东京帝国大学造兵科学习，成绩优异，毕业后留在日本，从事数理教材编写工作。1911年回国，以陆军少将衔督理上海制造局，1914年因不满袁世凯复辟帝制，到北京大学任数理教授。

1902年陈榥著《物理易解》一书，由设在东京的教科书译辑社出版发行。教科书译辑社由华人陆世芬等在东京成立，主要翻译日本教科书，运回国内供学堂使用。1903年陈榥译补出版了日本学者水岛久太郎著的《中学物理教科书》，同样由教科书译辑社刊印，如图2-2-3所示。从此时期清政府所持的开放的教科书发行制度可以推断，教科书的市场化运作和新式学堂的需求支撑了教科书编译工作的繁荣发展。由此可见当时教科书市场的需求量很大，市场竞争机制对教科书出版事业的内驱作用巨大。

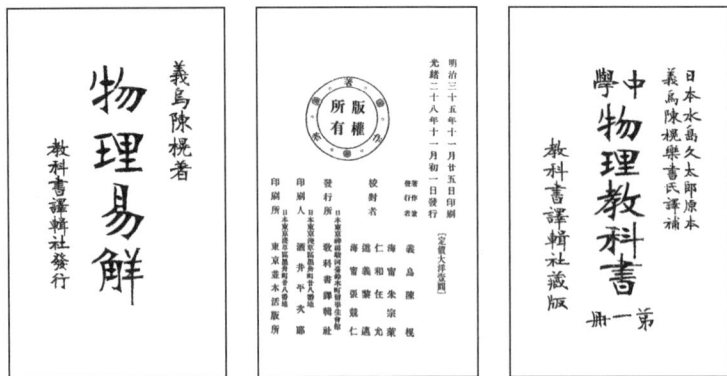

2-2-3

图2-2-3 《物理易解》封面和版权页、《中学物理教科书 第一册》封面

据学者考证，《物理易解》是第一本中国人自编的中学物理教科书[1]。陈榥所著的《物理易解》基本上奠定了后来物理学教科书的结构和物理学教科书中的名词、术语。以第一卷《力学》为例，教科书出现的"力学""质量""密度""惯性""等速运动""变速运动""加速度""万有引力""摩擦""静摩擦""动摩擦""杠杆""斜面""轮轴"等名词，一直沿用至今。

通过比较我们发现，1902年陈榥所著《物理易解》与其1903年译补的水岛久太郎所著《中学物理教科书》的结构具有相似性（如表2-2-4所示），但内容难易度更适合中学生学习，与饭盛挺造编纂的《物理学》相比有了新的改进。一是关注了壬寅学制学段划分，在序言中不仅介绍了教科书编写的出发点，而且明确了教科书内容针对的是中学堂和师范学堂的学生，明确了教科书的适用对象。陈榥在序言中谈道："而物理学一门实为西学中不可不知之学，吾邦所传颇乏善本""东文物理教科书以酒井氏书为首屈一指，第篇帙稍繁近于参考书，而水岛氏所编辑之近世物理学言简意赅，较适中学校教科之用"[2]。二是更加注重版权问题，如图2-2-4所示，《中学物理教科书》中专门刊印"钦命二品顶戴江南分巡苏松太兵备道袁为"签发的告示，"凡教科书译辑社出版各书，一概不准翻印。如有违禁者，准予送请严究，并拟将告示刊入卷首，以资警戒"[3]。三是刊有出版说明，介绍自己编辑教科书或翻译教科书的基本理念和基本原则，如《物理易解》在例言中讲，"是书为中等教育而辑，故论理只以中等程度为限""中等教育之书，理不能太深，词不必费，惟照中国现在学者情形""教科之书，期于名理，而中国旧书所译之理化书，颇有句语模糊""物理与算理原相辅而行，然中学程度则学算术未造于深，是书用算式适与中学所习算理之程度相称"[4]，并在《中学物理教科书》中讲到译书的十个基本原则，如图2-2-5所示。四是提出学习科学与物理学的重要社会价值，如在《物理易解》的序言中写到"科学为立国之本"的思想，把科学教育与国家复兴联系起来，如图2-2-6所示。

表 2-2-4　《物理易解》与《中学物理教科书》力学部分内容比较

物理易解（第一卷 力学）	中学物理教科书（第一卷）
总论	**总论**
一　物体之组织	一　科学
二　物体三态	二　物理学
三　可分性	三　原子及分子
四　不可入性	四　重量质量
五　惯性	五　密度
六　穴性	六　物体变化
七　受压性	七　物类三态

[1] 王广超. 清末陈榥编著《物理易解》初步研究［J］. 中国科技史杂志. 2013（1）：27.

[2] 水岛久太郎. 中学物理教科书［M］. 陈榥, 译补. 东京：教科书译辑社, 1903：36.

[3] 同［2］35.

[4] 陈榥. 物理易解［M］. 东京：教科书译辑社, 1902.

（续表）

物理易解（第一卷 力学）	中学物理教科书（第一卷）
八 弹性	八　不可入性
九 物质不灭	九　可分性
	十　穴性
第一章 力	十一　惯性
十　静止及运动	十二　不灭性
十一 力	十三　受压性
十二 运线	十四　弹性
十三 二力稳定	
十四 分力及合力	**第一章 总论**
十五 用于一点之二力	十五　力学
十六 用于一点之多力	十六　力
十七 力之能率	十七　力与质量相关系
十八 平行二力之合成法	
十九 对力	**第二章 单位**
	十八　求数
第二章 引力及重力	十九　原单位及合单位
二十　万有引力及重力	二十　上节之二要项
二十一 重量	二十一　路之单位
二十二 质量	二十二　时之单位
二十三 密度	二十三　质量之单位
二十四 CGS单位法	二十四 CGS法
二十五 万有引力之定例	
二十六 重心	**第三章 速度及加速度**
二十七 三角形板之重心	二十五 质点
二十八 稳定要则	二十六 位置及运动
二十九 稳定三态	二十七 平均速度
	二十八 变速度运动之速率
第三章 运动	二十九 平行四边形法
三十　等速运动变速运动	三十　运线
三十一 速度及加速度	三十一 速度之合成及分解
三十二 运动第一法	三十二 加速度
三十三 运动量	三十三 加速度之合成及分解
三十四 运动第二法	三十四 耗道葛辣非
三十五 力之极限单位	三十五 速度能率
三十六 运动第三法	三十六 角速度
三十七 等加速度运动公式	第三章例题
第四章 坠体及圆运动	**第四章 运动**
三十八 真空中物体之下落	三十七 等速度运动
三十九 阿梯吾特器	三十八 等加速度运动
四十　坠体之公式	三十九 等加速度直线运动
四十一 圆运动	四十　下落物体
	四十一 抛上物体运动

（续表）

物理易解（第一卷 力学）	中学物理教科书（第一卷）
第五章 摆及波动	四十二 真空中实验
四十二 摆	四十三 抛物线运动
四十三 弦波线	四十四 抛射体运动
	四十五 三角大意
第六章 功用及能力	四十六 抛射物体之运动公式
四十四 功用	四十七 同公式
四十五 能力	四十八 同公式
四十六 能力不灭	四十九 同公式
	五十　　同公式
第七章 摩擦	五十一 向心加速度运动
四十七 静摩擦及动摩擦	五十二 等速度圆运动
	五十三 变速度圆运动
第八章 简单机器	五十四 曲率半径
四十八 杠杆	五十五 单弦运动
四十九 斜面	第四章例题
五十　 轮轴	
五十一 滑车	**第五章 定轨运动**
五十二 秤	五十六 定轨运动
五十三 螺旋	五十七 斜面运动
五十四 尖劈	五十八 单摆运动
	五十九 上节应用之公式
	第六章 回旋
	六十　　坚固体
	六十一 运动加意
	六十二 回旋量
	六十三 回旋之运线
	六十四 平行轴周异向二等角速度之合成
	六十五 平行轴周二角速度之合成
	六十六 许多回旋之合运动
	第七章 伸缩
	六十七 弹性体
	六十八 伸缩
	六十九 伸缩定理
	七十　　正伸缩
	七十一 分行
	第八章 力
	七十二 牛顿定法
	七十三 力之单位
	七十四 阿梯吾特器
	七十五 合力及分力

（续表）

物理易解（第一卷 力学）	中学物理教科书（第一卷）
	七十六 稳定要项
	七十七 三力稳定
	七十八 力之能率
	七十九 平行二力之并合
	八十　　天平
	八十一 对力
	八十二 对力定理
	八十三 用于坚固体之任意力
	第八章例题
	第九章 重力与重心
	八十四 引力
	八十五 重心
	八十六 均匀体
	八十七 三角形板之重心
	八十八 锥体重心
	八十九 圆及圆球之重心
	九十　　求任意形物体之重心
	九十一 垂直向下
	九十二 物体直立
	九十三 稳定诸态
	第九章例题
	第十章 功用及能力
	九十四 功用
	九十五 能力
	九十六 能力之量
	九十七 动能力与还原能力
	九十八 能力不灭
	九十九 回旋半径及惯性能率
	一百　　复摆
	第十章例题
	第十一章 摩阻
	百〇一 摩阻
	百〇二 毛霖法
	百〇三 摩阻比率
	百〇四 摩阻比率表
	百〇五 液体摩阻
	第十一章例题
	第十二章 冲突
	百〇六 运动量
	百〇七 冲突

（续表）

（续表）

物理易解（第一卷 力学）	中学物理教科书（第一卷）
	百〇八 冲跃
	百〇九 下落弹性体冲跃公式
	百十　斜冲突
	百十一 上节公式
	百十二 同公式
	第十二章例题
	第十三章 简单器械
	百十三 简单器械
	百十四 杠杆
	百十五 利率与效率
	百十六 常用秤
	百十七 斜面
	百十八 尖劈
	百十九 轮轴
	百二十 滑车
	百二十一 螺旋
	百二十二 螺旋压缩器
	第十三章例题
	第十四章 固体本性
	百二十三 引长弹性
	百二十四 回旋弹性
	百二十五 弯挠弹性
	百二十六 固性
	百二十七 硬度
	百二十八 脆度
	百二十九 延性
	百三十　展性
	第一卷杂题
	第一卷例题

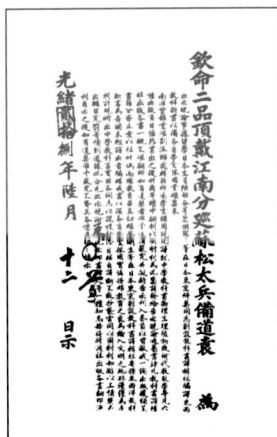

2-2-4

图2-2-4　《中学物理教科书》版权保护告示

第二节　进入分科时期的物理教科书

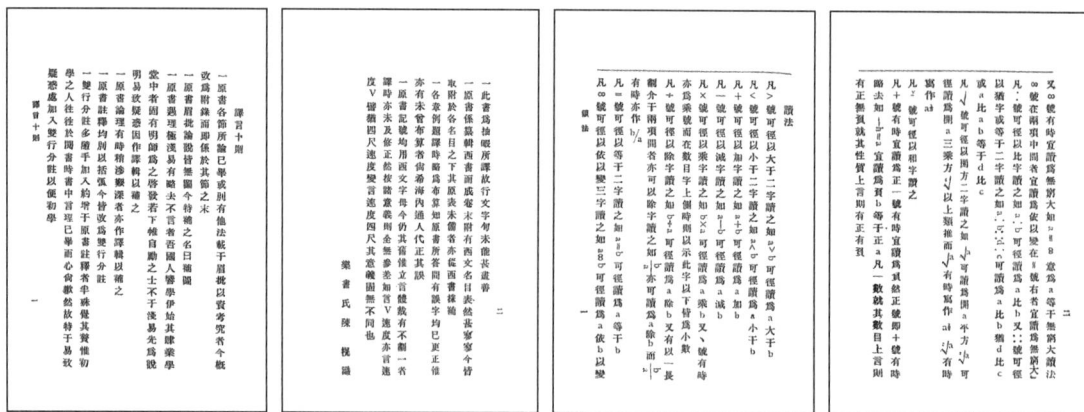

图2-2-5 《中学物理教科书》语言十则和译法的内容

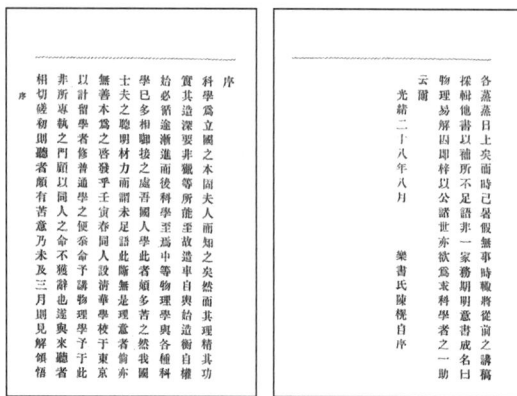

图2-2-6 《物理易解》序言

此教科书印刷质量较高，较同时期国内印刷更为清晰精美，图示更加准确明晰。如《物理易解》对羽毛和铜块在真空筒里自由落体运动比较的演示实验插图，透视性和立体感很强，而且直观、清晰、逼真，印刷质量也非常好。对实验过程和结果的语言表述，采用白话，言简意赅，"抽去玻璃筒中空气而紧闭之，将玻璃筒上下倾倒，羽毛及铜块同时下落，速度相等，可望而知。而在空气中，则受有空气阻力，妨其运动，故质量多表面小之铜块远比质量少表面大之羽毛速也"，如图2-2-7所示。

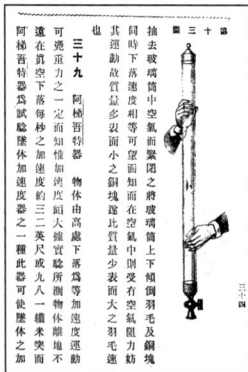

图2-2-7 《物理易解》中自由落体实验方面的内容

此外，运动速度具有矢量特征，拥有大小和方向，运动速度的合成与分解符合平行四边形法则，这在陈榥编译的《中学物理教科书》中也有很详细的图解。教科书用"运线"表示速度的方向及大小之线，如图2-2-8所示。

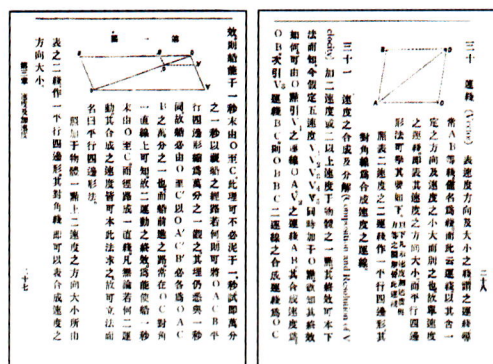

图2-2-8　《中学物理教科书》中运动合成方面内容

物理与数学的关系是相辅相成的，牛顿将其物理学理论体系用"自然科学的数学原理"作书名，爱因斯坦在研究广义相对论时，对微积分的发展也作出重要贡献。陈榥著的《物理易解》和陈榥编译的《中学物理教科书》都较之前的物理或格物教科书，更注意运用数学公式的表达，如图2-2-9所示。此外，这两本物理教科书注重习题教学，每章后设专节，讨论典型习题解答。

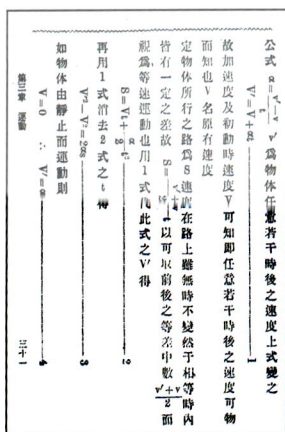

图2-2-9　《物理易解》中加速度方面的内容

三、陈文哲编的《普通应用物理教科书》

陈文哲（1873—1931），字象明，湖北广济人，两湖书院毕业，后留学于日本东京高等师范学校，曾任两湖理化学堂堂长，教育部图书编辑处主任，译有教科书《物理学》《化学》《矿物学》，著有《有机化学命名草案》[1]。陈文哲编的《普通应用物理教科书》是清政府学部成立后，通过审定的首批物理教科书。如图2-2-10所示，该书初版于1904年（光绪三十年），1905年（光绪三十一年）三版发行，1906年（光绪三十二年）四版发行，可见该书在当时受欢迎的程度。该书共

[1] 杨丽娟. 清末地质学的传入：以日式地质学教科书为中心 [J]. 自然科学史研究，2016（3）：313.

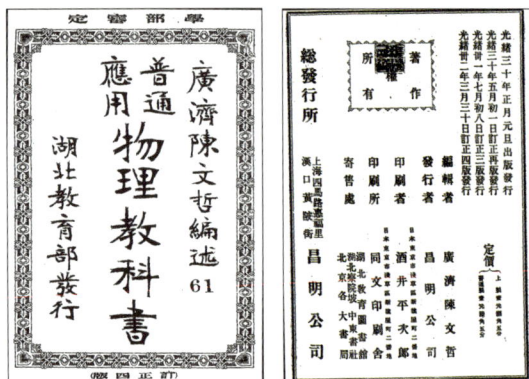

图2-2-10　《普通应用物理教科书》封面和版权页

407页，包括力学、热学、电学、磁学、光学内容，物理教学内容具有前沿性、系统性的特点。教科书印刷质量精美，首次对句式进行断句标记。该书的体例完整，由学部审定页、扉页、例言、体例说明、本书编写参考书目、教学法建议、世界物理发明家传略、总论、正文、华日英物理学术语对照表、本书应用试验器材定价表、禀告、敬告、版权页、本社教科书广告页15部分组成，说明当时教科书发行的版权意识、市场意识很强。其内容特点如下。

1. 出版说明和陈榥所著的《物理易解》称谓相同，称为"例言"

在例言中，如图2-2-11所示，陈文哲指出，"本书编辑出版的目的是针对16岁以上或高小三年级学生身心特点，启发他们学习物理学知识的旨趣"。在教科书选材方面，一是注重选用物理发明家们的照片，简要介绍他们的生平，激发学生的敬重之心和探索科学的兴趣。二是注重选用有利于学生思想开化、日常生活实际应用需要的内容。三是教科书中选用的插图，是经过实验检验、内容易学、极为重要又能调动学生学习兴趣、增强学生智识的内容。

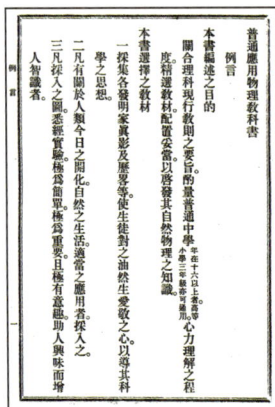

图2-2-11　《普通应用物理教科书》例言

2. "体例"和参考书目说明

该书介绍了翻译时采用的翻译方式是意译，如图2-2-12所示。附录中专门列有华译与日译对照表。教科书中物理单位采用的是国际通用标准，温度采用摄氏温度计标准，对重点概念和术语用大字或符号标注，以引起学生注意。

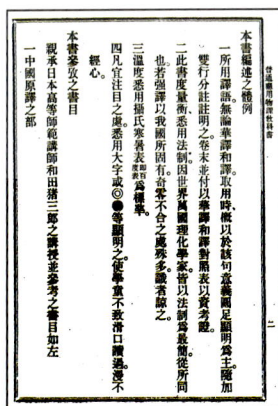

图2-2-12 　《普通应用物理教科书》译述体例

　　该书明确提出教学法建议，提出任课教师宜采用"五段教学法"，如图2-2-13所示。陈文哲在教科书中对五段教学法介绍说："第一段预备，先提出目的，唤起学童关于此事之经验而分解之、整顿之。第二段提示，为简易之实验，触接于学童之直观的，以适当之方法说明自然之现象行实验时，先须说明器械之装置，然后移于实验，实验作业时务使生徒明了观察。第三段比较，于第二段教授之结果，以生徒既得之经验比较之但无提示，惟用实验证明一切而已，若学童领会至十分时，虽不比较亦可。第四段总括，抽出存于自然现象间之定律简单表出之。第五段应用，本其获得之定律，应用于众多之方面。"

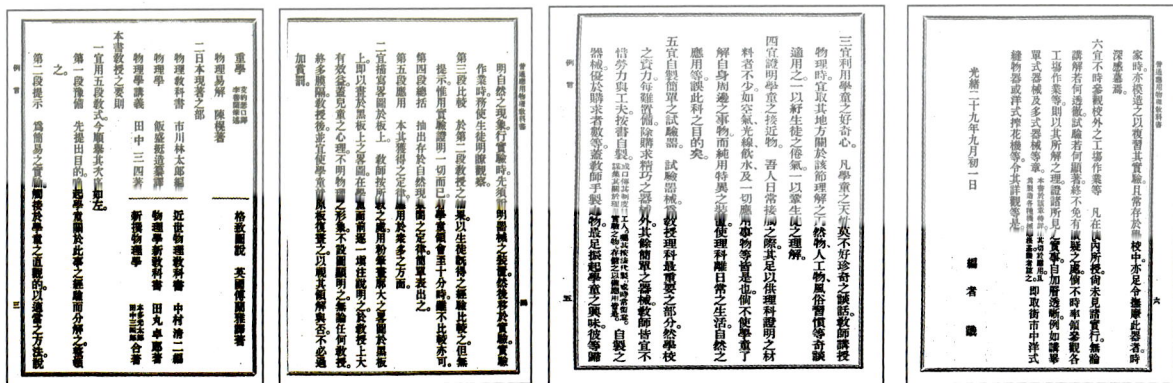

图2-2-13 　《普通应用物理教科书》教学法建议

　　除了五段教学法，陈文哲还建议教师一要善于板画，在黑板上画出物理略图；二要利用学生的好奇心；三要联系学生日常生活经验，"吾人日常接触之际，其足以供理科证明之材料者不少，如空气、光线、饮水及一切应用事物等皆是也"；四要善于自制简易试验器材，开展物理实验。这些物理教育思想在今天仍有借鉴意义。

3. 教科书目录

　　全书分总论和固体重学、液体重学、气体重学、音学、光学、热学、磁气学、静电气学、动电气学等九篇，每一篇设若干章，章下没有设节。具体目录如表2-2-5所示。

表 2-2-5　陈文哲编的《普通应用物理教科书》目录

篇	章
总论	第一章 绪言；第二章 单位；第三章 物体之公性；第四章 物体之公力；第五章 落下；第六章 悬摆
第一篇 固体重学	第一章 固体之性质；第二章 重心；第三章 力；第四章 运动；第五章 器械通论；第六章 单式器械；第七章 多式器械
第二篇 液体重学	第一章 液体之性质；第二章 液体之压力；第三章 连通管；第四章 液体之浮力；第五章 比重；第六章 利用流水之器械
第三篇 气体重学	第一章 空气；第二章 气体之性质；第三章 空气之压力；第四章 气体之浮力
第四篇 音学	第一章 振动与波动；第二章 音波；第三章 音响；第四章 发音体振动之种类
第五篇 光学	第一章 光之直行；第二章 光之反射；第三章 光之屈折；第四章 光之分解
第六篇 热学	第一章 热与温度与比热；第二章 热之膨胀作用；第三章 热之变化作用；第四章 热之传播；第五章 蒸汽机关
第七篇 磁气学	第一章 磁石；第二章 磁气感应；第三章 地球磁石
第八篇 静电气学	第一章 带电体；第二章 电气感应；第三章 电气机械
第九篇 动电气学	第一章 电流与电池；第二章 电动力与抵抗；第三章 电气分解；第四章 电流与磁气；第五章 电流与热；第六章 感应电流

4. 技术发明家小传

该书共收录了12位发明家的简介，其中英国发明家5位、美国发明家4位、意大利发明家2位、法国发明家1位。简要介绍了他们的生平、发明内容、贡献和对工业发展的意义，具有立志的教育效果。

在美国发明家传略中，均提到专利权问题，介绍其他国家的发明家则没有提及，说明当时教科书编写者开始关注专利权问题，而且美国对专利权的保护意识是非常强的。在介绍电话发明家伯尔（贝尔）时，先介绍其生平，又介绍了他进行的用铁线传声实验以及精益求精的科学精神，"一千八百七十六年，初考究用线传声之法，在门罗书院，用一铁线由土库通至第四层楼上，与同学友习试验，果可由线传声，于是，笃志考究，精益求精，遂造成电话器。一千八百七十七年，带往美国拟卖电话器专利之权，该时每一专利权值银二万两"。

5. 内容注重学科逻辑与实际应用

该书内容的逻辑性不仅体现在力学、光学、热学、电磁学的学科逻辑上，而且还考虑到学生物理学习的心理特点。物理学家严济慈教授在《对于普通中学高初级物理学教材精简细则的两点意见》中就曾提到，"电动势（或电压）是电流产生的原因，而电阻是产生了电流所以有弱的缘故。有了电流、电动势（或电压）和电阻三个观念之后，再来说明这三者之间的关系——欧姆定律""波动似应放在振动之后，……因为波动是振动的传递，观念比较复杂，比较抽象，很不容易为一个中学生所掌握的"。新中国成立后，我们长期以力、热、电、光、原的学科逻辑顺序编排物理教科书，但由于不符合中学生心理规律，后又探索调整为力、光、热、电、原的逻辑顺序，同时关注学生日常生活中的物理知识、经验在物理知识学习中的作用，并结合学生的认知心理开展教学研究。应该说，当时陈文哲所编《普通应用物理教科书》的编排顺序比较好地关注了学生物理学习的心理接受顺序。

陈文哲所编《普通应用物理教科书》突出了"应用"的特色。其内容按照演绎的逻辑展开，即先从"普遍性"物理原理或结论开始，然后通过实验证实物理原理或结论的正确性。如图2-2-14所示，在对物质的"障礙性"（障碍性）的讲解，先提出什么是"障礙性"，"障礙性又曰拒性、又曰礙性、又曰不可入性。物体实质既占据一定之空处，则他物质不能同时掺入而并容于一处，此名曰障礙性"。接着通过固体障碍性实验、液体障碍性实验、气体障碍性实验来证实结论的普遍性。

图2-2-14　《普通应用物理教科书》样章

从教科书语言看，比较符合生活化的特点，如"不可入性""掺入"的用词，符合北方口语化特点。实验内容的设计也突出生活化，如固体障碍性的实验，"设有二平面板互相紧切，置一弹丸于其中，则二板不能吻合，即除去弹丸而置一小沙粒于其间，二板仍不能吻合，从可知，凡两切面之间有一物入之，虽小至微尘，目所不能见，显微镜不能窥者，亦必防两物紧切无疑也"。实验内容多来自生活经验，同时，引入了逻辑推理的方法，突出物理思想方法的学习，这都是难能可贵的。

6. 版权和市场发行意识比较强

教科书的编写质量与市场预期具有密切关系。高市场预期会倒逼出版机构和作者出精品，提高教科书编写、设计、印刷质量。陈文哲编的《普通应用物理教科书》先后出版四版，第一版、第二版出版于1904年，第三版出版于1905年，第四版出版于1906年，如图2-2-15所示。第四版分精装本和平装本，精装本定价为银元1元9角5分，平装本定价为银元1元6角5分，这个定价在当时是比较高的。就教科书内容结构看，第四版与第一版没有什么差别。陈文哲编的《普通应用物理教科书》发行者主要为昌明公司，应为民间机构出版的物理学教科书，但是该书在实际发行中，又有湖北教育部的署名，出版发行借助于政府实力，故将其归于政府机构出版教科书作一介绍。

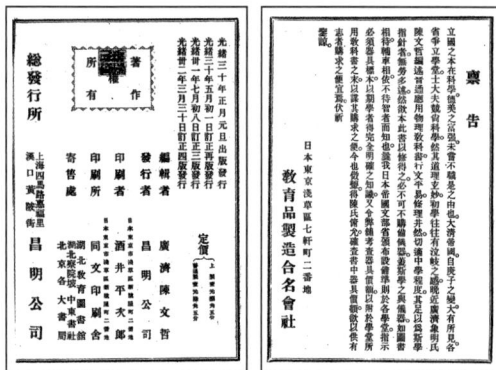

图2-2-15　《普通应用物理教科书》版权页及配套实验器具说明

从陈文哲和昌明公司教科书出版发行的特点，可以看出一些很有意思的信息：一是陈文哲和昌明公司对当时教科书的市场发行规律已颇有研究，每年订正一版，提高定价标准。教科书印刷质量高，不在国内印刷，而是在日本东京同文印刷舍印制。二是从版权页还可以看出，昌明公司非常重视销售发行工作，第四版分销点有三处，分别是湖北教育图书馆、湖北中东书社、北京各大书局。陈文哲和昌明公司在湖北设销售处，说明当时湖北新式学堂发达，这也和陈文哲在湖北学习工作起步，社会关系耕耘比较深有关。

从陈文哲等人的简介可以看出，清末官办机构出版教科书的编译者，都是在国内人文和科学方面造诣很深的学者，而且大多具有留学经历或者是与国外学者、传教士具有密切的合作联系。

据文献考查，以1851年《博物通书》出版为标志，物理教科书结束了学术著作与儿童学习物理知识的教科书无区分性的特点。编译者在编译欧美、日本物理学术著作来作为中学和大学物理教科书时，已经考虑到学生学习心理的特殊性，在物理学科知识内容、知识内容的展现逻辑、图表、语言表达等方面，都开始逐渐关注其教学性。日本学者和我国学者对日本教科书的翻译极大地推进了我国物理教科书的"教科书化"，这些日本学者精通中日语言，而且对两国文化的理解非常深刻，其中饭盛挺造编纂的《物理学》教科书是日本物理教科书影响我国物理教育的代表性作品。明治维新之后，日本学者对西方物理前沿知识的及时掌握，使日本物理教科书的编写走在了中国的前面，这也证明物理科学的理解与交流需要政治和文化基础。

陈文哲编的《普通应用物理教科书》是清政府成立学部后，由政府审定通过的物理教科书。对政府既编又审定教科书一事，当时的社会舆论存在不同看法，认为"划一教科书之令若实行于今日，则各地学堂不能按其特别情形择用合宜之教科书，必致全国教育界毫无活动之气象"[1]。但实践证明，教科书审定制度提高了教科书的质量，"通过学部审定的教科书籍却很少受到抨击，说明了学部在教科书审定方面所做出的成绩是得到肯定的"[2]。

[1] 张运君. 晚清学部与近代教科书的审定［J］. 历史档案，2011，（2）：92.

[2] 同［1］93.

第三章

清政府审定制下的物理教科书（1905—1911）

1905年之前，清政府没有专门的政府机构统一管理全国教育事务，科举事务归礼部，乡学归国子监，京师大学堂成立后，其本身既是一所新式大学又具有一定管理新式学堂的教育行政管理职能。"1905年10月，山西学政宝熙、翰林院编修尹铭受、顺天学政陆宝忠、江苏学政唐景崇等，先后奏请仿日本文部省成规，在京师六部之外，另设学部或文部，以利发展新教育"，12月6日，清政府撤销国子监成立学部。自此，教科书出版从传教士自主引译、民间出版机构自主编译转向由政府审定出版。

1905

第一节
清政府教科书审定制度

1906年清政府颁布《学部奏定官制》，设"编译图书局：设局长1人，由学部奏派，局员由局长聘用。局中可设研究所，专门研究编著各种课本"[1]。首任图书局局长是袁嘉谷，聘高步瀛、刘福姚、王国维等为首批编译员。随后，各省成立提学使司专管各省教育事务，提学使司下设图书科，"负责编译教科书、参考书，审查本省各学堂教科图籍，翻译本署往来公文书牍，集录讲义，经理印刷，并管理图书馆、博物馆等事务"[2]。自此，中央与地方完整的教科书行政管理体系正式建立，教科书管理制度进入政府审定制。

一、清政府教科书审定制度的要点

清政府的文件没有明确规定学部和各省提学使司审定教科书编译质量的具体要求，但是审定的基本宗旨是"钦遵历奉谕旨奏章，恪守圣教，广集新知"[3]，也就是根据上级指示精神，坚守本土"忠君尊孔"儒学文化，广泛吸纳西方新知识三项原则。从国内外教科书审定制度的百年实践看，这三项原则的生命力具有恒久性和普适性。清末上层统治阶级已经非常重视教科书编写工作的意识形态问题，"光绪三十三年，江苏郑宪成呈审《最新伦理学》时，学部以其第一章与第五章内容'俱系为日本人说法，不合中国伦理教科之用'，令其修改"[4]，即教科书的内容是照搬日本教科书的内容，都是日本国家的伦理教育标准，不符合中国伦理教育的实际，责令作者重新修改，指出伦理教育的国家性、民族性特征。

教科书审核的程序是三校制，各地书局将拟申请出版教科书送学部审定科，审定科先根据送审教科书的科目送相应学科专长的专家进行"分校"，再将"分校"审定稿呈"复校"二次审定，最后将"分校""复校"稿本及评审意见呈"总校"阅定。在1907年（光绪三十三年）学部发布的《第一次审定高等小学书目提要》中，有王季烈编译的《高等小学理科教科书》和由宗龙、刘昌明

---

[1] 李国钧，王炳照. 中国教育制度通史：第六卷［M］. 济南：山东教育出版社，2000：362.

[2] 同［1］366.

[3] 宋以丰，汤霞. 晚清学部的教科书编译与审定［J］. 上海翻译，2016（4）：70.

[4] 同［3］.

编译的《小学新理科书》[1]。据考查，第一批通过审定的物理教科书还有普及书局出版余严编译的《近世物理学教科书》，上海科学仪器馆出版和田猪三郎著、虞辉祖译的《中学校初年级理化教科书》，上海昌明公司出版陈文哲编的《普通应用物理教科书》等。

二、清政府教科书审定制度的成效

自1906年开始，我国物理教科书的编辑出版由以传教士主导、以作为传教载体为特点的编写样态，走向以有留学背景的学者为主导、以富民强国为价值导向的新式教科书编写历史时期。这一年清政府颁布了教科书审定制度，教科书编写成为国家意义上的事务，日本的政治、文化、教育成为当时中国教育改革的一种范型，教科书对国家未来和公民教育产生了巨大精神影响。留日学生对民族复兴、国家富强的使命感，对日本政治、教育制度的研究与推介，客观上促进了清政府的教育改革。据统计，1906年中国到日本的留学生达到了1万人[2]。这一时期比较有代表性的物理教科书如表3-1-1所示。

表 3-1-1　1906—1911 年代表性物理教科书统计表

序号	书名	作者	出版机构	年份
1	力学课编（共四册）	严文炳（编译）	学部编译图书局	1906年
2	近世物理学教科书	［日］中村清二（著）	学部编译图书局	
3	小学新理科书	由宗龙、刘昌明（编译）	学部编译图书局	
4	新撰物理学	丛珇珠（编译）	山东留学生监督处	
5	中学校初年级理化教科书	［日］和田猪三郎（著），虞辉祖（译）	上海科学仪器馆	
6	普通教育实验理化教科书	王本祥（译述）	上海商务印书馆	
7	"最新中学教科书"系列教科书（共10卷）（第三版）	伍光建（编）	上海商务印书馆	
8	问答体物理学初等教科书	陈文（编）	上海科学合编译部	
9	普通应用物理教科书（第四版）	陈文哲（编）	上海昌明公司	
10	中等教育物理学	［日］中村德二（著），林国光（译）	上海广智书局	
11	普通教育物理教科书	［日］滨幸次郎、河野龄藏（著），张修爵（译述）	上海普及书局	
12	物理易解（第六版）	陈榥（著）	教科书译辑社	

[1] 宋以丰，汤霞. 晚清学部的教科书编译与审定［J］. 上海翻译，2016（4）：70.
[2] 伊沛霞. 剑桥插图中国史［M］. 赵世瑜，赵世玲，张宏艳，译. 济南：山东画报出版社，2002：198.

（续表）

序号	书名	作者	出版机构	年份
13	物理学课本	［日］后藤牧太郎（著）	天津东亚公司	
14	中学物理学教科书	［日］田丸卓郎（著），吴廷槐、华鸿（译著）	上海文明书局	1907年
15	中等教育新式物理学	陈文（编）	上海商务印书馆	
16	物理学讲义	陈学郢（编译）	上海商务印书馆	1908年
17	物理学语汇	学部审定科（编译）	学部图书编译局	
18	中学教科书物理学	不详	上海商务印书馆	1909年
19	初等理化教科书	［英］贵勾利、西门司（著），刘光照（译）	上海华美书局	1910年
20	新式物理学教科书	［日］本多光太郎、田中三四郎（著），王季点（译述）	上海商务印书馆	1910年

　　从表3-1-1中可以看出，清政府实行教科书审定制度后，物理学教科书的出版机构、版本数量有所减少，教科书直接译自外国教科书的比例降低，本国学者编写的教科书占比增加。

第二节
政府机构出版的物理教科书

清政府学部编译图书局不仅是一个官方教科书审定行政机构，而且还直接组织编写教科书获得版税收益。对于民办出版机构而言，与官方出版机构共同在教科书市场竞争是不平等、不公平的，这种状态也被社会所诟病，但总体看，官编官审的物理教科书质量还是有保障的。

一、严文炳编译的《力学课编》

《力学课编》由严文炳编译，学部编译图书局出版，京师官书局印刷，1906年（光绪三十二年）出版发行，全书共四册，定价大洋1元，如图3-2-1所示。这是学部成立后，官方出版的物理学教科书。

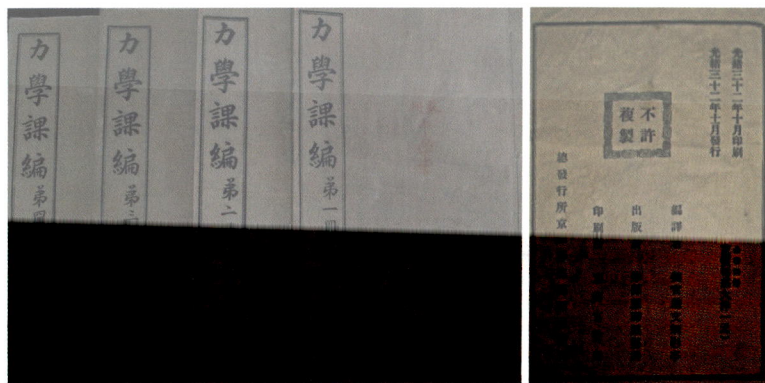

3-2-1

图3-2-1　《力学课编》（共四册）封面和版权页

1.《力学课编》的框架结构

该书译自英国中学物理教科书，内容具有教学性，按照由浅入深、由易到难的教学逻辑编排。全书共四册八卷，29课，由编上、编下和编末三大部分组成。编上分为测动动学之一、坠物动学之二，编下分甲、乙两大部分，甲包括量力动力学之一、奈端动例动力学之二、能力动力学之三、机器动力学之四；乙包括静理静力学之一、重心静力学之二，编末是编上、编下所提出问题的答案汇编。每课后面都有问题，每卷后面都有试题。"新本题材编上论动，编下论力。力分动力与静力，都成八卷，总立二十九课，旧本二十六课今增三节，分详二百三十八节，旧本二百节今增三十八节。每课之末，皆有发问。每卷之末，约选试题。总括全卷之学，以验学者之领悟，编末汇录各问题之答数。皆经名家考订者，以备自修之用。"[1]

官审教科书制度促使编译质量提高，编译要求越来越精细化。如1903年严复起草的《京师大学堂译书局章程》明确规定了翻译团队的构成及其岗位职责，"总译一人，以总司译事。凡督率、分派、删润、印行及进退译员等事皆主管之。分译四人，分司移译。其不住局而领译各书者，无定数。笔述二人，以佐译员汉文之所不及。校勘二人，即以笔述之员兼之。润色二人，分司最后考订、润色及印书款之事。图直二人，一洋一华，司绘刻图式。监刷一人，主刻刷印行之事。书手四人，司抄录。司账一人，司支应及发行书籍"[2]。

书名将"米坚律克斯（Mechanics）"译为"力学"而不是"重学"。作者在如图3-2-2所示的序例中基于词源学和当时学界开始弃用"重学"之名的现状，解释了译为"力学"的原因。"重学之名，定自海宁李氏善兰，不知所指。案李氏重学之名，即米坚律克斯之学也。英言米坚律克斯者，即希腊机器字一根之转，奈端初用之，以名机器之学，兴机器制造之术，意至当也。后人论物动静之学，亦沿称米坚律克斯矣。晚近穷理之士，恶其含混，分米坚律克斯为二科：曰理科、曰术科，凡论物之动静，兴致动静之力，皆属理科，径称米坚律克斯。其论机器之学，兴制造之术，别为科术，称额蒲赖米坚律克斯。米坚律克斯一名，似应译作机学，其二分科，亦称机理学、机术学。第李氏重学之名，相沿已久，今仅揭而出之，以著根据。"

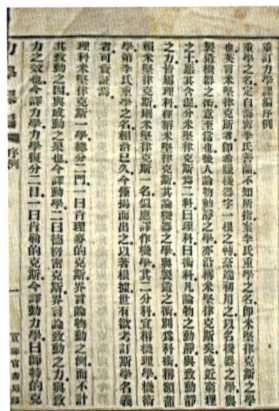

图3-2-2　《力学课编》中的序例

教科书名称采用"课编"二字，作者也做出了详细说明，"晚近力学之名，既合理科米坚律克斯之意矣。然则此译何不径称力学，而名力学课编者何哉？曰徒马格那氏之所自名也。西国一科学之教科书，凡分数级，由浅入深，案级递进。曰课编者，则浅之尤者也。其为书专备初学于此课曾未问津者，其为体裁，分课别节。学者按日一课，或按日一节或数节。而数日一课，其为论说。多设此词，以引导学者之思路。故蒙求之书，当以课编颜名"。即译用"课编"二字，是从教科书使用方法和教学方法来考虑的。教科书的各册内容，按由浅入深编排，是为没有物理学基础的学生编

[1] 高俊梅. 晚清译著《力学课编》研究 [D]. 呼和浩特：内蒙古师范大学，2011：16.

[2] 黎难秋. 中国科学翻译史料 [M]. 合肥：中国科学技术大学出版社，1996：494.

写的入门教科书，可以根据学生的实际和教学的需要，每天学习一节、数节或一整课（现在所言单元）的内容。"课编"具有因课而编或按课业而编的意思。书的编排体例不是采用"章节"模式而是"编课节"模式，全书目录如表3-2-1和图3-2-3所示[1]。

表 3-2-1 《力学课编》目录

编	卷	课
序例	目录，卷首	引论
编上	卷一 测动动学之一	第一课 有恒之动；第二课 无恒之动；第三课 以几何术演动式；第四课 分动合动
	卷二 坠物动学之二	第五课 无拘坠物；第六课 特别坠物
编下甲	卷三 量力动力学之一	第七课 释名；第八课 力学公式；第九课 击力
	卷四 奈端动例动力学之二	第十课 奈端动例；第十一课 奈端动例
	卷五 能力动力学之三	第十二课 功效；第十三课 翲力；第十四课 能力，第十五课 能力长存
	卷六 机器动力学之四	第十六课 杠杆；第十七课 轮轴；第十八课 鹿卢；第十九课 斜坂
编下乙	卷七 静理静力学之一	第二十课 同线之力；第二十一课 不同线之力；第二十二课 数力不同一向线而聚于一点之几何相敌义；第二十三课 数力不同一线向而同聚于一点之代形合参相敌义；第二十四课 平行力；第二十五课 旋幹（力矩）；第二十六课 偶力（力偶）
	卷八 重心静力学之二	第二十七课 物止于坚面之定静；第二十八课 求多数物之质心或重心之法；第二十九课 求数物相连之质心之法

3-2-3

图3-2-3 《力学课编》目录

[1] 高俊梅. 晚清译著《力学课编》研究［D］. 呼和浩特：内蒙古师范大学，2011：16-17.

该书将力学的学科分支进行了分类，用横排而非传统竖排的编排方式译介大量的物理计算公式。严文炳认为："理科米坚律克斯一学，总分二门。一曰肯理麦的克斯，界言论物动之例，而不记其制动之因与成动之果也，今译动学。二曰德楞密克斯，界言论制动之力与致力之效也，今译力学。力学复分二目，一曰肯勒的克斯，今译动力学。二曰师特德克斯，今译静力学。此理科米坚律克斯分门之大略也。"

现在力学学科大体上分为静力学、运动学和动力学三大分支学科。静力学研究力的平衡或物体的静止问题，运动学只考虑物体怎样运动，不讨论它与所受力的关系；动力学讨论物体运动和所受力的关系。严文炳在《力学课编》中将力学（米坚律克斯，Mechanics）分为运动学（肯理麦的克斯，Kinematics）和力学（德楞密克斯，Dynamics，今译为动力学）两个门类，力学（德楞密克斯，Dynamics）又分为动力学（肯勒的克斯，Kinetics）和静力学（师特德克斯，Statics）。Kinetics和Dynamics在今天的物理学研究中都译为动力学，但又是两个不好区分的物理学名词。

严文炳在《力学课编》中对力学的分类方法并无失误。在物理和工程领域，Kinetics是经典力学的分支，研究的是体系的运动和引起运动的原因，如力和扭矩，即当研究一个过程的推动力的学问时，动力学就用Kinetics。二十世纪中期后，在物理教科书里，Dynamics开始取代Kinetics，但在工程领域Kinetics一词还在继续使用。Dynamics指研究"动"和"力"之间关系的学问，区别于Kinetics是研究"动力"的学问。

2. 《力学课编》的编写特点

从《力学课编》的内容结构和时代背景来看，《力学课编》译自英国中学物理教科书，课本的内容结构具有教学性、现代性和系统性，为其后我国物理教科书的发展奠定了重要基础。

（1）教科书的内容比较现代，语言的表述也比较容易理解。《力学课编》译介了牛顿三大定律，动量守恒定律，功、功率和能量守恒定律。

教科书将牛顿第一定律表述为"凡物静者。欲守其本位而恒静。动者。欲循其速率（此兼指缓速与方向而言也）而恒动。无外力以扰之。永自保以安之"。此定义与现在教科书的表述"一切物体总是保持静止或匀速直线运动状态，直到有外力迫使它改变这种状态"的含义相同。

《力学课编》中将牛顿第二定律表述为"动质之储力与致动之力，有正比之例。质动之向，与致动之力向同行一线之直向"。其中"储力"指冲量I（$I=Ft$）这个定义和现在物理教科书的表述"物体加速度的大小跟物体受到的作用力成正比，跟物体的质量成反比，加速度的方向跟作用力的方向相同"的含义存在较大差异。虽然用动量定理$I=\Delta P$表达牛顿第二定律，比现在的物理教科书的$F=ma$更接近牛顿著作的原文，但是《力学课编》的译文表达不够准确、清楚。

教科书将牛顿第三定律表述为"力必双生，感必有应。用力与拒力相敌而相对用力谓以手抵几所出之力，拒力谓几反抵手之力"。这与现代物理教科书"作用力与反作用力，大小相等，方向相反"的表述内涵一致，表达准确。

（2）编有习题集与答案。教科书所列习题，在今日看仍有一定难度。如图3-2-4所示，"第四题：问一弹之质与速率，与其功在的准，有何连属？设有机器每分钟能抛10 000磅之水，速率每秒八十尺，第其所成之功，每百分之二十，皆消磨于阻滞等，问要此机器之马力何似？"这道题属于现在义务教育阶段八年级下册"功与功率"的教学板块，运用$P=Fv$进行计算。这道题透露出当时物理单位是不统一的，质量的单位用的是英制单位"磅"，长度的单位用的是中国的计量单位"尺"，时间的单位采用"秒"，功率的单位使用"马力"。

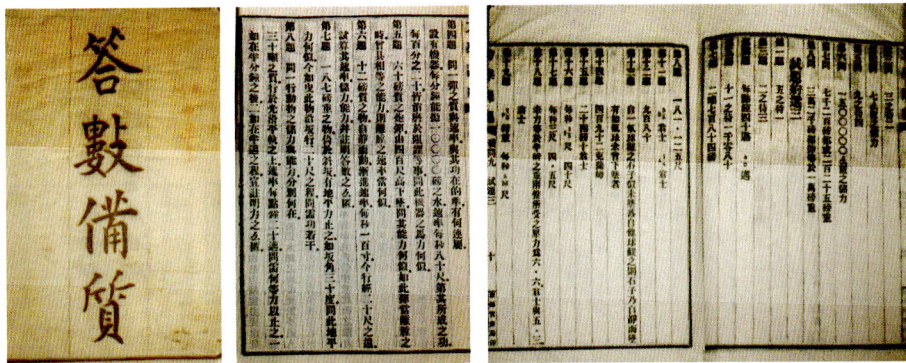

图3-2-4 　《力学课编》中的"答数备质"样章

（3）教科书插图丰富、严谨，注重数学公式表达。西方自然科学思维与中国传统自然科学思想方法的根本区别，在于西方自然科学思维一是注重形式逻辑，二是注重通过系统的实验寻找因果关系。中国传统自然科学思想注重"天人合一"，体现为整体观、推人及物。《力学课编》在物理学知识的课文陈述中，注重内在逻辑和因果关系的表述，插图不仅有实物插图，更多的是具有物理学原理和方法普遍性、抽象性的插图，如物体"重心"的确定方法，斜面物体重力与支持力的平衡关系示图等，其数学公式也更加规范，如图3-2-5所示。

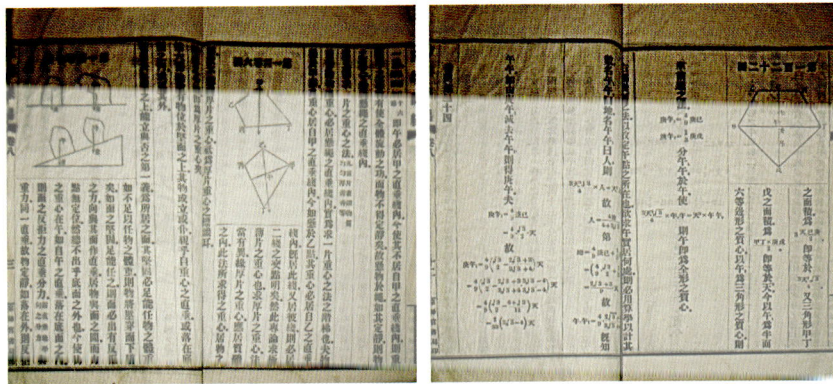

图3-2-5 　《力学课编》样章

总体上看，由学部审定、严文炳编译的《力学课编》与此前传教士编译、商务印书馆等民间出版机构组织编译出版的物理教科书相比，其教科书特性更加明显，印证了教科书审定制度对教科书质量提升的重要意义。

二、学部版的《近世物理学教科书》

《近世物理学教科书》由日本学者中村清二著，学部编译图书局译印，属于政府机构出版教科书，首版于1906年10月，铅字印刷，如图3-2-6所示。1907年被列为寻常师范通用教科书，师范教育版印刷质量、插图较1906年版更加精美，如图3-2-7所示。

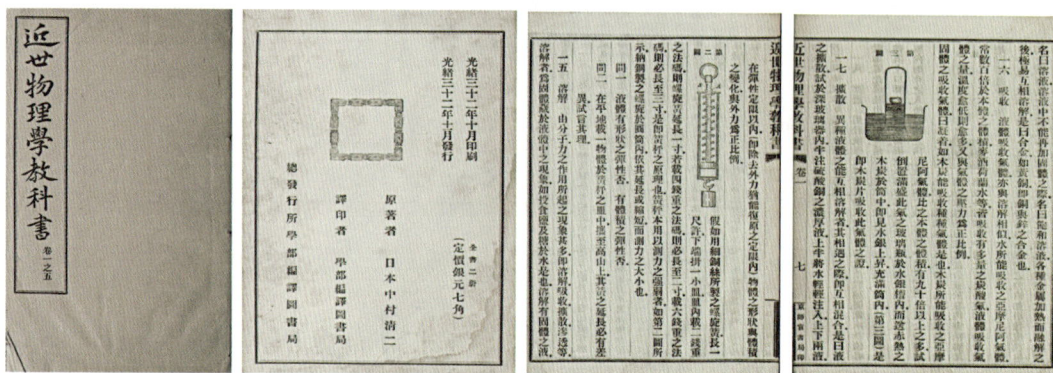

图3-2-6 学部版的《近世物理学教科书》封面、版权页和样章

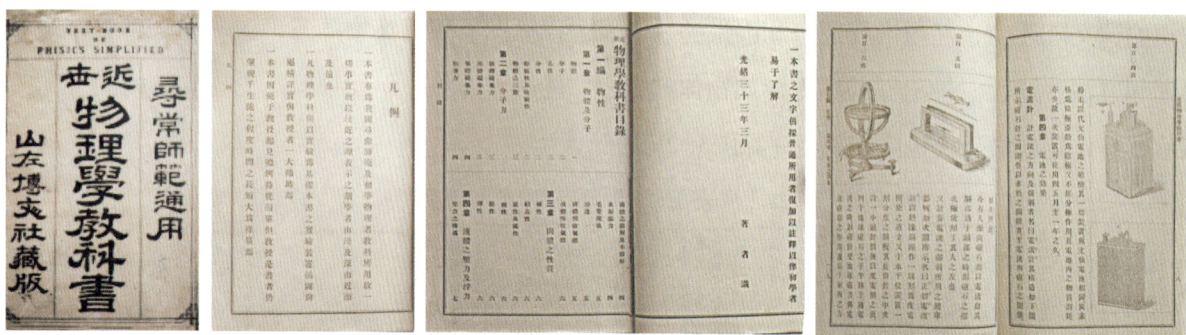

图3-2-7 学部版寻常师范通用的《近世物理学教科书》封面、凡例、目录和样章

据研究，学部版的《近世物理学教科书》由王季烈编译，但全书并没有他的署名。王季烈并没有留学背景，他的物理学知识应该是通过自学以及与传教士合译物理学著作过程中学习的。

王季烈编译的学部版《近世物理学教科书》是一本物理学教科书，其底本是日本学者中村清二所著的《近世物理学教科书》，该书1900年出版后又有1902年版、1903年版、1906年版、1909年版、1911年版五种修订版，王季烈编译的底本是1902年版[1]，除学部版外，普及书局也同时编译出版了由余岩编译的《近世物理学教科书》，但普及书局版经学部审定，仅可作为教学参考书使用。

王季烈选用中村清二所著的《近世物理学教科书》（如图3-2-8所示）作为编译蓝本，说明当时在选译底本上还是非常注重教科书质量的。中村清二是日本颇具影响力的物理学家和物理教育家，他在东京大学理学部学习物理学，后留学德国获物理学博士学位，回国后任东京帝国大学理科学院物理学教授，并成为帝国学士院会员。中村清二不仅物理学的学术造诣很深，其编写的物理教科书也颇具特色，重视实验，注重通过生活中的常识导入物理学概念和理论[2]。日语教科书使用汉字比例比较高，要比英文教科书容易翻译。此外，留日学生日渐增多，日本学者来华交流方便且中文水平较高，这些因素可能是我国近代物理学教科书大量译自日文的原因。

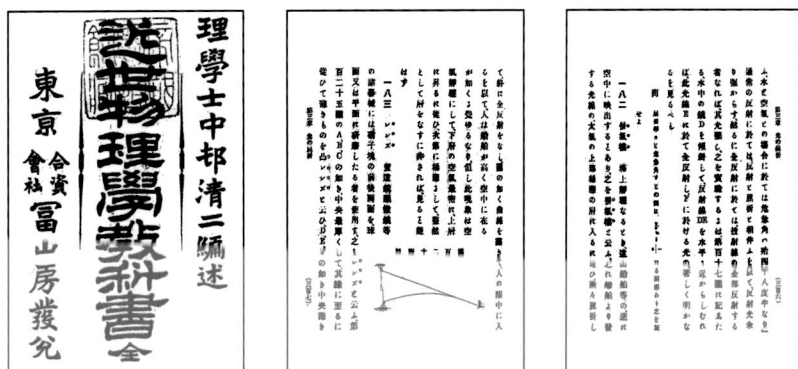

图3-2-8　日文原版的《近世物理学教科书》封面和样章

此外，据学者研究，将英文Physics译为"物理学"应是王季烈首先提出的，藤田丰八翻译饭盛挺造的《物理学》时，开始用中国传统的"格致"为此书命名，但王季烈主张用"物理学"[3]。王季烈除了编写物理教科书，还在1908年出版了工具书《物理学语汇》，该书1~29页按26个英文字母排序，给出物理学名词的"英、中、日"对照表，30~59页按照汉字笔画排序，给出物理学名词的"中、英、日"对照表，60~90页则先按照使用日义汉字翻译的物理学名词的笔画排序，后按照日文片假名（日语中表音符号的一种）翻译的物理学名词笔画排序，给出物理学"日、英、中"对照表。这种编排方式，统一了物理学词汇的翻译，方便不同使用习惯的读者查找。

1. 学部版的《近世物理学教科书》的内容结构

学部版的《近世物理学教科书》共分上、下两册，9卷43章285节。据中国科学院大学人文学院副教授王广超整理的其卷章目录如表3-2-2所示。

[1] 王广超. 王季烈译编两本物理教科书初步研究［J］. 中国科技史杂志，2015（2）：193.

[2] 同［1］.

[3] 同［1］192.

表 3-2-2　学部版的《近世物理学教科书》目录

卷	章（节数）
卷一　物体之性质	第一章 总论（10）；第二章 分子及分子力（10）
卷二　力学	第一章 运动之定律（8）；第二章 坠体及圆运动（6）；第三章 力（15）；第四章 工作及能力（4）；第五章 摆（3）
卷三　流体	第一章 液体（9）；第二章 亚基美特斯之原理（7）；第三章 气体（10）；第四章 虹吸管及抽筒（7）
卷四　热	第一章 热及温度（6）；第二章 涨大（8）；第三章 比热（4）；第四章 热及能力（3）；第五章 溶解及凝固（5）；第六章 气化及液化（9）；第七章 热之传播（5）；第八章 汽机（2）
卷五　波动及声	第一章 波动（3）；第二章 音波（9）；第三章 测定发音体之摆动数（3）；第四章 音之合成（3）；第五章 弦棒等之摆动（7）
卷六　光	第一章 光之直行（5）；第二章 光之反射（7）；第三章 光之屈折（10）；第四章 光之分散（12）；第五章 光学器械（6）；第六章 光之波动说（4）
卷七　磁气	第一章 磁石（3）；第二章 磁气之感应（4）；第三章 地球磁气（5）
卷八　电气 上	第一章 总论（12）；第二章 电气机械（4）；第三章 电气及能力（6）；第四章 大气中之电气（2）
卷九　电气 下	第一章 电池（7）；第二章 电流与磁气（11）；第三章 欧姆之定律（5）；第四章 电流与热（4）；第五章 感应电流（14）；第六章 电气分解（8）

2. 学部版的《近世物理学教科书》的编写特点

学部版审定意见认为"《近世物理学教科书》二册，学部编译图书局本。日本中村清二著，学部编译图书局译。此书程度适合中学之用，体例甚精，定名亦当，译笔畅达，允为中学教授物理之善本"。而普及书局版的审定意义为"《近世物理学教科书》一册，普及书局本。日本中村清二著，镇海余岩编译。此书与学部编译图书局所译同一原本，而译笔尚欠明畅，惟兼有增补之处，足资参考。应审定为参考书"[1]。从审定意见看，王季烈编译的《近世物理学教科书》难易程度适合中学生学习，教科书体例结构完善，语言通顺流畅，是物理教科书中的善本。其样章如图3-2-9所示。

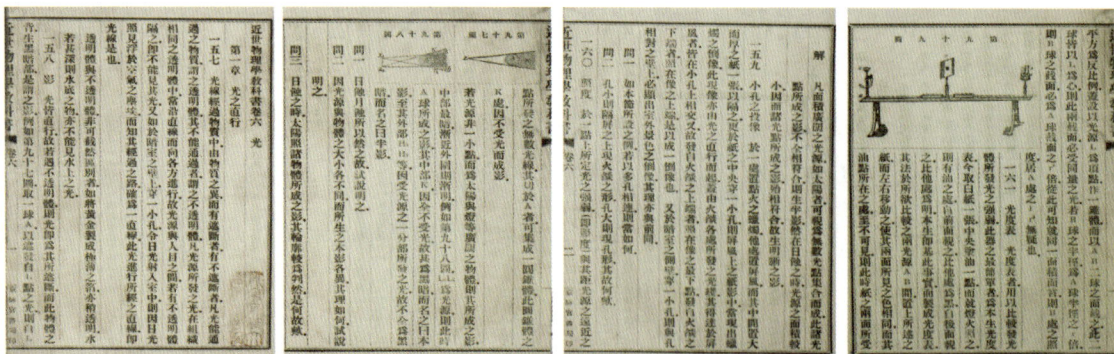

3-2-9

图3-2-9　学部版的《近世物理学教科书》样章

[1] 王广超. 王季烈译编两本物理教科书初步研究［J］. 中国科技史杂志，2015（2）：196.

从教材内容看，学部版《近世物理学教科书》具有三个值得今日教科书吸纳的特点：一是教科书的学理性，以"光沿直线传播"一节为例，"光线经过物质中，由物质之已，而有遮断者，有不遮断者。凡光能通过之物质，谓之透明体，其不能通过者，谓之不透明体。凡光源所发之光，在组织相同之透明体中，常沿直线而向各方进行。故光源与人目之间，若有不透明体隔之，即不能见其光，又如于暗室之壁上，穿一小孔，令日光射入室中，则因日光照见浮于空气之尘埃，而知其经过之路，确为一直线。此光进行所经过之直线，即光线是也。透明体与不透明体非可截然区别者。如将黄金制成极薄之箔，亦稍透明，水若甚深，则水底之物，亦不能见水上之光"。这一节虽只有229字，但准确地给出了透明体、不透明体、光源、光的直线传播等概念的物理学科性解释，通过日常生活中光透过小孔（其实透门窗也能有此体验）照射在尘埃之上，观察到的直线传播的直观经验，用实验证实光的直线传播，达到了说理和理解的目标，且整节内在逻辑性强。二是语言通畅、概念准确、用词易于理解。如这一节"照见浮于空气之尘埃"一句，既有生活化语言，又符合教科书的书面语言的严谨性。这一节的许多物理名词"物质""光源""光线""空气""尘埃""直线""透明体""不透明体"等一直沿用至今，说明当时翻译用词的准确性。三是注重演示实验图示，如在"阿基米德定律"一节，先讲生活中的体验性实验，人在水中变"轻"，人在水中搬石头，石头变"轻"，再引出阿基米德定律原理的科学表述"物理在液体中之重，较其真重轻，其失之重，与其所压开同体积之流体重相等"，并配以示意图说明，如图3-2-10所示。物理学教科书语言已经非常接近社会生活用语。

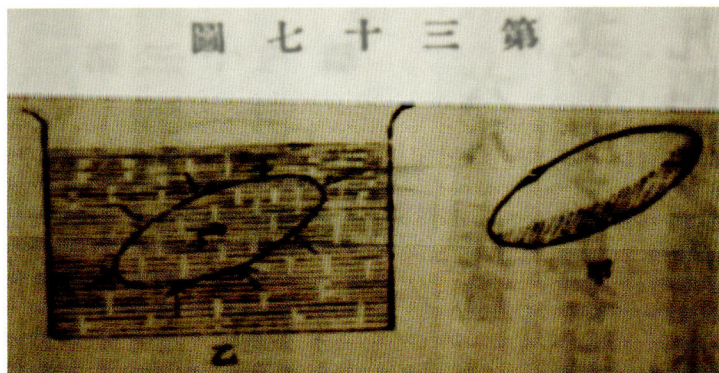

图3-2-10　学部版的《近世物理学教科书》中的插图

三、丛琯珠编译的《新撰物理学》

丛琯珠（1878—1912），字燮臣，山东文登县（今文登市）文城北宫村人，1902年秋，丛琯珠考入山东省师范馆。翌年春，清政府选40名士子赴日本留学，丛琯珠是其中之一，在日本同文书院学习两年后，进入日本早稻田大学学习。

1906年丛琯珠编译的《新撰物理学》，由山东留学生监督处出版发行，属于地方政府审定出版，在日本印刷、往国内发售的物理学教科书如图3-2-11所示。1911年上海群益书社再版该书。

图3-2-11　《新撰物理学》封面和版权页

1.《新撰物理学》的内容结构

丛琯珠编译的《新撰物理学》采用编、章、节、课结构，但全书编目并不统一，有的章下分节，有的章下不分节，直接到课。全书共分力学及物性、热学、音响学、光学、磁气学、电气学六编和附录、结论七部分，共206课。

该书序言由其山东同乡曲卓新撰写。曲卓新于1877年生于山东牟平，1904年甲辰科进士，毕业于日本早稻田大学，历任北洋政府财政部会计司司长、山东省关税厅筹备处处长、山海关监督、北洋政府外交部营口交涉员、财政部杂税整理处总办等职。

曲卓新在序言（如图3-2-12所示）中写道："近世政治家、教育家唱理化学思想普及之说殆遍环球。英吉利十五六年前，以商工业之隆盛夸耀世界，乃称以普通教育理化学之智识不及德美。遂使年年统计之，结果输出物逐渐减少，当局者乃亟亟从事于此方面，今则不让诸国矣。我国地大物博，而输出物远不逮输入，无他，理化学思想未能普及。"曲卓新把普及物理学、化学教育的价值提升到促进国家政治经济繁荣，提高国家世界贸易水平的高度来认识，在当时是难能可贵的。

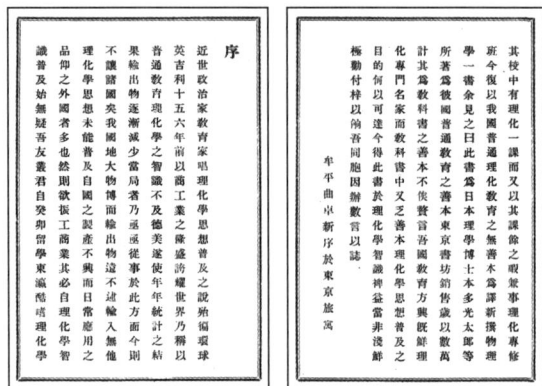

图3-2-12　《新撰物理学》序言

同时，曲卓新在序言中介绍说，其和丛琯珠苦于我国普及理化教育不够，且缺少理化教科书善本，发现日本理学博士本多光太郎等所著的物理学教科书在日本销量数万册，是物理学教科书的善本之作，遂推荐丛琯珠编译此书。其目录整理如表3-2-3所示。

表 3-2-3 《新撰物理学》目录

编	章	节课（页码）
第一编 力学及 物性	第一章 运动	一 位置及运动（一）；二 速度（二）；三 加速度（四）；四 运动之合成及分解（五）
	第二章 力及物质	五 力（六）；六 质量（七）；七 力及质量之单位（八）；八 运动量（九）；九 作用及反作用（十）；一〇 力之平均（十）；一一 力之合成及分解（十一）
	第三章 重力及功用	**第一节 重力** 一二 重力（十三）；一三 单振子（十四）；一四 万有引力（十五）； **第二节 功用** 一五 功用（十六）；一六 斜面（十七）；一七 工率（十八）；杂题（十八）
	第四章 刚体	**第一节 作用于刚体之力** 一八 作用于刚体力之合成（二十四）；一九 平行力之合成（二十四）；二〇 偶力（二十六）； **第二节 杠杆及滑车** 二一 杠杆（二十六）；二二 能率（二十七）；二三 天秤（二十八）；二四 滑车（二十九）； **第三节 物体之重心** 二五 重心（三十）；二六 物体之平均（三十一）； **第四节 摩擦** 二七 摩擦（三十二）；杂题（三十三）
	第五章 弹性体	二八 歪力及歪（三十六）；二九 弹性体（三十七）；三〇 法库之法则（三十八）；三一 物体之三态（三十八）
	第六章 流体	**第一节 流体之压力** 三二 流体之压力（三十九）；三三 压力之传达（四十）；三四 液体之表面（四十一）；三五 压力与深之关系（四十一）； **第二节 阿机美狄之原理** 三六 阿机美狄之原理（四十二）；三七 密度及比重（四十三）； **第三节 气体之压力** 三八 大气之压力（四十六）；三九 气压计（四十七）；四〇 压力与体积之关系（四十八）；四一 气体之密度（四十九）； **第四节 虹吸及唧筒** 四二 虹吸（五十）；四三 唧筒（五十一）；四四 空气唧筒（五十三）
	第七章 分子说	四五 分子说（五十四）；四六 扩散及渗透（五十五）；四七 吸收蒸发及溶解（五十六）；四八 表面张力及毛管现象（五十六）
第二编 热学	第一章 温度及热	四九 温度及热（五十九）；五〇 寒暖计（五十九）；五一 热量之单位（六十一）；五二 热容量及比热（六十一）；五三 热之传播（六十三）
	第二章 热之效果	**第一节 膨胀** 五四 固体之体积膨胀（六十四）；五五 长度之膨胀（六十五）；五六 液体之膨胀（六十八）；五七 气体之膨胀（六十九）；五八 气体之体积与压力及温度之关系（七十）； **第二节 融解及凝固** 五九 融解及凝固（七十一）；六〇 寒剂（七十三）； **第三节 气化及液化** 六一 蒸发及液化（七十四）；六二 临界温度（七十五）；六三 沸腾（七十六）；六四 大气中之水蒸气（七十八）；六五 湿度（七十九）
	第三章 热与功用之关系	六六 历史（八十）；六七 热之功用当量（八十一）；六八 蒸气机关（八十二）

（续表）

编	章	节课（页码）
第三编 音响学	第一章 波动	六九 振动（八十五）；七〇 波动（八十五）；七一 波之各部名称（八十七）；七二 关于波之诸现象（九十）
	第二章 音波	七三 音波（九十二）； 七四 音波之速度（九十三）；七五 音波之反射及屈折（九十四）；七六 音波之干涉（九十四）；七七 念（九十五）
	第三章 音响	七八 音响（九十七）；七九 乐音之三要素（九十七）；八〇 音之调和（九十八）；八一 音阶（九十八）；八二 赛林（九十八）；八三 振动记入法（百）
	第四章 发音体之振动	八四 弦之振动（百一）；八五 棒之振动（百二）；八六 板之振动（百四）；八七 钟之振动（百四）
	第五章 共鸣	八八 共鸣（百四）；八九 风琴管（百五）；九〇 人之音声（百六）；九一 蓄音器（百七）
第四编 光学	第一章 光之进行	九二 光体透明体及不透明体（百九）；九三 光之直行（百十）；九四 影（百十）；九五 光之速度（百十一）；九六 照度（百十一）；九七 光度（百十二）
	第二章 光之反射	**第一节 反射之法则** 九八 反射（百十三）； **第二节 镜面之反射** 九九 平面镜（百十五）；一〇〇 凹面镜（百十六）；一〇一 物体之像（百二十）；一〇二 凸面镜（百二十二）
	第三章 光之屈折	**第一节 屈折之法则** 一〇三 屈折（百二十三）；一〇四 屈折率（百二十四）；一〇五 全反射（百二十七）； **第二节 灵视** 一〇六 灵视（百二十八）；一〇七 凸灵视（百二十八）；一〇八 凹灵视（百三十一）； **第三节 视觉** 一〇九 眼（百三十二）；一一〇 视角及明视之距离（百三十三）； **第四节 光学器械** 一一一 写真器械（百三十三）；一一二 幻灯器械（百三十四）；一一三 望远镜（百三十五）；一一四 显微镜（百三十六）
	第四章 光之分散	**第一节 分散** 一一五 分散（百三十八）；一一六 灵视之色收差（百四十）；一一七 虹（百四十一）； **第二节 光质影分析** 一一八 分光器（百四十四）；一一九 光质质之种类（百四十五）；一二〇 黑线之说明（百四十七）；一二一 光质影各部之作用（百四十八）； **第三节 色** 一二二 余色及原色（百四十九）；一二三 物体之色（百四十九）；一二四 磷光及荧光（百五十）；一二五 绘具之混合（百五十一）
	第五章 波动说	一二六 关于光之学说（百五十二）；一二七 弹性波动说（百五十二）；一二八 光波之波长（百五十三）；一二九 光波之干涉（百五十四）；一三〇 光之回折（百五十五）；一三一 偏光（百五十六）
第五编 磁气学	第一章 磁石之作用	一三二 磁石（百五十九）；一三三 磁石之互相作用（百六十）；一三四 磁气量（百六十）；一三五 磁极间之作用（百六十一）
	第二章 磁气感应	一三六 磁场（百六十二）；一三七 感应（百六十二）；一三八 指力线（百六十三）；一三九 磁石之制法（百六十五）

（续表）

编	章	节课（页码）
第五编 磁气学	第三章 地球磁气	一四〇 地球磁气（百六十六）；一四一 地球之磁场（百六十六）
	第四章 磁气分子说	一四二 磁气分子说（百六十七）
第六编 电气学	第一章 带电体	一四三 带电（百七十一）；一四四 二种之电气（百七十一）；一四五 导体及不导体（百七十二）；一四六 电气量（百七十三）；一四七 金箔验电器（百七十四）；一四八 电气之分布（百七十四）；一四九 库伦之法则（百七十五）
	第二章 电气感应	一五〇 电场（百七十六）；一五一 指力线（百七十六）；一五二 感应（百七十七）；一五三 阴场电气量（百七十八）；一五四 电气盆（百七十八）；一五五 浑迟士脱之起电机（百七十九）；一五六 空中电气（百八十一）；一五七 避雷柱（百八十二）
	第三章 电位	一五八 电位（百八十二）；一五九 电位之法则（百八十三）；一六〇 电气容量（百八十四）；一六一 蓄电器（百八十四）；一六二 法赖（拉）第之实验（百八十六）
	第四章 电流	一六三 电流（白八十六）；一八四 触楔电气及电池（百八十七）；一六五 朴尔大之电池（百八十八）；一六六 电池之分极（百八十九）；一六七 达纽尔之电池（百八十九）；一六八 文仙之电池（百九十）；一六九 来克兰希之电池（百九十）；一七〇 重铬酸电池（百九十一）；一七一 热电流（百九十二）；一七二 热电堆（百九十二）
	第五章 电流与动电力	一七三 姆母之法则（百九十三）；一七四 全抵抗（百九十五）；一七五 电流之抵抗（百九十七）；一七六 电池之连结（百九十七）
	第六章 电流之效果	**第一节 电流与热** 一七七 乔巍儿之法则（百九十九）；一七八 电灯（百九十九）； **第二节 电气分解** 一七九 电气分解（二百一）；一八〇 法赖（拉）第之法则（二百一）；一八一 电镀术（二百二）；一八二 蓄电池（二百三）； **第三节 电流之磁气作用** 一八三 电流之磁气作用（二百四）；一八四 度电圈（二百五）；一八五 电流计（二百七）；一八六 电磁石（二百八）；一八七 电铃（二百九）；一八八 电信机（二百十）
	第七章 感应电流	一八九 感应电流（二百十三）；一九〇 林慈之法则（二百十四）， 九一 互感应与自感应（二百十五）；一九二 感应电流之动电力（二百十六）；一九三 感应度电圈（二百十六）；一九四 火花之实验（二百十八）；一九五 盖司来尔管之实验（二百十八）；一九六 X线之实验（二百十九）；一九七 电话机（二百二十）；一九八 代那模（二百二十二）；一九九 电气发动机（二百二十四）
附录 无线电信	—	二〇〇 电气波及磁气波（二百二十七）；二〇一 赫路兹之实验（二百二十八）；二〇二 无线电信（二百二十九）
结论 能力	—	二〇三 能力（二百三十一）；二〇四 运动及位置之能力（二百三十二）；二〇五 能力之态（二百三十三）；二〇六 能力不减则（二百三十四）

2.《新撰物理学》的特色

从《新撰物理学》的目录和内容中，我们可以看出该版本物理教科书对其后我国物理学教科书发展产生的影响是非常大的。

（1）该书提出的"位置""运动""距离""速度""平均速度""加速度""质量""重力""万有引力""斜面""重心""杠杆""摩擦""压力""密度"等物理学名词，并一直沿用至今。

（2）注重概念教学。书中对物理学的基本概念都有明确的定义，并通过联系生活中的实例来帮助学生理解。如"物体之位置，对于标准之一点而表示之。例如，机上书物之位置，自机之一隅，至某方向，有几何之距离云"，如图3-2-13所示。

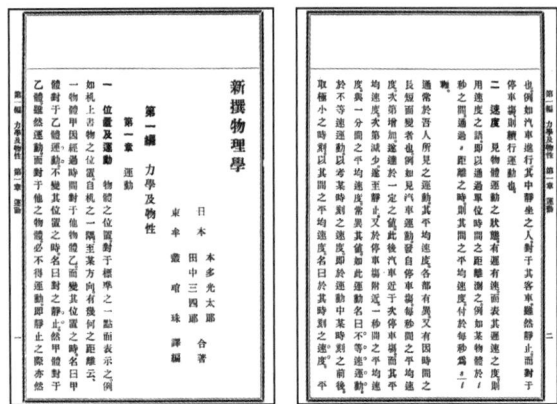

图3-2-13　《新撰物理学》样章

（3）该书内容具有前沿性，并注重物理学史的教学。该书引入了电磁波、能量守恒定律的前沿研究成果。"以此电场之强度，传播波动，名曰电气波。以磁场之强度，传播波动，名曰磁气波。"讲解了赫兹实验，引介了1845年法拉第发现光与电磁场之间的关系、1873年麦克斯韦提出光的电磁理论等，如图3-2-14所示。

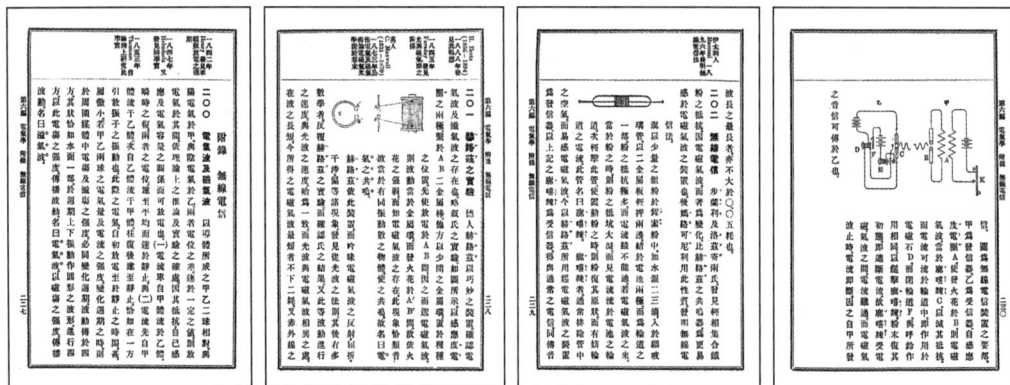

图3-2-14　《新撰物理学》中引入了电磁波等相关内容

（4）内容注重联系物理学知识在生产生活中的应用。如在力学部分介绍了千斤顶的工作原理及其应用，在热学部分介绍了蒸汽机的工作原理及其应用（如图3-2-15所示），在光学部分介绍了幻灯机、显微镜等的工作原理与应用，在电磁学部分介绍了电铃、电报机的工作原理及应用等。

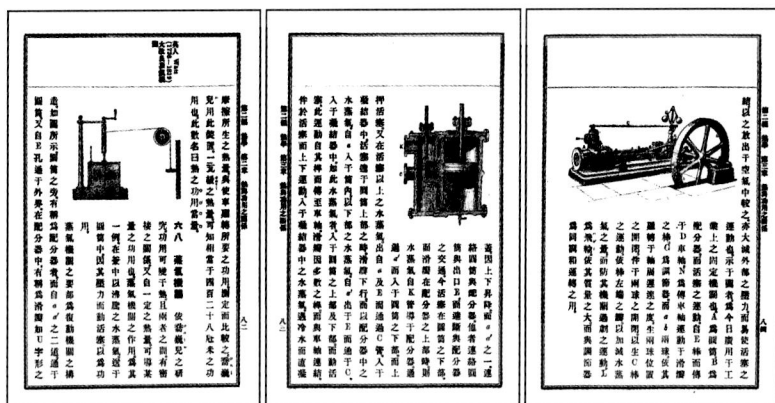

3-2-15

图3-2-15 《新撰物理学》中蒸汽机的工作原理及应用内容

（5）插图设计精美科学。全书有162幅插图，有实物影像图、原理示意图、物理器械结构剖面图。插图表达的物理学意义清晰，结构插图的设计、绘制和印刷精美。

（6）物理学原理和规律的数学表达更加丰富和规范。如"例如某物体于 t 秒之间，通过 s 距离之时，则其间之平均速度，付于每秒为 $\frac{s}{t}$ 糎"。整本教科书课文在讲述物理学原理和规律时，非常注重用数学公式方式来表达，而不是用中文语言来叙述，课文内容因此而精练。

第三节
民间出版机构出版的物理教科书

清末，伴随着新式学堂的兴办，除教会出版机构、官办出版机构外，民营的商务印书馆、文明书局、开明书局、昌明公司等出版机构如雨后春笋般发展，出版了许多高质量的物理教科书。

一、陈文编的《问答体物理学初等教科书》

陈文，号桂生，福建连江人，曾于1904年在日本西京（今东京）第三高等学校学习，为科学会编译部总发行所代表人。除编译物理学教科书外，他还编译了非常著名的数学教科书《查理斯密小代数学》。陈文编的《问答体物理学初等教科书》由上海科学会编译部于1906年出版，如图3-3-1所示，该教科书应是以日本物理教科书为蓝本，在其出版说明中他提道："是书以日本理科研究会明治三十八年十二月（即清光绪三十一年十一月）此编之《最近物理学问答》为主，然依要项分课凡条理之未备者，更取浅近之书，依类补入并用寻常日用之事实附诸各课之后。书中图画悉由余模写他书，依次补入非原书所固有。"这说明，陈文编的《问答体物理学初等教科书》开启了我国物理教科书由编译走向了自主性改编的时代。

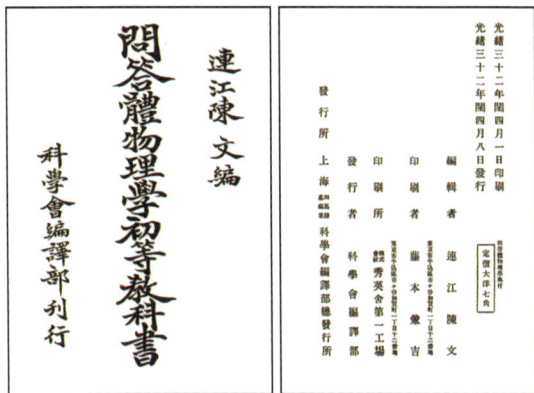

3-3-1

图3-3-1 《问答体物理学初等教科书》封面和版权页

该教科书采用篇、课，问、答体例编写，而采用"问答体"编写物理学教科书的作者并不多见。全书共九篇128课，有28幅插图。每一课由若干问题和回答构成，用语简洁。插图可分为模拟实物图、物理原理示意图两类，插图画得细致精美，有助于读者理解物理原理性知识。以第一课为例：

第一问：何谓物质？

答：如土木金石空气等，凡在宇内占有位置者皆名为物，于物之内区别其实质谓之物质。如石即为物质，水亦为物质。

第二问：何谓物体？

答：物体谓物之实体。如土堆、木条、金片、石堆以及抬椅、笔墨等。凡有实可指者，皆谓之物体。

……

从问答内容看，陈文编的《问答体物理学初等教科书》注重从学生日常能够接触到的物体、观察到的物理现象入手，然后概括出一般性的物理结论，符合中学生学习物理的心理特点。该书目录如表3-3-1所示。

表 3-3-1 《问答体物理学初等教科书》目录

篇（页码）	课
第一篇 物质及物性（一）	第一课 论物质当物体；第二课 论现象；第三课 论单位及比例；第四课 论物性；第五课 论重力；第六课 论物体三态；第七课 论弹性；第八课 论物体之构造；第九课 论分子力及其作用
第二篇 力学（一六）	第十课 论力；第十一课 论力之稳合；第十二课 论测力法；第十三课 论合力及分力；第十四课 论机械；第十五课 论重心；第十六课 论物体之座；第十七课 论效用；第十八课 论速度；第十九课 论作用及反作用；第二十课 论摆锤；第二十一课 论摩擦
第三篇 流体学（三二）	第二十二课 论流体；第二十三课 论压力；第二十四课 论水平面；第二十五课 论亚基默性之原理；第二十六课 论比重；第二十七课 论毛管现象；第二十八课 论气压；第二十九课 论晴雨表；第三十课 论波尔之法则；第三十一课 论吸管；第三十二课 论唧筒；第三十三课 论抽气筒
第四篇 热学（四二）	第三十四课 论热；第三十五课 论温度；第三十六课 论寒暖表；第三十七课 论热量；第三十八课 论比热；第三十九课 论热之传导；第四十课 论良导体不良导体；第四十一课 论热之对流；第四十二课 论物体之膨胀；第四十三课 论融解及凝固；第四十四课 论蒸发；第四十五课 论沸腾；第四十六课 论露点；第四十七课 论蒸气机关
第五篇 音学（五五）	第四十八课 论音波；第四十九课 论生音及传音；第五十课 论音之速度；第五十一课 论音之反射；第五十二课 论音之强弱；第五十三课 论音调；第五十四课 论弦音；第五十五课 论音叉；第五十六课 论风琴；第五十七课 论共鸣；第五十八课 论留声机器
第六篇 光学（六三）	第五十九课 论光体；第六十课 论光线；第六十一课 论影；第六十二课 论光之速度；第六十三课 论光之强；第六十四课 论光之反射；第六十五课 论镜；第六十六课 论不正反射；第六十七课 论光之屈折；第六十八课 论全反射；第六十九课 论三棱镜；第七十课 论透光镜；第七十一课 论影戏幻灯；第七十二课 论照像（相）器；第七十三课 论眼球；第七十四课 论望远镜；第七十五课 论双眼镜；第七十六课 论显微镜；第七十七课 论分光景；第七十八课 论虹；第七十九课 论太阳之辐射线；第八十课 论色

（续表）

篇（页码）	课
第七篇 磁气学 （八二）	第八十一课 论磁石；第八十二课 论磁极；第八十三课 论磁针；第八十四课 论磁石之作用；第八十五课 论磁气之感应；第八十六课 论磁石之制法；第八十七课 论基尔巴之说；第八十八课论地球磁气；第八十九课 论方位角及伏角；第九十课 论罗针盘
第八篇 电气学 （八八）	第九十一课 论带电体；第九十二课 论两种电气；第九十三课 论两种电气之作用；第九十四课论电气之导体及不导体；第九十五课 论电气之配布；第九十六课 论金箔验电器；第九十七课论电气之感应；第九十八课 论电学器具；第九十九课 论放电；第一百课 论空中电气；第百一课 论电流；第百二课 论电池；第百三课 论电解质；第百四课 论电气分解；第百五课 论电镀术；第百六课 论电流之热作用；第百七课 论电灯；第百八课 论电流之磁气作用；第百九课 论度电圈；第百十课 论电流表；第百十一课 论电磁石；第百十二课 论电铃；第百十三课 论电报机；第百十四课 论感应电流；第百十五课 论强电机；第百十六课 论"德律风"（电话机）；第百十七课 论嘉士列尔管；第百十八课 论X线；第百十九课 论无线电报；第百二十课 论"阿模"之法则；第百二十一课 论电池排列法
第九篇 计算问题 附能力说 （一一三）	第百二十二课 论能力；第百二十三课 力学计算；第百二十四课 流体学计算；第百二十五课 音学计算；第百二十六课 热学计算；第百二十七课 光学计算；第百二十八课 电气计算

陈文编的《问答体物理学初等教科书》的整体结构是按照力学、热学、声学、光学、电磁学的学科知识逻辑编排的，这个结构既符合由浅入深的逻辑，又符合物理学知识学习的内在逻辑，这个时期量子力学还没有出现，力学中振动和波动学说是理解光学、电磁学理论和现象的基础。因此，这个编排逻辑符合学生的认知特点、物理学知识的发展特点和教师的教学要求。

插图的设计是《问答体物理学初等教科书》的另一个比较突出的特点。总体看，本书的插图数要少于同时期陈文哲修订版《普通应用物理教科书》的381幅插图，但是其插图设计的教学性更为突出。主要表现在模拟实物的插图，不仅笔法精细、画质清晰，贴近实物，而且透视的角度利于学生观察仪器结构和理解实验原理。

除了插图具有鲜明特点外，该书对能量（原书称为能力）的定义比较通俗易懂且解释准确，"具生功用之能谓之能力，如在高处之水、飞行之弹丸皆有生用之能，即具有能力"。用做功的能力来定义和表征能量的概念，既符合物理学规律也容易理解。

另外，例题也采用问答方式（如图3-3-2所示），注重采用数学公式进行计算，而且公式印刷清晰，多采用阿拉伯数字，出现了幂和根号。

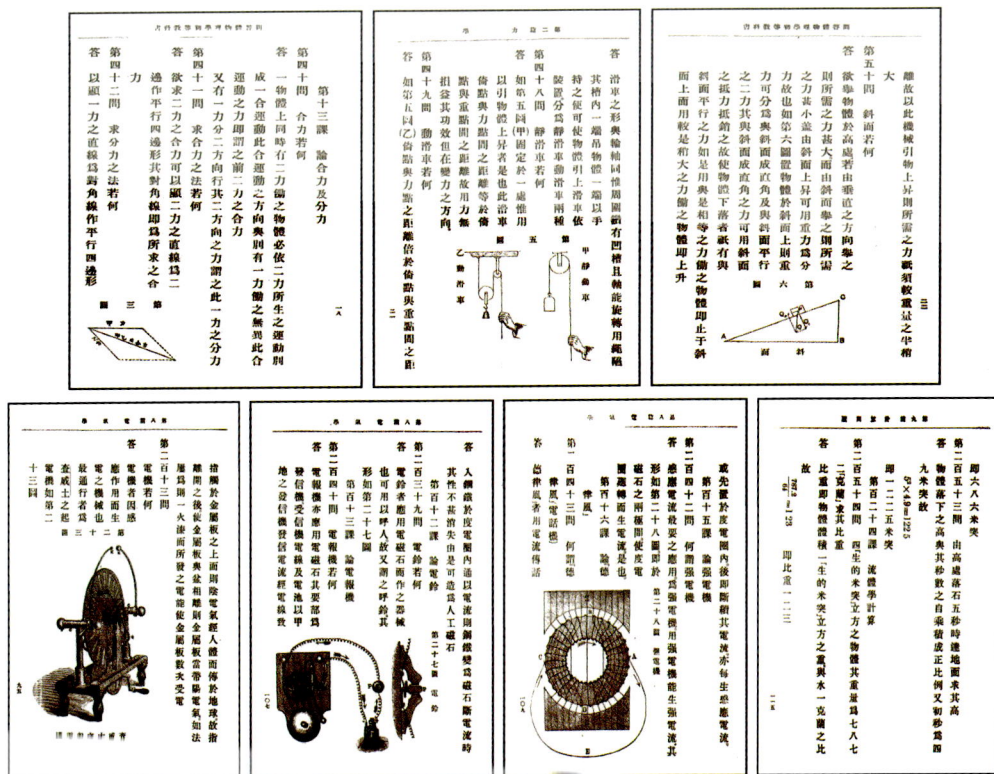

3-3-2

图3-3-2　《问答体物理学初等教科书》样章

　　在众多出版机构中，上海科学会编译部的知识产权保护意识特别突出。受西方传教士和日本出版业的影响，在清末无论是政府出版机构还是教会、民间出版机构，都很重视知识产权的自我保护。虽然当时清政府并没有制定知识产权法律或制度化的保护措施，但这种民间自发的知识产权保护意识却是非常值得肯定的。上海科学会编译部的知识产权保护意识在众学出版机构中，是最具有创新性的，如图3-3-3所示。据学者考证："其版权页上赫然张贴着一枚图案细腻且非常精制的印证，其印证上写着：'上海科学会编译部图书发行之证'，这是迄今我所能见到的，在版权印证图案中有文字证明的实例：'图书发行之证'　——即版权印证之凭证与实物的最早证据。"[1]

3-3-3

图3-3-3　《问答体物理学初等教科书》版权图案

[1] 采诗. 出版史上机构版权印证的发现［J］. 寻根, 2013（5）: 62-63.

在版权页，除了注重对本出版机构出版教科书的广告宣传外，还为其他出版机构出版的教科书进行了广告宣传，如图3-3-4所示。

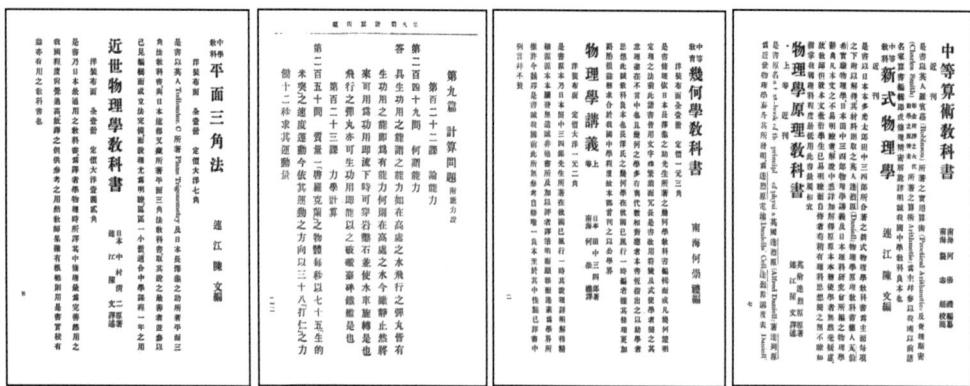

3-3-4

图3-3-4 《问答体物理学初等教科书》封底教科书广告

二、吴廷槐、华鸿译著的《中学物理学教科书》

吴廷槐、华鸿译著的《中学物理学教科书》于1907年由上海文明书局出版，原著者为日本东京帝国大学物理学教授田丸卓郎，如图3-3-5所示。该书在出版说明和版权页没有注明"学部审定"字样，封底印有清"钦差大臣太子少保兵部尚书兼都察院右都御史办理北洋通商事务直隶总督部堂袁（世凯）"专门发给文明书局的通告。据史料考查，在民间出版机构中，上海商务印书馆、上海文明书局、上海科学会编译部是出版物理学教科书种类较多、影响比较大的民间出版机构。

3-3-5

图3-3-5 《中学物理学教科书》封面和版权页

作者在译例（即出版说明）中提道："本书著者，于教授上尝历许多之经验，故书中叙述事项，皆适应于中学校之教授，实为吾国中等学校及师范学校最适当之教科书"，此外，还盛赞此书所编选内容为教师二次开发留有余地，"本书叙列各项，凡有待于教师讲筵上之敷陈者，无不留有余地，以供讲义中之说明，实为教授法上适当之著作。故本书初出之际，在东邦即风行一时"，如图3-3-6所示。

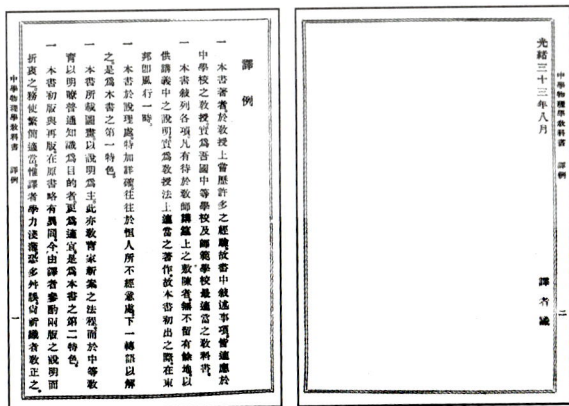

图3-3-6　《中学物理学教科书》译例

　　吴廷槐、华鸿提出教科书编写应富有"特色"的理念，并称田丸卓郎所著中学物理学教科书有两大特色：一是在重点难点处有详细的解释说明，"本书于说理处，特加详确，往往于恒人所不经意处，下一转语以解之，是为本书之第一特色"；二是教科书的插图对知识内容具有直观的解释作用，并且说著作者引入了教育学知识"明了"的理念（赫尔巴特的四段教学思想），"本书所载图画，以说明为主，此亦教育家新案之法程，而于中等教育以明了普通知识为目的者更为适宜，是为本书第二特色"，说明日本当时的基础教育已经与欧美基础教育实现了同步发展。

　　1929年，周昌寿再次编译了田丸卓郎著的《中等教育物理学讲义》（又名《物理学精义》），由商务印书馆出版发行，这从侧面说明，吴廷槐、华鸿译著的《中学物理学教科书》在选译原本上，具有一定的典型性。

　　吴廷槐、华鸿译著的《中学物理学教科书》采用章、节体例，全书共10章97节，正文274页，插图185幅，具体目录如表3-3-2所示。该教科书由上海文明书局活版所印刷，其印刷质量已经赶上日本印刷机构的印刷质量。

表 3-3-2　《中学物理学教科书》目录

章（页码）	节（页码）
第一章 总论（一）	一 物理学（一）；二 长及时间（二）；三 惯性之法则及力（四）；四 重及质量（五）；五 宇宙引力（九）；六 物质之状态（一〇）；七 温度（一二）；八 密度及比重（一四）
第二章 力之平均（一七）	一 力之平均（一七）；二 粗滑之区别及斜面（一九）；三 重心（二三）；四 作用于刚体之并行力（二六）；五 有固定轴之刚体（三〇）；六 斜面（三四）；七 弹性（三八）
第三章 液体及气压（四一）	一 液体及气压（四一）；二 气压（四六）；三 液体之自由表面（五一）；四 阿屈靡特司氏之原理（五三）；五 浮体（五六）；六 表面张力（五八）；七 扩散及渗透（六二）
第四章 气体（六三）	一 气体之压力（六三）；二 空气之压力及密度（六六）；三 气体之混合及渗透（六九）；四 吸收（七〇）；五 抽水唧筒（七一）；六 空气唧筒（七三）
第五章 温度及热（七七）	一 膨胀率（七七）；二 气体（八〇）；三 诸种之寒暖计（八二）；四 热（八四）；五 传导及对流（八六）；六 辐射（八九）；七 融解及凝固（九一）；八 溶解（九四）；九 蒸发及沸腾（九七）；一〇 蒸汽张力（一〇〇）；一一 湿度（一〇四）

（续表）

章（页码）	节（页码）
第六章 光（一〇七）	一 光及光媒（一〇七）；二 照度及光度（一一〇）；三 反射（一一三）；四 球面镜（一一六）；五 屈折（一二一）；六 全反射（一二六）；七 透光镜（一二八）；八 显微镜（一三五）；九 望远镜（一三七）；一〇 投影器械及摄影（一三九）；一一 分解（一四一）；一二 白光及物体之色（一四七）；一三 光之作用及暗线（一四九）；一四 关于大气之现象 大气之屈折（一五二）；一五 眼（一五五）
第七章 运动（一六一）	一 落体（一六一）；二 运动之法则（一六四）；三 抛物及速度之合成（一六六）；四 圆运动（一六六）；五 振子（一七一）；六 因弹力生起之振动（一七四）；七 冲突（一七七）；八 液体之流出（一七八）；九 管中流动液体之压力（一七九）
第八章 波动及音附光波（一八二）	一 波动（一八二）；二 音（一八四）；三 音之强度高度及音色（一八八）；四 周时并至之二音（一九〇）；五 发音体（一九二）；六 共鸣（一九七）；七 音色（一九九）；八 光波（二〇二）；九 波长及干涉（二〇四）；一〇 光之回折（二〇五）
第九章 磁气及电气（二〇七）	一 磁石（二〇七）；二 地球磁力（二〇九）；三 磁气之感应（二一一）；四 磁石之内部（二一五）；五 从电流而生之磁力（二一七）；六 苏伦诺及电磁石（二二一）；七 电位及起电力（二二六）；八 抵抗（二二八）；九 欧姆之法则（二三二）；一〇 电流之感应其一（二三三）；一一 电流之感应其二（二三六）；一二 电气分解（二三九）；一三 发热作用（二四三）；一四 热电流（二四六）；一五 静止之电气（二四七）；一六 静电气之感应（二五一）；一七 静电气之分配（其一）（二五六）；一八 静电气之分配（其二）（二五九）；一九 放电之作用（二六〇）；二〇 电气振动及电气波（二六二）
第十章 势力（二六五）	一 工程及势力（二六五）；二 热为势力之一（二六八）；三 化学的势力及电流（二七一）；四 势力之不减及散逸（二七三）

从总体结构看，吴廷槐、华鸿译著的《中学物理学教科书》内容编排仍然是按力学、热学、光学、电磁学的顺序，但是又有特色性的调整，即把运动与波动单独组成一个模块，放在光学和电磁学之间。在"波动及音附光波"一章中先讲波动基础知识，再讲声学，引出光波的知识。在第六章"光"中，只讲光的宏观、直观属性，而把光的波动、波长及干涉、光的反射部分放在第八章讲解，还是很有创造性的。此外，该教科书还有以下几个方面的特点。

1. 教科书对物理学的学科性质进行了明确表述

作者指出物理学是研究宇宙中物质性状及其变化等物理现象的学问，物质是我们的感觉能够证明存在的事物，如图3-3-7所示。"物理学者，研究物质之学也。凡充塞宇宙之空间，由吾人感觉可征知其实际者，名曰物质。体察物质之性状及核其相关之种种变化（即现象）即谓之物理学。"还指出，由于宇宙中的物质及其变化的现象很广，对于一些特殊物体及现象，是由专门学科来研究的，如化学、生物学。"然其范围甚广，故凡关于特异之物体及现象，概俟他之专科研究之，即化学、生物学、天文学、地文学诸科是也。"

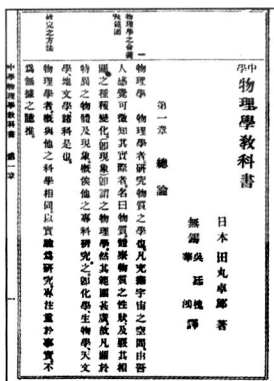

图3-3-7 《中学物理学教科书》中对物理学科性质的阐述

2. 强调物理学采用的研究方法是实验方法，要重事实，不进行无根据的臆推

作者指出物理学研究采用观察法、比较法、归纳法等基本方法，物理学是寻找物理现象之间逻辑关系的学科，而且事物间逻辑关系要具有简单性。"物理学者，概与他之科学相同，以实验为研究，专注重于事实，不为无据之臆推。在某种之现象几经比较研究，确知其一定之关系，而常无更变者，此关系即物理学之一法则也。或于数种互异之现象，比较研究其相关之法则，而确知其公共之关系者，则此关系，较前之法则为尤广，故吾人务求以简易之法则，包括数多之现象。"逻辑简单性原理后来成为科技哲学的基本科学方法论。

3. 教科书版式设计富有特色

与其他教科书相比在教科书版式上存在不同，《中学物理学教科书》在每一页的上部留有"天窗"，用于加注物理学名词对应下面的正文部分，或者对正文部分的图示进行说明。

4. 教科书插图能够很直观地阐释物理学原理

如台秤示意图，是用杠杆受力示意图和抽象化的台秤结构图来解释台秤的工作原理。每一章有思考题若干，并多配有插图辅助学生思考。如图3-3-8所示，"问六：于斜杠杆之一端悬重物而举上之时，则如何？（第十八图丙）""问七：二十图丙所示之复滑车，于力有几倍之益？试以运动之原理证之。""问八：试依运动之原理，证明台秤面上之物体，可载于随意位置之故。"等。

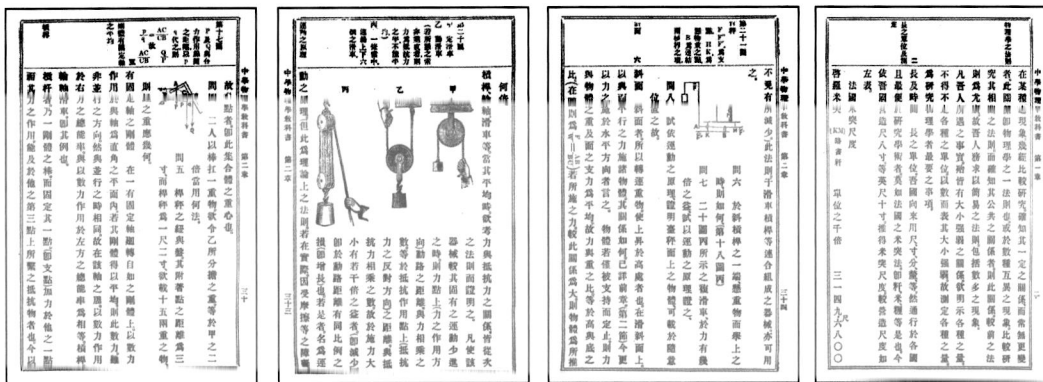

图3-3-8 《中学物理学教科书》样章

第三节 民间出版机构出版的物理教科书

三、伍光建编的"最新中学教科书"系列教科书

伍光建，1867年出生于广东新会，幼时就读于麦园村乡塾。1881年考入天津水师学堂，因学习成绩优异，颇受总教习严复赏识。1886年经严复举荐，伍光建赴英国伦敦格林威治海军学校深造，后转入伦敦大学，先习物理数学，后转习文学。1892年学成归国后，执教于天津水师学堂，1900年执教于上海南洋公学，并任提调。因深感优质教科书之匮乏，自编力学（两卷）、水学、气学、磁学、声学、动电学、静电学、热学、光学等10卷新式物理学教科书，被清廷学部列为中学教科书[1]，但其英文版权页注明，此教科书适合大学和中等学校选用，应该是内容比较专深。

从版权来看，这是我国学者署名"编辑者"而不是"译者"的教科书，是具有自主知识版权的教科书。使用中英文版权页，反映出当时虽处于清末国家颓势之秋，但知识分子却拥有国际化的视野和情怀，如图3-3-9所示。伍光建不仅编译、编写自然科学教科书，而且翻译了大量西方文学、哲学、历史作品，与严复、林纾并称我国近代三大著名翻译家。

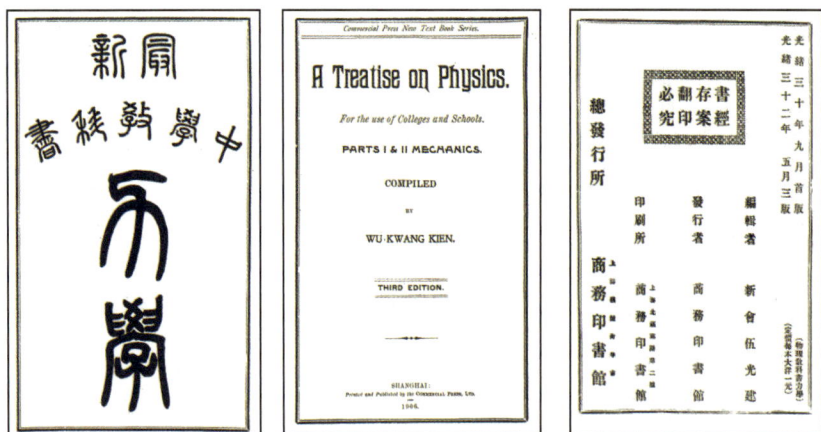

3-3-9

图3-3-9　《最新中学教科书 力学》封面、英文扉页和版权页

1. 教科书的内容结构

伍光建编的"最新中学教科书"系列教科书采用卷、章、节结构，但目录没有凝练出节的题目，在正文中有第几节的标题，但没有节名，该系列教科书10卷目录如表3-3-3所示。

---

[1] 邓世还. 伍光建生平及主要译著年表［J］. 新文学史料，2010（2）：153-158.

表 3-3-3　"最新中学教科书"系列教科书（共 10 卷）目录

卷	章
第一卷 力学上	第一章 发端；第二章 物性；第三章 本源么匿；第四章 直动；第五章 奈端动例；第六章 合力；第七章 合动；第八章 奈端吸力通例；第九章 地心吸力；第十章 时摆；第十一章 坠物；第十二章 抛物之动路
第二卷 力学下	第十三章 相称之力；第十四章 助力器；第十五章 重心；第十六章 物之僻性；第十七章 简谐动；第十八章 直碰；第十九章 斜碰；第二十章 功能；凡一百六十四节；附课题
第三卷 水学	第一章 压力试验 重率 密率；第二章 压力演算 压力心 直压力 平安点；第三章 求重率法；第四章 细管吸力 面牵力 交渗 交流；第五章 流水力学 水力机器；凡七十八节；附课题
第四卷 气学	第一章 气质之性 空气 空气表；第二章 气质涨力 波勒例 压力表 多尔顿例；第三章 空气浮力 气球；第四章 抽气机 抽水机；第五章 空气表求高法 气涨图 流动质过管压力；凡七十节；附课题
第五卷 声学	第一章 震动 声浪 声之速率；第二章 回射 折射 震动次数；第三章 弦管；第四章 条片之震动；第五章 以光显声浪 写声机 留声机；第六章 感声 助声 分音机 合音机 拍音 听官；第七章 音律 中国古音律解 中西音律比较；凡九十七节；附课题
第六卷 热学	第一章 涨缩略论 寒暑表；第二章 实质涨率；第三章 流质涨率；第四章 气质涨率；第五章 变质 蒸气；第六章 燥湿；第七章 引热之理；第八章 热之传射；第九章 热量 隐热；第十章 寒热之源；第十一章 动热相生之数；第十二章 汽机；第十三章 原热；凡一百二十八节；附课题
第七卷 光学	第一章 像影 光之速率 光浓率；第二章 返射 返光镜；第三章 单折射 离角 限角 折射指数；第四章 透光镜 演算；第五章 光带 色差；第六章 色虹 磷光 弗光；第七章 光器；第八章 视官 欺眼法 眼镜；第九章 光浪 光浪生剋 折射；第十章 双折射 极光 晶颗色环；凡一百六十七节；附课题
第八卷 磁学[1]	第一章 磁性；第二章 赋磁法；第三章 磁力例；第四章 地磁；第五章 钢铁磁性；第六章 磁性物；附课题
第九卷 静电学	第一章 电之推吸；第二章 电力例；第三章 感电 电之分布；第四章 发电机；第五章 畜电器；第六章 电平 电力；第七章 量电表；第八章 电量 通感系数；第九章 放电之效 电能；第十章 空际之电；第十一章 电源；凡一百六十六节；附课题
第十卷 动电学	第一章 电池；第二章 流电表；第三章 阿穆例；第四章 流电量法；第五章 电溜生热；第六章 热电；第七章 流电动学；第八章 电磁 量安表 电报；第九章 流电化功 副电池 电镀；第十章 电磁发感 电澜 自感系数；第十一章 总论么匿；第十二章 德律风 感电圈 矞极光 朗根光 镭光；第十三章 代那模 模托 调平器；第十四章 电浪 无线电报；凡二百十六节；附课题

2. 教科书的特点

（1）首先讲了自然学科分类问题。在力学上册第一章第一节，伍光建认为"格物"之学是研究自然世界现象变化的学科，指的就是现在的自然科学，包括生物学、化学、物理学等学科。不同自然学科的研究对象各有不同，"格物之学，所以考察物之变象也。其考察生物之变象者，则谓之生物学。考察顽物之变，而其变及乎原尘者，则曰化学。考察顽物之变，而不关乎原尘者，则曰格物之学（天文、地质等学亦属格物，以其分列专科，故不在内）"。

---

[1] 李艳平，谷雅慧. 伍光建编中学物理学教科书赏析 [J]. 物理教师，2014（12）：70.

（2）引介了原子论思想。指出物质是由最小颗粒原子组成的，如图3-3-10所示，“凡占地位者皆谓之物，又谓之质，凡物皆有可分之性，分之又分，以至极小，无可再分，是谓原尘，合数原尘则成微尘。”

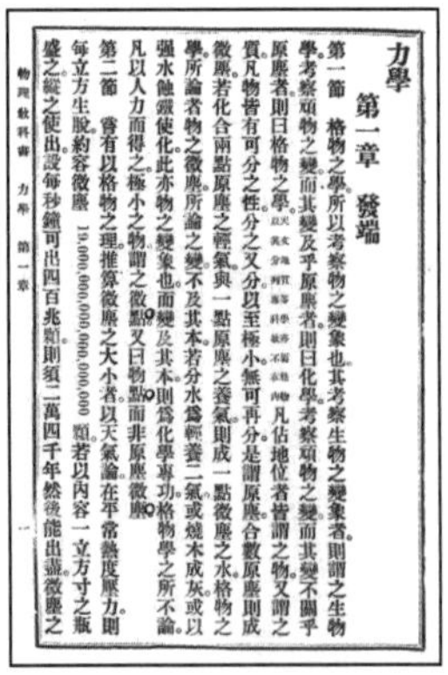

力學

第一章 發端

第一節 格物之學所以考察物之變象也其考察生物之變象者則謂之生物學考察頑物之變而其變及乎原塵者則曰化學考察頑物之變而其變不關乎原塵者則曰格物之學凡佔地位者皆謂之物又謂之質凡物皆有可分之性分之又分以至極小無可再分是謂原塵合數原塵則成微塵若化合兩點原塵之輕氣與一點原塵之養氣則成一點微塵之水格物之學所論者物之微塵所論之變不及其本若分水爲輕養二氣或燒木成灰或以强水蝕鐵使化此亦物之變象也而變及其本則爲化學專功格物學之所不論

凡以人力而得之極小之物謂之微點又曰物點而非原塵微塵

第二節 嘗有以格物之理推算微塵之大小者以天氣論在平常熱度壓力則每立方生脫約容微塵 19,000,000,000,000,000,000 顆若以內容一立方寸之瓶盛之縱之使出設每秒鐘可出四百兆顆則須二萬四千年然後能出盡微塵之

物理教科書 力學 第一章 一

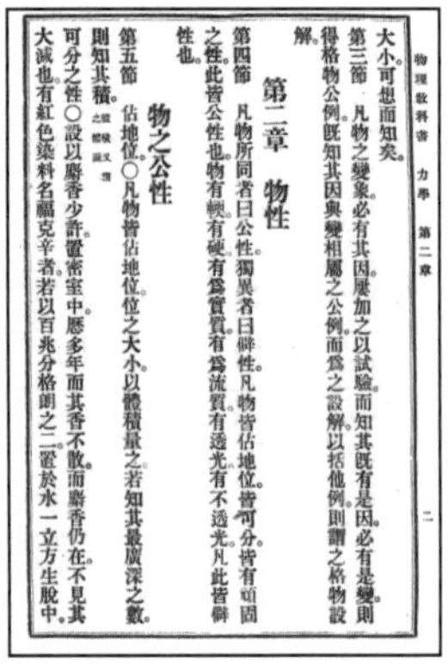

物理教科書 力學 第二章 二

大小可想而知矣

第三節 凡物之變象必有其因屢加之以試驗而知其既有是因必有是變則得格物公例既知其因與變相屬之公例而爲之設解以括他例則謂之格物設解

第二章 物性

第四節 凡物所同者曰公性獨異者曰僻性凡物皆佔地位皆可分皆有頑固之性此皆公性也物有鬆有硬有爲實質有爲流質有透光有不透光凡此皆僻性也

物之公性

第五節 佔地位○凡物皆佔地位位之大小以體積量之若知其最廣深之數則知其積

可分之性○設以麝香少許置密室中歷多年而其香不散而麝香仍在不見其大減也有紅色染料名羃克辛者若以百兆分格朗之二置於水一立方生脫中

3-3-10

图3-3-10 《最新中学教科书 力学》样章

（3）指出格物之学是研究事物变化规律的学科。物理学学科的价值在于寻找事物的变化规律，即发现物质变化的因果关系，其中试验是发现因果关系的重要手段。“凡物之变象，必有其因，屡加之以试验，而知其既有是因，必有是变，则得格物公例。”发现事物变化规律后，可以应用规律举一反三，解释同类事物的变化因果关系，“既知其因与变相属之公例，而为之设解，以括他例，则谓之格物设解”。

（4）强调物理学注重观察和实验。在教科书内容呈现方式上，注重通过观察和实验引入并讲解原理。如力学上册中编写了实验22个，声学中编写了实验28个，静电学中编写了实验44个。实验设计注重示例性和对物理学原理的辅助性解释，同时尽量关注学生日常生活能够观察到的和学校能够实现的实验。如图3-3-11所示为《最新中学教科书 声学》中的实验内容样章。

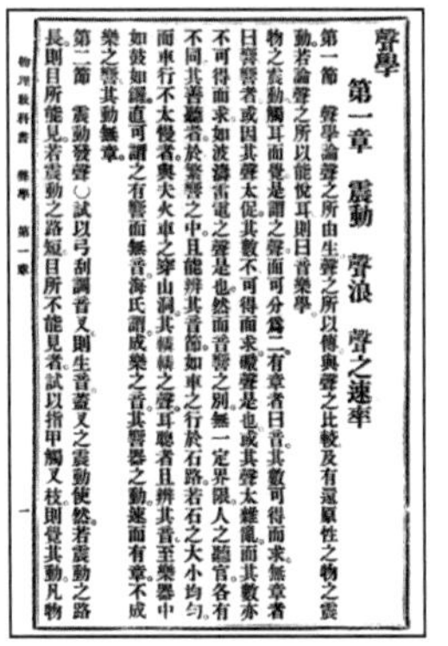

聲學

第一章 震動 聲浪 聲之速率

第一節 聲學論聲之所由生聲之所以傳與聲之比較及有覺原性之物之震動若論聲之所以能悅耳則曰音樂學

物之震動觸耳而覺是謂之聲而可分爲二有章者曰音其數可得而求無章者曰響響者或因其聲太促其數不可得而求嘯聲是也或其聲太雜亂而其數亦不可得而求如波濤雷電之聲是也然而音響之別無一定界限人之聽官各有不同其善聽者於繁響之中且能辨其音節如車之行於石路若石之大小均勻而車行不太慢者與夫火車之穿山洞其轔轔之聲耳聽者且辨其音至樂器中如鼓如鑼直可謂之有響而無音海氏謂成樂之音其響器之動速而有章不成樂之響其動無章

第二節 震動發聲○試以弓刮調音叉則生音蓋叉之震動使然若震動之路長則目所能見若震動之路短目所不能見者試以指甲觸叉枝則覺其動凡物

物理教科書 聲學 第一章 一

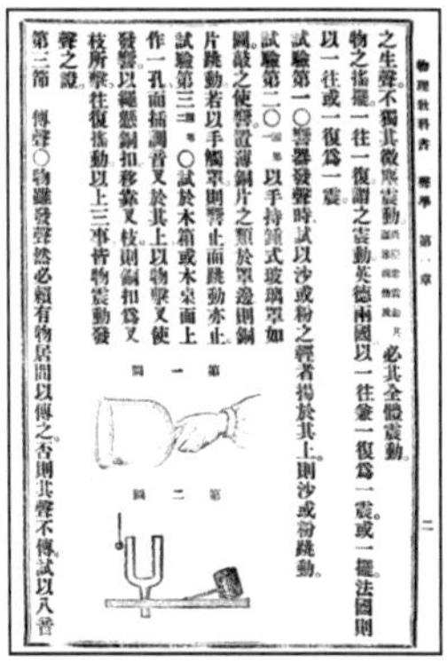

物理教科書 聲學 第一章 二

之生聲不獨其微塵震動必其全體震動物之搖擺一往一復謂之震動英德兩國以一往兼一復爲一震或一擺法國則以一往或一復爲一震

試驗第一○響器發聲時試以沙或粉之輕者揭於其上則沙或粉跳動

試驗第二○以手持鐘式玻璃罩如圖敲之使響置薄銅片之類於罩邊則銅片跳動若以手觸罩則響止而跳動亦止

試驗第三○試於木箱或木桌面上作一孔而插調音叉於其上以物擊叉使發響以繩懸銅扣移傍叉枝則銅扣爲叉枝所擊往復搖動以上三事皆物震動發聲之證

第一圖

第二圖

第三節 傳聲○物雖發聲然必賴有物居間以傳之否則其聲不傳試以八音

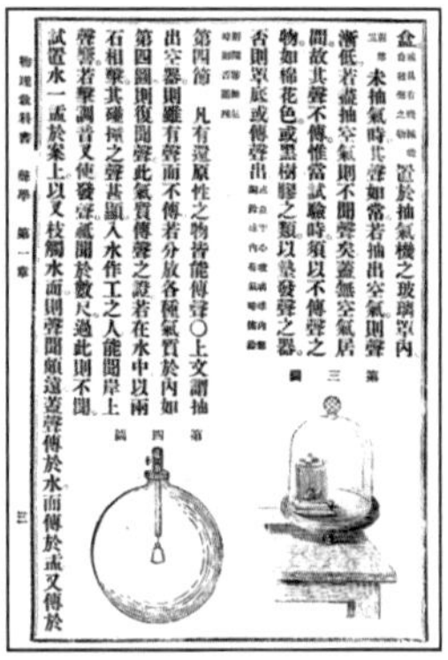

盒置於抽氣機之玻璃罩內未抽氣時其聲如常若抽出空氣則聲漸低若盡抽空氣則不聞聲矣蓋無空氣居間故其聲不傳惟當試驗時須以不傳聲之物如棉花色或黑樹膠之類以墊發聲之器否則罩底或傳聲出

第三圖

第四節 凡有覺原性之物皆能傳聲○上文謂抽出空器則雖有聲而不傳若分放各種氣質於內如第四圖則復聞聲此氣質傳聲之證若在水中以兩石相擊其碰擊之聲甚顯入水作工之人能聞岸上聲響若擊調音叉使發聲祇聞於數尺過此則不聞試置水一盂於案上以叉枝觸水面則聲聞頗遠蓋聲傳於水而傳於盂又傳於

第四圖

物理教科書 聲學 第一章 三

3-3-11

图3-3-11 《最新中学教科书 声学》中的实验内容样章

（5）插图的教学性比较突出。伍光建版物理学系列教科书插图量丰富，可以更加直观地辅助教学。力学上册配插图110幅，水学配插图84幅，气学配插图71幅，声学配插图104幅，热学配插图79

幅，光学配插图226幅，静电学配插图132幅，动电学配插图225幅。插图的透视结构可以比较直观地展示相应的物理学过程和原理，如图3-3-12所示的"声学第十六图"非常直观地演示了声音折射与光线通过透镜的折射规律相同的原理；"热学第七十九图"则采用剖面结构图示，解释了直动转换为旋转运动的机械结构原理；"声学第一百四图"可以比较好地帮助读者理解不同声波的叠加规律。

图3-3-12 "最新中学教科书"系列教科书中的插图样章

（6）注重物理教育的德育元素。不同于其他版本的物理教科书直接复制国外人物，该版本物理学教科书中做实验的人物为中国人，在数学公式中注重用汉字代替英文字母，如图3-3-13所示。虽然以现在的眼光看，伍光建版教科书对物理公式的数学化处理水平，较直接译自西方物理教科书的情况有所退步，但从当时物理教学实际需要看，这样处理容易被教师和学生理解，可以称之为增强教科书易教易学性的一种尝试。

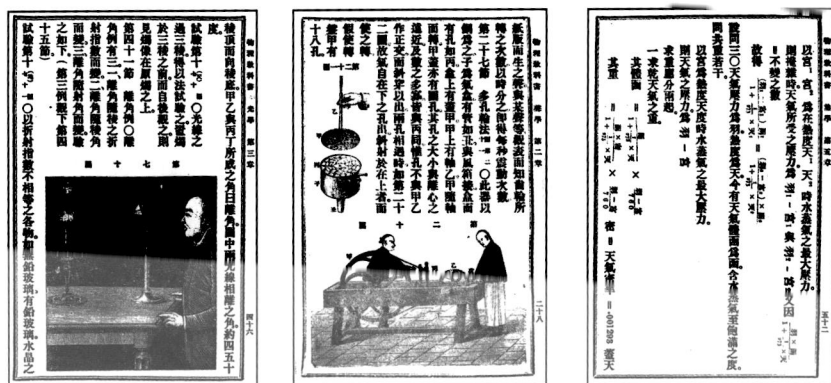

图3-3-13 "最新中学教科书"系列教科书中的插图和数学公式

四、教会出版机构出版的物理教科书

物理教科书最早是由教会出版机构出版发行的，促进了中国近代物理教科书的发展，但在1906

年清政府实行教科书审定制度后，教会出版机构出版的有影响力的物理教科书并不多见。王冰在《明清时期（1610—1910）物理学译著书目考》一文中列举了100种物理学译作，其中1900年至1910年出版发行的32种物理教科书中，没有列举教会出版机构出版的物理教科书，这说明教会学校的物理教科书在新式学堂中并没有占有市场发行份额。我们分析，出现这种情况有四个原因：一是新式学堂出现后，教会学校的规模和社会影响力相对较小；二是教会出版机构作为传教附属机构，不以追求经济利益为目的，在与民间出版机构或官方出版机构的竞争中并不占优势；三是留学教育使我国本土物理教科书编辑学者队伍的水平大为提高，编辑出版的教科书更适合中国学生学习；四是中国教科书庞大的发行市场，吸引了通晓中外文化和语言的日本学者加入国外教科书编译学者的队伍，教科书编写的国际化促进了物理教科书编写质量的提升，冲击了教会出版机构的功能。教会出版机构的物理教科书编辑出版日渐成为一个主要供教会学校选用学习的相对封闭的系统。王冰指出，"一百种物理学译著的翻译情况与同时期其他科技著作的翻译情况一样，都经历了几个阶段——由早期（明末清初）来华传教士起着主要作用，到洋务运动前后来华传教士与我国学者共同译述，最后是我国学者能够独立地进行翻译和编著""译著据日文书籍翻译或编译的都出版于本世纪（20世纪）初的十年间，且几乎均为教科书，约占'教科书类'的半数"。[1]

这个时期，也有教会出版机构出版发行了有较大影响力的物理教科书，如上海华美书局。上海华美书局是美国监理会创办的教会出版机构，1854年前后由美国传教士蓝柏创办，原名上海华美书坊。1890年前后宋耀如回国参与经营华美书坊，并扩建其为华美书馆。1902年，上海华美书馆与福州美华印书馆合并，组建上海华美书局，由上海监理会与福州美与美会共同经营，并在美国纽约州注册，注册地址是上海吴淞路10号，主要管理者为上海监理会的韦尔逊和美与美会的力为廉[2]。上海华美书局作为教会出版机构于1910年出版的《初等理化教科书》（上、下册），上册为物理学、下册为化学，社会影响较大。如图3-3-14所示是其上册的封面和英文扉页。

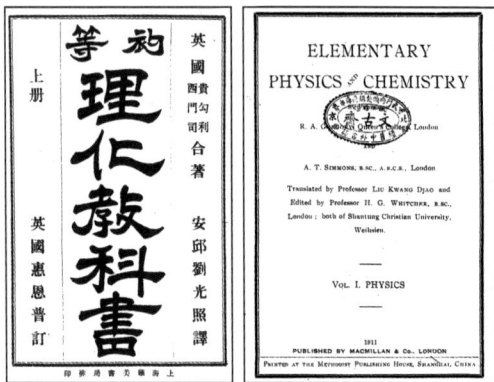

图3-3-14 《初等理化教科书》（上册）封面及英文扉页

[1] 王冰. 明清时期（1610—1910）物理学译著书目考［J］. 中国科技史料，1986（7）：19.

[2] 王月琴. 上海华美书局及其在近代上海出版印刷文化中的作用［J］. 都市文化研究，2016（8）：290.

该书由山东安丘人刘光照译，原著者是英国物理学家贵勾利和西门司。此书由英国麦克米兰出版社出版、上海华美书局排印，版权页印有发行许可和清政府官方公告。公告由光绪三十三年时任钦命二品衔赏戴花翎江南分巡苏松太兵备道瑞发布，注明了本书由伦敦马密兰出版，由别发洋行全权代理，且翻译出现了"专利版权"一词，如图3-3-15所示。

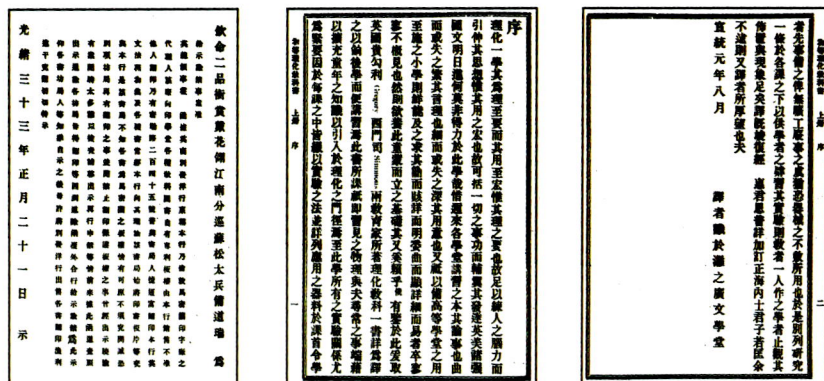

图3-3-15　《初等理化教科书》（上册）版权页和序言

译者刘光照在序言（如图3-3-15所示）中提到，物理学和化学的原理不仅可以用于坚船利炮、兴办实业，而且锻炼人的思维，扩展人的思想，西方列强文明水平的提升得益于物理学和化学教育。刘光照认识到物理学教育的社会启蒙教育功能，把科学教育与社会文明进步联系起来的思想是难能可贵的。刘光照同时提出，高等学堂的理化教科书不适合入门学习者，贵勾利和西门司两位教育家所著教科书，从学生童年熟悉的日常事物入手，扩充学生的理化知识，突出理化学科的实验属性，每一课都讲实验方法及其在生产实际中的应用，作为教科书非常适合。《初等理化教科书》（上册）共编有49课，其目录如表3-3-4所示。

表3-3-4　《初等理化教科书》（上册）目录

课序	课名	课序	课名
第一课	五官	第八课	量体积
第二课	质与硬性	第九课	质量与重量
第三课	固体　液体　气体	第十课	计质量
第四课	数种常物之性质	第十一课	天平公理
第五课	数种常物之性质（续前课）	第十二课	密度
第六课	量长短	第十三课	密度（续前课）
第七课	量面积	第十四课	求密度

（续表）

课序	课名	课序	课名
第十五课	沉水之物	第三十三课	晶粒　结晶法（续前课）
第十六课	浮水之物	第三十四课	图显几何
第十七课	亚氏公理	第三十五课	图显几何（续前课）
第十八课	求固体密度	第三十六课	蒸发
第十九课	周围之空气	第三十七课	蒸溜
第二十课	空气之压力	第三十八课	空气中之水气
第二十一课	风雨表	第三十九课	量计空气中之水气
第二十二课	风雨表之高度随时改变之理解	第四十课	水之体积密度所有之改变
第二十三课	热之效果	第四十一课	水之最大密度
第二十四课	寒暑表	第四十二课	热积与热度
第二十五课	寒暑表分度数法　定点	第四十三课	热积之量法
第二十六课	能消溶与不能消溶之固体物	第四十四课	热积
第二十七课	液体气体之能消溶者	第四十五课	热量
第二十八课	消溶与蒸发原物均无所失	第四十六课	物质所有热量之比较
第二十九课	饱和溶液	第四十七课	比热
第三十课	物在酸质以内之消量	第四十八课	冰之融化所吸收之热积数
第三十一课	物消溶而有化功其质量之改变	第四十九课	对流　水化为汽所收之热
第三十二课	晶粒　结晶法	—	—

从教科书目录可以看出，刘光照译的《初等理化教科书》（上册），物理学知识内容仅限于力学和热学的部分，这些内容与学生的日常生活实践具有直接的联系，比较容易学习和理解。在每一课的课文结构设计上是一个完整的实验探索过程，具有目前探究式教学的特点，均按"备用之器料、应作之事宜、研究与所有之效果、本课之问题"结构设计，如图3-3-16所示。有的课文加上前面课程需要强化记住的内容"宜记之事端"，即按实验准备、实验过程、实验结果及总结三段式设计课文，突出了物理教学的实验属性，让学生在"做中学"，是本书的鲜明特点，以第一课为例，本课的教学目标实际上是掌握五官的功能，学会物理观察，课文先从做实验开始：

备用之器料：书一本、铃一个、花一束、糖与盐各一块、阿摩尼亚水（氨水）一瓶、去皮之葱一科（通"棵"），或他有味之物。

应作之事宜：桌面列有多物，尔能知此诸物者，因尔先见之，若尔在暗中必不能视物，目与光乃视物所必用者。

试闭尔目，而以手扪之，虽不能视，亦觉得桌面之有此诸物也。

若去桌面略远，而闭尔目，桌面诸物不能视之，亦并不能觉之，然有数种物，嗅其味，亦可知室内之有此特也。

若闭目，而使人摇铃，虽未见、未觉、未嗅，而一听其声，即知其自铃而发。

尝试糖块与盐块，此二物之形色，虽难分辨，然一尝之，即知其何者为盐，何者为糖。

研究与所有之效果：科学凭何而学？凡作工之先，必尽寻所有应用之事物，不然，于工作将成之时，思及所有未用之事物，必以为如用此物，不难事半而功倍也。故未学科学之先，所最关紧要者，在讲求学科学所能用之法，其法初觉难求，实则得之其易，尔诸生悉知桌面有物，何由而知？均由一法知之，即会视此物也，或曰由视而知、然尔不宜只知有视也……

第一课之问题：

问一：何为五官并各有何专司？

问二：尔所能视之物，写出五件；能觉之物，写出五件；能嗅之物，写出五件；能听与能尝之物，各写出五件。

问三：有何物之能觉之而不能视之？

问四：有何物人能视之，而不能听之、觉之、嗅之、尝之？

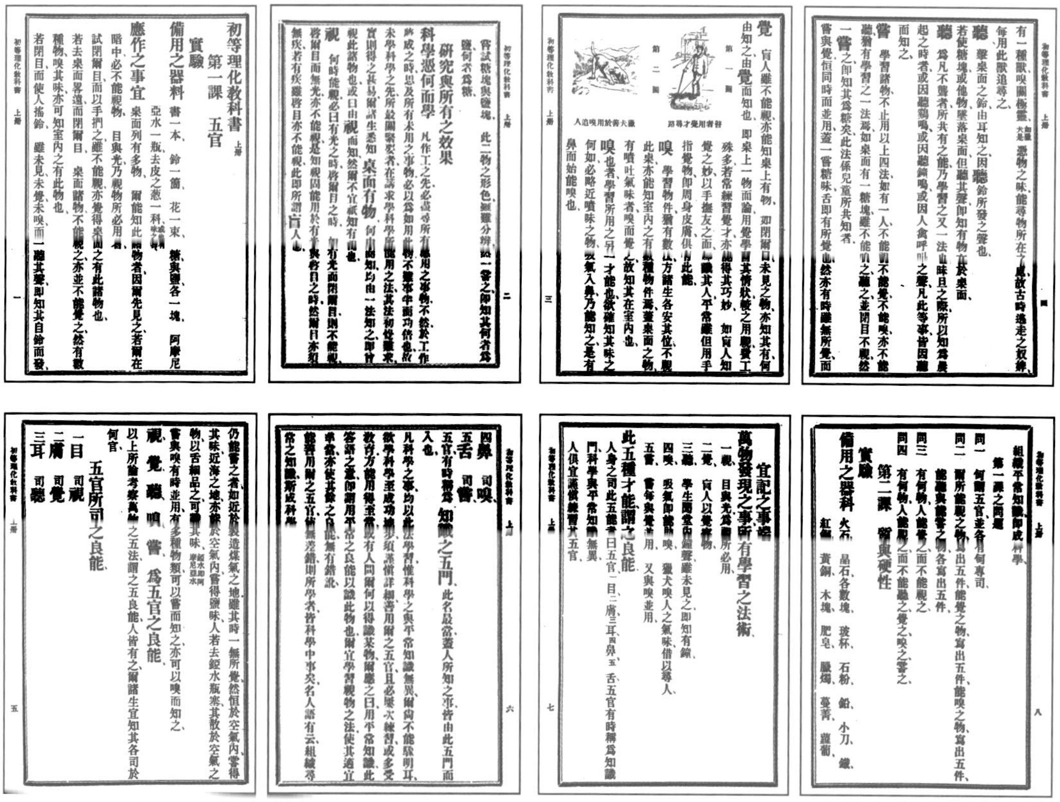

图3—3—16　《初等理化教科书》（上册）第一课内容

虽然刘光照译的《初等理化教科书》在结构设计上具有"做中学"的特色，但是课文语言不如译之日文的语言简洁、顺畅。插图虽有153幅，数量比较多，但插图绘制的精美水平和书本的印刷质量均逊于民间出版机构，更逊于在日本印刷的物理教科书。

总体上看，1906年清政府实行教科书审定制度后，新式学堂选用政府或民间出版机构教科书占据主导地位，传教士编印的物理学教科书在社会上应用不多。教科书市场的发展，形成了物理教科书编译、编辑、出版、发行的竞争态势。在竞争中，教科书的编写质量不断提升，而且为了适应中国新式学堂教师教和学生学的实际需要，编者和出版机构对外国物理教科书的本土化改造和增强教科书教学性的努力，体现出教科书发行市场的推动力量。同时，市场化的经济效益，也把国外尤其是日本物理学家与物理教育专家、印刷机构、出版机构吸引到我国物理教科书编写、出版、发行的市场中来，促进了我国物理教科书水平的提升。市场化运行和审定制度相结合的教科书发行制度是比较有生命力的。

五、清末教科书出版发行制度的争论

教科书研究者会非常注重如何提升教科书编写质量。编译者的学术水平、教科书编写水平固然重要，但持续影响编写工作质量的主导力量，是背后的出版发行制度，是市场机制与经济利益的引导。清末教科书审定制度的实质是政府主导下的市场选择机制，政府所编教科书发行量大，经济利益明显，因此一直被社会所诟病。

1914年，江梦梅在《前清学部编书之状况》一文中就指出，"学部教科书恶劣之声不绝于教育社会"，其"分配之荒谬、程度之参差，大为教育界所诟病"。中华书局创始人陆费逵对学部编订发行教科书制度也持批评态度，他在1907年《南方报》的文章中，就批评过学部编译图书局编印教科书存在的问题，1932年他在回忆清学部出版发行教科书情况时，认为"学部所出教科书，听各省翻译，然编法体例，完全仿商务最新本，其太深、太多，欠衔接，更有甚焉。但因政府的势力，销数却占第一"，他赞成"民间编辑，学部监督审定"的运行机制，之所以学部不放弃教科书出版发行的权力，主要因为出版教科书可以谋取巨大的经济利益，"当时学阀从每册发行的书中征收的印花税为5厘，比日本文部省所由高两倍还多"[1]。目前，我国教科书出版发行政策是采取统编还是国审下的开放竞争编写出版机制，主导性舆论倾向于国家统编，以便于对教科书内容和质量的统一控制。这种舆论背后是否有经济利益的引导，统一编制教科书是否能够保证质量，都还缺少实证性的研究，还停留在引用政治话语作为评判标准的阶段，这对教科书质量的持续改进并不是有利的事情。

[1] 王广超．王季烈译编两本物理教科书初步研究〔J〕．中国科技史杂志，2015（2）：195-196.

第四章

民初壬子癸丑学制时期的物理教科书（1912—1922）

　　1911年辛亥革命推翻了清朝的统治，1912年建立了以孙中山为首的南京临时政府，着手进行资产阶级性质的改革。伴随着教育方针的确定、学校制度的变革、课程和教学方法的更新，教科书革命应时而起。民国初期（1912—1922）的物理教育研究者及中学物理教育实践者，非常注重物理教科书的编制与发行，物理教科书的编制经历了由翻译、编译到自编的过渡，各种版本的物理教科书精彩纷呈，其中商务印书馆和中华书局版本居于领先地位。

第一节
民国初期精彩纷呈的物理教科书

一、民国初期的教育制度

1912年1月，面对战争期间导致的教育创伤及混乱状况，南京临时政府教育部颁布有关普通教育"暂行办法"和"暂行课程标准"。作为南京临时政府颁布的改革教育的第一命令，《普通教育暂行办法通令》共14条，反映了资产阶级民主派的进步要求，如规定："凡各种教科书，务合乎共和民国宗旨，清学部颁行之教科书，一律禁用。""中学校为普通教育，文、实不必分科""中学和中等师范学校学制改成四年"。[1]《普通教育暂行课程标准》共11条，从课程内容上改造了封建教育，比如"初等小学校之学科目，为修身、国文、算术、游戏体操，视地方法令情形，得加设图画、手工、唱歌之一科目或数科目，女子加设裁缝。……中学校之学科目，为修身、国文、外国语、历史、地理、数学、博物、理化、图画、手工、音乐、体操、法制、经济。女子加设裁缝、家政"[2]。这些规定体现了去除封建糟粕的革命精神和民主意识，强调男女平等，注重实用技能培养，体现了资产阶级的教育要求。

1912年7月10日至8月10日，教育部召开了中华民国第一次全国临时教育会议，讨论了许多重要的教育政策与改革措施。蔡元培作开会词，指出："民国教育的方针，应从受教者本体上着想，有何能力，方能尽何责任；受何教育，始具如何能力。"[3]1912年9月，教育部正式颁布统一的教育宗旨："注重道德教育，以实利教育、军国民教育辅之，更以美感教育完成其道德。"[4]这是以公民道德教育为中心的新的教育宗旨，具有反对封建主义、发展资本主义的时代特征。作为国家教育指导方针的教育宗旨的变革，又牵动了民国初年学制的变革。

1912年9月3日，教育部正式颁布《学制系统令》，即"壬子学制"。到1913年8月，又陆续公布了《小学校令》《中学校令》《师范教育令》《专门学校令》《大学令》《大学规程》等法令，形成了一个学制系统，统称"壬子癸丑学制"。在民国初期建立了从小学、中学到大学的普通教育

[1] 石鸥，吴小鸥．中国近现代教科书史：上［M］．长沙：湖南教育出版社，2012：173.

[2] 同［1］174.

[3] 同［1］175.

[4] 同［1］175.

系统，其中中学校学制四年。这个学制大致实行到1922年"壬戌学制"诞生，其对清末学制有所继承，对日本学制也有借鉴，与民国初期国情较为吻合。

二、物理课程设置

1912年9月颁布的《中学校令》规定，中学的办学宗旨是"完足普通教育，造成健全国民"[1]。1912年12月颁布的《中学校令施行规则》规定，中学校之学科目为修身、国文、外国语、历史、地理、数学、博物、理化、图画、手工、法制、经济、音乐、体操。理化科的要旨是"物理化学要旨在习得自然现象之知识，领悟其中法则及对于人生之关系"，宜授以"重要现象及定律，并器械之构造作用，元素及化合物之性质，兼课实验"。[2]

1913年《中学校课程标准》规定，在中学第三年学习物理化学科目之物理部分内容，每周4个课时，物理由力学、物性、热学、音学、光学、磁学、电学七个部分组成。

物理课程是在观察和实验的基础上，建构物理模型，并应用数学等工具，通过科学推理和论证，形成系统的研究方法和关于自然界物质的基本结构、相互作用和运动规律的知识体系，满足理化科目的要旨，作为智育的重要科目之一完成中学塑造健全国民之宗旨。

三、教科书审定

在资产阶级的教育改革中，教育部十分重视教科书这一文本的重要价值，建立了教科书审定制度。教育部于1912年1月19日颁布的《普通教育暂行办法通令》除了明确禁止清朝颁布的教科书外，还指出："凡民间通行之教科书，其中如有尊崇清廷，及旧时官制、军制等课，并避讳抬头字样，应由各省书局自行修改，呈送样本于本部及本省民政司、教育总会存查。如学校教员遇有教科书中不合共和宗旨者，可随时删改，亦可呈请民政司或教育部通知该书局改正。"同年2月19日，上海书业商会呈文教育部《关于请将旧教科书修正应用》获得批准。教育部指出："现距开学期迫近，为应急需，各书局已修改之教科书，如重印不及，则准许先印校勘记，随书附送或备名处索取，以免延误开学。"新的教育宗旨反映了资产阶级自由个性与国民健全人格的需要，同时为民国教育的发展指明了方向，对教科书的编写起到了指导作用。

1912年5月，教育部在总务厅下设编纂、审查两处（1913年合并为编审处），主要职责是撰述教育方面必要的图书，编辑本国教育法令，编译外国教育法令，审查教科用图书及用品。同时通

[1] 课程教材研究所. 20世纪中国中小学课程标准·教学大纲汇编：课程（教学）计划卷［M］. 北京：人民教育出版社，1999：68.
[2] 同［1］69-70.

电全国，凡教科书不符合共和民国宗旨者应逐一更改。5月9日，教育部通饬各书局，将出版的各种教科书送部审查。7月，教育部召开全国临时教育会议讨论并通过了《教科书审定办法案》。9月3日，教育部要求各书局按章编定春、秋两季入学儿童教科书并送部审查。9月15日，公布《审定教科用图书规程》14条，规定："初等小学校、高等小学校、中学校和师范学校教科用书可任人自行编辑，惟需呈请教育部审定。……为中学校、师范学校编辑者，专以学生用一种呈请审定。……凡已经审定认为合用之图书，每册书面，准载明某年月日经教育部审定字样。……各省组织图书审查会，就教育部审定图书内择定适宜之本，通告各校采用。"[1]1913年1月，教育部分四次公布教科书审定结果，共审定通过32种教科图书，其中商务印书馆出版26种，中华书局出版4种，普及书局、鬐受书社各1种。

1914年教育部公布《修正审定教科用图书规程》18条。各省停止图书审查会，由校长在教育部审定的图书内择用之。同时规定，已经审定之教科书，其有效期限为五年，自该图书审定后次学年始期起界。审定图书满五年的，由教育部提前三个月送登《政府公报》宣布，即失去审定效力。如果教育部认为仍适合教科采用的需要重新审定。失去审定效力和未经审定者，不得记载教育部审定字样，违反的将在法律上给予处罚。这一规则实际执行了十几年。

四、物理教科书编辑出版的繁荣

本时期中学物理教科书的编写呈多元化状态。在1912至1922年之间，目前收集到9套教育部审定出版的教科书，如表4-1-1所示。有国人自编的，如1914年王季烈编纂的《共和国教科书 物理学》、1918年陈榥编纂的《实用教科书 物理学》、1918年吴传绂编的《新制物理学教本》等。有从日、美等国物理教科书翻译过来的，如1914年黄际遇编的《中华中学物理学教科书》（以日本中村清二等编的物理教科书为蓝本），1917年由日本本多光太郎和田中三四郎著、王季点译述的《新式物理学教科书》，1913年屠坤华编译的《汉译密尔根盖尔物理学》等。教会学校则直接采用其英文原版物理教科书，如 *A First Course in Physics*。

商务印书馆成为出版物理教科书最多的出版社，在9套物理教科书中有5套为其出版，其次是中华书局出版2套、文明书局1套、铭记印刷所1套。由于课程标准中没有对物理学内容的深度、广度做出具体的规定，各套物理教科书的编译者在"编辑大意"中对使用对象、主要内容、特点加以说明。

---

[1] 石鸥，吴小鸥. 中国近现代教科书史：上［M］. 长沙：湖南教育出版社，2012：264-267.

表 4-1-1　1912—1922 年出版的物理教科书统计表

序号	书名	作者	出版机构	出版时间
1	中学物理学教科书	余岩（编著），倪文奎（校订）	文明书局	1912
2	汉译密尔根盖尔物理学	屠坤华（编译），徐善祥、杜就田（校订）	商务印书馆	1913
3	民国新教科书　物理学	王兼善（编纂）	商务印书馆	1913
4	共和国教科书　物理学	王季烈（编纂）	商务印书馆	1914
5	新式物理学教科书（第十版）	［日］本多光太郎、田中三四郎（著），王季点（译述），陈学郢（校订）	商务印书馆	1917
6	实用教科书　物理学	陈榥（编纂）	商务印书馆	1918
7	中华中学物理学教科书	黄际遇（编），陈纯、沈煦（校）	中华书局	1914
8	新制物理学教本（第四版）	吴传绂（编），吴家煦、顾树森、吴家杰（校）	中华书局	1918
9	实用物理学教科书	张文熙、邱玉麒（编）	铭记印刷所	1919

第二节
民初商务印书馆出版的物理教科书

民国成立初期，商务印书馆对辛亥革命这一形势巨变的政治形式缺少思想准备，当推翻帝制成立共和政体时，其出版的教科书仍然沿用清末时期的教科书或在此基础上略做修改。这与中华书局伴随着民国诞生而创新编纂的适应共和政体的"中华教科书"相比有些黯然失色。为此，商务印书馆的编辑采取了两条新措施：第一，将旧存各书，按教育部通令精神大加改订。教科书中凡与清朝有关系者，悉数删除。又"于封面上特加中华民国字样，先行出版"[1]，以应各校开学之需。第二，组织优秀编撰力量，着手编辑"共和国教科书"，并于1912年秋季开学前出版了全套的"共和国教科书"。这些编辑中有新思想知识分子，并且大部分都有着中小学教学实践经验，如张元济、蒋维乔、庄俞、戴克敦、包公毅、寿孝天、杜亚泉、樊炳清、苏本铫、谢观、贺绍章、王季烈等；有留学归国人员，如留学日本的高凤谦、郑贞文、陈承泽、陶保霖、周昌寿等，留学欧美的邝富灼、王兼善等。目前收集到的民初商务印书馆出版的5套物理教科书中，有国人自编教材3套、翻译教材2套。

一、自编的物理教科书

（一）《民国新教科书　物理学》

1. 编者

王兼善，字云阁，上海人，早年赴英国留学，入爱丁堡大学，获理科学士及文科硕士学位。回国后，历任商部高等实业学堂教员、出洋考察政治大臣随员、天津造币总厂工务长、南京造币分厂厂长、天津造币总厂化验科科长、北洋政府审计院协审官、财政部印刷局会办、国立北京大学理科讲师。

2. 教科书内容

王兼善编纂的《民国新教科书　物理学》1913年初版，如图4-2-1所示。同年10月，即再版，至1921年，此书共再版17次之多。本书次序清晰，文字简单，讲述详细明晰。其内容由浅入深循序渐进，符合学习者的学习规律，能够引起学习者的兴趣，也符合教学的原理。全书共七章，共412

[1] 韩振刚. 清末民初教科书知见概述：下 [J]. 出版史料，2010（4）：119-125.

页，具体目录如表4-2-1所示。书中每节上角均附有本节之要略，以方框框出，便于提纲挈领，得使学习者领会。

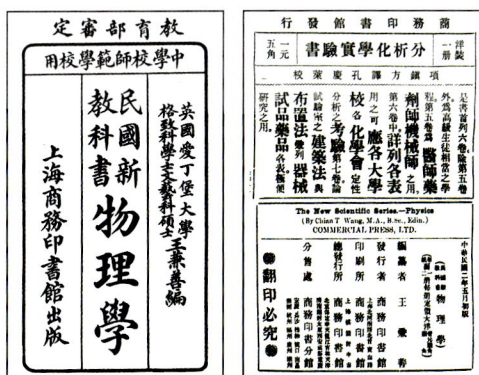

4-2-1

图4-2-1　《民国新教科书 物理学》封面和版权页

表 4-2-1　《民国新教科书　物理学》目录

章	内容及页码
第一章 绪论	物理学之界说——物质与能力之别（现象）——物质之公性（物质不灭、填充性、不可入性、质量及重量、惯性、有孔性、可分性）——能力之要性——物理学之分类——物质之三态（固体、液体、气体）……………………………1-11
第二章 声学	Ⅰ.成声之埋——成声之理——振动（横振动、直振动、扰振动 单弦振动）——传达（声浪、密部及稀部、浪长、等相位、摆幅、振动周期）……………………13-24 Ⅱ.声之速率——（气体传声之速率、液体传声之速率、固体传声之速率）……24-27 Ⅲ.声浪进行遇阻力后之结果——反射（回声、雷震）——屈折（风折）——干涉及升沈………………………………………………………28-32 Ⅳ.强迫振动及感应振动——共鸣（希母氏共鸣器）………………33-37 Ⅴ.乐音——声之高低（振动次数、赛林、杀氏齿轮）——声之大小——声之声色（原音、副音、借昔）——音阶（和音、而音、音比、八音阶、加高、减低）……………37-48 Ⅵ.附各种振动体之研究——弦线振动之研究（原音、节点、弦腹、腹点、副音）——空气柱振动之研究——钟板等振动之研究（克氏音图、留声机器）……………49-62
第三章 光学	Ⅰ.光之直达及速率——光之直达（像与影之别）——光之速率（飞氏之法）……63-69 Ⅱ.光之大小（光度）——因物体离发光体之远近——因射入角之大小——因各种发光体之不同（本生光度表、标准烛、烛光）……………………70-77 Ⅲ.光之反射——光线反射之定律（射入角、射出角）——平面镜之反射（多次反射）——球面镜之反射（凹面镜、凸面镜、中心点、焦点、共轭点）——球面镜所成物体之像——附球面收差及散光（反射曲线）……………………77-98 Ⅳ.光之屈折——光线屈折之定律（射入角、屈折角、离角、屈折率）——光线经过平面厚玻璃之屈折——光线经过三棱镜之屈折（三棱镜、折角）——光线经过透镜之屈折（透镜、聚光透镜、散光透镜、双凸透镜、凹凸透镜、平凸透镜、双凹透镜、凸凹透镜、平凹透镜、光点、副轴、焦点距离）——透镜所成物体之像（单显微镜、复显微镜、星学远镜、加氏远镜）——附球面收差及临界角（全反射）……………………98-129 Ⅴ.光之分散——分光镜 光带分二大类（连续光带 辉线光带 吸收光带、光带分折术、发氏黑线）——关于分散所起数种紧要现象之释明（成虹之理、正虹、副虹、色收差、减色透镜）——附颜色之研究（辅色、原色）……………129-149 Ⅵ.成光之理——光系一种波浪之作用——光浪发生之根源——光浪传达之媒介（以脱）——光浪之状况……………149-159

（续表）

章	内容及页码
第四章 固体力学	Ⅰ.**运动学**——数种紧要名称之界说（运动、直线运动、曲线运动、速、速率、等速运动、不等速运动、等速率、不等速率、加速率、不等加速率）——等速运动之公式——等加速运动之公式——数速率之合并（结果速率）——速率之分解…………163-178 Ⅱ.**动力学**——数种紧要名称之界说（力、运动量、外力）——奈端运动第一律之讨论（惯性律、离心力、向心力）——奈端运动第二律之讨论（绝对标准、重力标准、达因、磅度）——奈端运动第三律之讨论（主动力、反动力）——物体关于吸力之运动（吸力、地心吸力）——坠体之运动（物重之公式、坠体速率与时间相关之公式、坠体所经之路与时间相关之公式）——摆之运动——奈端吸力之定律…………178-212 Ⅲ.**静力学**（平衡）——二力之平衡——三力之平衡（平行方形定律）——数方之平衡——重心——物体之三种平衡（安定平衡、中立平衡、不安定平衡）…………212-224 Ⅳ.**工作及能力之研究**——工作（爱格、尺磅度、克厘、尺磅、佳尔、工率、马力、瓦德、千瓦德）——能力（位置之能力、运动之能力）…………227-231 Ⅴ.**机械学**（机械、主力、抵力、机械之例、机械之定律、有效率）…………237-242 **杠杆**——杠杆之种类（支点、抵力点、主力点、第一类杠杆、第二类杠杆、第三类杠杆）——杠杆机械之利——关于杠杆类之数种紧要器械（天平、秤）…………242-247 **滑车**——定滑车及动滑车之别——数滑车之合并（第一类合并滑车、第二类合并滑车、第三类合并滑车）…………247-254 **轮轴**…………254-256 **斜面**…………256-259 **尖劈**…………259-259 **螺旋**（旋距）…………260-262
第五章 流体力学	Ⅰ.**关于液体中分子力之研究**——凝聚力——表面张力——细管现象…………264-269 Ⅱ.**关于流体中压力之研究**——巴氏流体传力之定律（水压机）——由地心吸力所起之压力之研究（密度、液体静止时之面、连通管中之液体）…………269-281 Ⅲ.**关于流体浮力之研究**——亚几默德氏之定律——密度之测定法（比重瓶浮秤）…………281-291 Ⅳ.**关于空气压力之研究**——空气有压力之证明（麦葛得堡半球）——空气压力之大小（脱而昔里试验、气压）——气压表——各种唧筒（抽气筒、压气筒、抽水筒、压水筒）——附波以耳氏之定律及空气之浮力（气球、飞艇）…………291-311
第六章 热学	Ⅰ.**热与物体涨缩之关系**——物体涨缩之试验（葛氏球圈）——寒暑表（热度、冰点、沸点、度、摄氏表、华氏表、列氏表）——物体之涨率（长短之涨率、面积之涨率、体积之涨率、固体物质之涨率、液体物质之涨率、气体物质之涨率、查尔氏之定律）…………314-327 Ⅱ.**比热之测量法**（加路里、比热）…………327-330 Ⅲ.**热与物体变态之关系**——融解（融解度、隐热、融解热）——气化（蒸发、沸腾、气化热）…………330-336 Ⅳ.**热之传播**——传导——对流——辐射（热辐射）……336-342 Ⅴ.**热与工作之关系**——工作可变为热（佳尔之试验、工作当量）——热可变为工作（汽机）…………342-345

（续表）

章	内容及页码
第七章 磁电学	Ⅰ.**磁之要性**（磁石）——关于磁之要性之试验（南极、北极、磁力线、磁力场）——附磁之原理·················348-352 Ⅱ.**电之要性（电、受有电力）**——关于电之要性之试验（阳电、阴电、验电器、传电体、不传电体、感应作用）——附电与磁之要别···················352-360 Ⅲ.**数种发电之要法**——起电盘（火花）——起电机（弗氏起电机）——电瓶（电流、弗氏电瓶、雷氏电瓶、本生电瓶、戴氏电瓶、重铬酸电瓶）——起电机（发电子、电磁石、反向器）·················360-373 Ⅳ.**量电之法**——受电之单位（可伦之定律）——电位之差（动电力、弗打、弗打表）——电流之测量法（电流之多寡、安培、安培表）——阻力之测量法（阻力、欧姆）——数电瓶之接线法（异极接线法、同极接线法）——电气容量（凝聚器、来顿瓶）·············373-386 Ⅴ.**数种工业上之紧要电具**——电铃——电报（发信器、受信器、电报字母、无线电报、电浪、夸拉希）——电话——电灯（电热灯、孤灯）——爱克司光线——摸托··········386-397
附录	科学中通用之紧要度量衡表·················399 英法二制互自表···············400 本书中应用器具及药品表·············401-404 正弦及正切表·············405 中西名词索引·············407-412

3. 教科书特点

（1）专为女子学校使用。在编辑大意第一段写道："是书系依照教育部新法令编辑。专为中等学校女子中学校及师范学校女子师范学校之用。其要旨在授以重要现象及定律，器械构造之要理，并兼课实验。使学者习得自然现象之知识，领悟其中法则及对于人生之关系。"

（2）理论与实验结合，相辅而行。理论由实验推出或者由实验来进行证明。同时学习者要知道实验的重要作用，有"崇尚试（实）验之心"。本书所选择的实验都经过很多人的实验，准确无误。而且为了加深学生的理解，每一个实验都附有详细解释。

理论由实验引出，如第五章中关于阿基米德原理的讲述如图4-2-2所示。

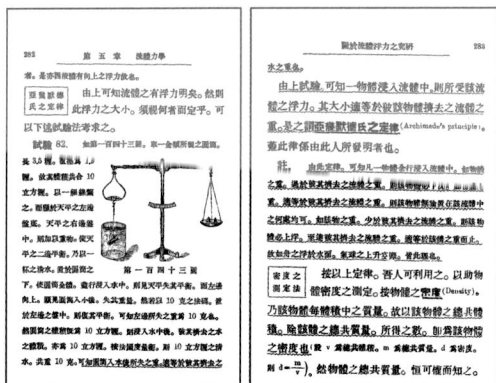

图4-2-2　《民国新教科书 物理学》中关于阿基米德原理的讲述

理论由实验来证明，如第一章中关于惯性的讲述如图4-2-3所示。

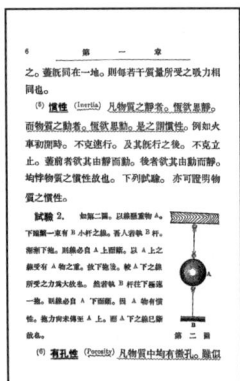

图4-2-3　《民国新教科书 物理学》中关于惯性的讲述

（3）教师根据教学实际调整教学内容。比如在编辑大意（如图4-2-4所示）第二段中提到，教师可以根据教学时间来调整教学内容："故本书排印，用四号字及五号字。……故时间充裕，则可全行讲授。若时间稍促，则四号字各段，照常讲授外，其五号字各段，可酌量择用，不必全授。"第六段中还提到，教师可以根据季节情况，调整讲授的次序，如"以八月一日为学年之始，七月三十一日为学年之终。故当教至本书之末章磁电学部分时，约为夏期六七月之间，或不便试验，然磁电学若不试验，殊难领解，故教员可相时将此章提前讲授，以便试验"。

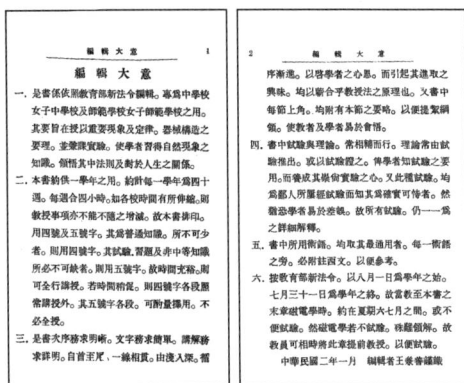

图4-2-4　《民国新教科书 物理学》编辑大意

（二）《共和国教科书　物理学》

1. 编者

王季烈，江苏长洲（今苏州市）人，清末民初物理学著作翻译家。翻译出版了中国第一本具有大学水平的物理教科书，主持编印了《物理学语汇》，为近代物理在中国的传播做出了重要贡献。

2. 教科书内容

王季烈在1913年5月编纂完成《共和国教科书　物理学》，并通过教育部审定，于1914年由商务印书馆出版，其封面及版权页如图4-2-5所示。该教科书依据教育部新定中学课程标准编纂，所包含章节与课程标准常见的顺序（力学、物性、热学、音学、光学、磁学、电学）有一定的出入。全书分成10篇：总论、力学、热学、音学、光学、磁气学、静电学、电流学、运动论、能力论。考虑到学生的实际情况，特别提出运动、能力（能量）各为一篇，"是因运动与能，为各种物理现象之本原，非仅与力学有关系。况生从于向量（Vector quantity）之观念，本多缺乏，故此二项，于初习物理时，每未易了解。今移至篇末始为教授，既免模糊影响之弊，更获比较总括之益。"王季烈的这一安排有可能参考了1906年版的中村清二的《近世物理学教科书》，此书也将运动和能力置于书末。[1] 本书具体目录如表4-2-2所示。

图4-2-5　《共和国教科书　物理学》封面和版权页

表 4-2-2　《共和国教科书　物理学》目录

篇	章节及页码
第一篇 总论	第一章 物体之通性及力…………………………1 第二章 物体之组织及分子……………………8
第二篇 力学	第一章 平衡之刚体…………………………15 　第一节 施于刚体之诸力………………15 　第二节 刚体所成之器械………………22 第二章 平衡之流动体………………………28 　第一节 液体之压力……………………20 　第二节 气体之压力……………………34 　第三节 应用气压力之器械……………38
第三篇 热学	第一章 热与温度……………………………43 第二章 涨大…………………………………49 第三章 物体状态之变化……………………53
第四篇 音学	第一章 音之性质……………………………61 第二章 发音体之摆动………………………68 第三章 空气之摆动…………………………71
第五篇 光学	第一章 光之性质……………………………75 第二章 光之反射……………………………78 第三章 光之屈折……………………………86 　第一节 屈折之现象……………………86 　第二节 透镜及透镜之应用……………91 第四章 光之分散……………………………100

[1] 王广超. 王季烈译编两本物理教科书初步研究［J］. 中国科技史杂志，2015，36（2）：191-202.

第二节　民初商务印书馆出版的物理教科书

（续表）

篇	章节及页码
第六篇 磁气学	第一章 磁石……………………………………107 第二章 地磁气……………………………………114
第七篇 静电学	第一章 带电体……………………………………117 第二章 电气感应……………………………………122 第三章 电位……………………………………127
第八篇 电流学	第一章 电流及电池……………………………………131 第二章 电流之作用……………………………………139 　　第一节 热作用及化学作用……………………139 　　第二节 磁气作用……………………………………144 第三章 感应电流……………………………………153
第九篇 运动论	第一章 运动之物体……………………………………167 第二章 摆动及波动……………………………………176 第三章 音波、光波及电磁气波……………………184
第十篇 能力论	第一章 工作及能力……………………………………191 第二章 能力之不灭……………………………………197

3. 教科书特点

（1）本书考虑到学生的数学基础，尽量避免数学说明。本书所记事项必须要用数学说明时仅仅采用简单的代数、平面几何知识，学生在第一、二年级学习的数学知识已经够用，"不致因数学程度之不及而生扞格"。重视学生的实际情况是王季烈一贯的主张。1901年他在湖北自强学堂任理化教习，教授的生徒属于中学程度，但对小学基础知识还未掌握的大有人在，他不得已为这些人补习小学内容。也许正是有此理科教学的切身体会，王季烈自编的教科书着重从学生的实际出发，注重基础知识的介绍，尽量删略那些繁难的概念和计算公式。民国初期学制规定中学为四年，第三年学习物理，比清末的规定又早了一年。为符合学制的要求，王季烈对书中知识点进行了大幅度简化，全书总页数只有200页。教育部在本书的审定批语中对此进行了肯定："是书词意通达，所取教材分量，亦均不寡不多，深合中学程度之用。"

（2）本书重视实验对学理的证实作用。尽管王季烈对知识点和总篇幅做了大幅简化，但书中的实验却没有缩减。全书共115个实验，这些实验有的摘自其他物理教科书，有的是王季烈自己设计的。书中选取能够证明知识，又无需复杂器械的实验，便于学校准备，便于学生采用日常生活用品做实验；对于教师讲授实验，如果可以用日常用品替代的不必购置特别的器械，可以节约学校的经费，产生众多的好处。比如讲杠杆原理用到学生熟悉的杆秤；讲物体的不可入性，用到玻璃杯、水，如图4-2-6所示。王季烈充分考虑了当时的实验条件，并鼓励教师自制实验设备。

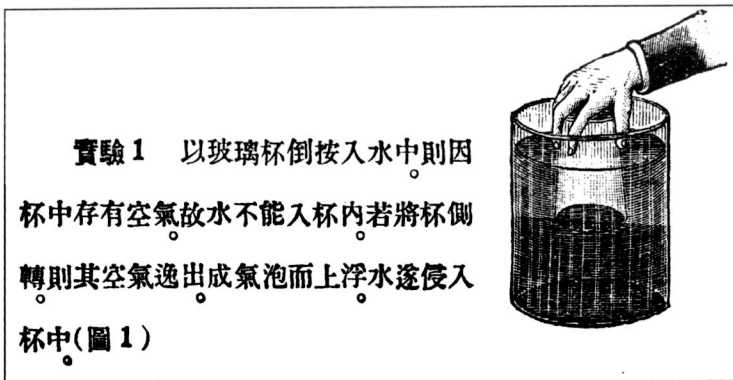

图4-2-6 《共和国教科书 物理学》中的实验内容

（3）书内配有丰富的插图。全书共171幅插图，在插图中对关键部位进行了比较详细的标明。比如如图4-2-7所示的威姆斯赫斯特起电机原理图，在当时的中国，大部分学校没有实验条件，大多学生只能通过教科书所配插图了解科学仪器及相关实验过程，所以插图必须详明。这可以说是王季烈所编教科书贴合学生实际情况的又一例证。

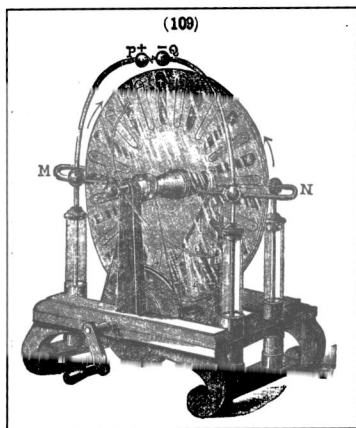

图4-2-7 《共和国教科书 物理学》中威姆斯赫斯特起电机插图

凭借详细的插图，王季烈在教科书中深入探讨了一些复杂的运动问题。比如斜抛运动，这是一种比较复杂的运动，一般的教科书不讲或者简略提及，不涉及计算。王季烈以一个示意图（如图4-2-8所示）加上简短的说明，把这个复杂的问题叙述得比较清楚，不仅有对运动的整体描述，还有复杂的数学运算。讨论如下·

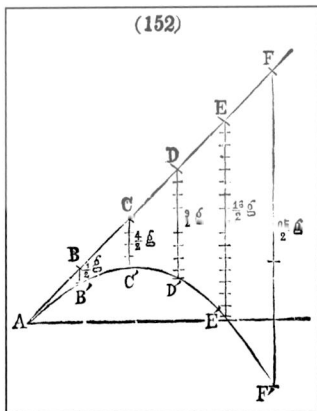

图4-2-8 《共和国教科书 物理学》中抛体运动插图

凡抛掷体（Projectile）系受抛掷力及重力之二种作用，故其所有经过之距离，可依运动之第二定律求之，如图152，有物体A，若仅受抛掷力而成等速运动，则第一秒之终，当达于B；第二秒之终，当达于C；第三秒之终，当达于D。又仅受重力而下坠，则在B之物体于一秒以后当达于B′；在C之物体，于二秒以后当达于C′；在D之物体，于三秒以后，当达于D′。今同时受二力之作用，则第一秒之终达于B′，第二秒之终达于C′，第三秒之终达于D′。其所经过之路线成抛物线（Parabola），而其所达之各点，仍与分次受二力之作用无异也。

此叙述的一点瑕疵是认为抛体受到抛掷力的作用，然而抛体离开手之后，水平方向不受力仅仅受到惯性的作用，这一点在后来的修订中也没有修改。

（4）本套教材具有旺盛的生命力。1924年周昌寿对本书进行了修订，仅仅对部分术语进行了修订，并将第八篇第三章感应电流下的放射线独立成章。修订版于1929年11月通过了教育部编审处的审查，成为初中物理教科书。

（三）《实用教科书 物理学》

1. 编者

陈榥，字乐书，浙江义乌人。自幼随父亲陈玉梁学习经史，兼及新学。13岁中秀才，后入杭州求是书院研读数理。1898年，陈榥以浙江高材生身份公费留学日本，进入东京帝国大学造兵科学习，成绩优异，毕业后留在日本。除《物理易解》外，陈榥还编纂过《心理易解》（1904年）、《中等算术教科书》（1905年），翻译过《初等代数学》（1905年），多由教科书译辑社出版，印成后运销国内，风行一时。在日本时陈榥曾先后加入光复会、同盟会，参与反清革命活动。中华民国成立后，陈榥以陆军少将衔督理上海制造局，授二等文虎勋章。1914年，因不满袁世凯统治而辞职，担任北京大学数理教授，一度受聘为沈阳兵工厂高等顾问。

2. 教科书内容

清末民初的物理学翻译作品很多，本书在序言中提道："物理学译者已汗牛充栋，然求其词约而理精者未多观也。"1915年，陈榥受张元济、高梦旦之邀编纂《实用教科书 物理学》，首版由商务印书馆于1918年出版，如图4-2-9所示，后来多次再版。全书共8编，包括总论、力学、流体、热学、音学、光学、磁气学、电气学，具体目录如表4-2-3所示。与暂行课程标准所要求的稍有不同，本书增加了流体部分。基本体例是编、章、节，每章后附有若干问题，用以巩固本章知识，增进学生对物理知识的理解；竖排印刷，以句号断句；重要的物理概念以黑体字标出，第一次介绍概念时，在黑体字后同时出现对应的英文术语。

图4-2-9　《实用教科书 物理学》封面和版权页

表4-2-3　《实用教科书　物理学》目录

编（页码）	章（页码）	主要内容
第一编　总论 （一）	第一章　分子力 （一至四）	分子及原子、分子力、物质三态、弹性、溶解、扩散、吸收、渗透、表面张力、毛细管现象
	第二章　物界之现象及单位（五至一一）	物界之现象、物理学、物质、物质之通有性、单位、原单位及合单位、时间、空间、质量、容积、密度及质点、厘克秒法
第二编　力学 （一三）	第一章　运动及力 （一三至一九）	运动及静止、速度、等速运动与变速运动、进行运动及回旋运动、平均等速运动、力、运动第一法、运动量、加速度、等加速度、运动第二法、力之单位、万有引力、物体之重、运动第三法
	第二章　力之合成 （二〇至二七）	运线、合力及分力、平行力之合成、偶力、力之能率、重心、平衡
	第三章　加速运动 （二八至三八）	等加速运动与不等加速运动、落体、阿梯吾特氏器械、落下运动之公式、抛掷运动、圆运动、向心力及远心力、单摆、横波、纵波
	第四章　工作及能力 （四一至四四）	工作及能力、工作、能力、动能力与蕴能力、能力不灭、工率
	第五章　简单器械 （四五至五〇）	器械之利率、斜面、摩擦、螺旋、尖劈、杠杆、滑车、轮轴
第三编　流体 （五二）	第一章　液体静止时之压力 （五二至五六）	容器内之液体、自由表面、液体之压力、液体压力之方向、上压侧压下压、容器底面之全压力、压力之传达、小压机
	第二章　浮力及比重 （五八至六二）	阿基美狄氏原理、浮体及浮力、浮力中心、浮体之平衡、比重、固体之比重、倪可生氏浮秤、液体之比重
	第三章　运动之液体 （六四至六六）	液体之流出、缩脉、孔之形状与缩脉、水车
	第四章　气体压力 （六七至七三）	气体之压力、空气之重、兑里塞离氏实验、晴雨表、空盒晴雨表、山高之测定、薄以耳氏定律、空气之浮力
	第五章　唧筒及各器械 （七四至七九）	抽气唧筒、水银抽气唧筒、抽水唧筒、虹吸、吸管、喷液器、定期流水杯、海伦氏喷水器

（续表）

编（页码）	章（页码）	主要内容
第四编 热学（八一）	第一章 温度（八一至八五）	热、温度、水银寒暑表、冰点及沸点、三种度数、酒精寒暑表、最高最低寒暑表
	第二章 膨胀（八六至九一）	膨胀、线膨胀、面积及立积膨胀、订正钟摆、液体之膨胀、水之膨胀、气体之膨胀、绝对温度、薄以耳氏定理与贾来司氏定理之关系
	第三章 比热（九三至九七）	热量之单位、热容与比热、固体与液体之比热、气体之比热、莱那德氏实验
	第四章 物体状态之变化（九九至一一〇）	潜热、融解及凝固、融解热、融解点与压力之影响、寒剂、气化及液化、汽化热、沸腾点与压力之影响、蒸发、最大张力及饱和蒸汽、最大张力与温度、空气中之蒸发、空气之水蒸气及露点、湿度、湿度表、临界温度及临界压力
	第五章 热之传播（一一二至一一七）	传导、定常温度、良导体与不良导体、传导率、安全灯、对流、球状态、辐射
	第六章 热之变态（一一八至一二三）	分子间之能力、化合热、太阳之热、热之相当量、蒸气机关、蒸气釜、滑瓣、飞轮
第五编 音学（一二五）	第一章 音波（一二五至一二八）	音、音之传播、空气之波动、音叉、共鸣、音之速度
	第二章 音之干涉及反射（一三〇至一三四）	音之干涉、间飘音、音之反射、回音、语管听官
	第三章 乐音（一三四至一三七）	乐音与噪音、音之高低及强弱、音阶音律及音程、音色、留声机器
	第四章 发音体之振动（一三八至一四二）	弦之振动、棒之振动、板之振动、钟之振动、声带、空气柱之共鸣、风管
第六编 光学（一四五）	第一章 光之性质（一四五至一五〇）	光体、透明体与不透明体、波动说、光线、阴影、光度表、光之速度
	第二章 光之反射（一五二至一六一）	反射、平面镜、球面镜、凹面镜、共轭点之研究、凸面镜、球面镜所生之像、球面收差、抛物线面
	第三章 光之屈折（一六二至一七一）	屈折、全反射、三棱镜及倾角、透镜、两凸透镜之公式、上节公式之研究、透镜所生之像
	第四章 光之分散（一七四至一八二）	太阳分光图、三种分光图、傅氏线、物体之色、余色及原色、三种辐射线、磷光及荧光、虹
	第五章 光学器械（一八四至一九二）	色消透镜、望远镜、显微镜、分光器、眼、近视及远视、迷视
	第六章 波动及偏振光（一九三至二〇〇）	光之干涉、反射角之说明、屈折角之说明、偏光、偏光角、复屈折

（续表）

编（页码）	章（页码）	主要内容
第七编 磁气学 （二〇一）	第一章 磁气 （二〇一至二〇三）	磁石、磁极、戈伦氏定律、指力线与磁场
	第二章 磁气之感应 （二〇五至二〇八）	磁气之感应、纪龙德氏假说、人造磁石及授磁法、保磁法
	第三章 地磁气 （二〇八至二一一）	地磁气、倾角及方位角、水平分力、等磁线、地磁气之变化
第八编（上） 静电气学 （二一三）	第一章 一般之性质 （二一三至二二〇）	电气、电摆及金属箔验电器、二种电气、导体不导体及绝缘体、戈伦氏定律、电气之配布、电气之密度、放电及中和
	第二章 电气之感应 （二二一至二二八）	电气之感应及电场、各种实验之说明、电器盆、感应发电机
	第三章 电位及电容 （二二八至二三四）	电位、电位之高低、电容、电容与电位之关系、蓄电器、放电之工作
	第四章 大气中之电气 （二三五至二三七）	大气中之电气、雷电、避雷针
第八编（下） 动电气学 （二三八）	第一章 电池 （二三八至二四四）	电流、电池、电成分说、局部电流及分极、葛鲁夫氏电池、谭乃尔氏电池、莱克兰西氏电池、重铬酸电池
	第二章 磁气及电流 （二四五至二五三）	电流所生之磁场、度电圈、电磁石、电铃、电信机、电流表
	第三章 抵抗 （二五五至二六二）	抵抗、欧姆氏定律、轮道上之电动力、电池联接法
	第四章 热与电流 （二六二至二六四）	乔瑰尔氏定律、碳丝电灯、弧光电灯、热电流
	第五章 感应电流 （二六五至二七七）	感应电流、林孳氏定律、自己感应、凌可富氏感应圈、代那模、电动机、变压器、电话机、无线电信、无线电话
	第六章 电气分解 （二七八至二八五）	电气分解、酸类之电解、碱类之电解、电镀法、电铸法、法赖特氏定律、弗打表、分极作用、蓄电池
	第七章 放电 （二八七至二九一）	火花放电、盖司来氏管、阴极线、X线、发射物质

3. 教科书特点

（1）内容叙述全面简洁。在理论的叙述中，学理的叙述全面，如果一种现象有复杂的原因，每种关系都会交代清楚，并加以检验，且文字简洁不冗长。比如光的本性部分，既介绍了光的波动说，又介绍了光的粒子说，使得学生全面理解光的本性。

（2）具体内容的选择精、新。内容上选择重要的理论，而不是全部阐述；同时将近十年的物理学最新理论都收入其中，比如《动电气学》的第七章介绍了19世纪末20世纪初的最新研究成果，如

X 射线、阴极射线等。

（3）要求中等程度的数学基础。本书设计的数学知识包括初等代数、几何、初等三角的知识。

（4）配有丰富的插图。本书配有丰富的插图，辅助学生理解物理学原理。插图没有统一的序号，比如本书277页无线电话原理图详细介绍了无线电话的原理，语言简洁，并且将关键部位标出，如图4-2-10所示。

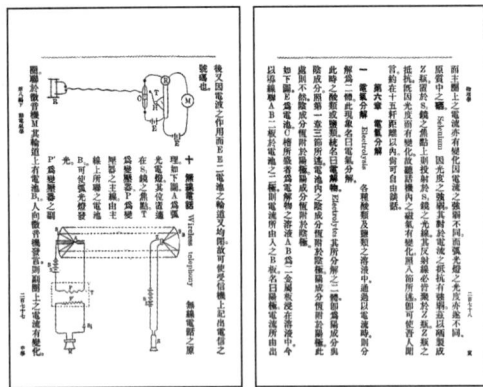

图4-2-10 《实用教科书 物理学》中的无线电话原理内容

二、翻译的物理教科书

（一）《汉译密尔根盖尔物理学》

1. 编译者

屠坤华，安徽宣城人，曾留学美国，并获得药学博士学位。回国后，任《华美教报》（其前身是《兴华报》和《华美报》）的编辑。他翻译有《汉译化学》（1911年上海商务印书馆印行）、《汉译温德华士代数学》（1917年上海商务印书馆初版）。这两本书都曾作为教育部审定教材，得到广泛使用，印行达十多版。1919年，屠坤华还在上海的北四川路横浜桥开设太平洋药房，从事医药工作。

2. 原著特色

该书原著为美国芝加哥大学的预科教材，发行时间不长，被几十所中学学校采用。当时采用英文授课的中国中学及师范学校，大多采用此书。原著特色之一是，语言简明直接，正如序言中所说："是书以通俗文字，阐明物理界之精义，发诸简明直捷之宗旨，庶几不悖"。原著特色之二是，注重实验教学，强调教室与实验室的重要作用，"教室与实验室二者，相辅而行。"教材中的实验，适合在普通教室中进行的，在正文中以小字印刷，以区别正文；还可以选择与实验教程相当的实验，在实验室中进行，作为教室教学的辅助；简易的实验，留给学生自己独立完成。特色之三是，强调理化知识的公共性。虽然本书为美国名师经验之作，但理化学科内容不因国家而有所差别，且本书内容与当时中国的中学程度相当，故译本除了将美国地名改为学习者熟悉的中国地名，其他内容忠于原文。

3. 译本教科书内容

屠坤华编译，徐善祥、杜就田校订的《汉译密尔根盖尔物理学》于1913年由上海商务印书馆印行，其封面和版权页如图4-2-11所示。全书共22章，475页，采用横排印，体例是章、节，具体目录如表4-2-4所示。每章后有若干习题。

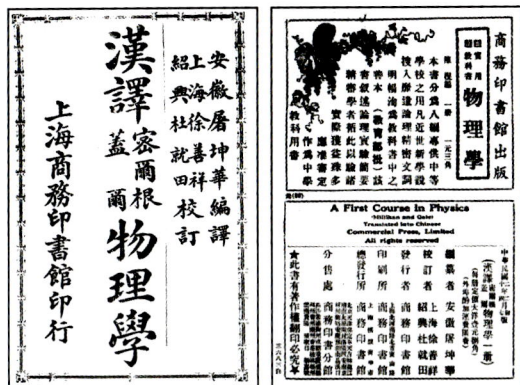

图4-2-11　《汉译密尔根盖尔物理学》封面和版权页

表 4-2-4　《汉译密尔根盖尔物理学》目录

章	节及页码
一、度量	原单位 …… 1 标准测器之构法 …… 7 密度 …… 9
二　力与运动	力之界说及其测法 …… 12 合力分力 …… 13 引力 …… 19 匀等加速运动 …… 24 奈端运动定律 …… 30
三、液体间之压力	无凝表面下之压力 …… 36 巴斯开尔定律 …… 42 亚几默德氏之原理 …… 48
四、空气之压力	气压之现象 …… 55 空气之压缩性与涨大性 …… 61 空气之应用 …… 67
五、分子运动	气体运动之理论 …… 78 液体分子之运动 …… 83 蒸气之性质 …… 84 测验温度（即研究大气之潮湿之情形） …… 90 固体分子之运动 …… 96
六、分子力	弹性 …… 99 液体分子力为毛细管现象 …… 104 溶液与结晶法 …… 110 固体及液体之吸收气体 …… 113

（续表）

章	节及页码	
七、量热与热涨之系数	量热	117
	气体之涨大系数	125
	液体固体之涨大系数	127
	涨大之应用	130
八、工作及工力	工作之界说及量法	133
	滑车所需所成之工作	134
	工作及杠杆	137
	工作之原理	141
	工率及能力	147
九、工作及热力	摩擦	153
	效率	166
	热之工作当量	166
	比热	166
	热机	168
十、状态变化	融解	178
	气化	183
	人工制冷	187
	状态变化对于实业上之应用	189
十一、热之传播	传导	195
	对流	198
	辐射	199
	房屋之通热及通风	200
十二、磁气	磁石性质	204
	地磁气	211
十三、静电气	带电之事实	214
	导体电感之散布	221
	电位及电气容量	225
	起电机	229
十四、动电气	电流之验法及测法	234
	电位差之测法	240
	阻力之测法	243
	初级电池	251
十五、电流之化学磁气及生热诸等效果	化学之效果	260
	卷络圈之磁性	265
	电流生热效果	271

（续表）

章	节及页码
十六、感应电流	代那模之原理 …………………………… 277 代那模式 …………………………………… 282 电气发动机之原理 ………………………… 289 感应络圈及变压器原理 …………………… 293
十七、音之性质及传递	音之速度 …………………………………… 306 音之性质 …………………………………… 308 音之反射及其增强 ………………………… 315 音之干涉 …………………………………… 321
十八、乐音之性	乐阶 ………………………………………… 326 颤弦定律 …………………………………… 329 原音及倍音 ………………………………… 331 吹乐器 ……………………………………… 341
十九、光性及光之传布	光之传递 …………………………………… 346 光度 ………………………………………… 350 光之反射及其屈折 ………………………… 353 光性 ………………………………………… 361
二十、成像	平面镜内之像 ……………………………… 372 凸面镜内之像 ……………………………… 375 凹面镜内之像 ……………………………… 379 透镜所成之像 ……………………………… 384 光器 ………………………………………… 390
二十一、色之现象	色与波长 …………………………………… 401 光之分散 …………………………………… 407 光带 ………………………………………… 411
二十二、无形辐射	热体所发辐射 ……………………………… 417 电之辐射 …………………………………… 421 阴极及朗根光线 …………………………… 425 射光性 ……………………………………… 431

4. 教科书特点

（1）内容符合最新的物理学理论。比如分子运动及分子力的种种现象，存在着天然的关系，对此本书中循序渐进进行了介绍，而不像其他教材中将其命名为物体之公性进行介绍。

（2）注重采用事实来呈现物理现象的原因，尤其是复杂的现象。比如电磁感应现象，通过插图及演示实验来说明电磁感应，说理比较明确；本书中类似的叙述还有表面张力、乐器的颤音等现象。

（3）特别注重物理学的应用。比如空气之应用、涨大之应用、状态变化在实业上的应用，又如房屋之通热及通风、起电机、初级电池等有着很重要的实际应用，因此本书搜集了丰富的材料，并采用浅显的语言进行讲述，因此又可作为学生自学的材料，这是本书的一大特色。

（4）特别关注电子说。本书中关于电子的诸多发现、发明，记载特别详细。

（5）每章附有习题。本书题量适中，可作为平时学习的练习。

（6）插图丰富。为了便于讲授科学的原理，书中插图共494幅，如X射线放射的影像等。还配有16幅名人肖像，如伽利略、奈端（牛顿）、亚几默德（阿基米德）、阿多防格尔克、克罗克麦克斯维尔、格利平（开尔文）、佳尔（焦耳）、吉尔伯特、范克林（富兰克林）、伏打、安培、弗劳德（法拉第）、赫尔姆兹、惠更斯、伦琴、汤姆孙等，都是物理学界的巨擘。这一设计目的是引起学习者对物理学历史的学习兴趣。如图4-2-12所示。

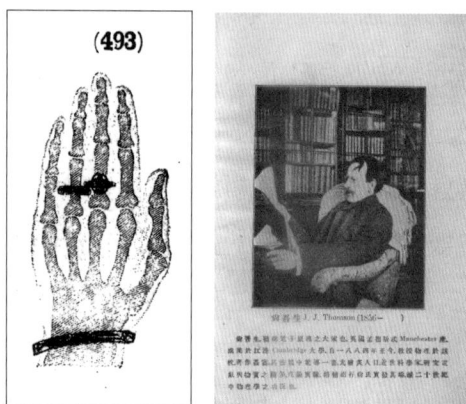

图4-2-12 《汉译密尔根盖尔物理学》中X射线影像、汤姆孙肖像及简介

（7）内容简约而不晦涩，广博而不繁冗。全书22 614个知识点，每一章讨论的理论较其他同类书籍更多，且插图丰富，发挥详尽。其中不太重要仅供参考的大约有80节，以小字印刷，教师可按照时间顺序进行选择性教学。

（8）本书与实验教程并用，每周理论课二次或三次，实验一次，教授时长为一年42周。如果学校没有专业实验室，可选择紧要的实验在教室内完成。

（9）附录了课程分配表，给出了每章节的讲授时数、实验次序，如图4-2-13所示。

图4-2-13 《汉译密尔根盖尔物理学》中物理学课程分配表

（二）《新式物理学教科书》

1. 教科书概况

王季点译述的《新式物理学教科书》原著作者是日本的本多光太郎和田中三四郎。本书1910年初版，后多次重印；中华民国成立后，商务印书馆报呈教育部，当时教育部的审定批语是："此书原著体例尚与部令相合，而译笔亦颇明晰"，因此得以在民初的中学校继续使用。本书的封面和版权页如图4-2-14所示。

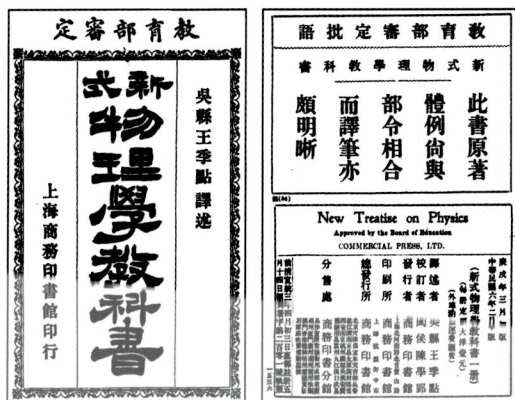

图4-2-14　《新式物理学教科书》封面和版权页

2. 教科书内容

全书包括总论、力学、热学、音响学、光学、磁气学、电气学七编和结论能力，共八部分，包括218个知识点，共267页，具体目录如表4-2-5所示。基本体例是编、章、节、知识点，竖排印刷，句号断句。本书呈现了当时物理学研究的最新成果如电磁波、电报机等。

表 4-2-5　《新式物理学教科书》目录

编	章	节及知识点（页码）
第一编 总论	一	一 物理学（一）、二 单位（一）、三 运动及静止（四）、四 运动之合成及分解（五）、五 速度（六）、六 物质（六）、七 重力（八）、八 万有引力（八）、九 物质之三态（九）、一〇 弹性（九）、一一 物体之组织（一〇）、一二 扩散及渗透（一一）、一三 吸收及蒸发（一三）、一四 溶解（一四）、一五 表面张力及毛管现象（一四）
第二编 力学	第一章 平衡之刚体	一六 力之平衡（一七）、一七 力之合成及分解（一八）、一八 施于刚体之力之合成（一九）、一九 平行力之合成（二〇）、二〇 偶力（二二）、二一 杠杆（二二）、二二 能率（二二）、二三 天秤（二三）、二四 台秤（二五）、二五 滑车（二六）、二六 斜面（二七）、二七 螺旋（二八）、二八 劈（二九）、二九 重心（三〇）、三〇 物体之平衡（三一）、三一 摩擦（三二）

（续表）

编	章	节及知识点（页码）
第二编 力学	第二章 平衡之流体	第一节 液体之压力 三二 液体施于容器之压力（三三）、三三 压力之传达（三四）、三四 液体之面（三五）、三五 液体内之压力（三六）、三六 器底所受全压力（三七）、三七 连通管（三八）、三八 阿基美台司原理（三九）、三九 密度及比重（四〇） 第二节 气体压力 四〇 大气之压力（四三）、四一 气压计（四三）、四二 波以耳之定律（四五）、四三 气体密度（四七） 第三节 虹吸及唧筒 四四 虹吸（四七）、四五 唧筒（四八）、四六 空气唧筒（五〇）
	第三章 运动之物体	第一节 运动之定律 四七 加速度（五二）、四八 运动之第一定律（五三）、四九 运动之第二定律（五四）、五〇 运动量（五六）、五一 运动之第三定律（五七） 第二节 本于重力之运动 五二 落体之运动（五八）、五三 阿脱胡特器械（六〇）、五四 斜面上之运动（六一）、五五 抛射体（六二）、五六 单摆（六三）、五七 时辰钟（六四） 第三节 工作 五八 工作（六五）、五九 器械所为工作（六六）、六〇 工率（六八）
第三编 热学	第一章 温度及热	六一 温度（六九）、六二 寒暑表（六九）、六三 热（七一）、六四 热量之单位（七一）、六五 热容量及比热（七二）、六六 热之传播（七三）
	第二章 热之功效	第一节 膨胀 六七 固体体积之膨胀（七五）、六八 长之膨胀（七六）、六九 液体之膨胀（七九）、七〇 气体之膨胀（八〇）、七一 气体之体积与压力及温度之关系（八一） 第二节 融解及凝固 七二 融解及凝固（八二）、七三 起寒剂（八四） 第三节 汽化及液化 七四 蒸发及液化（八五）、七五 临界温度（八六）、七六 沸腾（八七）、七七 大气中之水蒸气（八九）、七八 湿度（九〇）
	第三章 热与工作之关系	七九 历史（九二）、八〇 热之工作当量（九三）、八一 蒸气机关（九三）
第四编 音响学	第一章 波动	八二 振动（九七）、八三 波动（九七）、八四 波之各部分名称（一〇一）、八五 关于波之诸现象（一〇二）
	第二章 音波	八六 音波（一〇四）、八七 音波之速度（一〇六）、八八 音波之反射及屈折（一〇六）、八九 音波之交叉（一〇七）、九〇 昇沈（一〇八）
	第三章 音响	九一 音响（一〇九）、九二 乐音之三要件（一一〇）、九三 音之调和（一一一）、九四 音阶（一一一）、九五 赛林（一一一）、九六 振动记入法（一一三）
	第四章 发音体之振动	九七 弦之振动（一一四）、九八 条之振动（一一六）、九九 板之振动（一一七）、一〇〇 钟之振动（一一八）

（续表）

编	章	节及知识点（页码）
第四编 音响学	第五章 共鸣	一〇一 共鸣（一一八）、一〇二 风琴管（一一九）、一〇三 人之音声（一二〇）、一〇四 蓄音器（一二一）
第五编 光学	第一章 光之直进	一〇五 光体透明体及不透明体（一二三）、一〇六 光之直进（一二三）、一〇七 影（一二四）、一〇八 光之速度（一二五）、一〇九 照度（一二五）、一一〇 光度（一二六）
	第二章 光之反射	第一节 反射之定律 一一一 反射（一二八） 第二节 镜面之反射 一一二 平面镜（一二九）、一一三 凹镜（一三一）、一一四 物体之像（一三四）、一一五 凸镜（一三六）
	第三章 光之屈折	第一节 屈折之定律 一一六 屈折（一三七）、一一七 屈折率（一三九）、一一八 光之曲进（一四二）、一一九 全反射（一四三） 第二节 透镜 一二〇 透镜（一四四）、一二一 凸透镜（一四四）、一二二 凹透镜（一四七） 第三节 视觉 一二三 眼（一四八）、一二四 视角及明视距离（一四九） 第四节 光学器械 一二五 照相器械（一五〇）、一二六 幻灯器械（一五一）、一二七 望远镜（一五一）、一二八 显微镜（一五三）
	第四章 光之分散	第一节 分散 一二九 分散（一五四）、一三〇 透镜之色收差（一五七）、一三一 虹（一五八） 第二节 光带分析 一三二 分光器（一六一）、一三三 光带种类（一六二）、一三四 黑线之原因（一六三）、一三五 光带中各部之作用（一六四） 第三节 色 一三六 余色及原色（一六六）、一三七 物体之色（一六六）、一三八 磷光及荧光（一六七）、一三九 配合颜料（一六八）
	第五章 波动说	一四〇 光之学说（一六八）、一四一 波动说（一六九）、一四二 光波之波长（一七〇）、一四三 偏光（一七一）
第六编 磁气学	第一章 磁石之作用	一四四 磁石（一七五）、一四五 磁石之交互作用（一七六）、一四六 磁气量（一七六）、一四七 磁极间之作用（一七七）
	第二章 磁气感应	一四八 磁场（一七七）、一四九 感应（一七八）、一五〇 指力线（一七八）、一五一 磁石之制法（一八〇）
	第三章 地球磁气	一五二 地球磁气（一八一）、一五三 地球之磁力（一八一）
	第四章 磁气分子说	一五四 磁气分子说（一八三）

（续表）

编	章	节及知识点（页码）
第七编 电气学	第一章 带电体	一五五 带电（一八五）、一五六 二种电气（一八五）、一五七 导体及不导体（一八七）、一五八 电气量（一八七）、一五九 金箔验电器（一八八）、一六〇 电气之分布（一八九）、一六一 库伦之定律（一八九）
	第二章 电气感应	一六二 电场（一九〇）、一六三 指力线（一九〇）、一六四 感应（一九一）、一六五 阴阳电气（一九二）、一六六 电气盆（一九二）、一六七 威姆孝司脱起电机（一九三）、一六八 空中电气（一九五）、一六九 避雷针（一九六）
	第三章 电位	一七〇 电位（一九六）、一七一 电位测定法（一九七）、一七二 电气容量（一九八）、一七三 蓄电器（一九八）
	第四章 电流	一七四 电流（二〇〇）、一七五 接触电气及电池（二〇一）、一七六 弗打电池（二〇二）、一七七 电池之分极（二〇三）、一七八 但尼尔电池（二〇三）、一七九 本生电池（二〇三）、一八〇 勒克兰舍电池（二〇四）、一八一 重铬酸电池（二〇五）、一八二 热电流（二〇五）、一八三 热电堆（二〇六）
	第五章 电流与动电力	一八四 欧姆之定律（二〇七）、一八五 全抵抗（二〇九）、一八六 电池之抵抗（二一一）、一八七 电池连接法（二一一）
	第六章 电流之功效	第一节 电流与热 一八八 求尔之定律（二一四）、一八九 电灯（二一四） 第二节 电气分解 一九〇 电气分解（二一五）、一九一 法拉特之定律（二一六）、一九二 电镀（二一七）、一九三 电铸（二一七）、一九四 电气冶金（二一八）、一九五 蓄电池（二一八） 第三节 电流之磁气作用 一九六 电流之磁气作用（二一九）、一九七 卷络圈（二二一）、一九八 电流计（二二三）、一九九 电磁石（二二四）、二〇〇 电铃（二二五）、二〇一 电报机（二二六）
	第七章 感应电流	二〇二 感应电流（二二九）、二〇三 林慈之定律（二三一）、二〇四 交互感应及自己感应（二三一）、二〇五 感应电流之动电力（二三二）、二〇六 感应卷络圈（二三三）、二〇七 火星之实验（二三五）、二〇八 盖司拉管之实验（二三五）、二〇九 X线之实验（二三六）、二一〇 电话机（二三七）、二一一 代那模（二三九）、二一二 电气发动机（二四一）
	第八章 无线电报	二一三 电气波及磁气波（二四二）、二一四 无线电报（二四三）
结论 能力	一	二一五 能力（二四七）、二一六 运动及位置之能力（二四八）、二一七 能力之状态（二四九）、二一八 能力不灭之定律（二五〇）

3. 教科书特点

（1）全书采用半白话文，竖排印刷。在每一页的顶部，都以小号字体标出重点部分，如第一页，点明"物理学之宗旨"，"故物理学之宗旨，与论自然现象之他学科无异，藉正确之观察与实验，以求其各现象间之关系，务从简单，括为少数原则，以说明之"。

（2）在重点章节的后面附有问题。为增强学习者学以致用的能力，巩固复习知识，本书在重点章节的后面附有问题。比如在知识点"一五 表面张力及毛管现象"后，提出如下问题："铜丝弯作框，框内以肥皂液做薄膜一层，膜面置以细丝线（线预以肥皂液湿之）所结之圈，后将圈内薄膜以针破之，则丝圈速变为正圆形，是何故欤？"

（3）本书配有丰富的插图。全书配图179幅，用以解释物理原理，展示学生未见到的器械，如知识点"二一四 无线电报"（如图4-2-15所示）中第179图，展示了无线电报机的主要组成部分。"第一百七十九图所示，为无线电报机械之重要部分。甲为发信器，乙为受信器。由感应卷络圈A，令B发火星，则起电磁气波波动而传至受波管C，令其抵抗减少，而输道中之电流通，由此电流，更感应电磁石D，而令输道F闭。今F输道闭，则起与电铃同之作用，而令锤G击受波管，管内粉末被击动而复原状。因此电流又被隔断。故受波管，惟在受电磁气波之时，则能通电流；若电磁气波止，则电流亦同时隔断。由此可将甲地所发音信，传至乙地。"

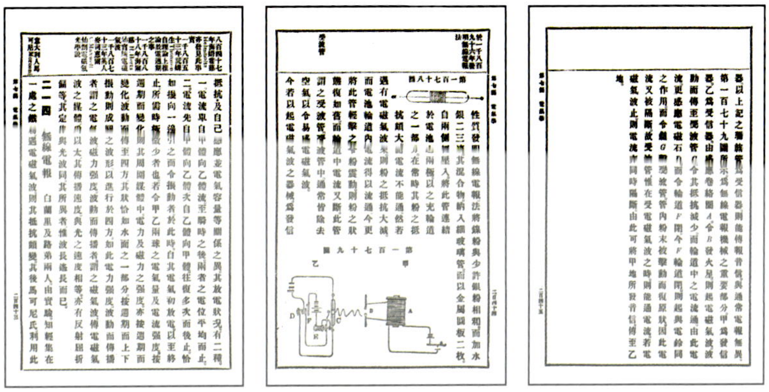

图4-2-15　《新式物理学教科书》中的无线电报机原理内容

第二节　民初商务印书馆出版的物理教科书

第三节
民初中华书局出版的共和政体物理教科书

1912年1月，陆费逵、陈寅、沈颐、戴克敦等人共同创办中华书局，同年2月，他们编写的《中华初等小学国文教科书》初版发行，随后又陆续出版了算术、历史、地理、理科、修身等教科书，其中小学教科书44种，中学和师范教科书27种。

一、中华书局适时出版共和政体教科书

中华书局出版的中华系列教科书被教育界誉为"教科书革命之先导"，其出版理念在于："本最新之学说，遵教育部通令，以独立、自尊、自由、平等之精神，采人道、实业、政治、军国民之主义。程度合适，内容完善，期养成完全共和国民以植我国基础。"[1]同时，编纂旨意符合共和政体，体现民初教育方针的性质。因此，一经出版即受到广泛关注，并为许多学校所采用，被舆论界称为"不仅开十余年来教科书的新纪元，也是推翻了几千年的封建统治、建立共和后的第一套教科书"。中华书局教科书出版的"开门红"，以及市场的积极反馈效应为其日后的发展打开了局面。

中华系列教科书出版于1912年春季开学前，其所适应的学制仍然袭用清末传统，即按照春季始业的规定，一学年分为两个学期。不久，南京临时政府颁布新学制，改春季始业为秋季始业，一学年分为三学期，这样，中华书局的这套教科书便不适应了。为了改变这一被动局面，中华书局扩大编辑部，聘请范源镰为编辑部部长。范源镰任职中华书局编辑部部长后，立即依据新学制，着手组织编写了《新制中华国文教科书》。"新制"本主要是适应秋季始业并三学期为一学年的新学制，分为初小、高小、中学和师范四类，其学科门类亦相当齐全。

中华书局的教科书注重儿童心理，贴近儿童生活，强调由浅入深，循序渐进。在体例上，中华书局的教科书没有实质性的突破，其编写模式基本上套用商务印书馆和文明书局的成例。现对中华书局出版的中学物理教科书内容及特点选取如下版本教科书加以分析。

---

[1] 吴洪成，周楠. 民国初期中华书局教科书编辑述略［J］. 衡水学院学报，2018（3）：64-72.

二、黄际遇编《中华中学物理学教科书》

1. 编者

黄际遇是20世纪初在中国开创现代高等数学教育事业的元老之一。他学贯中西、文理皆通、艺德双馨、精力过人。他一生处在我国社会风云变幻多端、新旧斗争激烈、内外战争交错的动荡年代。他奔波于南北数所高等学校，在乱中求静，因时因地创建多所高校数学系，教书育人30余年。

1903年，黄际遇由广东官派到日本留学，专攻现代数学，成为日本数学家林鹤一的高足。可以说，他是我国最早专攻西方数学的留学生之一。1910年，黄际遇从日本学成回国，立刻从事数学、物理学科的教学科研和组织工作。1914年主编《中华中学物理学教科书》，1914年初版，1915年再版。其封面和版权页如图4-3-1所示。

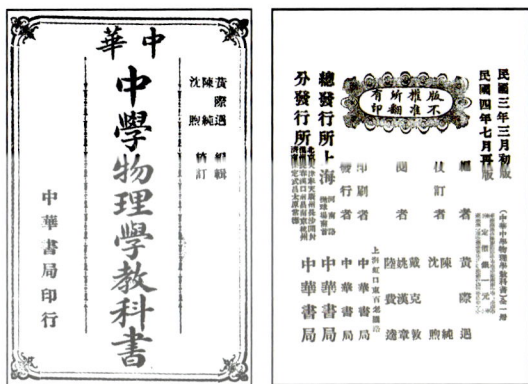

图4-3-1 《中华中学物理学教科书》封面和版权页

2. 教科书内容

本书内容依据这一时期中学课程标准编写。全书约五万字，内容适宜，分成七编，分别是力学、物性、热学、音学、光学、磁学、电学。具体目录如表4-3-1所示。

表 4-3-1 《中华中学物理学教科书》目录

编	章	节
第一编 力学	第一章 运动	第一节 运动；第二节 速度；第三节 速度之合成及分解；第四节 加速度
	第二章 运动之定律	第一节 运动第一定律；第二节 运动第二定律 力之绝对单位；第三节 重力所生之加速度；第四节 坠体；第五节 抛物体；第六节 运动量 运动能力；第七节 运动第三定律；第八节 等速圆运动
	第三章 力	第一节 力及力之均衡；第二节 万有引力及重力；第三节 力之合成及分解；第四节 刚体 回转之力；第五节 力之能率；第六节 作用于刚体各力之合成；第七节 平行力之合成 偶力

（续表）

编	章	节
第一编　力学	第四章　机械 工程 能力	第一节 天平 杠杆；第二节 滑车 轮轴；第三节 工程；第四节 机械上之工程；第五节 斜面；第六节 劈 螺旋；第七节 能力；第八节 重力 机关 工率
	第五章　振动	第一节 单弦运动；第二节 单摆；第三节 复摆 测G之法；第四节 钟表；第五节 弹性体之振动及其能力
第二编　物性	第一章　总论	第一节 物质之通性；第二节 物质之三态；第三节 密度 比重；第四节 物体之组织；第五节 凝集力 黏着力；第六节 溶解 吸收 凝着；第七节 扩散 渗透；第八节 弹性
	第二章　固体之性质	第一节 固体之弹性；第二节 摩擦；第三节 阿几美狄之原理；第四节 由阿氏原理以定比重法；第五节 空气中物体之重；第六节 重心；第七节 物体之稳定
	第三章　液体之性质	第一节 表面张力；第二节 毛管现象；第三节 液体之弹性；第四节 液体之压力 巴士哥之原理；第五节 重力所生之压力；第六节 流体流动时之压力；第七节 浮秤；第八节 虹吸；第九节 吸水筒 压水筒
	第四章 气体之性质	第一节 气体之弹性；第二节 气体之压力；第三节 秃里赛离实验 气压与山高之关系；第四节 晴雨表；第五节 压力之单位 压力表；第六节 气体之立积；第七节 排气筒 水银排气筒
第三编　热学	第一章　热及温度	第一节 热量之单位；第二节 温度 寒暑表；第三节 最高最低寒暑表
	第二章　膨胀 比热	第一节 线膨胀；第二节 体膨胀；第三节 水之膨胀；第四节 气体之膨胀 屑尔定律；第五节 热容量 比热；第六节 比热之测定
	第三章　热之能力	第一节 热之工程当量 球儿之实验；第二节 蒸气机关；第三节 煤气机关
	第四章　融解 凝固 气化 液化	第一节 融解 凝固；第二节 融解热；第三节 融解点与压力之关系；第四节 寒剂；第五节 气化 最大压力；第六节 蒸发 沸腾；第七节 气化热 液化；第八节 空气中之水蒸气 湿度表；第九节 蒸溜
	第五章　热之传导	第一节 传导；第二节 对流
第四编　音学	第一章　波动	第一节 波动；第二节 横波；第三节 纵波；第四节 波之反射；第五节 波之屈折；第六节 波之干涉；第七节 波动之能力
	第二章　音波	第一节 音之传播；第二节 音之速度；第三节 音波
	第三章　音之性质	第一节 音之高低 强弱 音色；第二节 人之声音；第三节 音之和谐；第四节 共鸣
	第四章　发音体之振动	第一节 弦棒之振动；第二节 音叉；第三节 板之振动；第四节 空气柱之振动 簧 画振动法；第五节 留声器

（续表）

编	章	节
第五编 光学	第一章 光之进行	第一节 光线 光度表；第二节 光之反射；第三节 平面镜；第四节 球面镜；第五节 光之屈折；第六节 屈折之例；第七节 全反射 复屈折；第八节 云视；第九节 焦点距离；第十节 共轭点 物体之像
	第二章 光之分散	第一节 光之分散；第二节 虹；第三节 云视之色收差；第四节 辐射；第五节 红外线 紫外线；第六节 发光体；第七节 辐射线之吸收；第八节 光带分析术 分光器；第九节 物体之色
	第三章 光学机器	第一节 眼 眼镜；第二节 望远镜；第三节 显微镜；第四节 照相器械；第五节 幻灯器械
	第四章 光之波动说	第一节 光之本质；第二节 光之速度；第三节 光之回折；第四节 光之干涉；第五节 偏光
第六编 磁学	第一章 磁石之作用	第一节 磁石；第二节 两极间之作用；第三节 磁气感应；第四节 制磁石法；第五节 磁石之保存；第六节 指力线；第七节 磁石之分子及能力
	第二章 地球磁气	第一节 地磁气；第二节 偏倚角 倾斜角；第三节 水平分力；第四节 地磁气之变化；第五节 罗盘针
第七编 电学	第一章 电气之性质	第一节 发电 二种之电气；第二节 传导 验电器；第三节 电气之感应 放电；第四节 电气盆；第五节 发电机；第六节 实验；第七节 空中电气
	第二章 电流与磁气之作用 抵抗	第一节 电位 电流；第二节 电池；第三节 达纽耳电池 本生电池；第四节 欧姆定律；第五节 爱司特之实验；第六节 电流之磁场；第七节 电流之交互作用 电流表；第八节 电磁石 电铃；第九节 电表机关
	第三章 电流之热及化学作用	第一节 球儿定律；第二节 白热灯 弧灯；第三节 热电流；第四节 电气分解 法赖特定律 弗打表；第五节 分极 蓄电池；第六节 电镀术
	第四章 感应电流	第一节 感应电流 林慈定律；第二节 生感应电流之法 感应电流之动电力；第三节 代那模 电气发动机；第四节 电话机；第五节 感应度电圈
	第五章 放电	第一节 电气火花 真空管；第二节 阴极线；第三节 X线；第四节 气体之电离 放射体；第五节 电气振动 无线电报

3. 教科书特点

（1）本书采用竖排印刷、句号断句、文言文叙述，文中的术语、定则、定律等重点部分，用密点或套圈标注，以便引起学习者的注意。如绪论第一页（如图4-3-2所示），对物理学的概念界定为：

  物理学　存在宇宙间之万物，时时变更其形态与实质而成变化现象。物理学者，即研究此变化现象中形态变化之学也。

秤之计重，钟表之报时，寒暑表之升降，轻气球之上浮，笛鼓之发音，雷电之轰闪，磁针之常向南北。此种现象，非研究物理学无以明其理。又如今日称为文明利器之蒸气机关，电报、电话、电车等，其所以能创造者，皆研究物理学之效果也。然则讲求斯学，岂可忽乎哉。

图4-3-2　《中华中学物理学教科书》绪论

本书体例是编、章、节，在每一节的后面附有数量不等的问题，以巩固课本内容，应用所学知识。比如在绪论后问题一为"百九十六克与六两孰重"，本题旨在帮助读者巩固国际单位之克与中国常用称量单位量之间的换算关系。

（2）全书有插图179幅，用以展示物理现象、物理器械等。本书插图的特点：一是首次标出图注，如"第十六图，杠杆之应用"；二是呈现了数量之间的关系图像，比如"第一图，表示二量间之关系"，"第六图，定加速度运动时距离与时间之关系"。如图4-3-3所示。

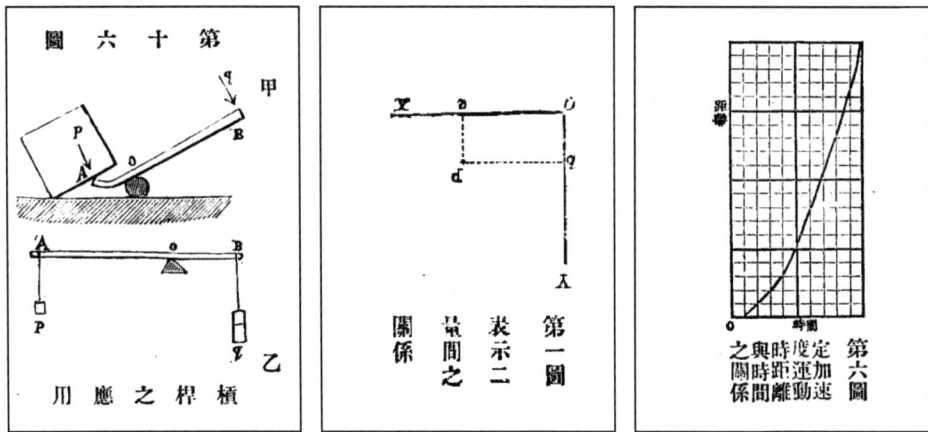

图4-3-3　《中华中学物理学教科书》中的插图

三、吴传绂编《新制物理学教本》

1.《新制物理学教本》编写背景

1913年，黄炎培发表著名论文《学校采用实用主义之商榷》，提倡教育与学生生活、学校与社会实际联系的实用主义，倡导教育应与学生的日常生活密切联系，重在具体应用。"理科，其材料以人生普通生活所接触所需为断，时利用事物到吾眼前之机会而教授之，绝不取决顺序的。教授务示实物，遇不得已时，济以模型标本。必令实验，切戒专用文字，凭空教授。"[1]现存的《新制物理学教本》是1918年9月第四版，其封面和版权页如图4-3-4所示。

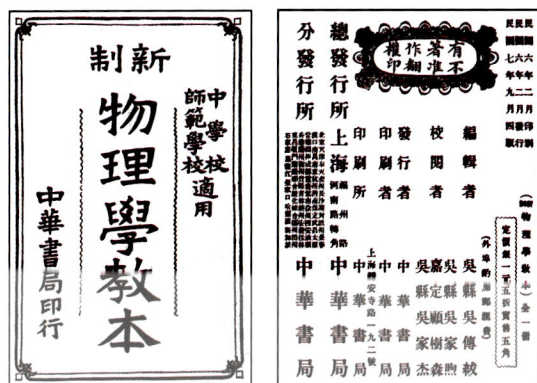

图4-3-4　《新制物理学教本》封面和版权页

2. 教科书内容

本书之主旨为"本书遵照部章编撰，以材料简赅，程度恰合，切于实用主义为主旨"[2]；体例是编、章、知识点；编排顺序为物性、力学、热学、音学、光学、磁气、电学七编，具体目录如表4-3-2所示；书末附有中西文名词对照，为学生研究英文的物理学做准备；在每一页的顶部列出页书的术语、知识点，在正文中以黑点标出，以提醒学习者。

表4-3-2　《新制物理学教本》目录

编（页码）	章（页码）
第一编　物性（一）	第一章 总论（一）；第二章 液体之压力 比重（六）；第三章 气体之压力（一三）；第四章 分子作用（二〇）
第二编　力学（二二）	第一章 运动定律（二二）；第二章 力（二六）；第三章 重心（三〇）；第四章 落体 抛射体（三二）；第五章 简单器械 摩擦（三五）；第六章 工作 能力（四二）；第七章 圆运动 振子 波动（四五）
第三编　热学（五二）	第一章 热及温度（五二）；第二章 膨涨（五七）；第三章 物体状态之变化（六三）；第四章 热之传播（六九）；第五章 热之工作当量 蒸汽机关（七一）

[1] 石鸥，吴小鸥. 中国近现代教科书史：上［M］. 长沙：湖南教育出版社，2012：194.
[2] 吴传绂. 新制物理学教本［M］. 上海：中华书局，1918：1.

（续表）

编（页码）	章（页码）
第四编 音学（七四）	第一章 音波（七四）；第二章 音阶（七九）；第三章 固体之振动（八一）；第四章 共鸣 气体之振动（八四）；第五章 振动记入法 留声机（八六）
第五编 光学（八七）	第一章 直进（八七）；第二章 反射（九〇）；第三章 屈折（九五）；第四章 眼及光学器械（一〇一）；第五章 分散（一〇六）；第六章 吸收及辐射（一一一）；第七章 光波（一一二）
第六编 磁气（一一六）	第一章 磁石（一一六）；第二章 地球磁气（一二〇）
第七编 电学（一二四）	第一章 电气（一二四）；第二章 电气感应（一二七）；第三章 空中电气（一三三）；第四章 电流及电池（一三四）；第五章 抵抗（一三六）；第六章 电气分解（一四一）；第七章 电流与热（一四五）；第八章 电流与磁气（一四七）；第九章 感应电流（一五六）；第十章 气体之电离及电波（一六二）

3. 教科书特点

（1）本书在内容叙述上简易明显，不涉及高深理论；内容选材于日常生活中的常见物品。本书注重实验，在各编中叙述实验方法，既可以巩固知识，又可以唤起学习者的研究兴趣，比如弹性部分第三图气体受压性实验，如图4-3-5所示。

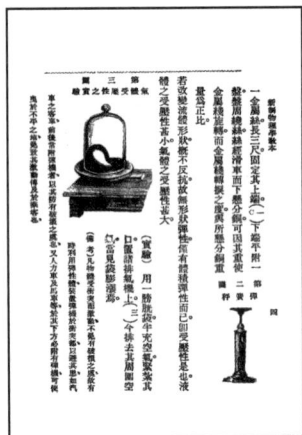

图4-3-5 《新制物理学教本》中气体受压性实验内容

本书附有备考、问题两项，供学生参考复习，以增进学生的思考力，起到举一反三的效果。比如弹性知识点的备考为：

（备考）"凡物体受冲突而激动，不免有破损之虞。故有时利用弹性体装置弹机于冲突部，以避其患，如汽车之客车，前后常附有弹机者，以其防有破坏之虞也；又人力车及马车等，于其下方必附有弹机，可使曳于不平之地，免致其激动传及于乘客也。"

学习完第一编第二章"液体之压力 比重"后，列出如下问题：

一、海面常为球形，此何理也。

二、设有立方形水槽，各边之长为一〇公分，充满以水，问各边所受压力之和。但水一立方公分体积之重为一公分之重量。

三、张膀胱于广口瓶，沉入深井中，膀胱破裂，此何理也。

四、掘井喷泉自来水等之理如何。

五、以绳引水中之石，将离水面时，绳往往折断，何故。

六、茶碗等上向时，得浮于水面，何故。

七、鱼因其筋肉之作用，增减鳔内空气之体积，赖此得浮沉于水中，试说明其理。

八、在水中测体积五〇立方公分之铁块，其重几何。在海水之中测之，其重又几何。

九、冰之比重为〇九一八，设有冰山浮于海，其没入海水之部分，当全体之几何。

一〇、比重瓶充满水时之重为W_1公分，置入沙粒W公分与水时之重为W公分，问沙粒之比重几何。

问题的情境取自常见的物品，以达到实用的目的，比如膀胱袋、海平面、水槽、挖井、茶碗、绳子、石块、鱼、铁块、冰山等。

（2）配图丰富，有统一的序号。全书配图175幅，用以辅助展示物理现象、物理仪器等。比如教材第二页第一图，展示弹性的三种情况：屈绕、引延、转扭；第七页第五图，展示白辣马水压机，如图4-3-6所示。

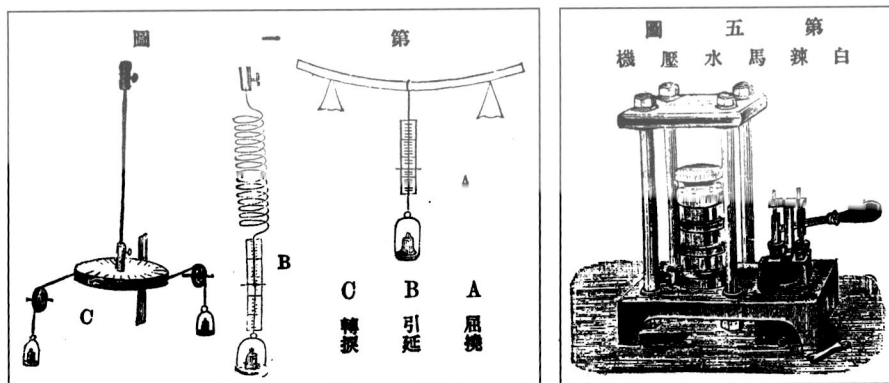

4-3-6

图4-3-6 《新制物理学教本》中的插图

第四节
其他出版社出版发行的物理教科书

民初的教材出版社除了商务印书馆、中华书局，还有文明书局、南昌铭记印刷所。

一、文明书局出版的《中学物理学教科书》

1. 出版单位介绍

文明书局是中国最早的出版机构之一，1902年由廉泉、俞复、丁宝书等集股创办。开办之初即出版《蒙学课本》七编，由丁宝书执笔，赵鸿雪绘图，杜嗣程缮写，有书画文三绝之称，是中国最早有插图的小学教科书。在商务印书馆成立之前，该局是中国近代编辑出版教科书最多的出版机构。1932年并入中华书局。

2. 编者

余岩，字云岫，镇海瀼浦人。1905年赴日本留学，先入体育会肄业，再入东京物理学校，后入大阪医大。余岩思想比较激进，倾力支持辛亥革命，曾跟随留日医学生组织"赤十字社"回国参加军事救护，足迹遍布上海等地。1912年编著《中学物理学教科书》，其封面和版权页如图4-4-1所示。

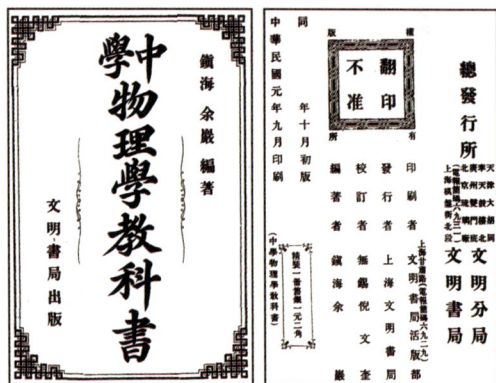

图4-4-1　《中学物理学教科书》封面和版权页

3. 教科书内容

本书九卷21篇，63章331个知识点，共330页。本书的体例是卷、篇、章、知识点，采用顿号、句号断句，具体目录如表4-4-1所示。本书是在精简普通物理学的基础之上而成书的，叙述简洁，目的在于"庶教者易为授，而学者易为受"，选择内容的原则是有深刻的道理、注重实用、我国当时亟须知道的，因为当时中国实业发展最为亟须的是力学与电学，故本书的相关内容占比较大。

表 4-4-1　《中学物理学教科书》目录

卷	篇	章	节及页码
卷一　力学	第一篇 静力学	第一章 总论	1 物理学之范围⋯⋯⋯⋯⋯1 2 物理学之分科⋯⋯⋯⋯⋯1 3 量⋯⋯⋯⋯⋯2 4 元位，母元位，子元位⋯⋯⋯⋯⋯2 5 长度，面积，立积之元位⋯⋯⋯⋯⋯3 6 重量之元位⋯⋯⋯⋯⋯4 7 时间之元位⋯⋯⋯⋯⋯5
		第二章 力	8 静动⋯⋯⋯⋯⋯6 9 力学⋯⋯⋯⋯⋯6 10 力之种类，张力，压力，力媒⋯⋯⋯⋯⋯7 11 引力，重力⋯⋯⋯⋯⋯7 12 物体之类⋯⋯⋯⋯⋯8
		第三章 力之平衡	13 力之方向⋯⋯⋯⋯⋯10 14 平衡之定义⋯⋯⋯⋯⋯10 15 平衡之定律⋯⋯⋯⋯⋯11 16 滑车，力之变换⋯⋯⋯⋯⋯11 17 以重量测力，力点之迁移⋯⋯⋯⋯⋯12 18 力之大小及重力元位⋯⋯⋯⋯⋯13 19 力线，力之图说⋯⋯⋯⋯⋯14
		第四章 力之分合	20 合力，分力⋯⋯⋯⋯⋯15 21 力之平衡四边形定律⋯⋯⋯⋯⋯16 22 力之三边形定律⋯⋯⋯⋯⋯17 23 力之多边形定律⋯⋯⋯⋯⋯18 24 刚体上之力⋯⋯⋯⋯⋯19
		第五章 力之能率	25 旋转体，力方之正负⋯⋯⋯⋯⋯21 26 力臂，力之回转能率⋯⋯⋯⋯⋯22 27 平行力之合并及中心⋯⋯⋯⋯⋯25 28 偶力⋯⋯⋯⋯⋯26 29 重心⋯⋯⋯⋯⋯27 30 静定之态⋯⋯⋯⋯⋯32
		第六章 单器械及 虚动之理	31 杠杆⋯⋯⋯⋯⋯34 32 天秤⋯⋯⋯⋯⋯35 33 杆秤⋯⋯⋯⋯⋯36 34 复滑车⋯⋯⋯⋯⋯37 35 轮轴⋯⋯⋯⋯⋯39 36 斜面⋯⋯⋯⋯⋯40 37 机械之得失⋯⋯⋯⋯⋯42 38 器械之工程⋯⋯⋯⋯⋯43

（续表）

卷	篇	章	节及页码
卷一　力学	第二篇 动力学	第七章 速度加速度	39 等速运动⋯⋯⋯⋯⋯⋯⋯⋯⋯⋯⋯⋯44
			40 等速运动与路程⋯⋯⋯⋯⋯⋯⋯⋯⋯44
			41 等加速运动，加速度⋯⋯⋯⋯⋯⋯⋯45
			42 等加速运动之路程⋯⋯⋯⋯⋯⋯⋯⋯46
			43 速度加速度范围之扩充⋯⋯⋯⋯⋯⋯47
			44 速度之定义⋯⋯⋯⋯⋯⋯⋯⋯⋯⋯⋯47
			45 速度之合并⋯⋯⋯⋯⋯⋯⋯⋯⋯⋯⋯48
		第八章 直坠运动	46 直坠运动，贾联像之实验，阿脱乎特之器⋯⋯49
			47 直坠运动之公式⋯⋯⋯⋯⋯⋯⋯⋯⋯50
			48 抛物运动⋯⋯⋯⋯⋯⋯⋯⋯⋯⋯⋯⋯52
			49 摆动⋯⋯⋯⋯⋯⋯⋯⋯⋯⋯⋯⋯⋯⋯53
		第九章 牛顿之动力学 定律	50 牛顿第一运动律，惯性定律⋯⋯⋯⋯55
			51 牛顿第二运动律，质量定律⋯⋯⋯⋯55
			52 元位⋯⋯⋯⋯⋯⋯⋯⋯⋯⋯⋯⋯⋯⋯56
			53 牛顿第三运动律，原动反动之定律⋯57
			54 密度及比重⋯⋯⋯⋯⋯⋯⋯⋯⋯⋯⋯58
			55 物质之中心质点⋯⋯⋯⋯⋯⋯⋯⋯⋯58
		第十章 圆运动及单弦 运动	56 圆运动，向心力，离心力⋯⋯⋯⋯⋯59
			57 单弦运动⋯⋯⋯⋯⋯⋯⋯⋯⋯⋯⋯⋯61
			58 摆子之运动⋯⋯⋯⋯⋯⋯⋯⋯⋯⋯⋯62
			59 复摆⋯⋯⋯⋯⋯⋯⋯⋯⋯⋯⋯⋯⋯⋯63
		第十一章 牛顿定律， 重力说之续	60 万有引力之定律⋯⋯⋯⋯⋯⋯⋯⋯⋯64
		第十二章 运动量， 储能	61 运动量之定律⋯⋯⋯⋯⋯⋯⋯⋯⋯⋯66
			62 储能⋯⋯⋯⋯⋯⋯⋯⋯⋯⋯⋯⋯⋯⋯67
			63 位置储能⋯⋯⋯⋯⋯⋯⋯⋯⋯⋯⋯⋯67
			64 运动储能⋯⋯⋯⋯⋯⋯⋯⋯⋯⋯⋯⋯68
			65 储能不灭之定律⋯⋯⋯⋯⋯⋯⋯⋯⋯69
	第三篇 流体力学	第十三章 液体静力学	66 水，液体之压力⋯⋯⋯⋯⋯⋯⋯⋯⋯71
			67 卑慈克之定律，压力传布之律⋯⋯⋯72
			68 水压机⋯⋯⋯⋯⋯⋯⋯⋯⋯⋯⋯⋯⋯72
			69 平准⋯⋯⋯⋯⋯⋯⋯⋯⋯⋯⋯⋯⋯⋯73
			70 液体内之压力⋯⋯⋯⋯⋯⋯⋯⋯⋯⋯74
			71 下压⋯⋯⋯⋯⋯⋯⋯⋯⋯⋯⋯⋯⋯⋯75
			72 液压之理论解说⋯⋯⋯⋯⋯⋯⋯⋯⋯76
			73 阿机米特之定律，浮力之定律⋯⋯⋯78
			74 浮体⋯⋯⋯⋯⋯⋯⋯⋯⋯⋯⋯⋯⋯⋯79

（续表）

卷	篇	章	节及页码
卷一　力学	第三篇 流体力学	第十三章 液体静力学	75 比重法·····80 76 阿机米特定律与比重·····80 77 比重瓶·····81 78 连通管之液体比重测法·····82 79 浮秤·····83
		第十四章 气体静力学	80 空气、气体之压力·····85 81 脱里赛利之实验·····86 82 薄异尔麦利坚之定律·····87 83 气体之重量及密度·····89 84 风雨表·····90 85 气压表·····91 86 抽气机·····92 87 吸水机·····93 88 虹吸·····95 89 空气之浮力·····96
		第十五章 液体动力学	90 脱里赛利之定律，缩脉·····98 91 气体喷出之速度·····99
	第四篇 分子现象	第十六章 物性及分子论	92 物之通性·····100 93 分子，原子，电子·····101 94 分子力·····102
		第十七章 固体之分子 现象	95 弹性，福克之定律·····103 96 弹性之余效及疲劳·····103 97 刚性，硬性·····103 98 延性，脆性·····104 99 冲突·····104 100 曳行之定律·····105
		第十八章 液体之分子 现象	101 表面张力·····106 102 毛细管·····106 103 融合·····107 104 混合·····107 105 渗透·····108
		第十九章 气体之分子 现象	106 气体之散乱·····109 107 吸收·····109 108 汉联之定律·····109 109 吸藏·····110

（续表）

卷	篇	章	节及页码	
卷二 热学	第五篇 热之测定	第二十章 温度	110 温度与热	111
			111 温度之测法，寒暑表	111
			112 最高最低寒暑表	112
		第二十一章 膨胀	113 固体之膨胀、线膨胀	114
			114 体膨胀	114
			115 补正摆	115
			116 液体之膨胀	116
			117 连通管测法	117
			118 气体之膨胀率	117
			119 绝对温度	118
			120 气体定律之式	119
		第二十二章 热量及比热	121 热量之元位，比热之定义	121
			122 比热之测定法	121
			123 混合法	122
			124 释冰法	123
			125 气体之比热	124
	第六篇 热力学	第二十三章 热与储能	126 第一定律	125
			127 比热与分子结合之状态	126
		第二十四章 热与机械	128 汽机	127
			129 第二律	129
	第七篇 热之影响	第二十五章 液解及凝固	130 液解及凝固	131
			131 液解热	132
			132 越解	133
			133 降凝	133
			134 融合热	133
			135 寒剂	134
			136 液解与容积及压力之关系	134
			137 复冰	135
		第二十六章 气解及液凝	138 真空中之蒸发	136
			139 空气之蒸发	138
			140 沸腾	139
			141 气解热	140
			142 蒸馏	140
			143 湿度	141
			144 湿度表	141
			145 大气中之水蒸气	142
			146 气体之液凝	143

（续表）

卷	篇	章	节及页码
卷二　热学	第八篇 热之流行	第二十七章 热之流行	147 传导·····145 148 安全灯·····146 149 环流·····147 150 放射·····148
卷三　波动学及音学	第九篇 波动	第二十八章 单弦运动与波动之关系	151 单弦运动之颤振数·····149 152 单弦运动与等速直线运动之合动·····150 153 两单弦运动与直线等速运动之合动·····151
		第二十九章 波动	154 横波动·····153 155 纵波动·····153 156 空气之波·····154 157 波之反射及重合·····155 158 定波·····156
	第十篇 音学	第三十章 乐音	159 音之发生，音波及速度·····159 160 音之颤动数·····161 161 乐音之高低·····163
		第三十一章 发音体之自然振动	162 弦之颤动·····165 163 膜之颤动·····166 164 棒之颤动·····166 165 板之颤动·····167 166 钟之颤动·····168 167 弦棒之纵颤动·····168 168 管之颤动·····170 169 音之储能强弱·····171 170 音损·····172
		第三十二章 强制颤动及共鸣	171 自然颤动及强制颤动·····173 172 音应·····173 173 舌管，唇管·····174
		第三十三章 音波之重合及和罗	174 音波之重合·····175 175 和罗·····176 176 和音·····178 177 留音机·····178

（续表）

卷	篇	章	节及页码
卷四　光学	第十一篇 光线之放射	第三十四章 光之直行	178 光⋯⋯⋯180 179 光之直行⋯⋯⋯181 180 照度光度⋯⋯⋯182
		第三十五章 光之反射	181 光之反射⋯⋯⋯185 182 平面镜⋯⋯⋯186 183 三棱柱之角⋯⋯⋯187 184 球面镜之公式及焦点之位置⋯⋯⋯188 185 球面镜之像⋯⋯⋯190 186 球面收差及抛物线镜⋯⋯⋯192
		第三十六章 光之屈折	187 光之屈折⋯⋯⋯193 188 屈折光线之作图法⋯⋯⋯194 189 屈折率之逆及重屈折⋯⋯⋯195 190 光学上物质之疏密⋯⋯⋯196 191 三棱柱之折光⋯⋯⋯197 192 绝对屈折率与大气屈折率⋯⋯⋯198 193 极折角与全反射⋯⋯⋯198 194 屈折之例⋯⋯⋯199 195 球面之屈折⋯⋯⋯200 196 云视⋯⋯⋯201 197 云视之像⋯⋯⋯204 198 球面敛差⋯⋯⋯205
		第三十七章 光之分散	199 光带⋯⋯⋯207 200 弗朗阿甫线⋯⋯⋯208 201 无色三棱柱无色云视⋯⋯⋯208
		第三十八章 眼及光学 器械	202 眼球⋯⋯⋯209 203 近眼远眼⋯⋯⋯209 204 显微镜⋯⋯⋯210 205 望远镜⋯⋯⋯210 206 照相及幻灯器械⋯⋯⋯211
	第十二篇 光之变化	第三十九章 光带之变化	207 分光仪⋯⋯⋯214 208 固体液体之光带⋯⋯⋯215 209 金类蒸气之光带⋯⋯⋯215 210 光带分析术⋯⋯⋯215 211 光之收食⋯⋯⋯216 212 光带之逆变化⋯⋯⋯217
		第四十章 光之变态及 化学作用	213 散反射光之异色⋯⋯⋯219 214 磷光⋯⋯⋯220 215 化学线⋯⋯⋯220 216 照相法⋯⋯⋯221 217 热线⋯⋯⋯221

（续表）

卷	篇	章	节及页码
卷四　光学	第十三篇 光之波动论	第四十一章 光之波动论 及放射论	218 放射论⋯⋯⋯⋯⋯⋯⋯⋯⋯⋯222 219 波动论⋯⋯⋯⋯⋯⋯⋯⋯⋯⋯222
		第四十二章 光之速度	220 六麻之法⋯⋯⋯⋯⋯⋯⋯⋯⋯223
		第四十三章 偏光及歧折光	221 光之偏波⋯⋯⋯⋯⋯⋯⋯⋯⋯225 222 反射光之偏波⋯⋯⋯⋯⋯⋯226 223 歧折⋯⋯⋯⋯⋯⋯⋯⋯⋯⋯⋯227
卷五　磁学	第十四篇 磁学	第四十四章 根本现象及 磁力线	224 第一根本现象，天然磁石⋯229 225 第二根本现象，磁极⋯⋯⋯229 226 磁气之宗南极宗北极⋯⋯⋯229 227 第三根本现象，引力斥力⋯230 228 第四根本现象，钢之磁性⋯231 229 磁石制法及磁石之形⋯⋯⋯231 230 磁场指力线⋯⋯⋯⋯⋯⋯⋯232 231 磁分子论⋯⋯⋯⋯⋯⋯⋯⋯234
		第四十五章 磁气量之 测定	232 磁气量之定律⋯⋯⋯⋯⋯⋯235 233 磁气量之元位⋯⋯⋯⋯⋯⋯236
		第四十六章 地磁气	234 针之校正⋯⋯⋯⋯⋯⋯⋯⋯237 235 偏角⋯⋯⋯⋯⋯⋯⋯⋯⋯⋯⋯237 236 倾角⋯⋯⋯⋯⋯⋯⋯⋯⋯⋯⋯238 237 水平分力⋯⋯⋯⋯⋯⋯⋯⋯239 238 地磁气之变动⋯⋯⋯⋯⋯⋯240 239 磁石制法第二⋯⋯⋯⋯⋯⋯241 240 磁石藏法⋯⋯⋯⋯⋯⋯⋯⋯242
卷六　静电学	第十五篇 摩擦电及感 应电	第四十七章 根本实验	241 第一根本实验，纪尔白脱⋯243 242 第二根本实验，传导体及绝缘体⋯243 243 第二根本实验，正电负电⋯244 244 电气等级⋯⋯⋯⋯⋯⋯⋯⋯245 245 第四根本实验，感应电气⋯245 246 电流体说，验电器⋯⋯⋯⋯246
		第四十八章 电气诸量之 测定	247 克仑定律⋯⋯⋯⋯⋯⋯⋯⋯248 248 电气量之元位，克仑⋯⋯⋯249 249 第五根本实验，电气散布之状⋯250 250 电气之表面密度⋯⋯⋯⋯⋯250 251 电位及电位之元位⋯⋯⋯⋯251 252 导体之电容量⋯⋯⋯⋯⋯⋯251 253 电流电动力⋯⋯⋯⋯⋯⋯⋯252

（续表）

卷	篇	章	节及页码
卷六　静电学	第十五篇 摩擦电及感 应电	第四十九章 发电机及 蓄电器	254 电盆·····254 255 摩擦发电机·····254 256 感应发电机·····255 257 放电·····257 258 尖峰之放电，电风车·····258 259 金屏之功用，蓄电器·····259 260 弗兰克林蓄电器·····260 261 来顿蓄电瓶·····260 262 放电叉·····261
		第五十章 放电	263 金类电路之放电·····262 264 放电之光与声·····262 265 电闪与雷·····263
	第十六篇 接触电	第五十一章 法打之根本 实验	266 接触电气及贾法尼电池电槽·····264
		第五十二章 电化学	267 放电之化学变化·····266 268 傅兰台之第一定律·····268 269 傅兰台之第二定律·····269 270 电化相当量·····270 271 顾路传思之说·····271 272 电化学之工业上应用·····272
		第五十三章 电池及 蓄电池	273 电池之赘流·····273 274 电池之分极·····273 275 达纽耳电池·····274 276 彭森电池·····275 277 各电池之电动力·····275 278 电流之分极·····276 279 葛罗夫气体电池·····276 280 蓄电池·····277
卷七　电流 与磁	第十七篇 电生磁气	第五十四章 电生磁气	281 奥斯脱脱之根本实验·····279 282 安培定律·····279 283 电流之指力线·····280 284 电流之强度·····281 285 正切电流表·····282 286 电流强度之元位·····283 287 电圈·····284 288 磁石制法第三·····285

（续表）

卷	篇	章	节及页码
卷七　电流与磁	第十七篇电生磁气	第五十五章电生磁气之应用	289 汤生镜电流表⋯⋯⋯⋯⋯⋯⋯⋯⋯⋯⋯⋯286 290 无方磁针电流表⋯⋯⋯⋯⋯⋯⋯⋯⋯⋯287 291 电铃⋯⋯⋯⋯⋯⋯⋯⋯⋯⋯⋯⋯⋯⋯⋯288 292 电报⋯⋯⋯⋯⋯⋯⋯⋯⋯⋯⋯⋯⋯⋯⋯289 293 援电器⋯⋯⋯⋯⋯⋯⋯⋯⋯⋯⋯⋯⋯⋯291 294 电磁旋转器⋯⋯⋯⋯⋯⋯⋯⋯⋯⋯⋯⋯292
		第五十六章正磁反磁性	295 傅兰台之根本实验⋯⋯⋯⋯⋯⋯⋯⋯⋯294 296 正磁性反磁性物之表⋯⋯⋯⋯⋯⋯⋯⋯295
	第十八篇磁生电流	第五十七章磁生电流	297 根本实验，磁电流⋯⋯⋯⋯⋯⋯⋯⋯⋯296 298 林慈定律⋯⋯⋯⋯⋯⋯⋯⋯⋯⋯⋯⋯⋯297 299 电流与电动力，欧姆定律⋯⋯⋯⋯⋯⋯298 300 电动力之电磁元位⋯⋯⋯⋯⋯⋯⋯⋯⋯298 301 自感应⋯⋯⋯⋯⋯⋯⋯⋯⋯⋯⋯⋯⋯⋯299
		第五十八章磁生电流之应用	302 直流交流⋯⋯⋯⋯⋯⋯⋯⋯⋯⋯⋯⋯⋯301 303 感应申圈⋯⋯⋯⋯⋯⋯⋯⋯⋯⋯⋯⋯⋯301 304 代那模⋯⋯⋯⋯⋯⋯⋯⋯⋯⋯⋯⋯　302 305 电气发动机⋯⋯⋯⋯⋯⋯⋯⋯⋯⋯⋯⋯305 306 交流发动机⋯⋯⋯⋯⋯⋯⋯⋯⋯⋯⋯⋯306 307 电话⋯⋯⋯⋯⋯⋯⋯⋯⋯⋯⋯⋯⋯⋯⋯307
		第五十九章管中放电	308 盖斯雷管中之放电⋯⋯⋯⋯⋯⋯⋯⋯⋯309 309 阴极线⋯⋯⋯⋯⋯⋯⋯⋯⋯⋯⋯⋯⋯⋯309 310 电子说⋯⋯⋯⋯⋯⋯⋯⋯⋯⋯⋯⋯⋯⋯310 311 林达根线⋯⋯⋯⋯⋯⋯⋯⋯⋯⋯⋯⋯⋯310 312 光之放射线⋯⋯⋯⋯⋯⋯⋯⋯⋯⋯⋯⋯312
卷八电流与热	第十九篇电力及热	第六十章欧姆定律	313 欧姆定律⋯⋯⋯⋯⋯⋯⋯⋯⋯⋯⋯⋯⋯313 314 抵抗之元位⋯⋯⋯⋯⋯⋯⋯⋯⋯⋯⋯⋯313 315 欧姆之定律与电流⋯⋯⋯⋯⋯⋯⋯⋯⋯313 316 传流⋯⋯⋯⋯⋯⋯⋯⋯⋯⋯⋯⋯⋯⋯⋯314 317 抵抗之水银元位⋯⋯⋯⋯⋯⋯⋯⋯⋯⋯314 318 纪尔阿布之定律，横列导线之抵抗⋯⋯315 319 抵抗之测法⋯⋯⋯⋯⋯⋯⋯⋯⋯⋯⋯⋯316 320 电池连接法⋯⋯⋯⋯⋯⋯⋯⋯⋯⋯⋯⋯318 321 电话之送音器⋯⋯⋯⋯⋯⋯⋯⋯⋯⋯⋯322
		第六十一章朱勒定律	322 牛勒定律⋯⋯⋯⋯⋯⋯⋯⋯⋯⋯⋯⋯⋯324 323 电灯⋯⋯⋯⋯⋯⋯⋯⋯⋯⋯⋯⋯⋯⋯⋯324 324 弧光灯⋯⋯⋯⋯⋯⋯⋯⋯⋯⋯⋯⋯⋯⋯325 325 电气炉⋯⋯⋯⋯⋯⋯⋯⋯⋯⋯⋯⋯⋯⋯325

（续表）

卷	篇	章	节及页码
卷八 电流与热	第二十篇 热及电流	第六十二章 热电流	326 根本之实验⋯⋯⋯⋯⋯⋯⋯⋯326 327 热电动力之等级⋯⋯⋯⋯⋯⋯326 328 热电流之应用⋯⋯⋯⋯⋯⋯⋯327
卷九 电气波	第二十一篇 电气波	第六十三章 电气波	329 海尔滋之实验⋯⋯⋯⋯⋯⋯⋯328 330 电气波之腹与节⋯⋯⋯⋯⋯⋯329 331 融通器无线电报⋯⋯⋯⋯⋯⋯330

二、南昌铭记印刷所印行的《实用物理学教科书》

1. 编者

张文熙，1923—1929年任平川中学第一任校长。1919年8月，张文熙、邱玉麟合编《实用物理学教科书》，该书于1919年由南昌铭记印刷所印刷发行，其封面和版权页如图4-4-2所示。

图4-4-2　《实用物理学教科书》（上、下册）封面和版权页

2. 教科书内容

全书分成上、下两册，共8编，211个知识点，除附记复习以外，正文240页，讲授时间为一年，横排印刷。具体目录如表4-4-2所示。

表 4-4-2 《实用物理学教科书》目录

编	章	节	知识点
第一编 总论	一	一	物理学之范围，单位，运动及静止，运动之方向，速度，惯性，不可入性，体积质量密度之关系，万有引力，重力及重量，物体三态，物体之组织、可分性，分子运动、扩散、渗透，分子力、凝集力、弹性、乎克之定律、展性、延性、硬性、脆性、附着力、凝集力与附着力之关系、溶解、表面张力、毛管现象
第二编 力学	第一章 液体力学	第一节 静止液体之压力	静止液体之表面、水平面、水准器，液体内部之压力，巴斯开之原理，水压机，液体施于容器之压力，连通管，浮力及阿基美得司原理、物体之沉浮，比重
		第二节 流动液体之压力	液体流动之原因及其速度，流动液体之压力及其应用、水车、起水机
	第二章 气体力学	第一节 气体之压力	空气压力之试验，空气压力之原因，波以耳之定律
		第二节 气体压力之应用	氢气球及飞艇，晴雨计、水银晴雨计、空盒晴雨计、晴雨计之应用，虹吸、间断虹吸，唧水机、吸上唧水机、力泊唧水机、救火唧水机（水龙）、抽气机、水银抽气机，聚气机，输送筒
	第三章 固体力学	第一节 施于刚体之力	力之三要件，力之平衡，合力及分力，刚体，刚体合力之求法 不平行二力之合力、平行二力之合力、偶力、重心、重心之趋向，分力合力之应用、地面诸物成平衡之理、帆船借侧面风以进行之理、纸鸢升腾空中之理、飞行机理，摩擦、静止摩擦、运动摩擦、莫兰氏之定律 摩擦之利弊、滑剂
		第二节 刚体所成之器械	力之能率，杠杆、杠杆之三要点，衡器、天平、杆秤、杆秤之刻法、台秤，滑车、定滑车、动滑车、第一类合并滑车、第二类合并滑车、第三类合并滑车，轮轴、轮轴之应用，齿轮，斜面，螺旋、螺距，楔、单面楔、双面楔
	第四章 运动之物体	一	运动之合成及分解，加速度，牛顿之运动第一定律，运动量，牛顿之运动第二定律，力之单位，牛顿之运动第三定律，重力之加速度，落下之公式、自然落下、突然落下、掷上落下、亚都氏之器械，圆运动、引心力、离心力，单摆及复摆，时辰钟、表、时钟、报点之理，抛射体、抛射线，工作、工率
第三编 热学	第一章 热与温度	一	热与温度之本性及其相关之例，寒暑表、水银寒暑表之制法、三氏分度法、酒精寒暑表、最高最低寒暑表、测体温寒暑表，热量之单位，热容量及比热，热之传播、传导、对流、辐射
	第二章 热与物体涨缩 之关系线膨胀	一	固体之膨胀、体膨胀、固体膨胀之应用，液体之膨胀、水之特性，气体之膨胀、查尔之定律、绝对温度，气体体积与压力及温度之关系

（续表）

编	章	节	知识点
第三编 热学	第三章 热与物体变态 之关系	一	融解及凝固、融解点、融解热、凝固点、融解凝固之理，寒剂，融解与压力之关系，气化、蒸发、饱和蒸汽、最大涨力、沸腾、沸腾点、气化热、蒸馏分析法，液化、临界温度、临界压力，空气中之水蒸气、露点、露及霜、云及雾、雨及雪、雹及霰，温度，热之工作当量、鸠尔之实验，汽机，复汽机，水汽卧轮，寒热之源、以力生热、天地之热、变质生热、雷力生热、生寒之源
第四编 声学	第一章 成声之理	一	振动、振幅、周期，波动、横波、纵波，媒体
	第二章 音波遇阻力之 结果	一	音波之反射及屈折，干涉及升沉
	第三章 乐音	一	乐音之三要件，音之调和，音阶
	第四章 振动体之研究	一	弦之振动，条之振动，板之振动，钟之振动
	第五章 测音器	一	写声机
	第六章 共鸣及其应用	一	共鸣，人之发音，留声机器
第五编 光学	第一章 光之直进及其 速度	一	光体、光源，光之直进，影、本影、半影、日蚀月蚀，照度，光度及光度之单位，光度之测法、本孙光度表，光之速度、飞槎氏之测法
	第二章 光之反射	一	反射之定律、散光，平面镜之反射，球面凹镜之反射，球面凸镜之反射，物体之像
	第三章 光之屈折	一	屈折之定律，复屈折，屈折率，逐次屈折，光之曲进、海市蜃楼，全反射，透镜之种类，光线通过透镜必向厚处屈折之理，透镜屈折光线之研究、透镜光点像点之相关公式，透镜所成物体之像，眼、近视眼、远眼，光角及视角
	第四章 光学器械	一	映画箱，照相器具，影戏器具，望远镜、天体望远镜、望远镜之倍率、地上望远镜、加里劳氏望远镜，显微镜、显微镜之倍率
	第五章 光之分散	一	日光七色之分合，余色及原色，透镜之色差及消色透镜，成虹之理、正虹、副虹，物体之色，颜料之配合，磷光及荧光，分光镜，光带之种类，韦氏暗线之原因，发光体辐射线之研究
	第六章 成光之理	一	光之学说及偏光

（续表）

编	章	节	知识点
第六编 磁学	第一章 磁性作用	一	磁石，磁极之交互作用，磁量之单位，库伦之定律，磁力感应，磁石制法、摩擦赋磁法、电流制磁法、借地磁法，磁石保存法，磁场，指力线
	第二章 地磁	一	地球具磁性，地磁三要件及等磁线
	第三章 磁石分子	一	磁石分子说，饱和磁力线及夺磁
第七编 电学	第一章 电之普通性质	一	带电，正电及负电、正负电之识别法，电量及电量之单位，库伦之定律，导体及不导体，电之分布，电在尖端之作用、电对流，电场、电之感应、感应授电法
	第二章 发电器	一	起电盘，威姆孝司发电机
	第三章 空中之电	一	空际电源，雷电之理，避雷针
	第四章 电位及电容量	一	电位及其单位，电容量及其单位，蓄电器、来顿瓶、石蜡蓄电器
	第五章 电流及电池之研究	一	电流及其单位，接触生电，弗打电池，分极作用及防衰法，二液电池、丹尼尔电、本生电池、勒克兰电池、重铬酸电池
	第六章 电阻与电位 电流之关系	一	电阻，电阻之单位及阿模之定律，电池之联结法、行联法、列联法、混合联法，实用上电池联结法
	第七章 电流之功效	一	电之分解作用，电镀术，电铸术，蓄电池，电流之磁力作用，卷络圈，正切电流表，安培表，电磁石，电铃，电报机，电热相生之效，电灯、白热灯、弧灯、电化炉、热电流、热电堆
	第八章 感应电流	一	磁感电流，互相感应及自己感应，感应电流之动电力，感应卷络圈，感应圈放电时之各种试验、火花之试验、盖斯拉管及克鲁格管之试验、X光线之试验，电话机，代那模，电力发动机
	第九章 无线电报	一	电磁波、电共鸣，哥希拉管，无线电报机
	第十章 电源	一	生电之源 摩擦生电、接触生电、感应生电、变质生电、变温生电、蒸散生电、结晶凝结生电、碰击裂物生电、生物之电
第八编 能力结论	一	一	能力与工作之相关、位置能力、运动能力，能力之不灭，能力之相均

3. 教科书特点

（1）本书以实用为主，对日常常见的现象、常用的器具，新的发明如飞艇、飞行机、送桶水、气涡轮等，做了详细记载。

（2）本书的学说追求最前沿理论，且说理恰当，文字简洁。比如对气化、液化、融解、凝固的原理和气体的压力等进行说明，这些学说在其他的同类书籍中并未提及。此外，还将复杂的算式列在附记中，在讲课时可以忽略。

（3）本书循序渐进，节节相承。对已经在教材中说明过的道理，以"见某节"说明；在每编末，附以复习环节，以便复习旧的知识。比如第八编的复习环节：

1. 何谓能力。

2. 试述能力不灭之定律。

3. 何谓能力之相均。

物理的教学方式以发现式为主，"然不可不有发明式之倾向"，且在每编末尾，附有几个实验，让学习者实地练习，强调学生的自主性。全书附有八个实验，每个实验的内容由实验之目的、实验之手续、说明及计算、附记（注意）四部分组成，比如第二编力学部分附有三个实验，分别是"实验二　测定重于水之固体比重""实验三　测定轻于水之固体比重""实验四　测定液体之比重"。

（4）全书附有211幅插图，用以辅助展示物理原理、物理现象、器械装置。如图4-4-3所示的图分别展示了阿基米德原理、小孔成像、照相器具的结构。

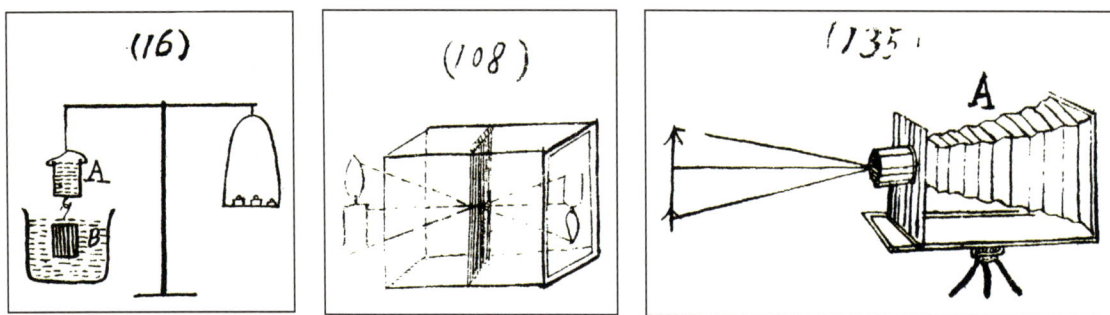

4-4-3

图4-4-3　《实用物理学教科书》中的插图

教育部对本书的批语是"是书选材扼要，次序井然，用作中学教科，颇属相宜"，可以说是对本书特色的标志性肯定。

第五章

民国壬戌学制时期的物理教科书
（1922—1937）

　　物理课程作为中学课程的一部分，随着中学课程纲要的变化，其所占学分、开设形式也在不断发生变化，物理课程标准的颁布使得物理教科书的编写有据可依。本章将分别就壬戌学制时期，中学课程计划的变化、中学物理课程标准的发展进行简要梳理。

1922

第一节
壬戌学制时期物理课程标准的发展

1922年11月颁布的大总统令——《学校系统改革令》中规定的学制系统，史称壬戌学制。其对学校系统改革的标准包含7条：①适应社会进化之需要；②发挥平民教育精神；③谋个性之发展；④注重国民经济力；⑤注意生活教育；⑥使教育易于普及；⑦多留地方伸缩余地。[1]根据上述标准，学校系统分成初等教育、中等教育、高等教育三级。中等教育学校修业年限为六年，分为初级和高级，初级三年、高级三年，也可以根据设科性质变通。初级中学需要单独设立，实行普通教育；高级中学与初级中学并行设置，也可根据特殊情况单独设计。高级中学分为普通、师范、职业教育等科，采用选科制。从1922年新学制颁布到1949年新中国成立，中学课程的发展大致分成六个阶段。

一、壬戌新学制时期中学课程计划的变化

1923年《新学制课程标准纲要》由全国教育会联合会新学制课程标准起草委员会委托专家分科拟定，汇集整理，其封面和封底如图5-1-1所示。

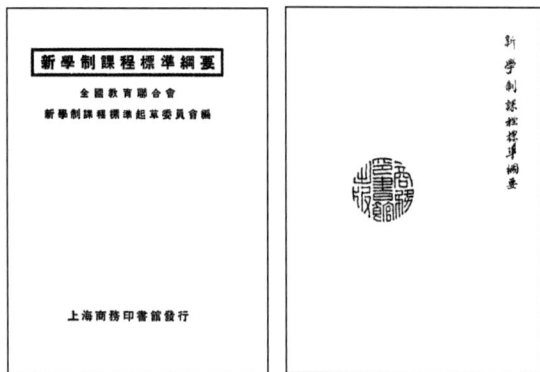

图5-1-1　《新学制课程标准纲要》封面和封底

---

[1] 课程教材研究所. 20世纪中国中小课程标准·教学大纲汇编：课程（教学）计划卷［M］. 北京：人民教育出版社，1999：105-107.

（一）《新学制课程标准纲要》

1. 对初级中学课程设置的规定

《新学制课程标准纲要》提出，初级中学课程设置包括社会科（公民、历史、地理）、言文科（国语、外国语）、算学科、自然科、艺术科（图画、手工、音乐）、体育科（生理、卫生、体育）六科。授课以学分计，每学期每周上课1小时为1学分，理化生的实验无需课外预备、自学。初级中学必修学分164学分，其中自然科16学分。各科纲要请托各专家分科拟定，其中，小学自然园艺由施仁夫、姜文洪、葛敬中拟定，初级中学自然科由胡刚复拟定，高级中学的科学概论由任鸿隽拟定、物理学由薛天游拟定。

2. 对高级中学课程设置的规定

1923年颁布的《高级中学课程总纲》规定，高级中学课程设公共必修、分科专修、纯粹选修三部分。公共必修部分占总学分的43%，包括国语、外国语、人生哲学、社会问题、科学概论、体育六部分，共计64学分，其中科学概论包括科学发展史、现在科学大趋势、科学精神、科学方法。分科专修部分包括必修与选修两大模块，其中必修科目规定有特设国文、心理学初步、论理学初步、社会科学之一种，自然科学或数学之一种，各科目最低学分为4学分；选修部分最低学分为32学分。纯粹选修部分指学生在专修科目之外，根据个人兴趣自由选修的课程，不归属于学校规定的任何科目类课程。总纲建议，高中可设以升学为主要目的的普通科、以职业为主要目的的职业科，职业科又分为师范科、商业科、工业科、农业科、家事科等。普通科分两组课程供学生选修：第一组注重文学及社会科学，第二组注重数学及自然科学。物理学在普通科第二组课程设置中，属于分科专修模块的必修课程，但学生可从物理学、化学、生物学三科中选择两科必修，每门课程至少修读6学分，共12学分。

（二）中学暂行课程标准

1929年，教育部中小学课程标准起草委员会常务委员会负责制定的《初级中学暂行课程标准》规定，初中自然科15学分，采用混合制与分科制两种标准，由各学校自行采用。而依照壬戌学制，初中采用混合制，自然科学为其一门课程。因此在这一时期，自然科学的教学有两种形式，一种是采用三科分科形式，物理学、化学、生物学仍分科编写教材；另一种是三门科目混合成一门理科，合编为一本教材。

1929年，教育部中小学课程标准起草委员会常务委员会负责制定的《高级中学普通科暂行课程标准》规定，普通科不特设公共必修，但设13科必修课，含党义6学分、国文24学分、外国语26学分、数学19学分、本国历史6学分、外国历史6学分、本国地理3学分、外国地理3学分、物理8学分、化学8学分、生物学8学分、军事训练6学分、体育9学分，并设选修科目18学分，共150学分。每学期每周上课1小时为1学分。课程标准的"制订说明"还提出了分科的弊病，"旧时普通科又分文理两科，虽曰适合学生个性，便于升学，惟分化过早，于研究高深学术，殊多窒碍。缘为学者贵沟通，治哲学者以高深数学为基础，治心理学者亦取径于生理学生物学。反之，自然科学之应用，亦在与社会科学有关。故高中学生允宜涉猎各科，略窥门径，以为升学后专深造之准备，不宜立文理两科之名而强为区分。此次高中普通科课程标准即本斯旨，不复分科"。[1]

（三）初级、高级中学课程标准

1932年教育部颁布《初级、高级中学课程标准》，明确初级中学设自然科目，含物理、化学、植物、动物四科，分科教学，其中物理在第三学年开设，第五学期每周4学时，第六学期每周3学时，共计7学分；高级中学实行分科制，物理学在第三学年开设，每周6学时，计12学分。

（四）初级、高级中学课程标准（1936 年 6 月教育部修正颁行）

1936年教育部修正颁行的《初级、高级中学课程标准》，初级中学设自然科目，含生理卫生、植物、动物、物理、化学五科，分科教学。生理卫生在第一学年开设，每周1学时，植物、动物在第一学年开设，每周各2学时；物理在第二学年开设，每周3学时；化学在第三学年开设，每周3学时。高级中学物理在第三学年开设，每周6学时。

（五）修正初级、高级中学课程标准

1940年对中学课程标准进行修订，其中《修正初级中学课程标准》规定，初级中学自然科学科含博物、生理及卫生、化学、物理四科，实行分科教学。博物在第一学年开设，每周4学时；生理及卫生自第一学年的第二学期开始开设，共开设5个学期，每周1学时；化学在第二学年开设两学期，每周3学时；物理在第三学年开设两学期，每周3学时。《修正高级中学课程标准》规定，物理学在第三学年开设两学期，分甲、乙两组开设，甲组每周5学时，乙组每周4学时。1941年颁布的课程标准，将六年制中学物理，改为第五学年第二学期、第六学年开设，每周5小时。

（六）中学课程标准的第三次修订

1948年第三次修订的中学课程标准明确：初中设14科，并设理化科，在第二学年及第三学年开设；高中设13科，物理学在第三学年开设，每周5学时。其封面和目录如图5-1-2所示。其中，教学通则部分指出，中学教学宗旨为培养健全国民，充实青年就业及升学之准备；课程的含义不仅包含各科目的教材，还包括引申至整个教育活动、学校的设施，并提出中学教学的七项目标：

---

[1] 课程教材研究所. 20世纪中国中小课程标准·教学大纲汇编：课程（教学计划）卷［M］. 北京：人民教育出版社，1999：121.

①锻炼强健体格；②陶镕公民道德；③培育民族文化；④充实生活知能；⑤培植科学基础；⑥养成劳动习惯；⑦启发艺术兴趣。

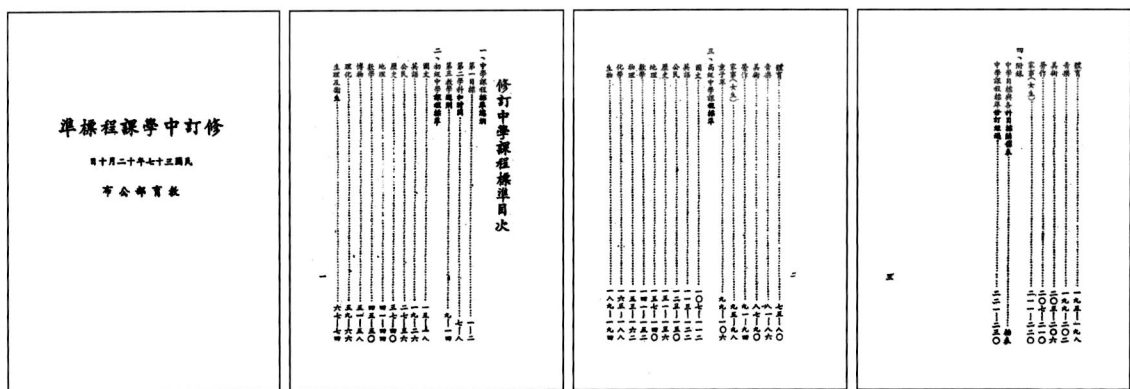

图5-1-2 《修订中学课程标准》封面和目录

要求教学之选材以显示社会生活中最有价值，及应用最广的事项为材料，以发展其心智、使获得具有文化价值与经济价值的基本能力，使青年用以就业升学均有余裕。根据青年身心发展的情形，提出教材编制需坚持以下原则：初中须为常识的、心理的，高中则略重系统的、论理的。其进展之路径为由近及远、由浅到深、由具体到抽象三原则排列，不论初中、高中，要有助于学生将所学随时整理成为概念的存在，到高中毕业时能够具备抽象了解和欣赏的能力。

二、壬戌学制下中学物理课程标准的变化概述

物理课程标准是国家教育行政部门制定的物理教学指导文件和分科课程标准之一，一般包括目标、时间支配、教材大纲、实施方法概要等部分，其按照中学课程计划的发展分成以下六个阶段。

1923年全国教育会联合会刊布的《新学制课程标准纲要》，其中包括动物、植物、矿物、物理、化学等科在内的《初级中学自然课程纲要》以及《高级中学第二组必修的物理学课程纲要》，是中学物理课程标准的雏形。1929年中国教育行政部门颁行的《中小学课程暂行标准》中，高中有单独的物理课程标准，初中既有混合制的自然课程标准，又有分科制的植物、动物、理化三科的课程标准。1932年颁布的正式课程标准，把初中的理化分成两门课，并删去了混合制的自然科，从此有了单设的初中物理课程标准。1936年修正颁行的课程标准和1941年颁布的修正课程标准中，都有《初级中学物理课程标准》和《高级中学物理课程标准》。1948年第三次修订的课程标准中，初中又将理、化合并，高中有单独的物理课程标准。中华人民共和国成立后，分科课程标准改称教学大纲。

第二节
新学制物理教科书的多元化发展（1922—1927）

　　五四时期是中国历史上自由开放、文化多元的时代，造就了一代文化大师、学术大家。在壬戌学制颁布后，全国教育会联合会刊布了《新学制课程标准纲要》，包含胡刚复负责起草的《初级中学自然课程纲要》，任鸿隽负责起草的《高级中学公共必修的科学概论课程纲要》和薛天游负责起草的《高级中学第二组必修的物理学课程纲要》，在这些课程纲要的指导下各家出版商积极地开始了物理教科书的编撰工作。

一、初中物理教科书的发展

　　自然科包括动植物、矿物、理化学、天文、气象、地质等科。

（一）《初级中学自然课程纲要》的目的

　　第一，使知自然界的现象及其相互关系，以培养基本的科学知识。

　　第二，使知自然界与人生的关系。

　　第三，使知主要的自然律。

　　第四，使知利用自然的方法。

　　第五，养成研究科学的兴趣。

（二）《初级中学自然课程纲要》中物理部分的内容

　　自然科内课程互相联系，其中生物与理化比较重要。整个初中段平均分成四段，其中第二段以物理为主，其他各科为辅；第四段以理化为主，其他各科为辅；主辅比例由3∶1至2∶1；没有规定各学科的具体知识内容。

　　学生毕业的最低要求为"能为简易之实验，以解释日常生活之科学原则；对于天然界之事物，须有较正确之观察能力。"

（三）初级中学教科书概况

壬戌学制颁布后，初级中学自然科教科书以混合制为主。在1923—1932年间共出版了如表5-2-1所示的9部初中物理教科书，包含混合制教科书6部，分科制物理翻译教科书1部，分科制物理编著教科书2部，其中7部由商务印书馆出版，1部由中华书局出版，1部由求知学社出版。

表 5-2-1　《初级中学自然课程纲要》指导下出版的教科书统计表

序号	教材名称	分科制/混合制	丛书	编（译）者	出版社	出版时间
1	新学制实用自然科学教科书	混合制	—	高铦、郑贞文、周昌寿	商务印书馆	1924
2	新学制自然科学教科书	混合制	—	杜亚泉	商务印书馆	1924
3	初级中学理化教科书	混合制	—	阎玉振	求知学社	1924
4	新中学初级混合理科	混合制	—	钟衡臧（编），金兆梓、张相、华襄治（校）	中华书局	1925
5	实用自然科学（修订）	混合制	新学制初级中学教科书	郑贞文、高铦、周昌寿	商务印书馆	1932
6	自然科学（修订）	混合制	新学制初级中学教科书	杜亚泉	商务印书馆	1932
7	物理学	分科制	现代初中教科书	周昌寿	商务印书馆	1923
8	初等实用物理学教科书	分科制	—	贾丰臻、贾观仁	商务印书馆	1923
9	物理学	分科制	新撰初级中学教科书	周昌寿	商务印书馆	1926

（四）混合制自然科教科书

1. 《新学制实用自然科学教科书》

（1）编者。

周昌寿，字颂久，物理学翻译家、教育家，毕生致力于物理学著作的编译工作，译述甚丰，是早期向国内介绍量子论和相对论等物理学新成就的学者，参与了物理学名词术语的统一工作，编写了系统的中学物理和大学普通物理教材，影响和培育了几代物理人才。

1906年周昌寿随兄周恭寿赴日本留学，1919年毕业回国，就职于商务印书馆。周昌寿回国之时，正值五四运动蓬勃开展，他立即投身新文化运动的行列，在科学与民主的两面大旗下切实地介绍了许多最新自然科学特别是物理学的成就，在各种报刊上发表了大量的文章。他和夏元瑮、郑贞文、文元模等人，成为五四运动中扎实地宣传自然科学的骨干力量。他们宣传"近代科学界之新潮""物理学之新潮""现代科学—革命"（指相对论或量子论），紧密地配合新文化运动和《新青年》杂志提出的"世界新潮""中国革命"的呼喊。

1922年新学制颁布后，周昌寿和郑贞文、高铦合编了《新学制实用自然科学教科书》（共四册），于1924年出版，以适应初中自然科学课程为综合教学所需，"新学制初级中学的精神，在各科混合教授，这'新学制初级中学教科书'一套完全依照新学制课程纲要，采用混合法编辑的，实为初中最实用的教本"。其封面如图5-2-1所示。

图5-2-1 《新学制实用自然科学教科书》（共四册）封面

（2）教科书内容。

《新学制实用自然科学教科书》包括动物、植物、矿物、物理、化学、天文、气象、地质等内容，全书共四册，每册4学分教授使用。

《新学制实用自然科学教科书》每一册都有各自的侧重点。第一册书中全部或部分含有物理学知识的章节为第一章"空气"、第二章"水"、第三章"温度压力和物质的三态"，共6节43个知识点。第二册书中全部或部分含有物理学知识的章节为第七章"力和物性"、第八章"自然的利用"、第九章"电磁和功能"，共8节110个知识点。第三册书中没有物理学知识。第四册书中全部或部分含有物理学知识的章节为第十九章"音和光"，第二十四章"自然科学研究法"，共9节52个知识点。内容具体目录如表5-2-2所示。

表 5-2-2　《新学制实用自然科学教科书》目录

册	章	节	知识点
第一册	第一章 空气	第一节 空气的性质	空气的存在、空气的重量、空气的压力、抽气机、唧筒、空气的膨胀、压气机、空气的运动、扇风机、空气的浮力、航空机
		第二节 空气的成分	养（氧）气和淡（氮）气、淡（氮）气的性质、养（氧）气的性质、呼吸、养（氧）化和其他的养（氧）化物、炭酸气、空气中的水分、空气中的尘埃、空气中的生物、混合物和化合物、物质、物质常住定律
	第二章 水	第一节 自然水	水的分布、雨水、井水、河水、泉水、海水、硬水和软水、硬水的实例、水和生命的关系
		第二节 水的净制	净制的必要、水的消毒法、自来水、排水
		第三节 水的压力	水压、虹吸、水内压力的传导、水压机、水的浮力、船，潜衣、潜艇、水平
		第四节 水的成分	水的分解、水的合成、轻（氢）气、元素、元素的符号、化学变化和物理变化、原子和分子、化学方程式
	第三章 温度压力和物质的三态	第一节 温度	温度、温度计、温度计上温度的决定、温度计的分度、温度计的换算法、气体的压力和温度的关系、气体的容积和温度的关系、热量的单位
		第二节 物态的变化	物质的三态、蒸发，自液态为气态的变化、沸腾，自液态为气态的变化、凝结，自气态为液态的变化、凝固，自液态为固态的变化、熔解，自固态为液态的变化、升华，自固态为气态复自气态为固态的化变、挥发，自固态为气态的变化
		第三节 物态变化和温度的关系	蒸发热、熔解热、溶解和温度、起寒作用
		第四节 物态变化和压力的关系	蒸发和压力、熔解和压力、人造冰、液化空气、物态变化的方向
	第四章 植物的形态和构造	第一节 植物的形态	地面上的植物、根、根的变态、茎、茎的变态、叶、叶的变态、花、种实、纤维和细胞
		第二节 植物的生理	植物的生活现象、植物的成分、叶的功用、茎的功用、植物的特性、寄生植物、捕虫植物、植物的夜眠
		第三节 植物的等级	植物的种类、菌藻植物、藓苔植物、羊齿植物、结子植物、植物的高低级
	第五章 动物的形态和构造	第一节 数种常见动物的形态	地面的动物、猫、猫的骨骼和内脏、马和牛、牛的骨骼和内脏、鸡、鸟类的骨骼和内脏、鱼类、鱼的骨骼和内脏
		第二节 脊椎动物的一般构造	体形、运动器、体腔、骨骼、消化系、呼吸系、循环系、排泄系、感觉机官、神经系
		第三节 无脊椎动物	蝗、蜗牛、蚯蚓、海盘车、珊瑚虫、海绵虫、变形虫

第二节　新学制物理教科书的多元化发展（1922—1927）

（续表）

册	章	节	知识点
第一册	第五章 动物的形态和构造	第四节 机官的功用	消化系的功用、循环系和呼吸系的功用、新陈代谢、感觉机官的功用、机官的机能和形态、机官变形和机官变能、机官的重复、动物的对称、动物的高低级
	第六章 生物和自然	第一节 植物和自然	植物和水、植物和空气、植物和日光、植物和动物、植物和气候、植物的群生、植物的地理分布、植物的垂直分布
		第二节 动物和自然	动物和水、动物和日光、动物和食物、动物和气候、动物的合群、动物的社会、动物的移动、共栖生活、寄生生活、动物的自卫、动物的地理分布、自然界上动植物的平衡
第二册	第七章 力和物性	第一节 重力	重力、重心、重力因地而异、稳度、稳度和重心的关系、容积、密度、比重、落下现象、落下速度、抛上现象、运动、惰性、反作用、速度的合成、力的合成、偶力
		第二节 物质的组织	分子运动、气体的分子运动、液体的分子运动、固体的分子运动、分子力、弹性、固体分子力的其他各种表现、液体的分子力、自由表面、表面张力、微管现象、微物的浮载、气体的分子力
		第三节 简单机械	功、简单机械、杠杆、三种杠杆、秤、天平、台秤、滑轮、轮轴、斜面、螺旋、楔、传动装置、齿轮、皮带轮、拐臂、效率、摩擦
	第八章 自然的利用	第一节 物性的利用	弹性的利用、弹簧秤、锁、时计装置、摆和摆轮、飞轮、潜水衣和潜水箱、煤气的输送、水闭法、物体的混合法、物体的分离、加热、冷却、保温
		第二节 力的利用	力和自然、车的种类、船的种类、风磨、水车、水卧轮、蒸汽机关、蒸汽卧轮、气体机关
	第九章 电磁和功能	第一节 磁和电	磁石、磁极、磁场、分子磁石、地磁性、带电、阴电和阳电、诱导和传导、两种电常以等量发生、电密度、导体和绝缘体、蓄电器、空中放电、电流和电瓶、电流的方向和电极、电流的化学作用、诱导电流、诱导圈、变压器、真空放电、放射性
		第二节 电的应用	发电机和电动机、电车、电扇、电力升降机、电磁石、电铃、电报、电话、电热的利用、电灯、电弧、电镀和电铸、屋内用电的装置
		第三节 功能	功和能、能的种类、能的转移、能常住原理、生物的功能、地球上的能源
	第十章 酸和碱	第一节 硫酸和硫化物	硫的氧化物、硫酸的制法、硫化二氢
		第二节 盐酸和造盐素	绿（氯）气、盐酸、造盐素
		第三节 硝酸	硝酸、混合酸、酸的通性、盐、酸根、原子价和根价、构造式
		第四节 碱	消石灰、硇精、氢氧化钠、氢氧化钾、碱的通性、盐基、指示药

（续表）

册	章	节	知识点
第二册	第十章 酸和碱	第五节 电离	电离、酸性和碱性的强弱、碱和酸的作用、中和的说明
		第六节 炭（碳）酸盐类	炭酸钠、炭酸氢钠、炭酸钾、炭酸盐的碱性反应、正式盐，酸式盐，盐基式、盐、亲和力、促进化学反应的原因
	第十一章 应用矿物	第一节 矿物和采矿	矿物、矿床、采矿、凿岩机、安全钉、选矿、炼矿、矿物的通性
		第二节 贵金属矿物	金、白金、银、水银
		第三节 普通金属	铜、铜的合金、合金的性质、铁、钢、铁的合金、铁锈、铅、锡、锌、铝、锑、镍
		第四节 宝石	金刚石、刚玉、黄玉、蛋白石、琥珀
		第五节 普通非金属矿物	石英、长石、云母、石绵、硫磺、石炭、石墨、石油、地沥青、食盐、石膏、硝石、智利硝石、磷灰石、磷、矿物的分类
	第十二章 岩石和地壳	第一节 岩石	地球表面、岩石的分类、花岗岩、石英斑岩、安山岩和玄武岩、石灰岩、砾岩和砂岩、粘板岩和泥板岩
		第二节 地表的变迁	岩石的破坏、河，湖和海、瀑布、滩和洲，地下水、冰河和冰山
		第三节 地层的变迁	地层的变动、山和谷、火山、地震
第三册	第十三章 土壤和农牧	第一节 土壤	土壤的成因、土壤的成分、土壤的种类、土壤的含水力、土粒大小的关系、土壤的肥瘠
		第二节 肥料	肥料、施肥的实验、宇宙间的三大循环
		第三节 农业和林业	农业、耕地、灌溉、播种、除草、收获、主要的农产物、我国的农业、林业、植林、伐木和运输、保护林、造林、我国的林业
		第四节 昆虫和农作物	昆虫、昆虫的种类、昆虫和人生、益虫、害虫、害虫的驱除法
	第十四章 园艺和渔牧	第一节 园艺	园艺的范围、园艺的起源、造园的必要
		第二节 果树栽培	果实、果树的栽种、果树的培养、果树的整形、果实的摘取、重要的果实
		第三节 菜蔬栽培	菜蔬、苗圃、促成栽培、轮种、重要的菜蔬
		第四节 花卉栽培	花卉栽培、盆栽的整形、重要的花卉
		第五节 牧畜	家畜的种类、家畜的营养、家畜的饲养、家畜的畜舍和卫生、家畜的利益、重要的家畜
		第六节 渔业	渔业、重要的水产物
	第十五章 衣食住（上）	第一节 营养品	需要食物的理由、食物的五大要素、蛋白质、脂肪、淀粉、活力素、糖、矿物质、水、食物和消化、腐败
		第二节 嗜好品	嗜好品、酱和酱油、酒、醋、茶和咖啡、烟、鸦片、有害的嗜好品

（续表）

册	章	节	知识点
第三册	第十六章 衣食住（下）	第一节 衣服	衣服的起源、衣服和卫生、衣服的原料、棉、丝光纱、麻、羊毛、蚕丝、人造丝
		第二节 衣服的洗濯	洗衣、肥皂、肥皂的功用、特别的去污方法
		第三节 漂白和染色	漂白粉、漂白粉的漂白作用、二氧化硫的漂白作用、染料、染料对于纤维的作用、矿物染料、植物染料、动物染料、人造染料
		第四节 建筑	建筑的起源、建筑的要点、建筑术、建筑的种类
		第五节 建筑材料	木材、石材、铁材、石灰、水泥、砖瓦、玻璃、涂料和油漆
	第十七章 日用品和燃料	第一节 日用品	陶瓷器、珐琅、皮、胶皮、纸、笔、墨水、墨、银朱、化装（妆）品、白粉和胭脂、香料、爽身粉和雪花膏、牙粉
		第二节 火和生火器	火、油烟、着火点、火柴、生火器、一氧化碳
		第三节 谷种燃料和他的副产物	燃料、薪、木炭、木材干馏、石炭的种类、石炭干馏、煤焦油蒸馏、石油的种类、自然燃气、电石气
		第四节 含碳物质的研究	有机化合物、碳氧化合物的组成、碳氢化合物的组成、四大化合定律、化合定律的说明、分子量和原子量、气体物质分子量的定法、原子量的定法、化学方程式表示的意义
	第十八章 疾病免疫和消毒	第一节 病毒	疾病、传染病、植物性微生物、动物性微生物、寄生虫、媒介传染病的有害动物、毒物
		第二节 免疫	免疫、免疫的种类、先天的免疫、自动的免疫、应用菌苗的原理、被动的免疫、应用血清的原理、免疫血清的种类、种痘、狂犬病的预防
		第三节 消毒和除虫	消毒、化学的消毒法、物理的消毒法、器械的消毒法、驱除寄生虫的方法、驱除传染病媒介动物的方法、解毒
第四册	第十九章 音和光	第一节 波动	波动、音波、光波、声波和光波的传播的速度、乐音和噪音、乐音的三要素、光度、热波和电波
		第二节 音光现象	反射、屈（曲）折、干涉、分散、吸收、余色、三色印刷
		第三节 乐器和光器	弦乐、吹乐、簧乐、留声机、透镜、透镜的应用
		第四节 听官和视官	耳、声带、眼、眼镜
	第二十章 气象	第一节 大气	大气的境界层次、气压、水银气压计、无液气压计、自记气压计、气压的变化、气温的变化
		第二节 大气的移动	风向、风速、风速计、恒向风、旋风、周期风
		第三节 大气中的水分	温度、云、云的生成和消失、露和霜、雾、雨、雪、雹、风和雨、雷雨、雨量
		第四节 气候	天气和气候、气象观测、天气和卫生的关系、天气和经济的关系

（续表）

册	章	节	知识点
第四册	第二十一章 天文	第一节 太阳	太阳的大小和地球的距离、太阳的成分、太阳的内部和表面、太阳的热能、太阳系、行星、卫星、小行星和彗星、太阳系以外的恒星系、恒星的等次、银河、星座、北极星、天体和生物、天体的迷信
		第二节 月	月球、月的光量、月的大小和距离、月球上无大气和水分、月球的气候、月球的表面、月球的轨道、日蚀和月蚀、海潮
		第三节 地球	地球的外形、地球的生成和构造、地球的自转、地球的绕日转动、经纬线、五带
		第四节 历法	历的起源、阳历、阴历、节气、四季、阳历和旧历的比较、现行阳历的缺点、标准时
	第二十二章 个体发生	第一节 细胞	细胞、细胞的分裂、生物体的细胞组织、细胞的再生
		第二节 性和生殖	生殖、生殖的方法、单性生殖和两性生殖、性细胞的分裂和发达、单位生殖、世代交替、生物的一般生殖、生殖器官、植物的受精现象、动物的受精现象、雌雄同体和雌雄异体、性征、遗传、门得尔定律、优生学
		第三节 子体发生和生长	子体的发生、种实的构造和发芽、卵的构造和胎儿的发生、羊膜、胎盘、种实的散布、动物子体的保护、子体的数目、植物的生长、枝芽、动物的生长、生活现象、生物和无生物、动物和植物的区别
	第二十三章 物种起源	第一节 古生物	生存竞争、生物的历史、地质年代、历代的全盛生物、物种灭亡
		第二节 生物的进化	物种的起源、进化、进化的意义、由饲育上所见进化的事实、由构造上所见进化的事实、由胎儿所见进化的事实、由古生物所见进化的事实、进化说的理论、系统进化说
		第三节 生物起源	生物起源的问题、自生说、移来说
		第四节 人类的由来和发展	人类的由来、人文的进步、民族的文野
	第二十四章 自然科学研究法	第一节 科学的分类	知识和科学、科学的广狭二义、科学的分类、记述科学和说明科学
		第二节 观察和实验	自然科学研究的顺序、观察、观察上的要点、观察的界限、实验、实验和环境的状况、实验上的要点
		第三节 分类和概括	分类、两种的分类法、分类的要点、概括
		第四节 科学的推理	科学的推理、推理的三形式、演绎推理、误用演绎法的一实例、归纳推理、演绎和归纳类比推理、因果律、穆勒的归纳的研究方法
		第五节 定律和假说	定律、假说、假说的要点、对立的假说

（3）教科书特点。

《新学制实用自然科学教科书》的编写体例也很有特点，内容选择的标准是自然界中的常见事物、日常生活的必需知识、自然的利用方法、自然科学的重要原理。在内容的陈述上，不注重知识的系统性，主要从学生熟悉的自然界的事物入手，再到应用方法和基本原理，这样可以增加学生的生活常识，也可以增加学生的学习兴趣。

本书注重物理实验，选择的实验简单易操作，强调学生在教师指导下的练习。对物理实验仪器、生产工具、试验操作过程的文字叙述比较详尽，有比较好的教学效果。如图5-2-2配以简洁的文字"用图38所示的三器各盛以水……"说明操作方法和实验现象，并在后面说明实验的结论："由以上实验可知容器底所受的压力和全体水重无关，只受这底面上水的重力。"

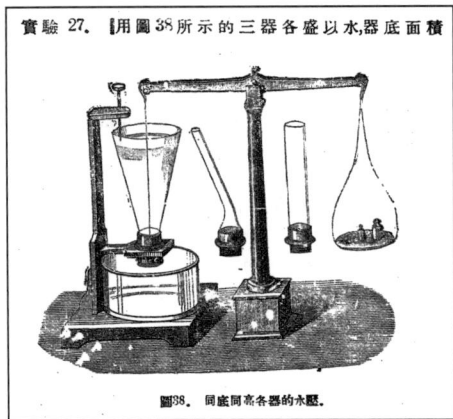

图5-2-2　《新学制实用自然科学教科书　第一册》中同底同高各容器的水压示意图

本书在每个章节的后面配有20个问题，比如第一册第三章"温度压力和物质的三态"的习题如图5-2-3所示。各问题难度不大，适合学生自主解答，可以达到巩固知识、应用知识和发展能力的目的。

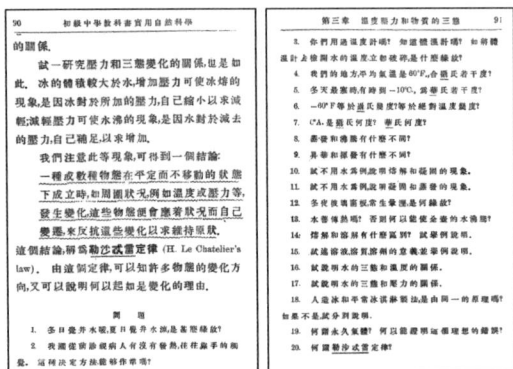

图5-2-3　《新学制实用自然科学教科书　第一册》第三章所列问题

本书采用白话文表述的方式，横排印刷；先从叙述自然界的普通事物入手，渐及应用方法和基本原理。本书在术语的引进中也很有特点，首次引入的术语，首先加以说明再引入，并且首次引入的术语都配有英语翻译，相互对照。如术语52"温度"，从平常我们所说的冷热引入，讲述我们确定冷热常以自身为标准，用手触物，觉热于手便称为热，冷于手便称为冷，但这种方法并不准确，并辅助实验34验证。接着陈述生活中一种现象"冬日井水暖，夏日井水冷"是一种错误的感知，引出不能把"感觉作为冷热的标准"。为了准确表示冷热，引用别的标准，根据物体热胀冷缩的性质，可以选用与受热程度成正比的水银作为测温的标准，最终引入温度计、温度两个术语，并配以英语翻译。

本书比较注重插图的使用。有的插图用以说明物理原理，比如冰点的确定，在文字叙述的同时，配以插图进行展示，更加容易理解。有的插图用以展示难于观察的物理现象，比如雪花的形状；有的插图用以说明实验的操作及实验现象。图5-2-4列举了教材中的部分插图。

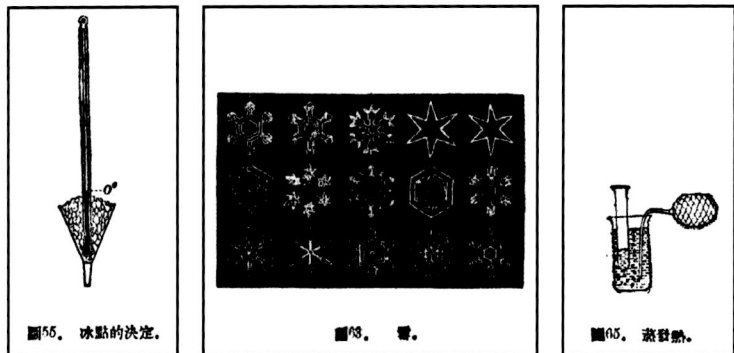

5-2-4

图5-2-4 《新学制实用自然科学教科书 第一册》中的插图

2.《新学制自然科学教科书》

（1）编者。

杜亚泉，原名炜孙，字秋帆，号亚泉，笔名伧父、高劳，汉族，浙江绍兴府会稽县伧塘（今浙江省绍兴市上虞区长塘镇）人，中国近代著名科普出版家、翻译家。1904年秋入商务印书馆编译所，任职28年。早年义攻理科，商务印书馆早期理化书、博物教科书大多出自他手。杜亚泉编辑的《新学制自然科学教科书》（共四册）由商务印书馆出版。该教科书是经教育部审定通过的，适用于初级中学，普及率和再版率都比较高。其封面如图5-2-5所示。

5-2-5

图5-2-5 《新学制自然科学教科书》（共四册）封面

第二节 新学制物理教科书的多元化发展（1922—1927）

（2）教科书内容。

《新学制自然科学教科书》是按照《初级中学自然课程纲要》编写的教材，全书共四册。第一册以动植物为主，物理、化学和矿物为辅；第二册以物理为主，气象和动生物的重要生态为辅，具体内容如表5-2-3所示；第三册以化学为主，磁学和矿物为辅；第四册以自然法则为主，物理、自然地理和生物为辅。前三册教科书的内容多系简单、具体的实际应用，第四册中选取了较繁复、抽象和理论的内容。根据《初级中学自然课程纲要》的要求，各册主、辅内容分布比例由3∶1至2∶1，作为自然科教科书虽采用"拼盘"的方式，但又不失时机地进行有效综合。

表 5-2-3　《新学制自然科学教科书 第二册》目录

章	节		知识点
总论	1	物体和物质	—
	2	物体的通性	不可入性、孔性、可分性
	3	分子和分子力	—
	4	万有引力和重力	—
	5	空间时间和质量的单位	长度和体积、时和分秒、质量和重量、基本单位的厘克秒法
第一章　运动和力	1	运动和静止	—
	2	直线的进行运动	速度和等速运动、等加速运动和加速度、落体的加速度
	3	力和运动的关系	惰性、动量和力量
	4	力的合成分析和平衡	力的合成、力的分析、力的平衡
	5	曲线运动和振动	抛物线运动、圆运动和回转体、摆的振动、弹性振动
第二章　固体和力的关系	1	体积的弹性	—
	2	摩擦力	—
	3	刚体上的合力和偶力	—
	4	重心和基底	—
	5	助力器	杠杆和杆秤、轮轴和滑车、斜面、尖劈和螺旋
第三章　液体和力的关系	1	液体的表面张力	—
	2	液体的压力	液体压力的方向、液体压力的量
	3	液体的浮力	浮力的原理、浮体
	4	物体的比重	—
	5	水的抵抗力	—
	6	液体的助力	—

（续表）

章	节	知识点
第四章 气体和力的关系	1 气体的重量	—
	2 大气的压力	气压和气压表、气压的高低和风雨表、地面的高低和气压
	3 大气的浮力和抵抗力	—
	4 气体和压力的关系	气体的张力和压缩定律、压气机和气体的弹性、排气机和应用气压力的机械
第五章 热	1 温度和温度计	—
	2 温度和体积的关系	固体、液体、气体
	3 热量和比热	—
	4 物体的三态和热的关系	融解凝固和溶解、蒸发沸腾和凝缩
	5 热的传达	传导、对流、辐射
	6 气象和热的关系	风、云和雾、雨雪霰和雹、霜和露
第六章 音	1 音的传达	—
	2 音波和音的性质	
	3 音波的反射干涉和共鸣	
	4 乐音和测音器	
	5 乐器	弦乐、管乐、簧乐、板乐
第七章 光	1 光的辐射	光体和光线、影和像、光的强弱
	2 光的反射	反射线、镜
	3 光的屈折	屈折线和屈折率、透镜、透镜所映的像、显微镜和望远镜、映画器和活动影戏
	4 光的分散	景、色和萤光磷光、虹
	5 光波	
第八章 生物对于自然界的感应和适应	1 植物的反应运动	对于光的反应、对于热的反应、对于水湿的反应、对于重力的反应、对于接触的反应
	2 植物对于环境的适应	对于光的适应、对于温度的适应、对于水分的适应
	3 动物的知觉和运动	神经和神经中枢、皮肤和感觉器、骨骼筋肉和移动机官
	4 动物对于栖处的适应	对水陆的适应、对于气候的适应
第九章 功和能	1 功	功量、功原理、工率
	2 原动机	风车水车和水涡轮、蒸汽机关和蒸汽涡轮、气体机关
	3 能	位置能和运动能、热能和其他分子能、化学能
	4 生物体内能的贮蓄和消耗	植物体内能的贮蓄、动物体内能的消耗
	5 地面上能的来源	—

（3）教科书特色。

①注重学科知识体系，求广不求深。本套教科书内容的选取，注重学科知识体系的完整性。以物理学科为例，仅从教科书中出现的物理概念、规律而言，作为初级中学教科书内容的选取，甚至比现行高中物理所涉及的内容还要广。例如，不仅有"加速度""匀变速运动""曲线运动"等，还设有"刚体上的合力和力偶"等。

②强调知识衔接、综合及循序渐进。一方面，本套教科书注意引导学生关注知识之间的相互联系，知识内容前后相互贯通，并注意自然科学各学科间知识的衔接与综合。例如，第二册教科书在前七章依次研究物性、力、热、音、光的基础上，由第八章转入"生物对于自然界的感应和适应"的内容。教科书这样设置的目的应该是让学生感悟生物体与大自然间存在紧密的相互联系，学生要实现这样的认识，光、热和力学等知识的铺垫是必不可少的。实现各学科间知识的有效衔接与综合，有利于学生形成科学系统的观点和认识。

另一方面，从教科书第一册"编辑大意"中的第（2）点可知，本书的编纂力求与高级小学用《新法理科教科书》相衔接，注意循序渐进，在本书中涉及知识间相互联系时，将需提示学生注意的地方均给出了标识。同时，本书注重引导学生对知识进行归纳总结，构建系统性的知识体系。教科书在章节中设置有"提要"栏目，适时对知识内容进行梳理、归纳。

③实验多为验证性并努力丰富实验选项。本套教科书设置的实验多为验证性实验。实验单独列出，便于把实验课与讲演的时间分开，在上课时，仍需详细讲授实验的方法，然后从事实验。实验采用简洁的文字，详细描述实验的操作及实验现象，比如书中"实验1"：

实验1　取小玻璃圆筒，盛满清水，至不能再加为止，此时更在水内加入食盐，渐渐溶解，渐渐再加，至加入食盐多量，水尚不至溢出。

此外，本书在重视基本实验选项的同时，努力丰富实验选项。

④强调内容联系实际。本书在内容选择上以学生毕业后的实际应用性为主要考虑因素，并确立三条内容选择标准：常见的事物、为我们所应该理解的事物，比如物体、影和像等；与个人的生活有重要关系的，比如杠杆和杆秤；与我们的思想或生活有重要关系的，比如万有引力、功原理等。

⑤教科书内容追求简明、严谨。本套教科书内容追求简洁、严密、明了，易于学生阅读。正文采用较大字号，"实验""提要""问题"栏目采用较小字号，主、次区分明显。教科书在体例上包括目录、正文，采用白话文横排印刷。在正文部分，分成章、节或者分成分项目。在每一节的后面根据需要配以适当的问题，每一章的最后配以总结性的提要，如图5-2-6所示。正文中的附图、实验、提要、问题单独编号，便于进行系统的归纳。

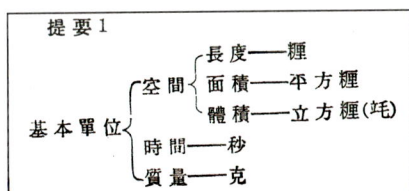

提要 1

基本單位 ——— 空間 ———— 長度 ——— 糎
面積 ——— 平方糎
體積 ——— 立方糎（竓）
時間 ——— 秒
質量 ——— 克

問題 1　物體有不可入性,何以鐵釘可釘入木內?

問題 2　乾燥的磚瓦一小塊,放入水中;水中發生氣泡不絕,這是什麼緣故?

5-2-6

图5-2-6　《新学制自然科学教科书　第二册》中的提要及问题

　　本书叙述的物理现象，文义简洁，使得学生可以在授课之前进行自习；解释逻辑严密，使学生获得正确的概念，比如在叙述物体的可分性时举例：“又如麝香一小粒，放置室中，在空气内挥发，芳香满室，数年不绝；就是因为绝细极小的麝香粒，散布空气中的缘故。”关于物理的各种计算，采用算式表示，在问题中列入计算题，使学生在经过演算以后，对于提示的现象和理论，所得较为确实。计算所涉及的难度不大，仅仅用到代数的一次方程知识。

　　⑥丰富的插图。《新学制自然科学教科书》比较注重附图，第二册附图155幅，并配有彩色附图，将本书中需要彩色印刷的附图，集中在一起印刷，既保证了教科书整体的美感，又节省了成本。有的图展示仪器的结构，如图5-2-7所示的滤水器剖面图，展示了滤水器的结构且省去了繁琐的文字。

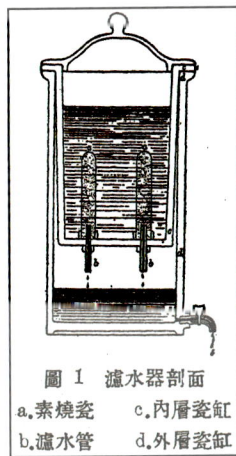

圖 1　濾水器剖面

a. 素燒瓷　　c. 內層瓷缸
b. 濾水管　　d. 外層瓷缸

5-2-7

图5-2-7　《新学制自然科学教科书　第二册》中的插图

3.《初级中学理化教科书》

　　由北京求知学社发行的《初级中学理化教科书》，内容包含物理、化学两科知识，是编者闫玉振把自己教学的经历，采用理化混合的方式呈现出来的教科书。其封面和版权页如图5-2-8所示。

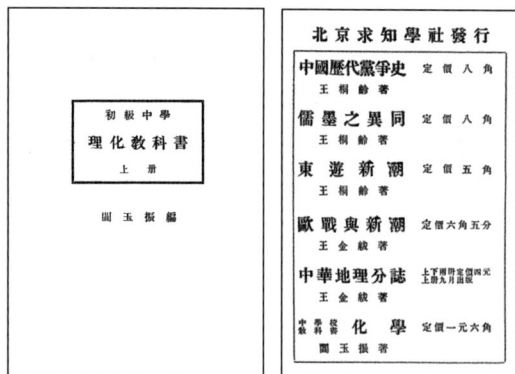

5-2-8

图5-2-8　《初级中学理化教科书　上册》封面和版权页

文字叙述采用白话文横排。全书分上、下两册，编排体例采用编、章形式，章下设节、知识点（术语）；引申拓展部分采用小号字体印刷；术语引入，采用横线标出，并附注英文解释。

正文中的实验部分，采用简洁的文字叙述实验的操作及实验现象，起到验证、巩固知识的作用。比如食盐的溶解解释，"食盐溶于水中，似乎是消减了，其实并没有消减，不过是由固态变成溶液而已。若将该溶液熬干，所得食盐的量，仍与投入的食盐相等"。

该书中的附图起着帮助理解的作用，比如图5-2-9所示的"图2 落果的现象"，形象地展示了物理学史上，牛顿通过苹果落地现象，发现万有引力定律的故事，但这个插图展示的并不是通常所认为的苹果砸在了牛顿的头上。另如实验装置图18，直观地显示了测量气压强度的实验操作步骤。

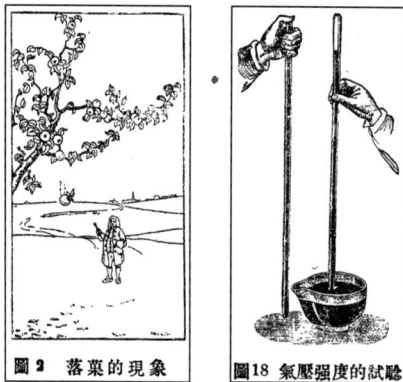

5-2-9

图5-2-9　《初级中学理化教科书　上册》中的插图

4.《新中学初级混合理科》

根据教育部新学制，中华书局迅速推出适应新学制需求的教科书系列。钟衡臧编著，中华书局出版的《新中学初级混合理科》，共分三编，每一编又分上、下册，全书共6册，其封面如图5-2-10所示。第一编以生理卫生为中心，第二编以动植物、矿物为中心，第三编以理化为中心。

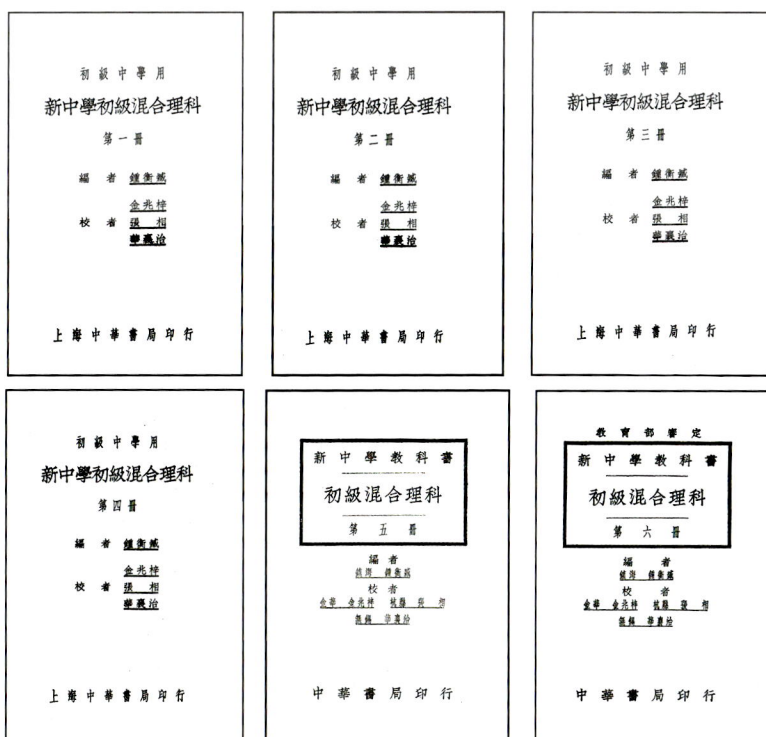

图5-2-10　《新中学初级混合理科》（共六册）封面

（1）教科书内容。

本书第五、第六册为理化部分内容，具体目录如表5-2-4所示。

表 5-2-4　《新中学初级混合理科》第五册、第六册目录

册	章	节	知识点
第五册	第一章 物性之理学观	一 【序言】物之变化性	—
		二 分子空间性	微隙吸收证例、气体溶解证例、气体溶解实验
		三 对体空间性	不并溶性实验
		四 分子凝集力	凝集力实验
		五 分子反拆力	—
		六 对体黏着力	表面张力实验、织管实验
		七 地球引力与物重	—
		八 密度之关系	—
		九 固体之凝集力	—
		一〇 液体之凝集力	—
		一一 气体之扩散性	—
		一二 能力之保存	—

（续表）

册	章	节	知识点
第五册	第二章 物性之化学观	一三 物之分合性	一
		一四 无机有机之组成分	一
		一五 同原同分之异性体	一
		一六 组成之表示	反应式证例
		一七 发生之动机	发生机证例
		一八 变色之反应	变色反应实验
		一九 电性之反应	一
		二〇 电离之倾向	电离倾向实验
		二一 电解之性质	电解实验
		二二 可逆之变化	一
		二三 质量之不减	一
	第三章 空气之理学观	二四 空气性质之类观	一
		二五 气压之情形	一
		二六 气压之于人身	一
		二七 试气压之抽气机	空气内压实验、空气外压实验
		二八 利用气压之机械	一
		二九 测气压之强度	晴雨表
		三〇 空气浮力与物重	浮力减重实验、氢气球与飞艇、鱼鳔及植物浮囊
		三一 空气浮力与物之斜面	鸢与级鸢、飞机与旋叶
	第四章 空气之化学观	三二 空气之组成	空气成分实验
		三三 空气之氧化作用	纯氧气实验
		三四 氧化结果之空气不良	氧化碳实验、二氧化碳实验
		三五 植物之改良空气	小粉之检验、放氧之检验
		三六 空气中氮气之有机作用	阿摩尼亚性质
		三七 空气中之腐败作用	
		三八 空气中之发酵作用	
	第五章 水之理学观	三九 液压之情形	等量传压实验、水之侧压实验、水之上压实验
		四〇 液压之利用	水压机
		四一 水之平面性	
		四二 水平性之利用	

（续表）

册	章	节	知识点
第五册	第五章 水之理学观	四三 水中减重之浮力	亚氏原理实验
		四四 比重	测液重之浮表
		四五 水与气象关系	一
		四六 水与人生关系	一
		四七 水与植物关系	液面蒸发实验、通发计量实验、膨压机能实验
		四八 水与矿物关系	一
	第六章 水之化学观	四九 水之组成	水之电解实验、水之电成实验
		五〇 燃氢生水之证明	氢气之特性
		五一 燃烧生水之概观	一
		五二 炭水化物之名义	炭水化物除水实验
		五三 矿物调水之锈化	一
		五四 水中之物质结晶	结晶法实验
	第七章 热之理学观	五五 热生于分子之运动	一
		五六 分子运动之起源	太阳热之推测、地心热之推测
		五七 热现象之种种	热之膨胀实验、潜热实验、导热实验、热之对流实验、热之反射实验
		五八 热度热量之测定	寒暑表
		五九 热之能力不灭	一
		六〇 热为工作力	一
		六一 热之升降效能	一
	第八章 热之化学观	六二 变质性之热	水分吸收热实验、植物呼吸热实验
		六三 燃烧焰之分析	一
		六四 矿之吹管分析	碳毫试验之佐证、熔球试验佐证
		六五 以碳还原之冶金术	熔矿炉之构造
		六六 冶矿之扶熔剂	萤石之形性
		六七 矿油之成分	一
		六八 煤气之成分及应用	煤气爆力之利用、生油气之性质、电石气之性质
		六九 热变化值爆发力	火药之成分、炸药之成分

（续表）

册	章	节	知识点
第六册	第九章 光之理学观	七〇 光之体质	日食与月食
		七一 光之强度	—
		七二 光之速度	—
		七三 光之媒质	—
		七四 光线直进	—
		七五 光线反射	—
		七六 光线屈折	屈折实验
		七七 全反射光	蜃楼现象
		七八 平面镜之反射像	—
		七九 球面镜之反射像	—
		八〇 透光镜之屈折像	—
		八一 照相器及幻灯	—
		八二 显微镜及望远镜	—
		八三 光之混成与分析	物之成色、分光装置
	第十章 光之化学观	八四 日光之化力线	照相感光原理
		八五 镁光之化力线	—
		八六 氧化氢焰之无光	—
		八七 磷化氢之磷光	磷化氢之磷光
		八八 萤火之氧化作用	灯火改良之趣旨
		八九 光鱼 光虫光菌之形性	—
		九〇 矿物之发光	—
		九一 矿质之焰色反应与烟火	—
	第十一章 电之理学观	九二 电之种性	异性电之种类
		九三 电之传导	电之良导体、电之不良导体、电之传导实验、电之分布实验
		九四 电之感应	电气感应实验
		九五 感应发电器	莱顿瓶与放电叉、金箔验电器
		九六 天空之雷电	避电杆
		九七 电流与电池	电流表
		九八 电流与电灯	—
		九九 磁石与电磁石	—

（续表）

册	章	节	知识点
第六册	第十一章 电之理学观	一〇〇 磁气与电气	一
		一〇一 电铃与电信机	一
		一〇二 度电圈	一
		一〇三 发电机与电动机	一
		一〇四 电话机	一
		一〇五 阴极线与X线	一
		一〇六 电磁波与无线电	一
	第十二章 电之化学	一〇七 电子说	一
		一〇八 电子与电流	电池种类、电池联式
		一〇九 蓄电池之化理	一
		一一〇 电流与电解	一
		一一一 电解与电离	一
		一一二 电解之应用与电镀	电镀液之制法
		一一三 电解之应用与电铸	电铸术
		一一四 电解之应用于冶矿	铝之电冶
	第十三章 物理学之音学	一一五 音原与振动	振动之测验、振动数测验、声带之构造
		一一六 音传自媒质	传音实验
		一一七 传音为波及	疏密波表示器、高低波表示器、音波干涉实验器
		一一八 音波之反射	音波反射实验、声波补救法及利用
		一一九 音波之屈折	一
		一二〇 发音体之振动式	一
		一二一 乐器调音之要素	一
		一二二 音之强度高度关系	一
		一二三 发音体之性质不同	一
		一二四 音之共鸣装置	一
		一二五 音之书波装置	一
		一二六 留声机之装置	一
	第十四章 物理学之力学	一二七 运动定义	一
		一二八 运动状态	一
		一二九 运动的力	一
		一三〇 测算单位	标准权度表、三元单位与组合单位

（续表）

册	章	节	知识点
第六册	第十四章 物理学之力学	一三一 运动三定律	恒性实验、动量证例、反动实验
		一三二 圆运动之力	—
		一三三 离心力之强度	离心力实验
		一三四 万有引力定律	—
		一三五 引力比强之重力	—
		一三六 钟摆之重力作用	计时调整装置
		一三七 重力集合点之重心	人体之重心
		一三八 合力之作用	合力作用证例
		一三九 分力之作用	分力作用证例、分力作用实测
		一四〇 利用分力之助力器	—
		一四一 杠杆之种类	—
		一四二 杠杆之作用	天平与杆秤
		一四三 滑车之种类与作用	—
		一四四 轮轴之作用	—
		一四五 斜面之作用	—
		一四六 螺旋之作用	—
		一四七 尖劈之作用	—

（2）教科书特色。

《新中学初级混合理科》教材编辑形式，是以观念的联络贯穿全书，辅以概念证明、意义叙述并加以引申拓展。例证、实验等用比正文小一号字体，名词术语采用直线标出，并附注英文名，是一种体例的创新。

文字叙述采用半白话文叙述，横向排版。对于常识所必需的深涩难懂的物理知识，采取简约的概括，浅显的说明，比如第六册第4页"光之速度"的叙述：

七二　光之速度　音之速度，每秒三公里；而光之速度，约为每秒三亿公里，较强远甚。是以天空放电，同时轰动空气而为雷，而吾人必先见电光，后闻雷声；铳击发时，先见烟而后闻声，亦即此速度远差之故。

本书中的图画作用在于补充实物标本的不足，与教材配合使用，使学习者学习的知识更加明确有效，比如图5-2-11所示的插图，形象地展示了平面镜反射成像的原理及特点。

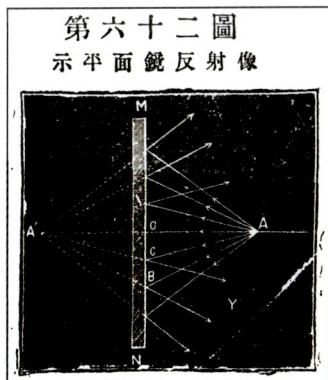

第六十二圖
示平面鏡反射像

图5-2-11　　《新中学初级混合理科 第六册》中的插图

（五）分科制物理教科书

1.《现代初中教科书 物理学》

1922年新学制颁布，周昌寿的《现代初中教科书　物理学》就是在这种背景下编写的，并由商务印书馆于1923年初版，如图5-2-12所示。经过几年试用，《现代初中教科书　物理学》深受好评和欢迎，后又多次重印。1926年，周昌寿又在原书基础上将这册教科书改编为《新撰初级中学教科书　物理学》。

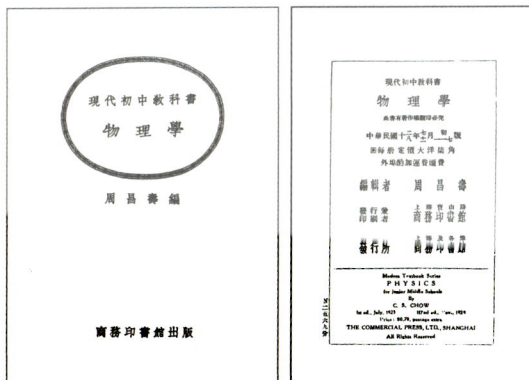

图5-2-12　　《现代初中教科书　物理学》封面和版权页

（1）教科书内容。

本书根据新学制课程纲要编写，内容包括绪论和物性、热学、力学、音学、光学、电学六篇共七部分。全书150节，正文251页。

（2）教科书特色。

注重教材的顺序。本书内容是根据学生的年龄特征和课时制定限制的实际情况进行选择，特别注意教材的顺序，比如第三篇力学部分第三章运动的内容，按照速度和加速度→运动定律→动量→落体的运动→摆的震动→波动的顺序，既使学生可以正确理解物理概念，又不需要用到数学的演算与说明，避免初中学生难以理解和机械记忆的痛苦。

采用发现法叙述，知识与方法并重。本书采用"发现"的讲授法，每叙述一事理，先由观察现象入手，然后通过实验，由其结果推出论断，更将应用实例列举一二于后，比如关于光的直进（光的直线传播）叙述，先举例"由窗隙投进室内的日光，从旁面望去，其通过的路完全是一条直线。

又如将有小孔的纸板隔住烛火，非眼、烛火，和小孔三者在同一直线上，不能窥见"等现象入手，得出"光在组织一样的媒质里面，是沿直线进行的"，得出光线的概念，再分析光的直进应用——小孔成像。使学生明确本书所叙述的事理之外，得知研究自然科学的方法。

内容密切联系人生。选择与人生密切联系的内容。一方面讲授最重要的基础原理，另一方面讲授最重要的实用器械理论应用，相辅并进。新发现的理论如放射性、电子说，新发明的机械如活动影戏、潜水艇、飞机等，在本书中都有呈现。

两版精美插图辅助教学。本书选用精美的插图260多幅，并插入彩色、石印两版插图（如图5-2-13所示），放在编辑大意之前，在作为实物教学的辅助的同时引起学生学习物理的兴趣。

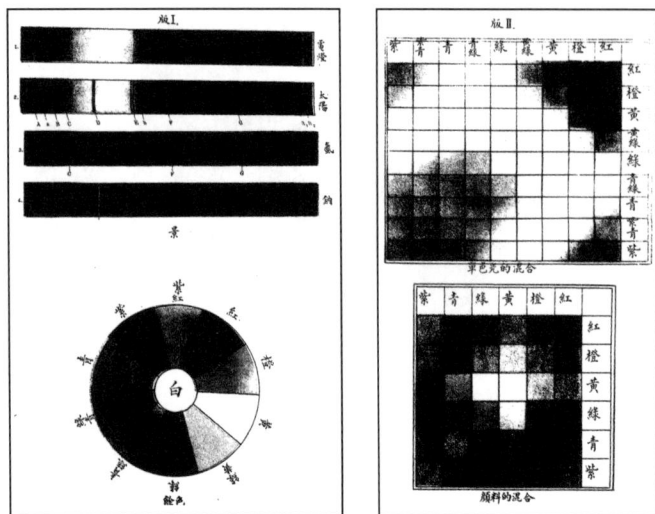

图5-2-13　《现代初中教科书 物理学》中的插图

附有名人传记增加学习者印象。本书引用各专家名人学说时，皆将其肖像插入，并附有人物小传（如图5-2-14所示），可以让学生仰见其风采和其为人，以对学习的内容获得更深的印象。

图5-2-14　《现代初中教科书 物理学》中的牛顿肖像图及人物小传

通过问题养成科学常识。本书选择简单而有趣的问题，比如在学习了第一篇"物性"的第一章后，提出的问题"用手推壁，壁何以不倒？""桌上的漆、纸上的墨迹，何以能固着于上？"等，尤其是以和日常生活有联系的事项为问题，培养学生的科学常识。

书中单位形成简写的惯例。本书中的单位，为了简便都以译音的第一个字替代，如以米替代米达、克替代克莱姆、安替代安培、伏替代伏达等。

2.《初等实用物理学教科书》

（1）编者。

贾丰臻字季英，早年中秀才。1904年（清光绪三十年），上海龙门书院获准改为苏松太道龙门师范学堂，贾丰臻与沈恩孚、袁希涛等人被选派赴日本学习考察师范教育，次年回国任教员，后任学监。贾丰臻在当时的中国教育界有一定的影响。

贾观仁1915年毕业于日本东京高等师范学校数理科；1928年2月至1929年7月任务本女校校长；1931年7月至1943年7月任中华职业学校校长，这是中国近现代第一所职业学校；1945年民主建国会在重庆成立，贾观仁任监事；1946年2月至1950年1月复任中华职业学校校长。

贾丰臻、贾观仁作为留学日本的学者，1923年编译出版了《初等实用物理学教科书》。

（2）教科书内容。

本书按照课程纲要编写，全书包括序言、力学、性质、热学、音学、光学、电学七部分，正文99页。其封面如图5-2-15所示。

图5-2-15　《初等实用物理学教科书》封面

（3）教科书特色。

本书采用竖排印刷，体例是篇、章、节。附有精美的插图，用以辅助教学；插图没有统一的序号，如第11节讲述物体的安定（稳定），附有如图5-2-16所示的插图，很形象地体现了如何保持身体的稳定性。

图5-2-16　《初等实用物理学教科书》中的插图

二、高中物理教科书发展

在1923年通过的《新学制课程标准纲要》中的"高级中学课程总纲"部分规定物理为以升学为目的的高级中学普通科第二组必修课程。

（一）高中物理课程标准概况

高中物理授课时间为每周讲演4小时，实验2小时，一年讲完，共6学分。纲目分成"甲：物理学（知识点）"和"乙：实验"两部分。

甲：物理学包括力、热、磁电、声、光五部分，并给出明确知识点。同时提出教师需要科学设计教学、注重启发、讨论与青年的经验或际遇有关的问题以及学生学习时理论与事实相伴等教学理念。

乙：列出了44个实验，规定学生一年中至少完成30个实验；提出注重实验仪器的使用，培养学生精密的观察能力，不必太在意实验结果的准确性等。

（二）物理教科书发展

在颁布课程纲要后，普通高中物理教科书主要有1924年王季烈编纂改订的《共和国教科书 物理学》，中等师范学校物理学教科书有1925年王兼善编纂改订的《民国新教科书 物理学》，此外还有1924年周昌寿、高铦翻译的《密尔根 盖尔 实用物理学》。

1.《共和国教科书 物理学（改订本）》

该书由王季烈编纂，周昌寿校订，1924年7月修订，商务印书馆发行。其封面及版权页如图5-2-17所示。

图5-2-17　《共和国教科书 物理学（改订本）》封面和版权页

（1）教科书内容。

王季烈于1913年编纂的《共和国教科书 物理学》，在1924年进行修订。本书文字说明简洁，在修订稿中将观念错误、语义含糊、译名不当之处，一律更正，并增补"放射论"一章。全书共十篇，具体内容如表5-2-5所示，适合中学一年每周4学时之用。在普通教育的基础上，内容提纲挈领，覆盖面广，且没有深奥的知识、复杂的计算。本书仅仅涉及简单的代数、平面几何，不会因数学而影响物理的学习。内容按照普通物理学的顺序编排，但考虑到运动与能是物理现象的本质，不是仅仅与物理学有关，又特别提出运动论、功能两篇。对于矢量的概念，因初学者难以理解，故放在篇末来学习。

表 5-2-5 《共和国教科书 物理学（改订本）》目录

篇	章	节
第一篇　总论	第一章　物体之通性及力	一
	第二章　物体之组成及分子	一
第二篇　力学	第一章　平衡之刚体	第一节　施于刚体之诸力
		第二节　刚体所成之器械
	第二章　平衡之流动体	第一节　液体之压力
		第二节　气体之压力
		第三节　应用气压力之器械
第三篇　热学	第一章　热与温度	一
	第二章　膨涨	一
	第三章　物体状态之变化	一
第四篇　音学	第一章　音之性质	一
	第二章　发音体之振动	一
	第三章　空气之振动	一
第五篇　光学	第一章　光之性质	一
	第二章　光之反射	一
	第三章　光之屈折	第一节　屈折之现象
		第二节　透镜及其应用
	第四章　光之分散	一
第六篇　磁学	第一章　磁石	
	第二章　地磁	
第七篇　静电学	第一章　带电体	一
	第二章　电感应	一
	第三章　电位	一

（续表）

篇	章	节
第八篇　电流学	第一章　电流及电池	—
	第二章　电流之作用	第一节　热作用及化学作用
		第二节　电磁作用
	第三章　感应电流	—
	第四章　放射论	—
第九篇　运动论	第一章　运动之物体	—
	第二章　振动及波动	—
	第三章　音波光波及电波	—
第十篇　功能	第一章　功及能	—
	第二章　能常住	—

（2）教科书特色。

本书实验共计100多个，用来证明物理学的道理，可采用简单的实验器材，便于学校准备；学生可以使用生活中的物品，自己进行简单的实验习得知识。如图5-2-18所示。

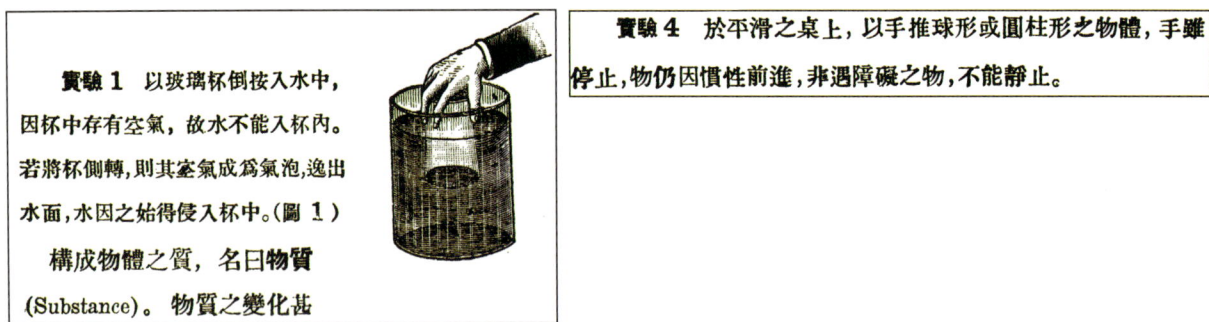

實驗1　以玻璃杯倒按入水中，因杯中存有空氣，故水不能入杯內。若將杯側轉，則其室氣成爲氣泡，逸出水面，水因之始得侵入杯中。（圖1）

構成物體之質，名日**物質**（Substance）。物質之變化甚

實驗4　於平滑之桌上，以手推球形或圓柱形之物體，手雖停止，物仍因慣性前進，非遇障礙之物，不能靜止。

5-2-18

图5-2-18　《共和国教科书　物理学（改订本）》中的实验1、实验4

本书中讲述的术语，采用流行很久又合乎学理的术语，术语后面附有英文名字。本书中度、量、衡的单位采用法制；工业单位采用英制。

本书还配有清晰的附图，用以辅助观察物理现象、理解物理原理，如图5-2-19所示，书中"图3即其延长之度，与砝码之重量，常为正比例也"；插图4展示渗透现象；插图9展示实验装置图及实验现象，"三力平衡时，其二力之合力，必与他一力之强度相等，而与其方向相反"。

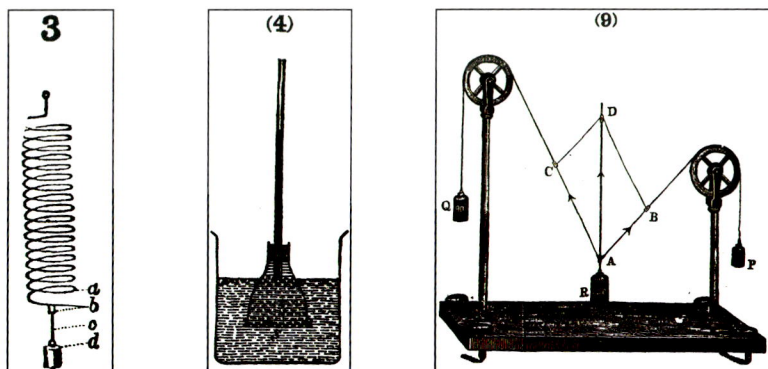

5-2-19

图5-2-19　《共和国教科书 物理学（改订本）》中的插图

2.《民国新教科书 物理学（改订本）》

王兼善编纂的《民国新教科书 物理学》在1913年初版，1925年修订再版，这是一部供中学校、师范学校使用的物理教科书，其封面和版权页如图5-2-20所示。

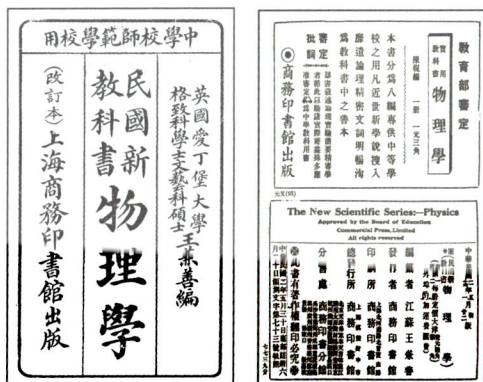

5-2-20

图5-2-20　《民国新教科书 物理学（改订本）》封面和版权页

本书内容对应物理课程纲要中的五部分内容，包括重要的现象及定律、器械构造的原理、实验，让学生了解自然现象的知识，领悟自然界的法则及与人生的关系。具体内容如表5-2-6所示。

表 5-2-6　《民国新教科书 物理学（改订本）》目录

章	节	知识点及页码
第一章　绪论	—	物理学之界说、物质与能力之别（现象）、物质之通性（物质不灭、填充性、不可入性、质量及重量、惯性、有孔性、可分性）、能力之要性（能力不灭之定律）、物理学之分类、物质之三态（固体、液体、气体）……1-11
第二章　声学	I.成声之理	成声之埋、振动（横振动、直振动、掠振动、单弦振动）、传达（声浪、密部及稀部、浪长、等相位、振幅、振动周期）……13-24
	II.声之速率	（气体传声之速率、液体传声之速率、固体传声之速率）……24-27
	III.声浪进行遇阻力后之结果	反射（回声、雷震）、屈折（风折）、干涉及升沈……28-32

（续表）

章	节	知识点及页码
第二章　声学	Ⅳ．强迫振动及感应振动	共鸣（球形共鸣器）……33-37
	Ⅴ．乐音	音之高低（振动次数、测音器、测音齿轮）、音之强弱、音色（原音、副音、倍音）、音阶（和音、乖音、音比、八音阶、加高、减低）……37-48
	Ⅵ．附各种振动体之研究	弦线振动之研究（原音、节点、弦腹、腹点、副音）、空气柱振动之研究、钟板等振动之研究（克氏音图、留声机器）……49-62
第三章　光学	Ⅰ．光之直达及速率	光之直达（像与影之别）、光之速率（飞氏之法）……63-69
	Ⅱ．光之强弱（光度）	因物体离发光体之远近、因射入角之大小、因各种发光体之不同（本生光度表、标准烛、烛光）……70-77
	Ⅲ．光之反射	光线反射之定律（射入角、射出角）、平面镜之反射（多次反射）、球面镜之反射（凹面镜、凸面镜、中心点、焦点、共轭点）、球面镜所成物体之像、附球面收差（反射曲线）及散光……77-98
	Ⅳ．光之屈折	光线屈折之定律（射入角、屈折角、离角、屈折率）、光线经过平面厚玻璃之屈折、光线经过三棱镜之屈折（三棱镜、折角）、光线经过透镜之屈折（透镜、聚光透镜、散光透镜、双凸透镜、凹凸透镜、平凸透镜、双凹透镜、凸凹透镜、平凹透镜、光点、副轴、焦点距离）、透镜所成物体之像（单显微镜、复显微镜、星学远镜、加氏远镜）、附球面收差及临界角（全反射）……98-129
	Ⅴ．光之分散	分光镜、光带分三大类（连续光带、辉线光带、吸收光带、光带分析术、发氏黑线）、关于分散所起数种紧要现象之释明（成虹之理、正虹、副虹、色收差、灭色透镜）、附颜色之研究（补色、原色）……129-149
	Ⅵ．成光之理	光系一种波浪之作用、光浪发生之根源、光浪传达之媒介（以脱）、光浪之状况……149-159
第四章　固体力学	Ⅰ．运动学	数种紧要名称之界说（运动、直线运动、曲线运动、速、速率、等速运动、不等速运动、等速率、不等速率、加速率、等加速率、不等加速率）、等速运动之公式、等加速运动之公式、数速率之合并（结果速率）、速率之分解……163-178
	Ⅱ．动力学	数种紧要名称之界说（力、运动量、外力）、奈端运动之定律、奈端运动第一律之讨论（惯性律、离心力、向心力）、奈端运动第二律之讨论（绝对标准、重力标准、达因、磅度）、奈端运动第三律之讨论（主动力、反动力）、物体关于吸力之运动（吸力、地心吸力）、坠体之运动（物重之公式、坠体速率与时间相关之公式、坠体所经之路与时间相关之公式）、摆之运动、奈端吸力之定律……178-212
	Ⅲ．静力学（平衡）	二力之平衡、三力之平衡（平行方形定律）、数力之平衡、重心、物体之三种平衡（安定平衡、中立平衡、不安定平衡）……212-227
	Ⅳ．工作及能力之研究	工作（爱格、尺磅度、克厘、尺磅、佳尔、工率、马力、瓦德、千瓦德）、能力（位置之能力、运动之能力）……227-231

（续表）

章	节	知识点及页码
第四章　固体力学	Ⅴ．机械学	（机械、主力、抵力、机械之利、机械之定律、有效率）……237-242 杠杆、杠杆之种类（支点、抵力点、主力点、第一类杠杆、第二类杠杆、第三类杠杆）、杠杆机械之利、关于杠杆类之数种紧要器械（天平、称）……242-247 滑车、定滑车及动滑车之别、数滑车之合并（第一类合并滑车、第二类合并滑车、第三类合并滑车）……247-254 轮轴……254-256 斜面……256-259 尖劈……259-260 螺旋（旋距）……260-262
第五章　流体力学	Ⅰ．关于液体中分子力之研究	凝聚力、表面张力、微管之现象……264-269
	Ⅱ．关于流体中压力之研究	巴氏流体传力之定律（水压机）、由地心引力所起之压力之研究（密度、液体静止时之面、连通管中之液体）……269-281
	Ⅲ．关于流体浮力之研究	亚几默德氏之定律、密度之测定法（比重瓶浮秤）……281-291
	Ⅳ．关于空气压力之研究	空气有压力之证明（麦葛得堡半球）、空气压力之大小（脱而昔里试验、气压）、气压表、各种唧筒（抽气筒、压气筒、抽水筒、压水筒）、附波以耳氏之定律及空气之浮力（气球、飞艇）……291-311
第六章　热学	Ⅰ．热与物体涨缩之关系	物体涨缩之试验（葛氏球圈）、寒暑表（热度、冰点、沸点、度、摄氏表、华氏表、列氏表）、物体之涨率（长短之涨率、面积之涨率、体积之涨率、固体之涨率、液体之涨率、气体之涨率、查尔氏之定律）……314-327
	Ⅱ．比热之测量法（加路里、比热）	
	Ⅲ．热与物体变态之关系	融解（融解度、隐热、融解热）、气化（蒸发、沸腾、气化热）……330-336
	Ⅳ．热之传布	传导、对流、辐射（热射轮）……336-342
	Ⅴ．热与工作之关系	工作可变为热（佳尔之试验、工作当量）、热可变为工作（汽机）……342-345
第七章　磁电学	Ⅰ．磁之要性（磁石）	关于磁之要性之试验（南极、北极、磁力线、磁力场）、附磁之原理……348-352
	Ⅱ．电之要性（电、受有电力）	关于电之要性之试验（阳电、阴电、验电器、传电体、不传电体、感应作用）、附电与磁之要别……352-360
	Ⅲ．数种发电之要法	起电盘（火花）、起电机（弗氏起电机）、电池（电流、弗氏电池、雷氏电池、本生电池、戴氏电池、重铬酸电池）、发电机（发电子、电磁石、反向器）……360-373

（续表）

章	节	知识点及页码
第七章 磁电学	Ⅳ．量电之法	电气之单位（可伦之定律）、电位之差（动电力、弗打、弗打表）、电流之测量法（电流之多寡、安培、安培表）、阻力之测量法（阻力、欧姆）、电池之接线法（异极接线法、同极接线法）、电气容量（蓄电器、来顿瓶）……373-386
	Ⅴ．数种工业上之紧要电具	电铃、电报（发信器、受信器、电报字母、无线电报、电浪、夸希拉）、电话、电灯（白热灯、弧灯）、爱克司光线、摸托……386-397

本书需要学习一学年40周，每周4小时，各学校的时间可以调整变化。本书的内容采用四号字、五号字两种字号印刷，其中普通知识、不可缺少的内容采用四号字，实验、习题等知识采用五号字，教师可根据教学时间自行选择。

本书的文字简单，讲解鲜明，从头到尾，一线贯穿，由浅入深，循序渐进；在每节的上角附有本节的要点，便于提纲挈领，帮助教师、学生领会。

本书中试验经编者多次实验，确实可行，所有的试验都有详细的解释，如试验1证明物质不灭之定律。书中试验与理论相辅而行，理论由试验推出或用试验来证明，如书中试验2证明物质之惯性，如图5-2-21所示。根据实际情况，电学的试验可以提前讲授，因为如果在六七月之间学习，空气湿度大，实验难以进行。

試驗 1. 如第一圖。用小天秤一架。左邊懸一大號玻璃管或竹管。其中實以固體之氯化鈣 (Calcium chloride) 及氫氧化鈉 (Caustic soda)。左邊盤中置一小燭。須適在所懸玻璃管之下。右邊盤中置以法碼或其他重物。使二邊等重。然後將小燭燃點。立待片刻。卽見天秤失其平均而墜。燃燭之一邊反向下墜。顯明較他邊爲重。

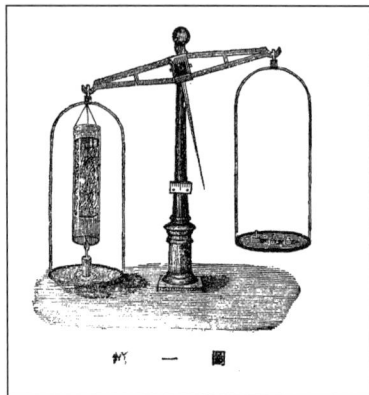

試驗 2. 如第二圖。以線懸重物 A。下端繫一線。線端更懸小杆 B。吾人若執 B 杆。向下漸漸加力。則線必斷於 A 上。以 A 上之線。受有 A 物之重。故加力後。較 A 下之線所受之力爲大故也。然若執 B 杆向下急速加力。則線必斷於 A 下。因 A 物有慣性。所加之力尚未傳至 A 上。而 A 下之線已斷故也。

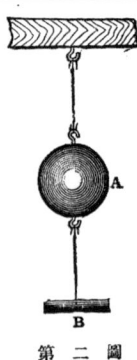

5-2-21

图5-2-21　《民国新教科书　物理学（改订本）》中的试验1、试验2

书中的术语，采用其最通用的术语名称，并辅助英文名称。书中附有丰富的插图，作为实验的装置图，如图5-2-21所示的教材插图第一图、第二图。

3. 《密尔根 盖尔 实用物理学》

本书作者是芝加哥大学物理学教授密尔根和盖尔，原书于1920年发行。1924年，周昌寿、高铦翻译后由上海商务印书馆出版，如图5-2-22所示。

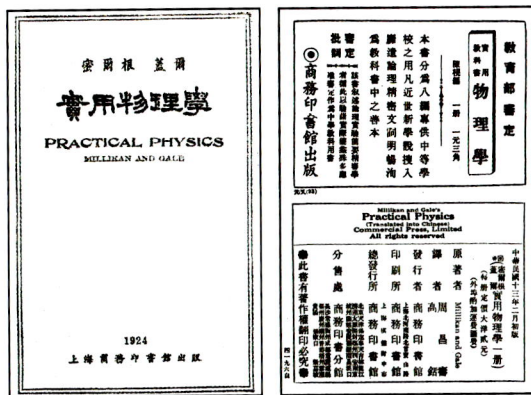

图5-2-22　《密尔根 盖尔 实用物理学》封面和版权页

本书的主要目的在于使学生自行思考本身所生存物理世界中的事实，"如何及为何而已"。因此在选材上选择普通中学生日常生活所接触的事物，简而言之是日用物理学，以帮助学生适应其环境及合理解释其本身所得之经验；为适应生活状况的巨大变化，书中加入日常生活中的汽车知识；在实用方面讲述征服天空的飞机是最有意义的进步，并尽力阐述其原理，注重物理学在军事上的用途；更重视物理学在和平方面的发展。

全书共分21章，供高中二年级一整年使用，主要内容如表5-2-7所示。

表 5-2-7　《密尔根 盖尔 实用物理学》目录

章	节
第一章　计量	基本单位
	密度
第二章　液体之压力	自由表面之下液体压力
	巴斯加之定律
	阿基米得（同"德"）之原理
第三章　空气之压力	气压现象
	空气之压缩性与膨胀性
	空气之应用
第四章　分子运动	气体运动说
	液体之分子运动
	固体之分子运动

（续表）

章	节
第五章　力及运动	力之定义及计量
	力之成分及其分解
	重力
	落体
	牛顿之运动定律
第六章　分子力	固体之分子力，弹性
	液体之分子力，微管现象
	固体及液体之吸收气体
第七章　功及机械能	功之定义及其计量
	滑轮所耗及其所成之功
	功之杠杆
	功之原理
	功率及能
第八章　温度测定法及膨胀系数	温度测定法
	膨胀系数
	液体及固体之膨胀
	膨胀至应用
第九章　功及热能	摩擦
	效率
	热之功当量
	比热
第十章　状态变化	溶解
	蒸发及气化之性质
	温学
	沸腾
	人工冷却
	工业的应用
第十一章　热之传播	传导
	对流
	辐射
	房屋之生热及通风

（续表）

章	节
第十二章　磁	磁石之一般性质
	地磁
第十三章　静电	带电之一般事实
	电荷在导体上的分布
	电势及电容
第十四章　动电	电流之检查
	电流之化学的效应，电解
	电流之磁效应，圈之性质
	电流之计量
	电铃及电报
	抵抗及电动力
	一次电瓶
	二次电瓶
	电流之热效应
第十五章　诱导电流	发电机及电动机之原理
	发电机
	诱导圈及变压器之原理
第十六章　音之性质及其传播	音之速度及性质
	反射，加强，干涉
第十七章　乐音之性质	乐阶
	振弦
	原音及倍音
	吹乐
第十八章　光之性质及传播	光之进行
	光之性质
第十九章　造像	透镜之造像
	平面镜中之像
	光学器械
第二十章　色之现象	色及波长
	景
第二十一章　不可见之辐射	热体之辐射
	电之辐射
	阴极线及伦琴线
	放射性

本书的一大特色是注重物理学史的呈现。全书采用全页图的形式，呈现物理学发展史中的著名物理学家肖像及物理界最近成功诸事物图（目录如图5-2-23所示），如阿基米德之肖像、潜水艇详图等，旨在增加学生对物理学问题更进一步研究的兴趣和对物理的学习兴趣。

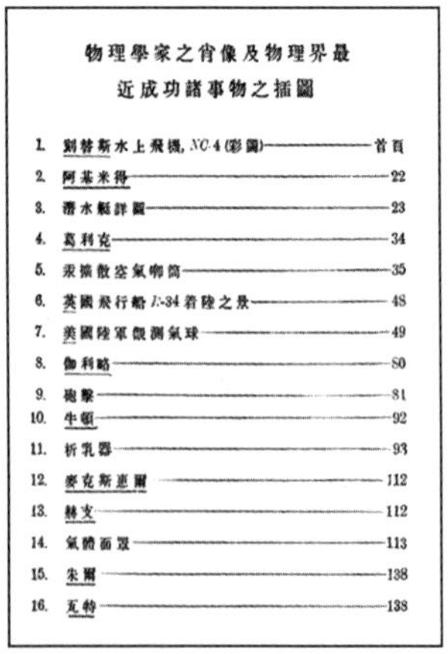

物理学家之肖像及物理界最近成功诸事物之插图

1. 劳替斯水上飞机，NC 4（影）——首页
2. 阿基米得 —— 22
3. 潜水艇详图 —— 23
4. 葛利克 —— 34
5. 莱散散容气喷筒 —— 35
6. 英国飞行船 I-34 着陆之景 —— 48
7. 美国陆军微测气球 —— 49
8. 伽利略 —— 80
9. 惠更斯 —— 81
10. 牛顿 —— 92
11. 析乳器 —— 93
12. 麦克斯威尔 —— 112
13. 赫芝 —— 112
14. 气体面具 —— 113
15. 朱尔 —— 138
16. 瓦特 —— 138

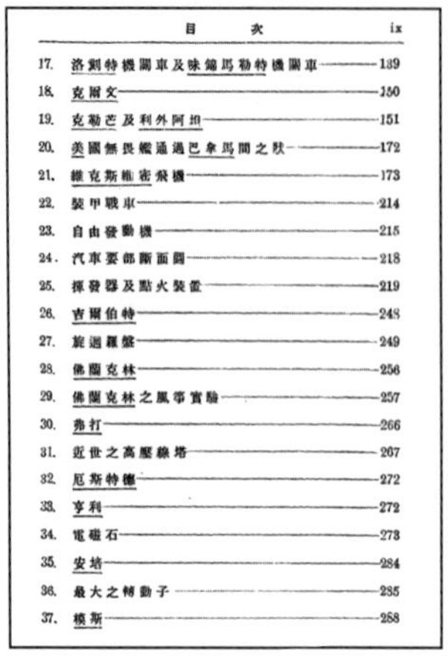

目次 ix

17. 洛劳特机关车及味箱马勒特机关车 —— 139
18. 克劳尔 —— 150
19. 知惹芒及利外阿田 —— 151
20. 英国机长机越过巴拿马间之状 —— 172
21. 维克斯瓶面飞机 —— 173
22. 装甲职车 —— 214
23. 自由发勒机 —— 215
24. 汽车要部断面图 —— 218
25. 探发器及点火装置 —— 219
26. 吉尔伯特 —— 243
27. 旋运罗盘 —— 249
28. 佛冠克林 —— 256
29. 佛兰克林风筝实验 —— 257
30. 热打 —— 266
31. 近世之高压线塔 —— 267
32. 瓦斯特栅 —— 272
33. 亨利 —— 272
34. 电磁石 —— 273
35. 安培 —— 284
36. 最大之转动子 —— 285
37. 欧斯 —— 258

x 实用物理学

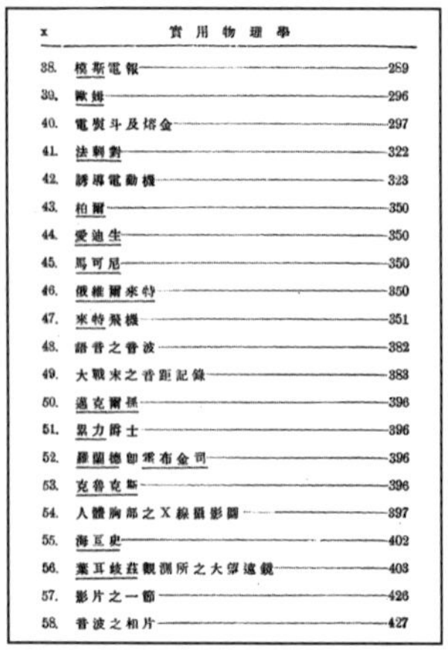

38. 模斯电报 —— 259
39. 欧姆 —— 296
40. 电烙斗及烙金 —— 297
41. 法刺弟 —— 322
42. 诱导电动机 —— 323
43. 柏尔 —— 350
44. 爱迪生 —— 350
45. 马可尼 —— 350
46. 很推尔求特 —— 350
47. 来特飞机 —— 351
48. 谱昔之普波 —— 382
49. 大战末之昔加记录 —— 383
50. 匹克尔逊 —— 396
51. 恩力物士 —— 396
52. 蒜国德郎寨布金司 —— 396
53. 克鲁克斯 —— 396
54. 人体胸部之X线照影部 —— 397
55. 海工史 —— 402
56. 惠耳绂自观测所之大望远镜 —— 403
57. 影片之一册 —— 426
58. 普波之相片 —— 427

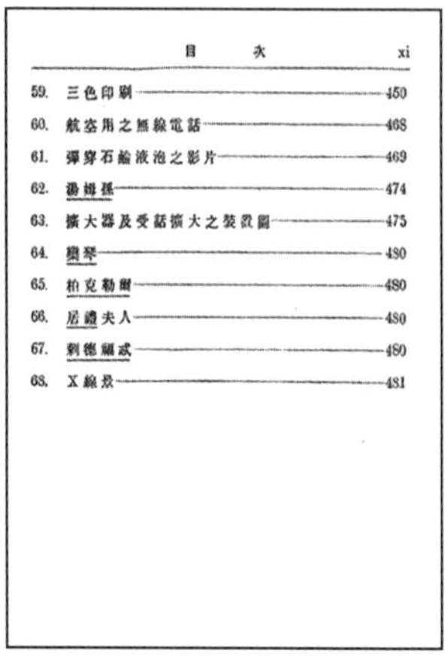

目次 xi

59. 三色印刷 —— 450
60. 航空用之无线电话 —— 468
61. 弹石硷波泡之影片 —— 469
62. 伦摇摄 —— 474
63. 扩大器及受话扩大之装置图 —— 475
64. 扬琴 —— 480
65. 柏克勒耳 —— 480
66. 居礼夫人 —— 480
67. 到威编试 —— 480
68. X线发 —— 481

5-2-23

图5-2-23　"物理学家肖像及物理界最近成功诸事物之插图"目录

本书的体例是章、节、知识点，在每一节的后面配有问题；在整本书的后面还有补充问题、索引、英汉译名对照表。在正文中，知识点采用"序号+黑体四号字"形式印刷，国名、人名采用横线标出，重要的语句采用波浪线画出；在教材中可以略去的、无关全书结构的内容采用六号字排版印刷，大多是物理应用的叙述；在教室里进行的实验，也采用六号字体印刷。如图5-2-24所示。

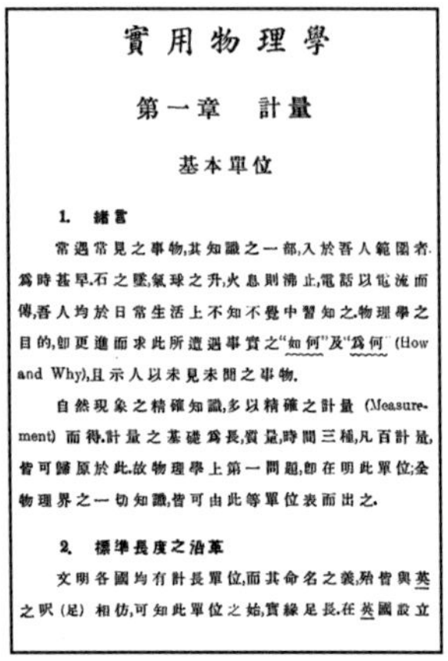

實用物理學

第一章　計量

基本單位

1. 緒言

常遇常見之事物，其知識之一部，入於吾人範圍者，為時甚早，石之墜，氣球之升，火息則沸止，電器以呲流而傷，吾人均於日常生活上不知不覺中習知之物理學之目的，如更進而求此所遭遇事實之"如何"及"為何"（How and Why），以示人以來見來聞之事物。

自然現象之精確知識，多以精確之計量（Measurement）而得，計量之基礎為長質量時間三種，凡百計量，皆可歸原於此，故物理學上第一問題，即在明此單位，余物理界之一切物理，皆可由此等單位表面出之。

2. 標準長度之治革

文明各國均有計長單位，而其命名之義，殊皆與某之趾（足）相仿，可知此單位之始，實緣是長，在英國設立

5-2-24

图5-2-24　《密尔根　盖尔　实用物理学》样章

第三节
日益规范的物理教科书（1927—1937）

清末民初的一段时期，教育界具有一定的自主权，政府没有过多干预教科书的发展。1927年南京国民政府建立后，进一步强化以"三民主义"为核心的意识形态的主导地位。教科书成为学校实施"党化教育"的重要工具，通过课程标准的颁布、实施、修订，要求教科书按照课程标准规范编写，教科书进入相对规范稳定的时期。

一、中学物理课程标准的修订与完善

1923年课程标准实施后，产生了不少问题，主要集中在分科制与课程设置两个问题上，必修科目与选修科目太多。1927年南京国民政府成立后，为推行自己的政治主张，在教育上制定新的方针政策，中小学课程标准先后进行了若干次较大的修订，在抗日战争全面爆发前，就修订了4次。

（一）1928 年大学院制定《中学暂行条例》

1928年3月，国民政府颁布《中学暂行条例》，共25条。规定"中学教育已经根据三民主义，继续小学之基础训练，增进学生之知识技能，为预备研究高深学术及从事各种职业做准备，以达适应社会生活之目的"；中学教育分为初级中学和高级中学，修业年限各为3年，但也可依设科性质定为初级4年，高级2年。教授科目分必修和选修，中学必修及选修科目，另于中学课程标准内规定之，采用大学院审定的教科书。[1]

1928年5月，中华民国大学院举行第一次全国教育会议，会议通过的《整理中华民国学校系统案》对1922年的学制进行了修正。其中由教育部颁布的课程标准来规范中小学校的课程目标、课程内容、教学要求等，以更加有效指导教学活动的实施。

（二）1929 年教育部颁布《中小学课程暂行标准》

1929年8月，教育部中小学课程标准起草委员会颁布了《中小学课程暂行标准》，内容包括幼稚

---

[1] 石鸥，吴小鸥. 中国近现代教科书史：上［M］. 长沙：湖南教育出版社，2012：368.

园及小学、初级中学、高级中学三部分课程暂行标准，如图5-3-1所示。

图5-3-1　《中小学课程暂行标准》（共三册）封面

其中，物理部分的相关内容如下：

初级中学课程暂行标准中，初中自然科15学分，分为混合制与分科制两种标准，一种是三门理科教材——物理、化学、生物仍分别编写，另一种是三门科目混合成一门理科，合编为一本教材，由各自学校自行采用。

1929年，由教育部中小学课程标准起草委员会常务委员会做出说明，高级中学普通科科目包含13科150学分，其中物理科8学分，每学期每周上课1小时为1学分。

1.《初级中学自然科暂行课程标准（混合制）》

初中物理部分课程标准包括目标、作业要项、时间分配、教材大纲、教法要点、毕业最低限度六部分。

（1）目标。

①使知自然界与人生的关系。

②考查自然界的简单现象和互相的关系，使知紧要的科学知识。

③使知自然界的简单法则及科学方法之利用。

④诱掖爱好自然的情感及接近自然的兴趣。

⑤养成观察、考查及实验的能力。

（2）作业要项。

①教室作业：讲解、实验示范、讨论、演习及解决问题。

②实验室作业：学生实验，注意手眼之联系及明确之记录图画等；制作简易之标本与仪器。

③课外作业：随时进行野外观察，采集标本及实地参观；鼓励科学书报之阅览。

（3）时间分配。

第三学年5学分，物理学为主体，兼及天文气象学大意。

（4）教材大纲（如图5-3-2所示）。

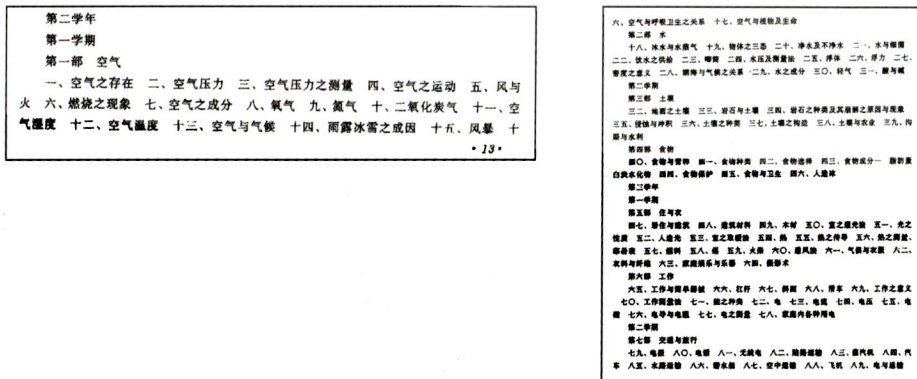

5-3-2

图5-3-2　《初级中学自然科暂行课程标准（混合制）》部分内容[1]

（5）教法要点。

教法采用启发法。从实地观察与实验起首，然后采用归纳法导出自然律。可以试行各种设计与调查，使学生注意环境所习见之物，养成科学兴趣。需要按照预定的程序，考查优劣，做出评价。

（6）毕业最低限度。

对自然现象有丰富的常识；能理解科学之效用，及用科学方法应付环境；理解科学基本原理和紧要术语，以作继续研究的基础；能自作简单的实验。

2.《初级中学理化暂行课程标准（分科制）》

（1）目标。

①使由寻常习见习知的事物和现象中，能自动地发现彼此间的关系和因果律。

②使明了科学的基本材料，就是有组织的常识，以养成科学的兴趣。

③养成随时随地能注意自然现象与事物的良好习惯。

④使知利用自然的方法。

⑤使受自然科学的陶冶，能领悟精勤、诚实、敏捷、组织等诸美德，是成功事业的基础。

（2）作业要项。

除了直接教学外，使学生在课内、课外有下列各项在教师指导下的作业。

笔记和作图：教师在教授和学生日常接近的事物及自然现象时，提示其纲要，由学生随时记录其详细说明；或者出示实验及实物，使学生记录其细目，并绘制其图像，交由教师或学生团体订正。

实验记录：对于学生分组实验、课内随时实验或课外特别实验，需要教师提示纲要，学生记录详细，并绘画图像，交由教师或学生团体公共订正。

采集标本制作器械观察实物和自然现象。

[1] 课程教材研究所. 20世纪中小学课程标准·教学大纲汇编：物理卷［M］. 北京：人民教育出版社，2001：13-14.

课外阅览杂志书籍的指导和摘录。

（3）时间分配。

物理课在初中第二学年下学期每周2小时，第三学年每周1小时。

（4）教学大纲（如见图5-3-3所示）。

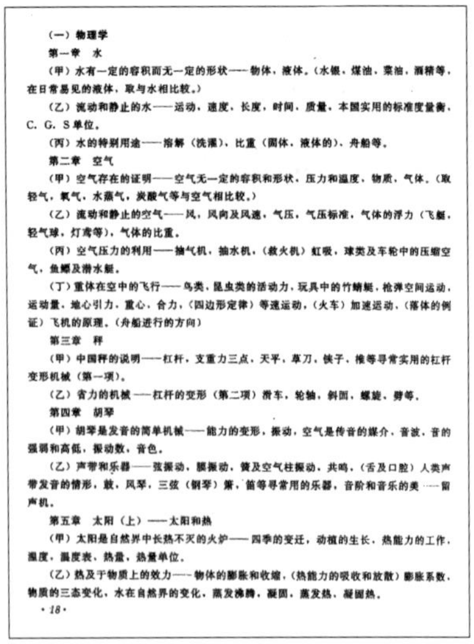

（一）物理学

第一章　水

（甲）水有一定的容积而无一定的形状——物体，液体。（水银，煤油，菜油，酒精等，在日常易见的液体，取与水相比较。）

（乙）流动和静止的水——运动，速度，长度，时间，质量，本国实用的标准度量衡，C. G. S单位。

（丙）水的特别用途——溶解（洗濯），比重（固体，液体的），舟船等。

第二章　空气

（甲）空气存在的证明——空气无一定的容积和形状，压力和温度，物质，气体。（取轻气，氧气，水蒸气，炭酸气等与空气相比较。）

（乙）流动和静止的空气——风，风向及风速，气压，气压标准，气体的浮力（飞艇，轻气球，灯笼等），气体的比重。

（丙）空气压力的利用——抽气机，抽水机，（救火机）虹吸，球类及车轮中的压缩空气，鱼鳔及潜水艇。

（丁）重体在空中的飞行——鸟类，昆虫类的活动力，玩具中的竹蜻蜓，枪弹空间运动，运动量，地心引力，重心，合力，（四边形定律）等速运动，（火车）加速运动，（落体的例证）飞机的原理。（舟船进行的方向）

第三章　秤

（甲）中国秤的说明——杠杆，支重力三点，天平，草刀，筷子，橹等寻常实用的杠杆变形机械（第一项）。

（乙）省力的机械——杠杆的变形（第二项）滑车，轮轴，斜面，螺旋，劈等。

第四章　胡琴

（甲）胡琴是发音的简单机械——能力的变形，振动，空气是传音的媒介，音波，音的强弱和高低，振动数，音色。

（乙）声带和乐器——弦振动，膜振动，簧及空气柱振动，共鸣，（舌及口腔）人类声带发音的情形，鼓，风琴，三弦（钢琴）箫，笛等寻常用的乐器，音阶和音乐的美——留声机。

第五章　太阳（上）——太阳和热

（甲）太阳是自然界中长热不灭的火炉——四季的变迁，动植的生长，热能力的工作，温度，温度表，热量，热量单位。

（乙）热及于物质上的效力——物体的膨胀和收缩，（热能力的吸收和放散）膨胀系数，物质的三态变化，水在自然界的变化，蒸发沸腾，凝固，蒸发热，凝固热。

·18·

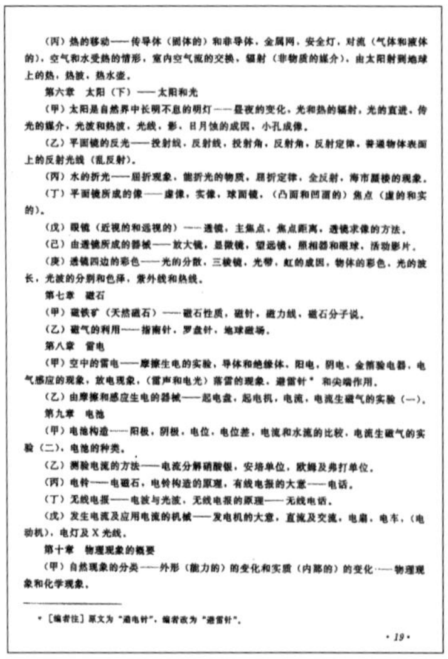

（丙）热的移动——传导体（固体的）和非导体，金属网，安全灯，对流（气体和液体的），空气和水受热的情形，室内空气流的交换，辐射（非物质的媒介），由太阳射到地球上的热，热波，热水壶。

第六章　太阳（下）——太阳和光

（甲）太阳是自然界中长明不息的明灯——昼夜的变化，光和热的辐射，光的直进，传光的媒介，光波和热波，光线，影，日月蚀的成因，小孔成像。

（乙）平面镜的反光——投射线，反射线，投射角，反射角，反射定律，普通物体表面上的反射光线（乱反射）。

（丙）水的折光——屈折现象，能折光的物质，屈折定律，全反射，海市蜃楼的现象。

（丁）平面镜所成的像——虚像，实像，球面镜，（凸面和凹面的）焦点（虚的和实的）。

（戊）眼镜（近视的和远视的）——透镜，主焦点，焦点距离，透镜求像的方法。

（己）由透镜所成的器械——放大镜，显微镜，望远镜，照相器和眼球，活动影片。

（庚）透镜四边的彩色——光的分散，三棱镜，光带，虹的成因，物体的彩色，光的波长，光波的分剥和色泽，紫外线和热线。

第七章　磁石

（甲）磁铁矿（天然磁石）——磁石性质，磁针，磁力线，磁石分子说。

（乙）磁气的利用——指南针，罗盘针，地球磁场。

第八章　雷电

（甲）空中的雷电——摩擦生电的实验，导体和绝缘体，阳电，阴电，金箔验电器，电气感应的现象，放电现象，（雷声和电光）落雷的现象，避雷针* 和尖端作用。

（乙）由摩擦和感应生电的器械——起电盘，起电机，电流，电流生磁气的实验（一）。

第九章　电池

（甲）电池构造——阳极，阴极，电位，电位差，电流和水流的比较，电流生磁气的实验（二），电池的种类。

（乙）测验电流的方法——电流分解硝酸银，安培单位，欧姆及弗打单位。

（丙）电铃——电磁石，电铃构造的原理，有线电报的大意——电话。

（丁）无线电报——电波与光波，无线电报的原理——无线电话。

（戊）发生电流及应用电流的机械——发电机的大意，直流及交流，电扇，电车，（电动机），电灯及X光线。

第十章　物理现象的概要

（甲）自然现象的分类——外形（能力的）的变化和实质（内部的）的变化——物理现象和化学现象。

*［编者注］原文为“避电针”，编者改为“避雷针”。

·19·

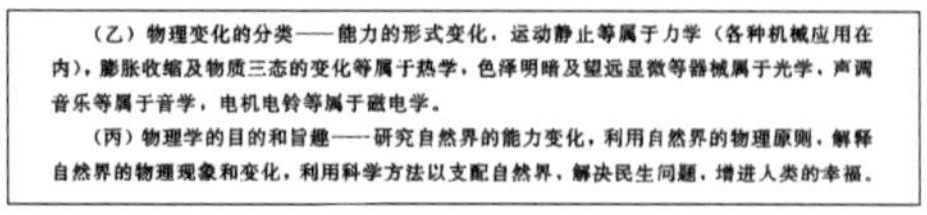

（乙）物理变化的分类——能力的形式变化，运动静止等属于力学（各种机械应用在内），膨胀收缩及物质三态的变化等属于热学，色泽明暗及望远显微等器械属于光学，声调音乐等属于音学，电机电铃等属于磁电学。

（丙）物理学的目的和旨趣——研究自然界的能力变化，利用自然界的物理原则，解释自然界的物理现象和变化，利用科学方法以支配自然界，解决民生问题，增进人类的幸福。

5-3-3

图5-3-3　《初级中学理化暂行课程标准（分科制）》物理部分内容[1]

3.《高级中学普通科物理暂行课程标准》

（1）目标。

①使学生能得到人生必须的物理知识，了解物理的重要原则。

②使学生练习演绎归纳观察实验的方法，应用于研究一切学问。

③使学生知纯粹物理学与应用物理学有密切联系，以引起其研究工程、农业、医学及自然科学之兴趣。

（2）作业要项。

①讲授：讨论物理学上重要的问题及理论，要高过毕业教学。

②实验：证理论的确切，并练习实验的方法，养成精确的练习。

③（甲）时拟题或从教本中选做问题，叫学生每周呈缴。

（乙）鼓励学生自动地看参考书或观察，实验随时报告。

（3）时间和学分分配。

①讲授一学年，每周3小时，计6学分。

②实验一学年，每周2小时，计2学分。

[1] 课程教材研究所. 20世纪中小学课程标准·教学大纲汇编：物理卷［M］. 北京：人民教育出版社，2001：18-20.

（4）教材大纲。

大部分为力、物性、热、磁电、声、光学等。力为物理学的基本最要注重，实验多少视设备自定。列出物理讲授41个纲目，物理实验39个。

（5）教法要点

①每讲1小时的末后15分钟应表演实验，使学生更能了解所讲问题，并引起其听讲的注意力，应该有一间教室使教员预先筹备表演实验。

②每周应让学生交进算题五六个，重要公式需再三复习。

③每周提出1小时以质问答题或考试。

④对于物理的界说定义、定律，需再三反复讲说，使学生了解记忆，时时考试。

⑤实验时注意各个学生工作的情形，提前给仪器和用品，给以适当的说明，有利于实验的进行，实验的结果，限期缮报。

（6）毕业最低限度。

学生能明白解说物理现象、物理重要定律及各种单位及实验方法；能熟悉物理公式而应用之算题敏捷。能阅览比较高深的课本和杂志以图上进。

由于课程标准是作为试行颁布的，教育部要求各省市教育机关在贯彻实施时，要随时收集头际教学中的研究和实验情况，以一年为期在1930年6月前上报，后推迟至1931年6月报告实验结果，以便修订和完善。

（三）1932年初级、高级中学课程标准

1931年，教育部训令各地将实施暂行课程标准的结果上报，组织专家根据实践经验对课程标准进行修订。后根据江苏、浙江、广东等省教育厅以及北京、上海等市教育局的研究报告，成立中小学课程及设备标准初订委员会，将暂行标准修订为正式标准，内容没有太大变化，于1932年10月颁布。人们一般称此为新课程标准。中学阶段的变化是初中实行分科制的物理、化学、植物、动物教学，其中物理学在第三学年开设，计7学分。高级中学实行分科制教学，物理在第三学年开设，每周6学时，计12学分。

1932年，民国教育部颁布了《初级中学物理课程标准》《高级中学物理课程标准》。课程标准由目标、时间支配、教学大纲、实施方法概要等四部分组成，与前相比在具体的课程标准形式上出现了一些变化。

1.《初级中学物理课程标准》

（1）目标。

目标分成三个维度，知识维度为"了解常见之简单物理现象"，情意维度为"养成观察自然界事物的习惯并引起其对自然现象加以思考的兴趣"，技能维度为"练习运用官能及手技，增进日常生活

中利用自然的技能"。从目标呈现的顺序看，首先是知识维度，其次是情意维度，最后是技能维度。

（2）时间支配。

物理学在初中三年级开设，第五学期每周学习4小时，第六学期每周学习3小时。

（3）教学大纲。

教材涉及36个教学知识点。

（4）实施方法。

实施方法分成教法要点、实验教材、实验室注意要点三部分。

①教法要点。

教材以常识及生活为中心，通过日常生活中的现象使教材内容具体化，不讨论仅仅在实验室中见到的现象。不受物理学自身系统的约束。讲解时，注重启发学生的理解，并做简单的演示实验，使学生对所见有深刻的印象；准备简单的问题，便于学生在课外寻求答案。

②实验教材。

教材列出了31个实验。

③实验室注意要点。

涉及实验室的器材应该具备多套；实验室中训练学生的重点包括自制简单的器具，对常见现象做有条理的观察和记录，了解各种简单器械的结构。

2.《高级中学物理课程标准》

（1）目标。

目标包含知识、技能两个维度，知识维度为"明了物理学中简单原理，应用解决日常问题及常见现象""略知物理学与自然科学及应用科学的关系"，技能维度为"运用官能及手技，以培养其观察与实验之才能"。

（2）时间支配。

在第三学年涉及的教学活动，每周6小时，其中讲解及演示3小时，问题解答及讨论1小时，实验每周1次，每次2小时。

（3）教材大纲。

教材涉及80个教学知识点。

（4）实施方法。

实施方法分成教法要点、实验教材、实验注意要点。

①教法要点。

教材以初中物理学课程内容为起点，使学生逐渐掌握物理学上的初步方法，对于物理的现象取得进一步了解。讲解时，多做简单的演示实验，帮助学生彻底了解各原理及定义的意义，特别注意物理学的应用，并参观有关的场所。教师选用或拟定简单实用的问题与习题，使学生知道如何运用各原理来求解；计算习题，督促学生每周按照指定的时间上交，详细批改后发给学生。鼓励学生质疑，学生提问时，教师应创设较简单的问题，逐步引导学生自行解答问题。问题讨论环节学生人数不应超过20人，超过20人后问题讨论应分成若干组，分组时应将成绩（初中物理成绩及初中与高中数学成绩）相同的分在同组。鼓励进行笔试，题目以计算或解释题目为主，避免背诵定义及定律一类的题目。

②实验教材。

列出41个实验。

③实验注意要点。

实验教材中所列的41个实验，学生最少做30个。选择实验的标准是应该适应学生的环境，有四个原则：寻求各现象的因果，证明物理量的数量关系，实用的问题，学生制造简易的仪器。

选择的仪器不须十分精密，使学生明白实验各步骤的用意，不可简单地按照实验教材所提供的器材去做实验。

特别注重观察的结果，应力求其准确，使用适当的表格记录，训练学生做有系统的记载。探索数量的关系的实验，先让学生自行估计，并先计算所得结果的误差；特别注意数字的取舍及简洁的计算方法。

（四）1936 年修正颁行《初级、高级中学课程标准》

1932年课程标准施行不久暴露出一些问题，教育部征求各方的研究意见，从1935年3月开始组织修订。1936年6月，教育部修正颁行《初级、高级中学课程标准》。各科教学时数略有减少，课程内容有所调整。

1. 修正后的《初级中学物理课程标准》

总体上修正课程标准减少了授课时间。在目标部分，调整了部分词语及标点符号，"使学生练习……"变成"注重练习学生……"。在时间支配部分，每周讲授及演示教学3小时，包括每2周学生实验1次，每次时间1小时，首次明确规定了初中实验的时间及频次。

教材大纲部分变化：

（1）取消了教材最低限度的规定。将36个知识点变成了37个。

（2）新增加了弹性——弹簧秤；分子力–表面张力、毛细作用；运动三定律，万有引力定律；单摆。

（3）内容调整变化：中国秤包含在了简单机械——杠杆部分；物质三态——固体、液体、气体部分增加了题目；力–力之单位，重量，质量，密度，比重部分，比原来的描述更加详细；平面镜部分，增加了球面镜内容。

（4）内容精简：删除了部分内容，比如浮力、加速度、摩擦；将中国秤、摩擦整合在简单机械下面的学习内容中；直接删除的知识点有材料的强弱及弹性、乐器、导热质与绝热质、对流与通风整合为热之传播、灵视；虹调整到太阳光及光谱，颜色，虹；增加透镜；眼镜调整到透镜应用知识点处；磁铁：指北极、指南极精简为磁铁；对电学系统进行了整合，静电部分：摩擦起电、验电器、导电体与绝缘体，雷电，避雷针；电池没变；电流部分：磁效应（电流计、安培计），电阻，电压，欧姆定律（伏特计）；电灯、保险丝、触电；电铃、电报；感应电流－变压器，电机（发电机与电动机），电话。

（5）实施方法变化：教法要点增加了"酌量添授物理科应有之特殊教材；是项教材另订之"。

（6）实验变化：实验教材根据教材大纲进行了精简调整，从31个实验精简为16个，分别是①直角三角形各边之关系；②有规则固体之比重；③浮力；④液体内之压力；⑤滑车之用法；⑥摩擦；⑦物质之弹性；⑧声音之速度；⑨沸点与冰点及温度计之分度法；⑩热量；⑪平面镜；⑫单透镜；⑬磁铁及磁场；⑭摩擦起电；⑮电池；⑯电磁铁。

2. 修正后的《高级中学物理课程标准》

修正高中物理课程标准在授课时间上没有发生变化。在教材大纲部分，增加、调整了部分内容；在实验教材部分，删减了部分实验；学校需要增加物理特殊部分教材。修正高中物理课程标准与1932年高中物理课程标准相比，在教学大纲和实验教材部分调整如下：

（1）教材大纲调整内容：

（三）分力与合力，力之平行四边形定律。

（六）液体中之压力、连通管、自来水。液体比重之测定（汉埃方法）。

（七）巴斯葛原理、水压机。

（十）气体之浮力、气球、飞艇。（新增）

（十四）斜面与螺旋。

（十五）其他简单机械。功之原理，机械利益与效率。功率。

（十六）运动：位移，速度，加速度；等速运动，等加速度；自由落体运动，抛体运动。（新增）

（十八）圆周运动：向心力与离心力。

（十九）单摆。简谐运动（只局限于简单叙述）。

（二十）转动：角速度，角加速度，飞机。（新增）

（二十一）摩擦，摩擦系数。

（二十二）能，位能，动能，能量不灭。

（二十三）分子与分子运动，扩散，黏滞性。

（二十四）附着力及内聚力。表面张力及毛细现象。

（三十三）暖室及制冷设备。

（三十四）能之变换：热机、蒸汽机、内燃机。

（三十八）声音之响度、音调及音品。回声，拍。

（三十九）共鸣。

（四十）弦之振动与空气之振动。康兹管。

（四十一）音阶，简单乐器。

（五十一）分光镜，光谱，物体之颜色。

（五十三）磁铁，磁极，库伦磁力定律。磁之感应。

（五十九）静电之分布，电惟，尖端作用，避雷针。

（六十八）电流之热效应——电能与热量，电炉，电熨斗。

（六十九）电灯，弧光灯。

（七十六）发电机原理：直流与交流，变压器。

（七十八）真空管中放电。阴极射线及电子；X射线。

（七十九）光电管。

（八十二）放射质及其射线。

（2）实验教材调整：实验个数减少为35个。

二、新课程标准下的主要物理教科书

1929年后，由于课程标准的不断修订和完善，各种版本的教科书不得不进行修改，各家出版社在不断修订的课程标准指引下迅速推出了配套的物理教科书。根据收集的资料，1927—1937年间主要的物理教科书、物理实验教科书共计42套，主要的出版商包括商务印书馆（出版7套）、中华书局（出版5套）、世界书局（出版7套）、开明书店（出版2套）、大东书局（出版4套）、北平文化学社（出版3套）、理科丛刊社（出版3套）、正中书局（出版1套）、钟山书局（出版3套），另有广州蔚兴印刷厂、黎明书局、立达书局、中国科学图书仪器公司、燕北理科教育研究社、北平直钧科学实验社、戊辰学社（各出版1套）。这一阶段，课程标准对教科书的规范日益加强，教科书相似度越来越高，模式化成分加重。

（一）商务印书馆出版的新课程标准物理教科书

依据不断修订更新的课程标准，商务印书馆不断推出并修订相应的教科书，包括周昌寿主编的《新时代高中教科书 物理学》，复兴系列物理教科书以及另有翻译的《密尔根 盖尔 物理学实验教程》《最新实用物理学》等共计7套，如表5-3-1所示。

表 5-3-1　1927—1937 年商务印书馆出版的物理教科书统计表

书名	类别	丛书	作者	出版时间
物理学	高中用	新时代高中教科书	周昌寿（编纂）	1930年（上册） 1931年（下册）
密尔根 盖尔 物理学实验教程（第十版）	—	—	［美］密尔根、盖尔（著），徐善祥（编译）	1930年
初级物理实习讲义	高中用	—	丁燮林（著）	1930年
物理学	高中用	复兴高级中学教科书	周昌寿（编著）	1934年
最新实用物理学	高中用	—	［美］布莱克、戴维斯（著）、陈岳生（译述）	1935年
物理学实验	高中用	复兴高级中学教科书	周昌寿、文元模（编著）	1935年
物理学实验	初中用	复兴初级中学教科书	陈岳生（编著）	1937年

1. 周昌寿编纂的《新时代高中教科书 物理学》

该教科书上册于1930年出版，下册于1931年出版，如图5-3-4所示。在编辑大意中虽未明确写明其是根据课程暂行标准编写，但全书内容与课程暂行标准基本吻合。全书采用通俗易懂的文字，横排印刷。

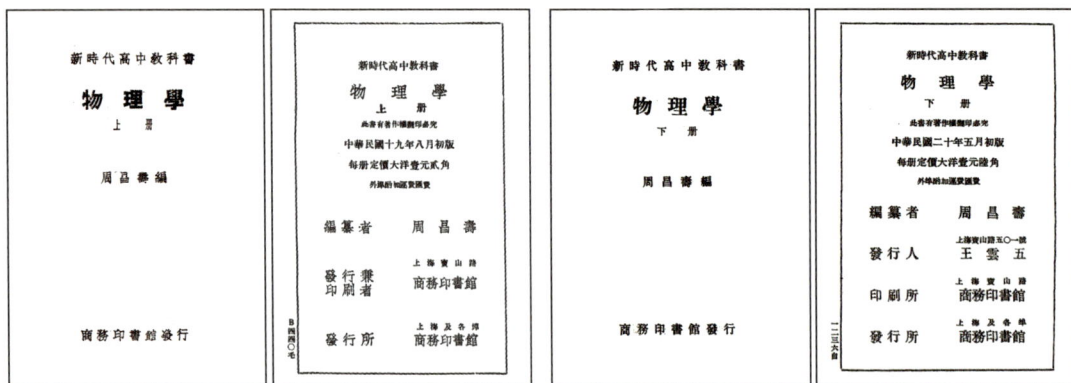

图5-3-4　《新时代高中教科书 物理学》（上、下册）封面和版权页

考虑到各地学生初中物理教育程度的不同，本书绪论从物理学的基础概念和计量出发，依次展开重学、物性学、热学、音学、光学、电磁学六篇，在篇之下设章、节。全书共610个知识点，包含物理学的重要原理与内容，从内容的角度来看略显深奥。

书中的术语在其本字之下附有英文，便于对照；所采用的译名，大部分为通用习惯说法，对于还未翻译成汉文的术语，则自己拟定，如绪论中有关自然科学的概念，如图5-3-5所示。

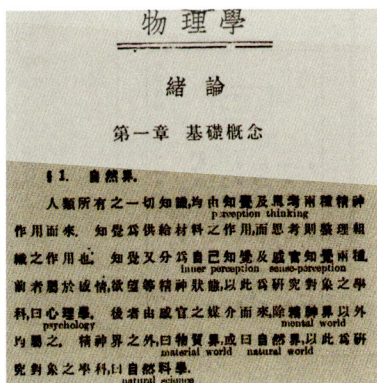

图5-3-5　《新时代高中教科书 物理学》绪论

本书一大特色是物理学的最新进展在教材中得到了很好地体现，比如近代物理学内容放射性、原子构造、相对性原理、量子理论等，在书中都有简要讲述其原理。本书对于传授新知、培养创新人才有着重要作用，这在国内外教科书中较为少见。物理学应用上的最新进展，如无线电、传真电报、远视及有声电影，对适合高中程度学生学习的基本原理均有简要介绍。

在涉及初等代数、平面几何及平面三角等这些数学知识范围的内容中，教科书对必须使用坐标、圆锥曲线的一小部分内容，有详细的说明，避免让数学成为学习者学习物理学的障碍。

教材附录的习题，大多为书本重要公式的应用，很容易解答，并附有答案便于学生对照学习。插图，作为辅助教学的重要手段，用来展示重要的物理现象、物理原理、仪器装置等，如图5-3-6所示。

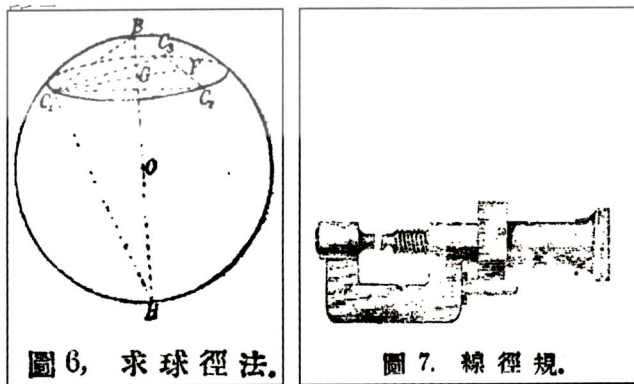

图5-3-6　《新时代高中教科书 物理学》中的插图

2. 复兴系列物理教科书

1932年1月28日，日本海军陆战队突袭上海闸北，淞沪战事爆发。商务印书馆先后被轰炸、纵火焚烧，在战火中成为废墟，因此在激愤中喊出"为国难而牺牲，为文化而奋斗"的口号，并重新出版"国难版"图书，编印"复兴教科书"。至1933年8月，整套复兴教科书已经出齐。此套教科书中学阶段采用没有图案的封面设计，比较符合学生当时的心理特征。

（1）周昌寿编著的《复兴高级中学教科书 物理学》。

本书分为上、下两册，由绪论和力学、物性学、热学、声学、光学、磁学、电学七篇组成。全书372个知识点，附图380幅。其封面和版权页如图5-3-7所示。

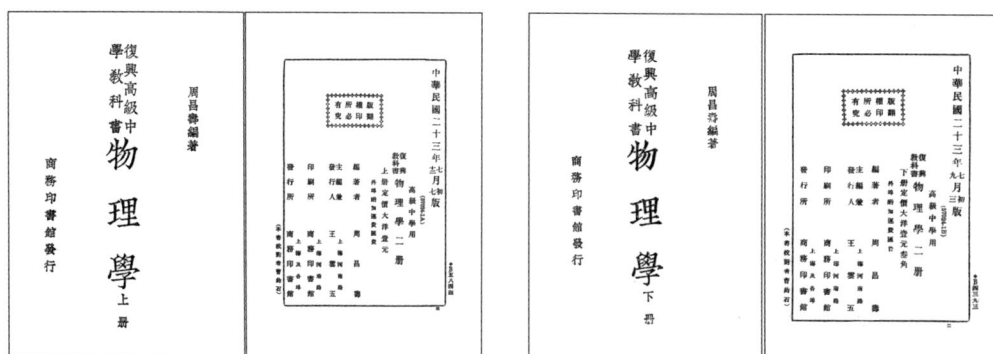

5-3-7

图5-3-7 《复兴高级中学教科书 物理学》（上、下册）封面和版权页

在初中学生只学习日常简单现象、尚未接受系统训练的基础上，本书选材内容从物质、物理学研究范围、研究方法开始，循序渐进，从力学、物性学、热学、声学、光学、磁学、电学等物理体系知识，到最近研究的放射性及原子构造内容，形成物理学的知识系统。

本书的体例为篇、章、节，章末附有问题。所选问题有两类，一类运用课本中原理，解释自然现象；另一类是应用定律，计算各种量之间的数理化关系。运用的数学知识仅限于平面几何、代数等浅显知识，尽力避免平面三角等较难知识，且在册末附有答案，便于校对。

本书的插图，有些用于辅助呈现演示实验装置，如图5-3-8所示的教材图71"静波怪事之实验"；有些呈现物理现象，如图5-3-8所示教材插图75、76的展示稳定浮体、不稳定浮体之现象；有些展示仪器结构，如图5-3-9所示的"无液气压计"。

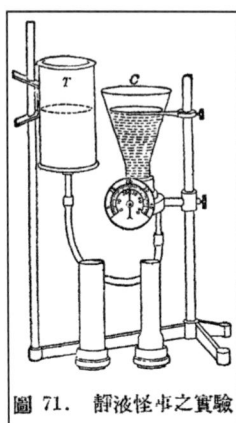

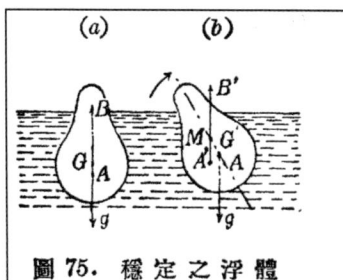

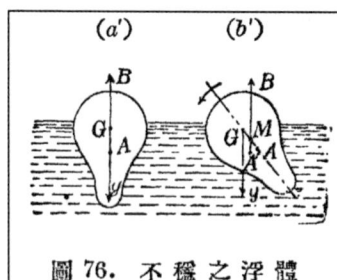

5-3-8

图5-3-8 《复兴高级中学教科书 物理学》中的插图71、75和76

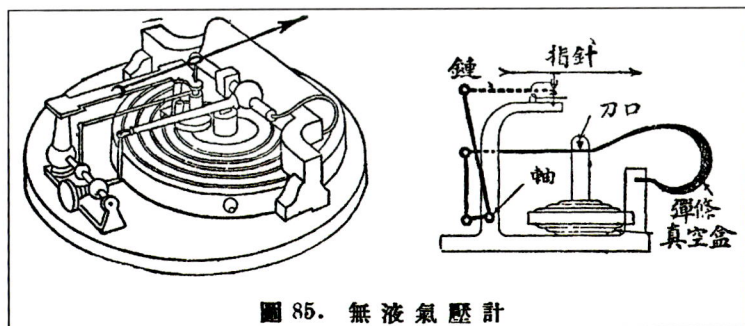

圖85. 無液氣壓計

图5-3-9 《复兴高级中学教科书 物理学》中的插图85

（2）周昌寿、文元模编著的《复兴高级中学教科书 物理学实验》。

本书依照《中学物理实验设置标准》编辑而成，1935年出版，如图5-3-10所示。教科书结构包括编辑大意、目录、实验须知、正文、附录、版权页。

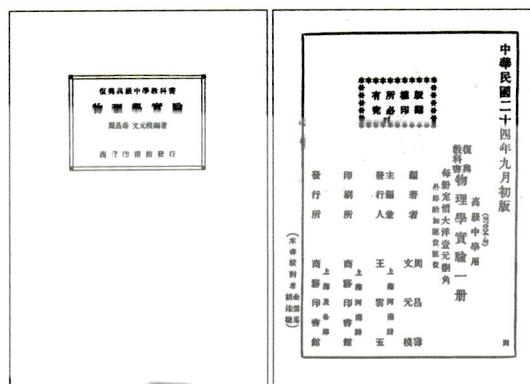

图5-3-10 《复兴高级中学教科书 物理学实验》封面和版权页

本书主要用于训练学生的实验操作能力，因此需要学生动手操作。全书开始特别设置实验须知一章，内容包括物理学与实验、实验准备、平均结果、不足一最小分度的估计、有效数字、误差之百分数、实验数据之计算、图示法、出具报告等九节。

本书有实验40个，呈现次序与《复兴高级中学教科书 物理学》相匹配，绪论部分实验3个，力学部分9个，热学部分8个，声学部分2个，光学部分6个，磁学部分2个，电学部分10个。按照部定标准分成甲、乙、丙、丁四种，甲、乙、丙种实验为必修，丁种实验为酌情学习，在文中用*标出。

每一个实验分成7项。①目的：使学生得知本实验最后目的何在；②解释：使学生对于本实验所包含的原理，得一明确概念，然后着手实验，方能得心应手；③仪器：本实验所需的仪器及材料；④方法：本书中的实验方法主要来自两本国外教材，一是密立根、盖尔、戴维斯的《物理实验室实验》，二是布莱克的《实用物埋新实验室实验》，使学生按照最简洁的步骤，达到本实验的目的；⑤选习：使学生知道除本实验所规定的方法之外，还有其他的方法可以采用；⑥报告：使学生将实验结果整理成为系统，或填表格，或施计算，做图表，必须一一做到；⑦问题：让学生应用所得之知识，解决理论上或实际上遇到的种种问题。

在每一个实验中学生工作分成三步，一是准备工作涉及①、②和③；二是实测工作涉及④或⑤；三是整理工作涉及⑥和⑦。文中所有的空白之处，均需一一填写清楚，然后交给老师。

本书采用活页装订，每一个实验各自独立，在学生工作完成后即可抽出，用书钉订好，填写姓名、组别、日期，连同使用后的仪器，交给老师。

附录部分包括求积公式、度量衡换算表、密度表、固体线性膨胀系数、比热、在不同压力温度下干燥空气的密度、水的沸点、三角函数表、炼铜线电阻、教育部规定的实验标准检索表，以及在实验数据处理中经常用到的一些物理常数、公式等，便于查阅。

（3）陈岳生编著的《复兴初级中学教科书 物理学实验》。

本书由陈岳生依据初级中学物理课程标准编辑而成，1937年出版，如图5-3-11所示。全书结构包括编辑大意、实验须知、目录、正文、附录、版权页。全书收录实验16个，作为初中学生进行物理实验的参考，教师可以根据实际情况，选择本书以外其他更好的方法。

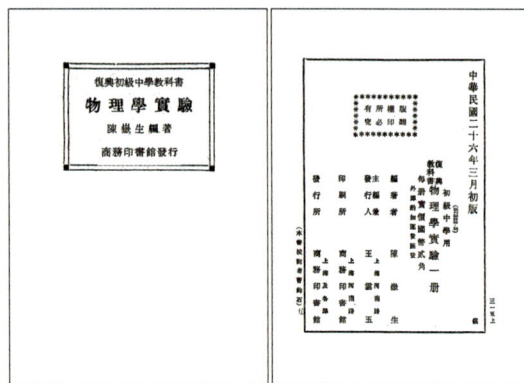

图5-3-11　《复兴初级中学教科书 物理学实验》封面和版权页

实验前须告知学生进行实验的注意事项，包括实验前需要仔细阅读实验教材，便于熟知实验目的；进行实验时，仔细观察实验现象，据实记录实验结果，不得为了适应理论而杜撰结果；实验数据应逐一按顺序记录；注意数据的精确程度，可疑数字保留一位；在实验报告小册中除了实验目的、用具、方法、测量数据之外，还要记录实验日期、同伴、所用仪器、天气情况、当时环境等信息；实验报告需要学生誊写仔细，行列对齐，养成良好的实验习惯，定期交给教师批改。

每个实验包含目的、用具、方法三部分，规范程度不如高中物理实验。

附录部分包括教育部颁布的初中物理学生每一组实验需要准备的设备数量，以及储藏柜、实验桌、储藏室的基本参数等。

3. 丁燮林著的《初级物理实习讲义》

本书于1930年出版，如图5-3-12所示。书中内文由引论、实习、附录三部分组成。其中引论部分介绍课程常用仪器、作图线法、准度，实习部分介绍了64个常见物理实验，附录部分列出各实验需要仪器名单。

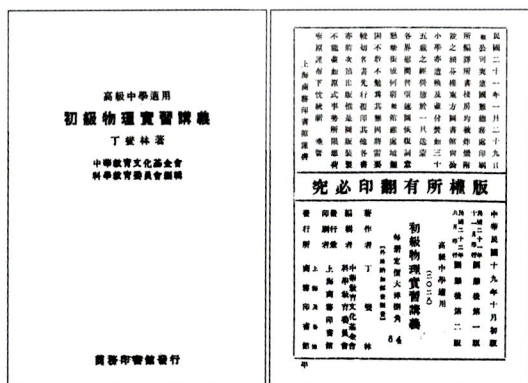

图5-3-12 《初级物理实习讲义》封面和版权页

每个实习的内容由目的、解释、仪器、方法、得数、问题六部分组成。①目的：使学生得知本实验最后目的是什么；②解释：使学生对于本实验所包含的原理，得一明确概念，然后着手实验，方能得心应手；③仪器：本实验所需的仪器及材料；④方法：使学生按照最简洁的步骤，达到本实验的目的；⑤得数：学生根据实验原理，对记录的数据进行处理，得出实验结论；⑥问题：让学生应用所得之知识，解决理论上或实际上遇到的种种问题。

附录部分为本书所列各实习所需要的仪器的名单，包含仪器的型号、数量等信息。

4. 翻译的国外物理教科书

（1）徐善祥编译的《密尔根 盖尔 物理学实验教程》。

商务印书馆1930年出版的《密尔根 盖尔 物理学实验教程》为第十版，如图5-3-13所示。该书1913年8月发行第一版，主要结构包括封面、序言、内容、附录、版权页。

图5-3-13 《密尔根 盖尔 物理学实验教程》封面和版权页

本书序言部分介绍了物理与实验的关系，以及物理实验与物理讲授的配合使用方法，为讲授三次，实验一次。本书提出教师具有实验的选择权，可以一节课进行两个实验，或者一个实验分成两次进行；实验课的时间以一个半小时为最佳时间。本书收录51个实验，每一个实验需要分成几段，根据实际情况执行；重视实验记录，具体的记录方法由教师确定，需要有条不紊，记录详实。本书附录部分包括实验的物理课程分配表、铜线及日耳曼银线之阻力、应用仪器名目表（完备）、应用仪器名目表（普通）。

（2）陈岳生译述的《高级中学适用教本　最新实用物理学》

由陈岳生译述、商务印书馆1935年出版的《高级中学适用教本　最新实用物理学》分为上、下册，如图5-3-14所示。本书含内容31章，知识点548个，插图593幅。每章章首标有知识点，章末有问题与习题、摘要、实用练习题，附录温习问题与习题。

图5-3-14　《高级中学适用教本 最新实用物理学》（上、下册）封面和版权页

本书有四个特点：一是与日常生产生活联系密切，选材包括日常生活中许多机械设备的结构与运转的基本原理，日常生活之中物理学原理的应用，而不是分子物理或原子结构的探讨。二是注重物理学的最新进展，介绍理论物理的最新发现，比如量子物理、相对论等；在工业研究室中发现若干基本原理的应用。三是将实验室的物理与家庭、街市、工厂中的物理建立联系。四是减少计算的繁杂程度，设置若干问题，访问教师以外的机械工匠、工程师等技术人员。

本书有不同的翻译版本，其中具有代表性的有蒋一林、刘伯绳、胡定义译，中国自然科学编译社出版的《汉译新实用物理学》；薄善保、聂恒锐、高同恩译，北平师大附中理科丛刊社出版的《新实用物理学》；陈宝衫译、文怡书局出版的《实用物理学》。

该书最新版改进的地方有：

①致力于内容及说明的简明与扩大。

②问题已精细校正并谨慎编列。

③附表中增补问题若干。

④近代之最重要的发明如飞机、无线电、电视、五彩有声电影等叙述，皆十分新颖入时。

⑤近代最新奇之X射线与结晶之实验，亦略述，借以学生得窥物质构造之奥秘。

（二）中华书局出版的物理教科书

中华书局根据课程标准，编写了相应的教科书，如表5-3-2所示。这些教科书封面标有"新本课程标准适用课本"。

表 5-3-2　1927—1937 年中华书局出版的主要物理教科书统计表

书名	类别	作者	出版时间
新中华自然科学	初级中学用	华文祺、华汝成（编）	1931年
初中物理	初中用、新课程标准适用	张开圻、包墨青（编）	1934年
高中物理学	高中用	仲光然（编）	1934年
物理学学生实验教程	初中用	朱建霞（编）	1935年
物理实验	—	［美］密尔根、盖尔、别蓄泼（著），王维廉、袁雪心（译）	1936年

1. 华文祺、华汝成编的《新中华自然科学》

华文祺，无锡人，字纯甫，著名佛学家。从民国初年到抗日战争前长期在文明书局、中华书局任编辑，与其兄华申祺均有留日背景，两人合著不少教科书。1906年兄弟二人编著有《中学生埋卫生教科书》，由文明书局出版发行，应为清末最早的生理卫生教科书之一。华汝成，无锡人，植物生理及藻类学专家，一生编译和编著了多本植物学和动物学等相关书籍。

《新中华自然科学》按照中小学课程暂行标准编写，1931年由中华书局出版，如图5-3-15所

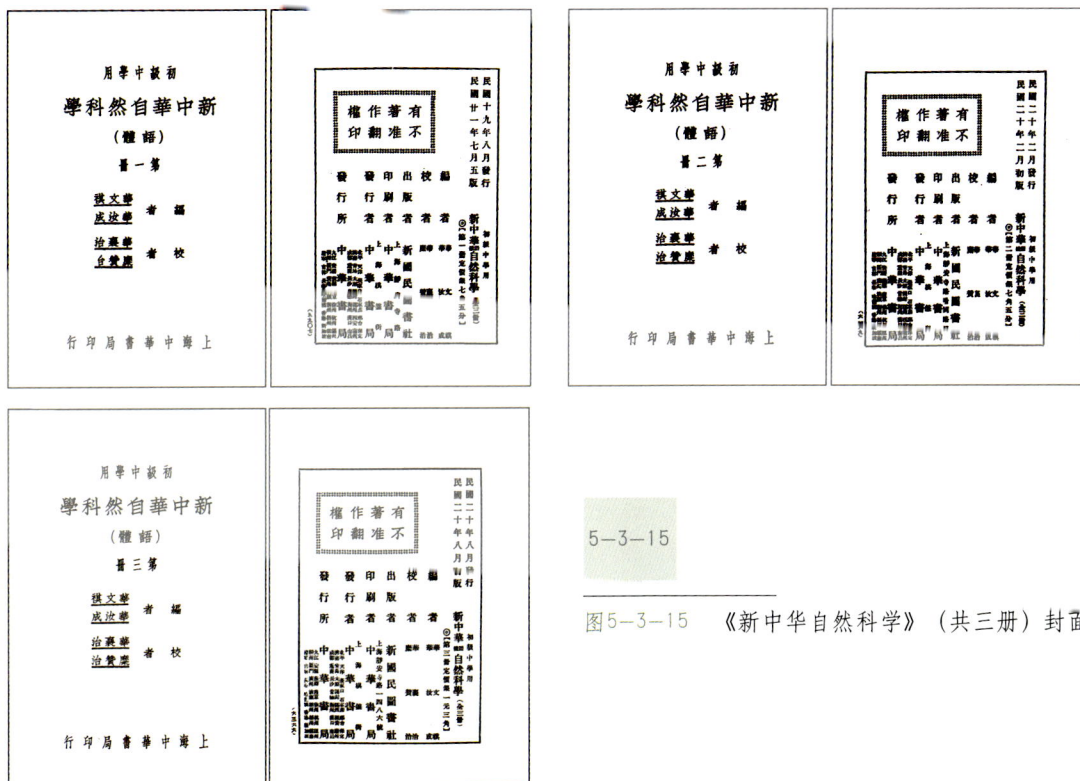

5-3-15

图5-3-15　《新中华自然科学》（共三册）封面和版权页

示。这套教科书共分三册，第一册分成第一、第二两编，供初中第一年使用，讲述生物学知识；第二册供初中第二年使用，分成四编，第一编"空气"、第二编"水"、第三编"土壤"、第四编"食物"，讲述理化、矿物、地质等普通知识，以化学为主，在空气部分、水部分含有部分物理学知识；第三册分成四编，第一编"住和衣"、第二编"运动和工作"、第三编"交通和旅行"、第四编"地球和天体"，讲述物理、天文、气象等普通知识，以物理为主，主要在运动和工作、交通旅行部分，讲述物理知识。

（1）本书的文字采用竖排，将各种重要的原理和普通的现象采用浅显的文字说明，还注重知识在生活上的应用，便于学习者明白自然科学与人生的关系。每章中把最普通的事物作为中心，就某事物记述与其有关系的种种原理及现象。因此本书是把各科融合一起，不分区域，把某事物所有的原理、现象和盘托出，比系统的研究似乎更能发生些趣味。比如"光的本质"一章，围绕光这一现象，展开了光和光体、光的透射、光的传播、光的直进、光的反射和屈折、光的强度等光学重要的现象和原理的讲述。

（2）根据实验事实来说明学理，以引起学习者的兴趣，并使学习者容易理解，比如在叙述"光的直进"这一现象时辅以牛顿的日光直进实验、探照灯的直进光两幅插图，用实验事实和生活中的现象来引入光的直进现象。

（3）每章后面有"附注"和"备览"。其中，附注部分注解简单的术语和词语，比如"以太是一种理想的物质"；备览部分解释稍微复杂的学理和补充正文的内容，比如"光是物质分子振动时发出的一种能力，叫作光能"。

（4）每章后面有问题要点，提问书中的要点，考查学生是否了解书中的内容。比如第五章"光的性质"，提问要点如下：

一、什么叫作光？

二、光怎样传播？怎样进行？

三、什么叫作光的屈折和反射？

四、怎样去测验光的强弱？

（5）本套教科书配有丰富的插图。如图5-3-16所示，在教材封面的后面附有彩色的插图，比如物理部分的"光带""盖氏管的放电"。在每章中配有丰富的插图，辅助展示物理现象，如"蜃楼现象""碗中屈折实验"；展示装置结构，如"本生氏光度计"。

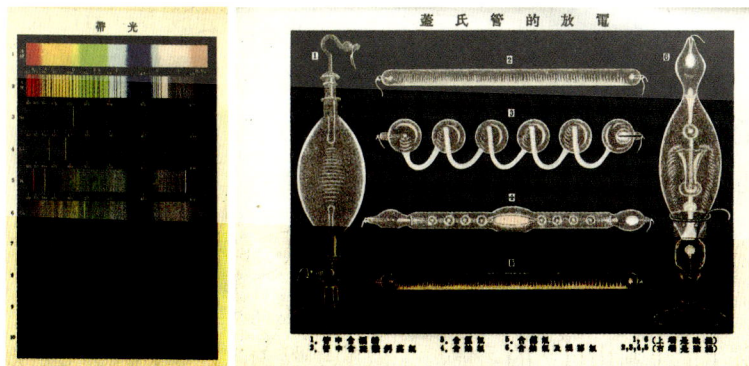

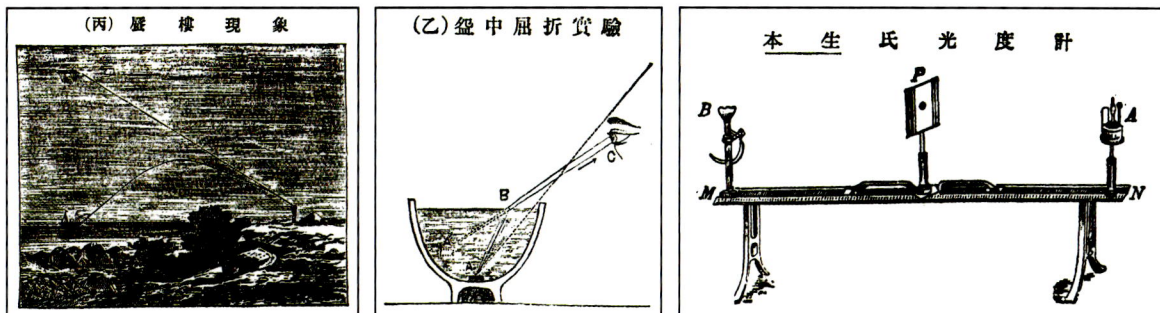

图5-3-16 《新中华自然科学》（共三册）光带、盖氏管的放电、蜃楼现象、碗中屈折实验和本生氏光度计插图

2. 张开圻、包墨青编的《初中物理》

由张开圻、包墨青编，上海中华书局出版的《初中物理》，按照教育部1932年颁布的《初级中学物理课程标准》编辑而成，1934年出版，分成上、下两册，如图5-3-17所示。本书上册有10章总计80节，下册有8章总计60节，每学期1册。在初三年级，第一学期每周4小时，第二学期每周3小时，每学期平均20周。

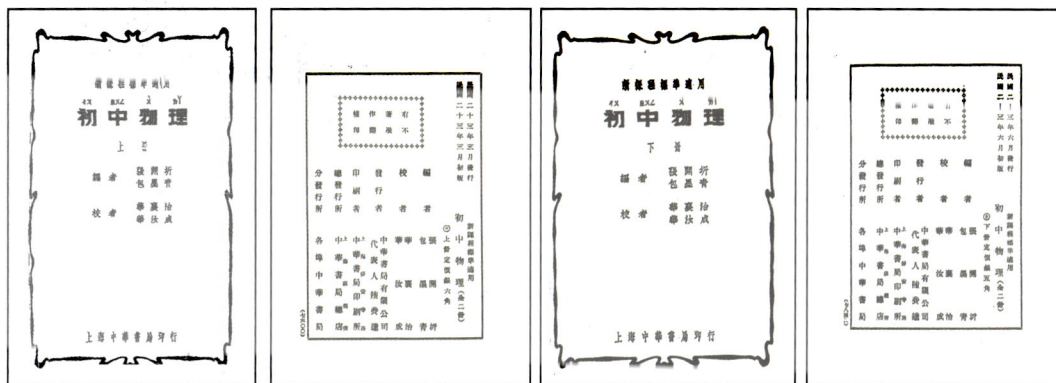

图5-3-17 《初中物理》（上、下册）封面和版权页

每章首先列出要旨，告诉学习者研究者教授的动机；正文分成节，节后附有几道练习题，章末列出提要，以便领悟书中的要点，形成一个整体的概念；习题部分为简单的问题，使学习者自主求出答案，得到思维的训练，彻底领悟原理和现象，比如第一章第三节"重量和力"节后问题为"问题1　一块铁的重量为500克，其底面积为20平方厘米，放在桌上时，桌面受多少压力？问题2　一本书平放在桌上和竖放在桌上时，桌面上所受的全压力和压力，有无改变？"

本书以常识和生活为中心，用实验说明学理，引起学习者研究自然界事物的兴趣，从而总结系统的重要原理，养成生活上利用自然的习惯。采取的实验力求简单，并为屡经验证而确实可做的，比如书中第15页液体的旁压力实验，"在圆筒旁钻有直行的数个小孔，满盛以水，小孔的位置愈下，射出的水愈急"，如图5-3-18所示。

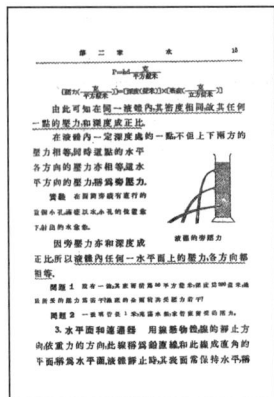

图5-3-18　《初中物理》中液体的旁压力实验

本书配有的插图极多。在附注中呈现实物图，比如玻璃制成的物体；呈现物理现象，比如物体受力的作用。如图5-3-19所示。

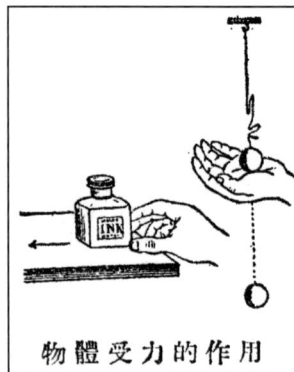

图5-3-19　《初中物理》玻璃构成的物体、物体受力的作用插图

本书特别注重对物理学史的普及教育，通过肖像图、简单的小传记述科学家在物理学发展上的贡献，比如伽利略的比萨斜塔实验及小传，马德堡半球实验及附注等，如图5-3-20所示。

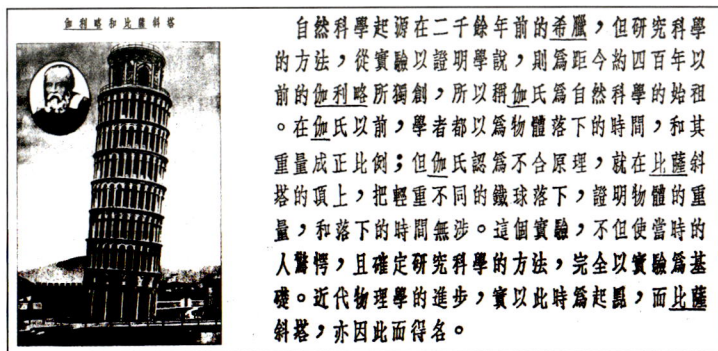

自然科學起源在二千餘年前的希臘，但研究科學的方法，從實驗以證明學說，則爲距今約四百年以前的伽利略所獨創，所以稱伽氏爲自然科學的始祖。在伽氏以前，學者都以爲物體落下的時間，和其重量成正比例；但伽氏認爲不合原理，就在比薩斜塔的頂上，把輕重不同的鐵球落下，證明物體的重量，和落下的時間無涉。這個實驗，不但使當時的人驚愕，且確定研究科學的方法，完全以實驗爲基礎。近代物理學的進步，實以此時爲起點，而比薩斜塔，亦因此而得名。

图5-3-20 《初中物理》中伽利略的比萨斜塔实验及小传、马德堡半球实验及附注

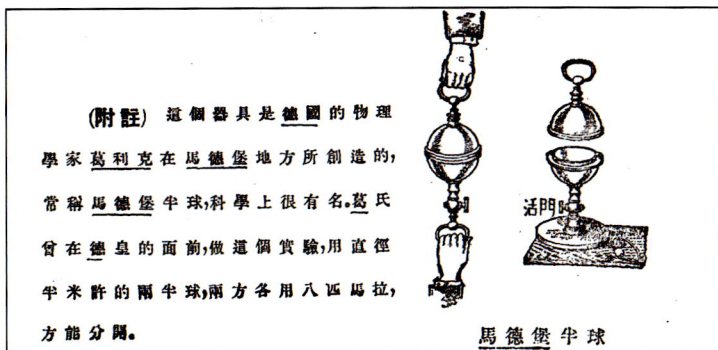

(附註) 這個器具是德國的物理學家葛利克在馬德堡地方所創造的，常稱馬德堡半球，科學上很有名。葛氏曾在德皇的面前，做這個實驗，用直徑半米許的兩半球，兩方各用八匹馬拉，方能分開。

活門

馬德堡半球

3. 仲光然编的《高中物理学》

仲光然编的《高中物理学》依据1932年颁布的《高级中学物理课程标准》编写，于1934年由中华书局出版发行，分成上、下两册，如图5-3-21所示。其中上册包含物性、力学、热学，下册包括音学、光学、磁气学、电气学，共六篇。全书291节，399幅图。采用明显的语体文，词句朴实、严密。书中多用数学知识；适当讲述物理学的应用，比如发电机、电动机、电传照相、有声电影等的详细构造，但对复杂装置不做详细介绍，点到为止。

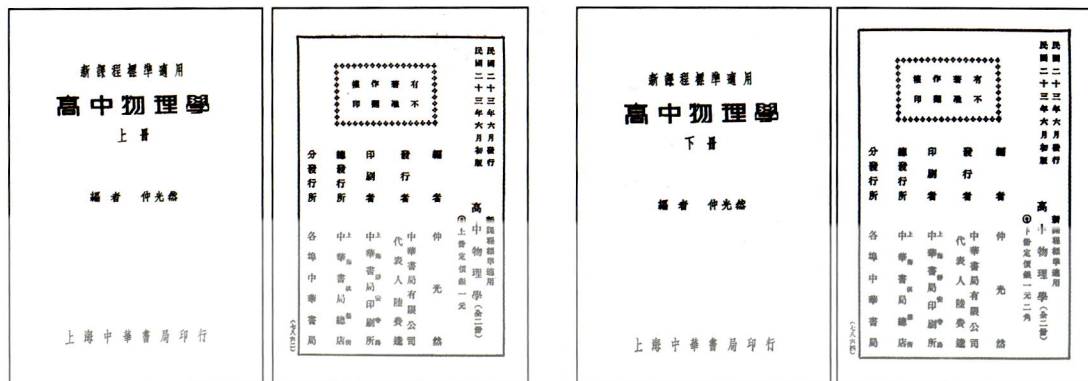

图5-3-21 仲光然编的《高中物理学》（上、下册）封面和版权页

本书体例是篇、章、节。章末附录问题，节末附有备览，用小号字印刷，作为正文内容的扩展。章的后面，附有问题或计算，供学生练习。译名以通用为主，重要的词汇之下附有英文。

本书有丰富的插图，辅助呈现物理现象、物理原理、实验装置、实物图，如图5-3-22所示展示了毛细管现象及毛细管现象的说明；如图5-3-23所示分别为液体压力的实验、阿基米德原理实验图和氢气球的实物图。

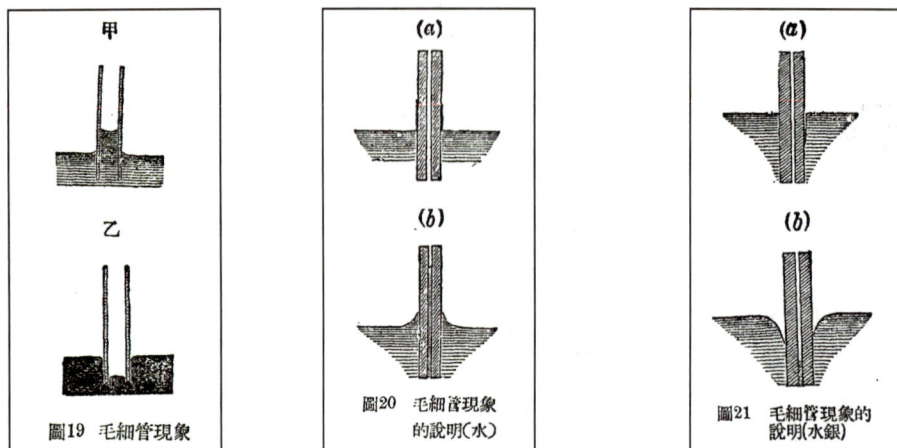

5-3-22

图5-3-22　《高中物理学》插图19—21

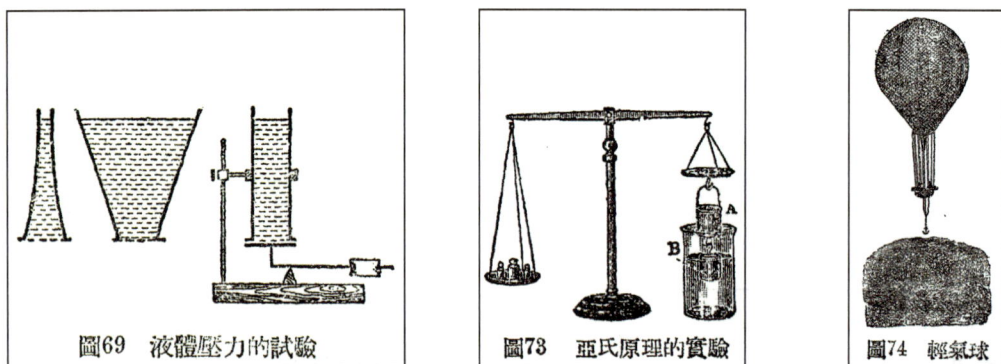

5-3-23

图5-3-23　《高中物理学》插图69、73、74

4. 朱建霞编的《物理学学生实验教程》

1935年，由中华书局发行的《物理学学生实验教程》注重对学生综合能力和探究能力的培养。本书是由根据教育部颁布的初中物理学设备标准开设的甲、乙、丙三种重要的实验编辑而成。每个实验分成目的、用品、方法三项，其中用品是按照教育部编著的用品标准列出，是实验所必需的；所述方法是指一般的方法，如果有更好的方法或者其他特殊的实验，可以随时加以补充。本书的封面和版权页如图5-3-24所示。

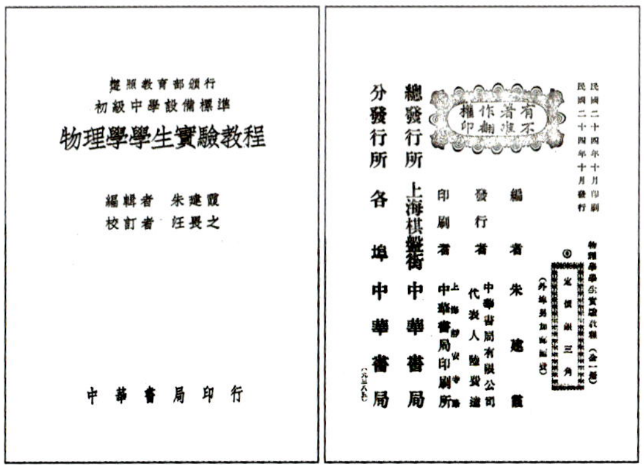

5—3—24

图5—3—24 《物理学学生实验教程》封面和版权页

5. 王维廉、袁雪心翻译的《物理实验》

密尔根、盖尔、别蓄泼著，王维廉、袁雪心翻译的《物理实验》于1936年由中华书局出版，如图5-3-25所示。本书的结构包括封面、原序、目次、物理实验内容、附录、版权页。全书收录实验51个，适合高中学生使用。

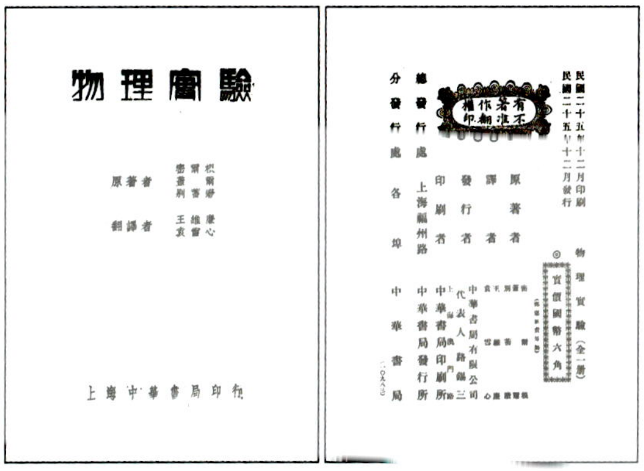

5—3—25

图5—3—25 《物理实验》封面和版权页

原序记录了本书的使用方法，为用以配合《密尔根 盖尔 实用物理学》教本，帮助学生理解物理学的原理以及对于个人的应用。

本书中实验的方法，根据仪器条件来确定；还有很多的可以替代的实验，给了实验教师很大的自主空间，比如“没有瓦斯，学生可删去实验五，而作实验五甲后，亦可得同样之原理”。

本书的另一个特点是学生不必在实验之前提前准备。书中的实验原理，学生不需要提前阅读学习。本书的作者之一盖尔喜欢将实验作为问题研究的先导，并且在实验书中附有详细的实验方法。

本书的特色之一是注重能量转换实际应用的问题，比如两种能量的转换问题，除了关注能量转换的具体效率，还关注了实验成本问题。

本书对于具体实验，陈述了具体的实验方法并列明实验后的思考题；除定性实验没有实验记录外，对于设计数据处理的实验，都有实验记录格式，帮助学生养成整齐记录的习惯，而交给学生处理实验数据，得出结论的方法，也可以减少教师批改实验的时间与精力。

附录部分包括实验课在一年36周教学的具体时间安排表，以及德国假银线和铜线的电阻及重量等物理常数。

（三）世界书局出版的物理教科书

世界书局于1917年由沈知方在上海创办。1921年，其从独资企业改组为股份有限公司，设编辑所、发行所和印刷厂，在各大城市设分局30余处，沈知方任总经理。世界书局成立初期，以出版小说为主。从1924年起，编辑出版中小学教科书，与商务印书馆、中华书局出版的教科书三足鼎立。1929年新课程标准试行并不断修订，世界书局随之陆续推出新的适应课程标准变化的教科书。

1929年，世界书局出版了一套"初级中学教科书"，适应了暂行课程标准的需要。1932年出版了"新课程标准世界中学教本"，在1933—1935年陆续出版，其多数课本以编者的姓氏命名，如表5-3-3所示的朱氏初中物理学、龚氏初中物理学、傅氏高中物理学、包氏高中物理学实验等。

表 5-3-3　1927—1937 年世界书局出版的物理教科书统计表

书名	类别	丛书	作者	出版时间
初中自然科学	初中用	—	郭任远（编著）	1929年
初中物理学	初中用	—	龚昂云（编著）	1930年
高中物理学	高中用	—	傅溥（编著）	1931年
朱氏初中物理学	初中用	新课程标准世界中学教本	朱昊飞（编著）	1933年
龚氏初中物理学	初中用	新课程标准世界中学教本	龚昂云（编著）	1934年
傅氏高中物理学	高中用	新课程标准世界中学教本	傅溥（编著）	1935年
包氏高中物理学实验（第二版）	高中用	新课程标准世界中学教本	包墨青（编著）	1935年

1. 郭任远编著的《初中自然科学》

郭任远曾留学美国加利福尼亚大学伯克利分校，早期是激进的行为主义者。郭任远在20世纪20年代挑起了关于本能问题的论战，轰动了美国心理学界。此后他提出心理学应该以人类或动物的行为或动作为研究对象，坚决主张抛弃心理学中一切主观性的名词术语，被称为"超华生"的行为主义者。1922年回国后致力于中国心理学启蒙和发展活动，被称为"中国的华生"。1927—1936年，郭任远转赴南京中央大学和浙江大学任教，并于1933年开始担任浙江大学校长。郭任远作为一名行为主义心理学家，应世界书局邀请编写新主义教科书《初中自然科学》，又名《新主义教科书》，于1929年出版发行。

郭任远在自序中阐述了写这部教科书的动机，他通过自身的经历与经验感觉到中国学生对自然科学普通知识了解程度太低，中学科学教育不太好的原因之一是缺少"良善"的教科书。郭任远回国后致力于心理学和生物科学的研究，但是这一努力完全失败，一个重要的原因是一般的学生没有很好的自然科学基础，因而没有研究高深科学的兴趣，因此他希望从教科书这个方面做出自己的努力。

关于教科书郭任远提出了几点注意：

（1）初中自然教科书应该适合所有的学生，无论是否升学，升学后是否继续从事专门的自然科学研究。

（2）科学教科书的内容应该和人类生活有密切的联系，有很多的学生毕业后不再继续研究自然科学，让这些学生也可以将所学习的科学知识应用到实际生活中。

（3）给出了初中自然科学是混合学科的原因，首先，一般学生学习自然科学的目的是知道他们自己和身处环境的种种关系；其次，要学习些自然科学的普通知识以便实际应用，所以应该给初中学生提供一套完整的科学知识，鸟瞰一切自然科学现象的原理、原则的知识，不给学生提供割裂、破碎的分科知识。特别注意培养学生对自然科学的兴趣，基于上述考虑，教科书的内容应该人生化，并且适应初中生自己的生活。教科书叙述避免枯燥的事实、定义、专门术语。学完这门课程后，若学生还有继续学习的想法，给予这部分学生进行比较高深研究的机会。自然教科书不但要给予学生科学的基本知识，还要特别注重科学方法的使用，帮助学生养成良好的科学习惯，遇到问题时，用科学的态度对待，用科学的方法解决。因此教科书需要特别注意实验，尽量避开纯学理的讨论。

本书共六册（第三册分上、下两册），如图5-3-26所示，供初中三年使用。体例是部、册、篇、章，各部分之间前后联络贯通。特色是以人为本，以人生为中心，以人类为本位，范围涉及动物、植物、天文、地球、理化的现象，从人类的生活出发，到人类的生活结束。逻辑顺序为：第一步，学生先了解人类自己的种种问题和我们在自然界的位置；第二步，讨论人类和生物环境的关系；第三步，探索人类和物质生活的关系。全书分成三部，第一部叙述人类本身，为第一册、第二册的内容；第二部讲述我们的生物环境，动物、植物，为第三册、第四册的内容；第三部讲述我们的物质环境，为第五册、第六册的内容。其中第五册包括第三篇我们生活的需要品（热和光）、第四篇现代生活的需要品（电和机械）。

本书内容采用归纳法叙述。比如在第五册第三篇第一章"热的性质"中对于热的重要性，是这样叙述的：

> 前四册各章中常常谈及热和温度，足见热和各种自然现象的关系是很大的。我们每天的经验都和热有关系，每天的生活离不了热。热可说是和水及空气一样，是生活上不可以一刻没有的。气候和寒暑是热的变化，衣服和房屋根本是为御寒而设的。动植物的生活和发育都需要相当的热，人冷和太热都不适宜生活，更不适宜发育。食物也需要相当的热度。此外热又能够变成能力而做种种工作。第四册第二篇第六章所讲的蒸汽机都是利用热力制成的。
>
> 总而言之，我们每天的生活都直接地或间接地与热有关系。因为这个缘故，所以自原始以来，人类便天天找出许多控制和利用热的方法。

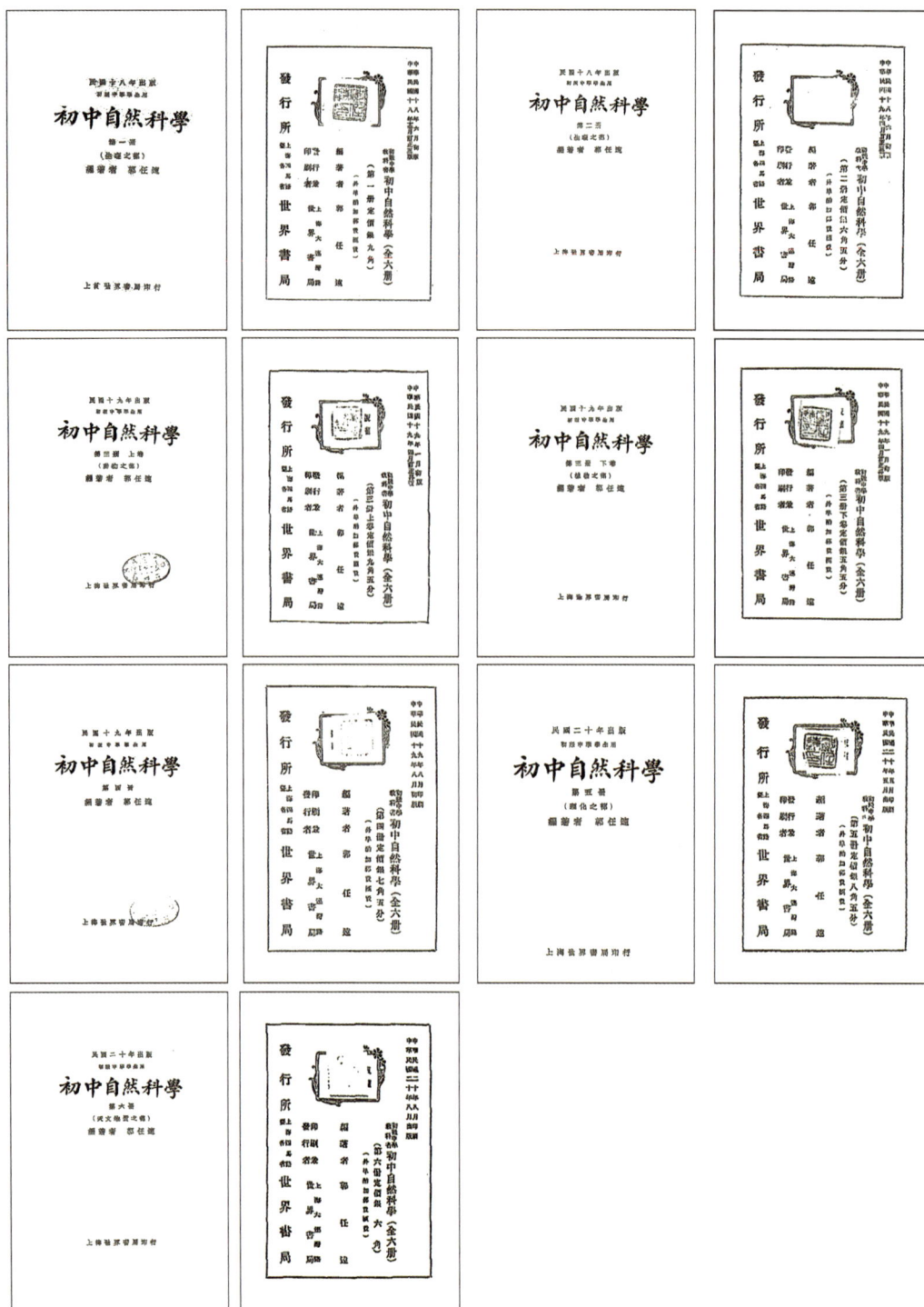

5—3—26

图5-3-26　《初中自然科学》（共六册）封面和版权页

　　为了引起学生的思考，在每一章开始设置若干问题，这也符合问题教学法，比如第五册第三篇第一章"热的性质"，开始提出如下问题："热和生活有什么关系？热从哪里来呢？热如何测量？热和物体的膨胀有什么关系？热如何传播？"；在每章末尾附研究和讨论，使学生做进一步的讨论，如"热的性质"这一章研究与讨论的内容是："研究物体的涨率；研究热与物体变态的关系；研究佳尔的法则"。研究与讨论的内容并不是学生自己可以解决的，是为让学生不敢自满，认识到仍然有进一步学习的必要，同时其也是设计教学法的材料。

郭任远作为心理学家对自然科学的教学建议如下：一是注重实验，减少讲解和讨论的时间，建议实验占三分之二，课堂教授不超过三分之一；实验的内容与课堂讲授的内容相互对照。二是用多种方法引起学生的思想和兴趣，并训练其科学的态度和应用科学方法的习惯，减少死记硬背的教学法。三是课堂的时间用在公共讨论相关的科学问题，而不是讲解书本里面的语句。学生已看懂本书的语句，即使不明白，也要在课下询问老师。特别明确了教师的职责：教员的工作在计划功课，指导实验和领导课室内的讨论，不是在讲解书本里的文句。

建议的教学法是问题教学法和设计教学法。教师讲授时，应以学生的经验、生活需要和环境的状况作为标准，来灵活调整书本里面的内容。授课前应做好充分的准备，每节课的计划书需要在上课前准备好。讲授时使学生成为学习的主人，多动、多做、多讲、多辩论、多发疑问；教师指示学生、指导学生、引起学生的思考与兴趣，设法使学生在课室内互相合作，尤其是有组织地合作，共同讨论一个问题，或合力做一个实地的研究，各尽所能，以贡献全班。这是教师的重要使命，可以激发学生进一步学习的愿望。

2. 龚昂云编著的《初中物理学》

本教科书根据暂行课程标准中物理部分的教学大纲编写，内容与课程标准吻合，由上海世界书局于1930年出版发行，全书采用白话文横排印刷。其封面和版权页如图5-3-27所示。

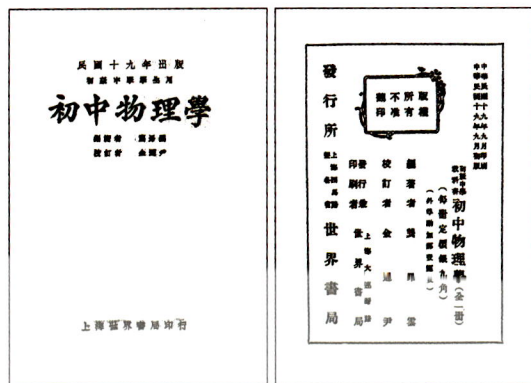

图5-3-27　《初中物理学》封面和版权页

（1）本书从常见的事实出发，由浅入深。每一个学理，首先通过实验观察或提起学生平时的经验，然后引出论断，阐明理论。

（2）本书采用章、节体例，每一节的开始是列出问题讨论，作为全节的纲领，引起正文；在正文中间，从常见的事实中随时提出问题，随时复习。每节末附有提要及问题。提要使学习者有概括的概念，便于检查复习。问题部分复习已学习的教材，巩固新知；在学习范围外的问题，多是学习教材的推论或者为后面的学习做准备，如图5-3-28所示。

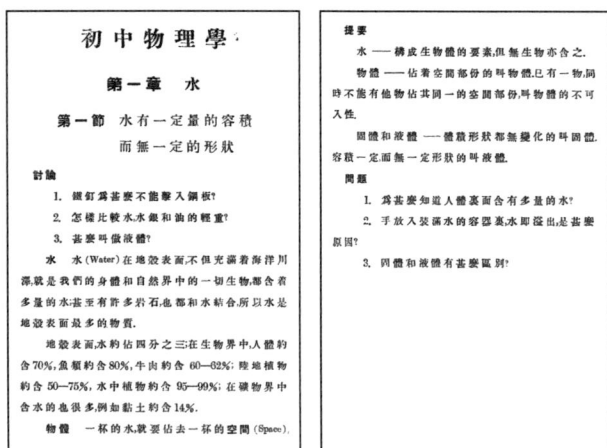

5-3-28

图5-3-28　《初中物理学》第一节"水有一定量的容积"讨论、提要、问题

（3）本书的一大特点是配有丰富的插图。全书共有200多幅插图，作为实物教学的辅助，呈现物理原理、物理现象，如"实验一现象的第一图"；附有科学名人肖像若干，配备有关于科学的历史掌故，比如伽利略的肖像和简单生平介绍及其在物理学上的贡献，如图5-3-29所示。

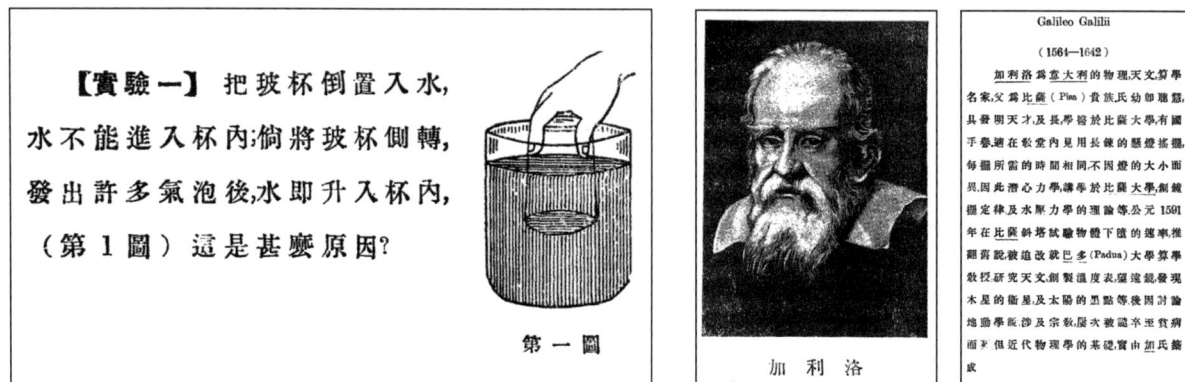

5-3-29

图5-3-29　《初中物理学》实验一、第一图、加利洛（同"伽利略"）肖像及生平介绍

（4）本书中的实验往往作为引入学理的基础，帮助学生通过实验观察获得事实，引起学生的学习兴趣，比如实验四"覆杯实验"，来证明大气压力的存在；或者验证物理学原理，比如实验六"证明物质的不灭性"。

3. 傅溥编著的《高中物理学》

傅溥编著的《高中物理学》根据《高级中学普通科物理暂行课程标准》编写，1931年由上海世界书局出版发行，如图5-3-30所示。全书由绪论、物性、力学、热学、音学、光学、磁气电气学七部分组成，书中内容均为理论部分讲授，讲授全书约需100小时，一年使用：讲授每周3小时，一年6学分；实验每周2小时，一年2学分。

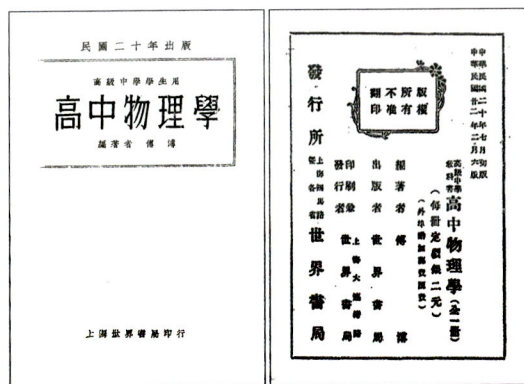

图5-3-30 《高中物理学》封面和版权页

全书采用横排印刷，白话文叙述，通俗易懂。按照课程标准包括物理学的全部重要原理。内容在初中毕业基础上进行学习，考虑到量子理论、相对性原理等物理学新进展对于高中生学习有些难度，因此这部分只简略叙述其基本观点。

本书以篇、章、节的体例编写，在每一章的后面附有问题，附属的均为计算题或者需要思索后方能解答的问题，其中绪论部分的7个问题，计算题有6个，比如题1"设以10厘立方之铜块，制成铜球时，求球之半径为几厘"；思考后方能解答的问题，如题4"三角形之面积与其高及底之相乘积成正比例，设之此时之比例常数为1，则其面积之单位，应如何定之"。

本书采用插图来辅助实物教学。有的插图用来显示实际物体，如教材插图一米原器；有的插图用以说明物理原理，比如教材插图二太阳日比恒星日稍大的原理，教材插图十一呈现液体压力与深度成正比的原理。如图5-3-31所示。

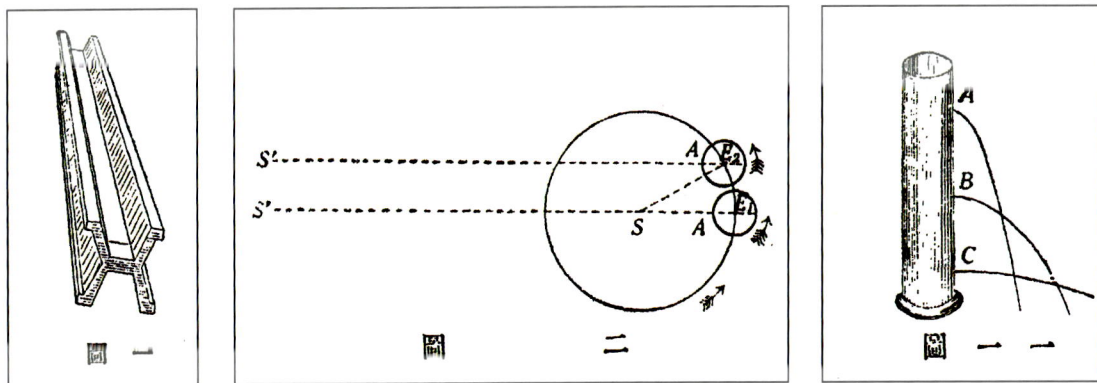

图5-3-31 《高中物理学》中的插图

4. 朱昊飞编著的《米氏初中物理学》

朱昊飞，1917年毕业于北京大学，后到天津女子师范学校任教。第一次世界大战结束后，去德国留学，在柏林大学研读化学四年，获化工博士学位。回国后，历任北京大学、中山大学、武汉大学、浙江大学理化教授。1933年以后，任世界书局编辑，有物理、化学方面的专著和中等学校教科书多种。

朱昊飞教授按照新课程标准编著的《朱氏初中物理学》于1933年由上海世界书局出版发行，如图5-3-32所示。全书包括小引一章、正文八章。这是作者按照理想编著的教科书，考虑学校缺少自然科学的设备，教科书内容从学生日常生活的事物出发，由已知推及未知，由浅及深。选材时，事物现象取自和学生日常生活经验接近的；关于定律、原理、原则等理论的叙述，采用归纳法，把他们看作自然现象的一种结论，先让学生了解现象或事物间的重要关系，再进行归纳总结，便可使学生认识那些原理和定律。对于重要的仪器，先把仪器内部最重要的机关，用简单的手工制造品来表明，等学生懂了，再提出仪器。

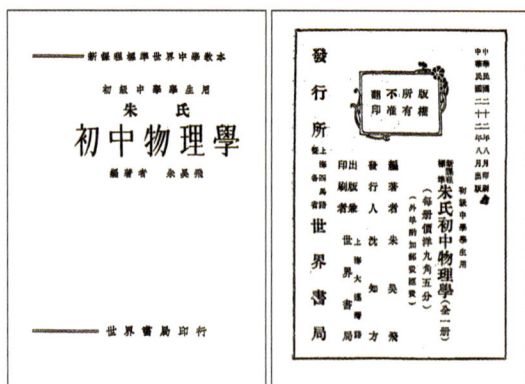

图5-3-32　《朱氏初中物理学》封面和版权页

针对学制改革后物理教材"各自为政"的情况，本书试图衔接小学、高中两个阶段。全书分成87段，由叙言、小引、空气、水、秤、胡琴、太阳和热、太阳和光、雷电、物理学上自然现象的分类十部分组成，在章节题目选择上从日常生活的经验出发。叙言部分，通过物理学的研究对象、物理学的学习方法，衔接小学部分；第八章"物理学上自然现象的分类"，通过对初中物理各章节的回顾，探讨为什么研究物理学、普通物理学自然现象的分类，用以衔接高中物理。

教材中关于某一知识点叙述，从学生的日常经验、小学学习过的知识点出发，归纳物理性质，并通过实验来验证，比如：对于空气是有重量的实体的叙述，从学生小学学习过的基础知识"空气存在"出发，然后归纳出"空气占据空间的性质"，并通过实验验证空气占据一定的空间、空气具有重量等结论。如图5-3-33所示。

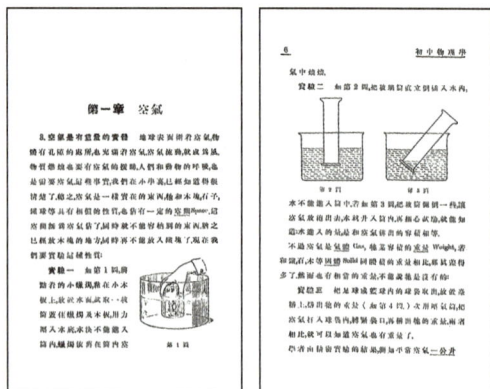

图5-3-33　《朱氏初中物理学》中关于空气是有重量的实体的叙述

全书配有358幅插图，辅助实物教学，有的是呈现原理简图，如图5-3-34所示，教材第351图为电报的发报装置实物外形图；第353图、第354图分别为呈现整流器的实验装置图、实验现象图。附图注重物理学史对学生的普及教育作用，如出现阿基米德的肖像，并简单记录其在物理学上的贡献。习题方面，在每一节的后面附有习题，习题的内容有计算题和解释题。

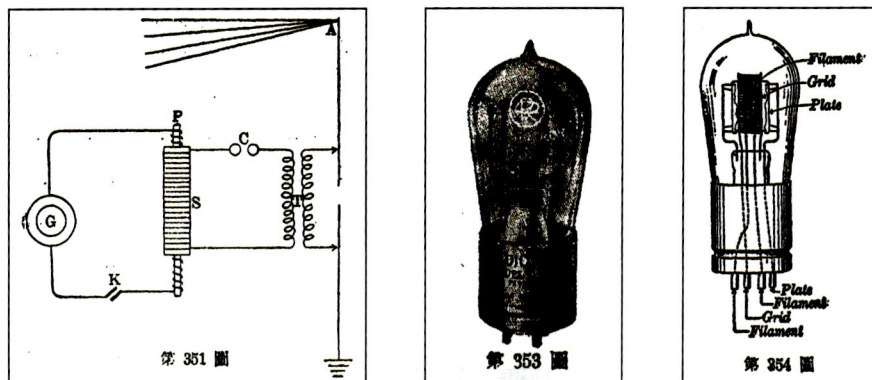

图5-3-34　《朱氏初中物理学》插图

5. 龚昂云编著的《龚氏初中物理学》

龚昂云按照1932年颁布的《初级中学物理课程标准》编辑而成的《龚氏初中物理学》，于1934年由世界书局出版发行。全书分成上、下两册，如图5-3-35所示。全书共有插图256幅；体例包含章、节，章末附有问题；内容以日常所见的事实出发，每一学理，必以实验观察，或者是先行提起学生平时的经验，然后引出论断，阐明理论。

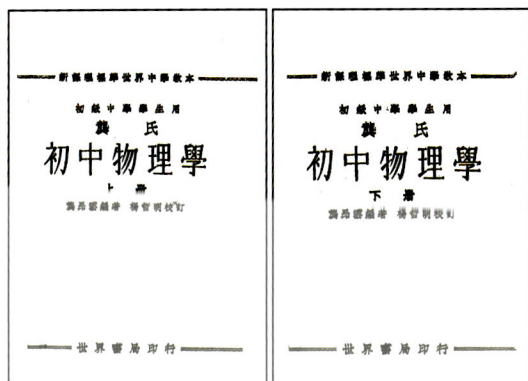

图5-3-35　《龚氏初中物理学》（上、下册）封面

本书的选材以常识为中心，说理以事实为证明，借以引起学生的兴趣，内容是学习者所必需的知识以及研究时所产生的问题，如气球、飞艇、飞机、潜艇以及电话、电报、电灯、无线电报、无线电话、有声电影等，物理学应用的知识尽量采用，可以增加学生自主研究的兴趣。教科书从常见的事实中，随时随处提出问题，循环复习，学习者可以获得利用自然现象的能力，理论与应用融会贯通。

　　每一节的后面附有问题，设置问题的目的有两个：一是复习已经学习的教材，通过问答能够更加透彻领悟；二是通过问题引导学生的自主研究，养成学生自主学习的能力。比如第二章第一节"水的性质"，讲述水、液体的压力、压力与深度的关系、连通器四个小问题，节末附录四个问题"1.液体有什么特性？2.将竹管的一侧自上至下穿小孔若干，注水入管，则自各小孔射出水的远近不同。试说明其理。3.静止的水面为什么必成平面？4.试说明自来水装置的原理。"

　　本书以实验观察作为获得经验事实的基础。比如"实验1：将玻璃杯倒入水中，水不能进入杯内；如果玻璃杯侧转，水即升入杯内。如第1图，这是什么原因？"

　　通过实验获得事实，证明物质的不可入性；又提出问题，循环复习。

　　教材中注重物理学史知识的普及教育，通过肖像插图，辅以小传，增加学生对物理学家的敬仰和对物理学的学习兴趣。比如附录有伽利略的肖像及传记，如图5-3-36所示。

5-3-36

图5-3-36　《龚氏初中物理学》第1图、伽利略肖像及传记

6. 傅溥编著的《傅氏高中物理学》

　　《傅氏高中物理学》教科书依据高中物理课程标准编著，1935年由上海世界书局出版发行，如图5-3-37所示。全书包括绪论和物性、力学、热学、声学、光学、磁电学六篇，共321节知识点，385幅图。书中的术语以教育部颁布的物理学名词为准，文末附有中英文对照表。

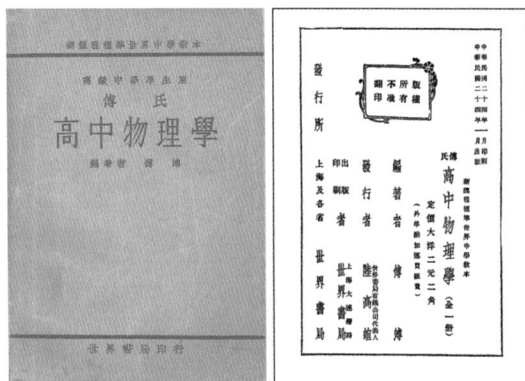

5-3-37

图5-3-37　《傅氏高中物理学》封面和版权页

本书选材除了重要的原理、定律还包括物理学知识的应用，叙述的语言简洁明了、平实。本书的学习需要具备一定程度的数学能力。

章末附录部分选列的问题为计算题或加以思考才能解答的问题，纯粹记忆性的问题可由教师随时提出发问。

本书配有丰富的插图，用于辅助呈现物理原理、演示实验装置和仪器结构，如水的侧压力现象、阿基米德原理的解释、潜水艇的结构等，如图5-3-38所示。

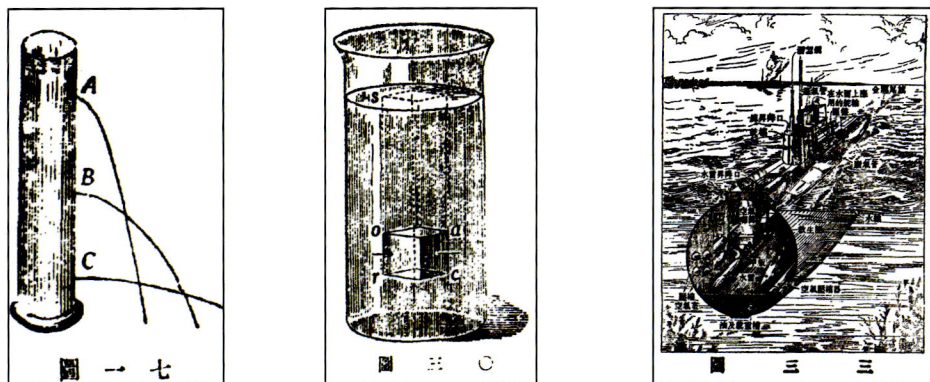

图5-3-38　《傅氏高中物理学》中的插图

7. 包墨青编著的《包氏高中物理学实验》

包墨青编著的《包氏高中物理学实验》按照"物理实验教程编著标准"编写，1935年由世界书局出版发行，如图5-3-39所示。该书共列出41个实验，每课2小时，一年授完，需至少完成30个实验。

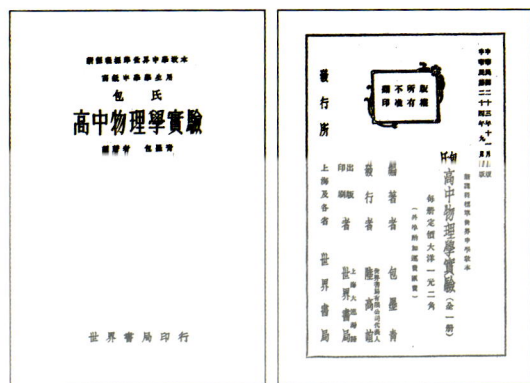

图5-3-39　《包氏高中物理学实验》封面和版权页

课程的次序按照傅溥编著的《高中物理学》配套编制，教材采用活页制，次序自由调整。体例包括实验须知、四十一个实验、附录每组实验所需仪器表。每个实验包括目的、仪器、方法，附录空白实验报告。实验内容力求实用，文字力求浅显，叙述力求相近，希望学生自行阅读，节省教师的解释时间。实验报告的记录及计算与问题，留有空白；做完实验报告后，取下直接交给教师评阅。

第二节　日益规范的物理教科书（1927—1937）

实验仪器力求简易，便于学校配备；篇末的仪器表所提及的仪器，可以按照详细具备的尺寸大小自制。出现的物理学名词，采用教育部颁布的物理学名词，人名旁注英文。

（四）开明书店出版的物理教科书

开明书店是20世纪上半叶在中国开设的一个著名出版机构，1926年成立，创办人为章锡琛。开明书店成立不久，为了在教科书市场有一个良好的开局，独树一帜编纂出版了一些适合新学制的具有特色的中学课本，组建了一支由学者、作家组成的优秀编辑队伍，比如物理学家戴运轨，知名编辑周昌寿等。开明书店的教科书设计切合实际，其内容、编校、纸张、印刷、装订、装帧设计都十分讲究，很受欢迎。表5-3-4中统计了开明书店1927—1937年出版的物理教科书。

表5-3-4　1927—1937 年开明书店出版的物理教科书统计表

书名	类别	作者	出版时间
开明物理学教本	初中用、修正课程标准	戴运轨（编）	1932年
新标准初中教本　物理学（第四版）	初中用	周昌寿（编著）	1934年

1. 戴运轨编的《开明物理学教本》

戴运轨是物理学家、教育家，1928年担任中央大学物理系教授，1932年担任金陵大学物理系教授。1931年其受邀根据《中小学课程暂行标准》中物理部分的相关内容编写《开明物理学教本》，1932年由开明书店出版发行，供初中学生使用，如图5-3-40所示。

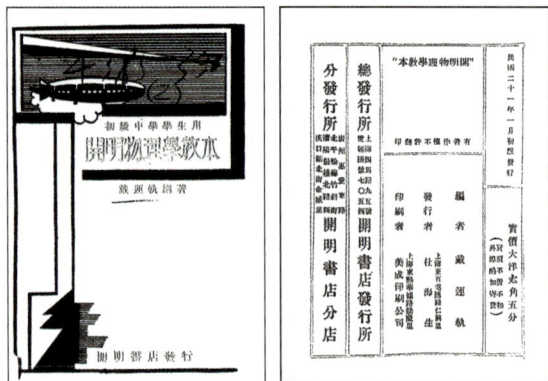

图5-3-40　《开明物理学教本》封面和版权页

本书由封面、独立插图、编辑大意、目录、正文、附录、封底广告、版权页组成。本书内容依据《中小学课程暂行标准》中物理部分的教学大纲编写，包括重要的定律、与人生密切联系的事项、近代文明的设备、日常需要的器具，比如胡克定律、玻意耳定律、运动定律等重要的物理定律；在附录中有物理与人类文明的设备：显微镜、望远镜、热机、留声机、电动机、变压器、无线电报、无线电话等。在重要的物理定律或其他重要内容处，标有波浪线，以引起学生的注意。

本书文字叙述从简易的实验或自然现象入手，再从其所得结果推出论断或定律，使学生习得自然现象的知识，并领悟科学研究的方法。然后列举应用的实例，日常生活中的有趣问题，使学生自动运用所学习的知识。比如图5-3-41中对物质概念的叙述。

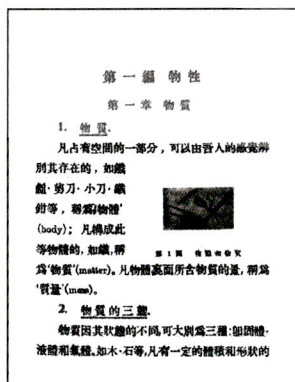

图5-3-41　《开明物理学教本》中对物质概念的叙述

本书选择的实验，力求简单，并且经过多次验证，确实可靠，师生可以放心采用。比如图5-3-42中对浮体实验的叙述。

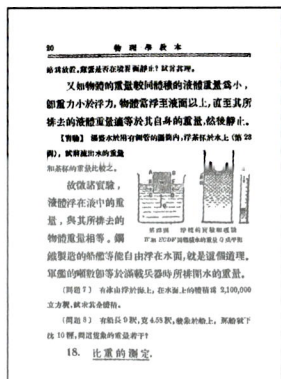

图5-3-42　《开明物理学教本》中对浮体实验的叙述

本书特别注重插图的作用，称之为"最有力的无言的教师"；特别注重插图选择，如浮体的实验插图，不仅给出实验的装置图、操作方法，还给出实验的理论分析"物重W与排开同体积的水Q重量平衡"；封面后放置的独立插图，如飞机等，还可以起到引起学生学习兴趣的作用。

本书注重通过物理学专家事迹对学生产生影响，在书中的适当处加上著名学者的肖像图与小传，让学生更好地理解物理学的知识，了解物理学的发展历程，以对物理规律有更深层次的理解。比如教材第6页讲到"重力"这一概念的时候配上第2图（如图5-3-43所示），说明苹果坠地是重力作用的缘故，再配上牛顿的肖像图，活灵活现，给学生很深的印象。

图5-3-43　《开明物理学教本》第2图

本书在1935年依据1932年教育部颁布的《初级中学物理课程标准》进行修订再版，内容略有增减。1937年，本书再次按照教育部1936年修正颁行的《初级中学物理课程标准》进行修订再版，略有修改，为第十七版。本书一直到1950年还在重印发行。

本书修订版由全一册，变成上、下两册，如图5-3-44所示。结构变为封面、重要公式、编辑大意、改版附言、第十七版附言、目录、内容、问题答数、中英名词对照表和索引、版权页。除了上述体例上的变化，还变更了教材的顺序，增加了教材的插图；增加了与我国有关的史实，让学生敬仰先贤，更加奋发学习，比如下册第56页讲到天然磁铁矿时介绍道，"我国古代的指南车，车上人形的手常指南方"，并在注释中解释了指南车的发明历程：从黄帝发明指南针的传说，到宋史中关于指南车由周公发明的记载。每节末的习题增加了很多，全书230多道习题。习题的选择注重常识，都是学生常见而又亟待解决的问题，卷末的补充习题，由教师提供给学生练习。

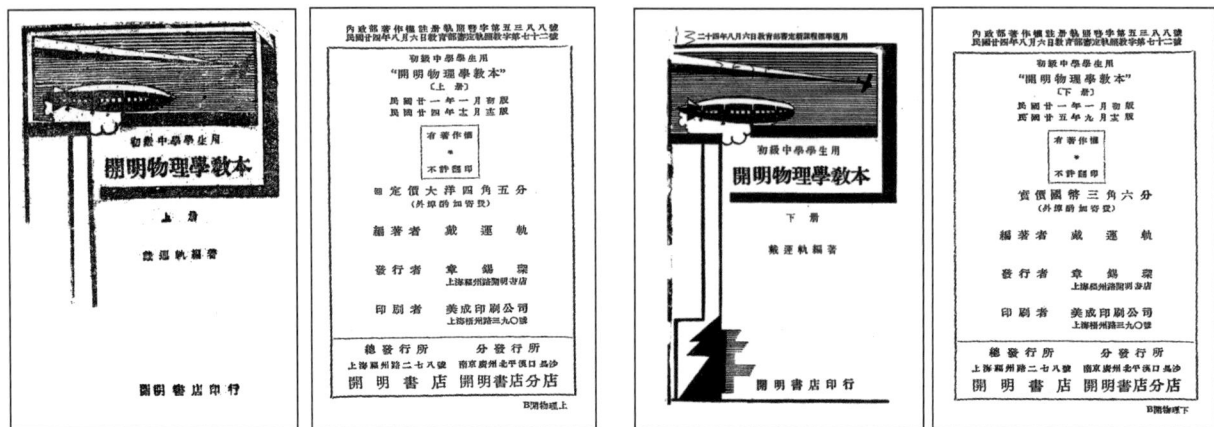

5-3-44

图5-3-44 《开明物理学教本》（修订版）封面和版权页

2. 周昌寿编著的《新标准初中教本 物理学》

周昌寿按照1932年教育部颁布的《初级中学物理课程标准》编著的《新标准初中教本 物理学》于1934年由开明书店出版发行，如图5-3-45所示。全书共分10章180小节，含158幅插图、135个实验。每章均从儿童常见的常识出发，由常识所得的结果为核心，将其中包含的基本定律及相关的概念融合其中，不仅说明常识现象，而且解释常识现象背后的原理与规律，从而引起学生研究科学的兴趣。对于过于抽象的物理关系，如功能关系等，则避免在教材中出现。

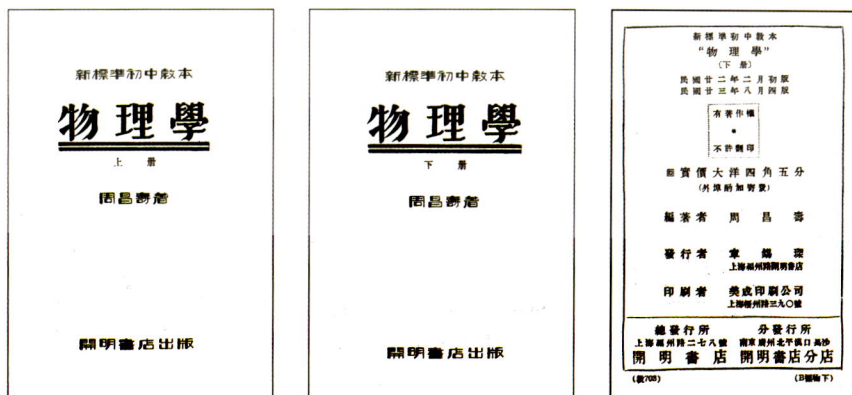

5-3-45

图5-3-45　《新标准初中教本　物理学》（上、下册）封面和版权页

　　本书体例包括章、节，章末附录摘要、问题。依据学生心理特征，在选材过程中，避免数学计算和抽象的概念。本书附录问题200多个，都是学生常见的问题，好学学生的疑问可以从教材内容得到说明。虽然数学是物理学的基础，但是考虑到学生的年龄不足以应用数学，因此没有计算题。

　　文中所选之实验都是教室内的表演实验，除了第九章电流部分需要购买专门的教学设备，其余所需的器材极其简单，多数可以自己制作。教科书对实验的陈述包括实验操作的步骤、现象、结论等，并配有实验或实物插图，辅助呈现日常现象、实验装置、实验现象、实验原理。如图5-3-46所示的液体内压力、水向上的压力示意图，形象地展示了水的压力及施力方向。如图5-3-47所示的虹吸管插图，呈现了虹吸现象；抽气机插图，形象地展示了其基本结构；合速度示意图，展示了速度合成的平行四边形法则等。

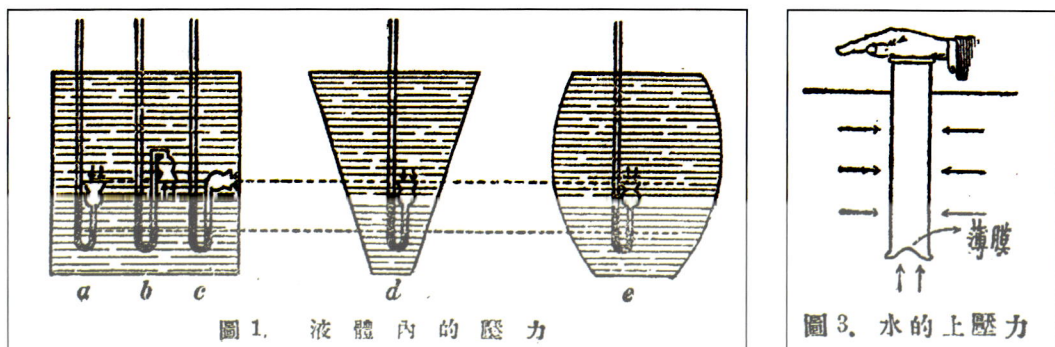

5-3-46

图5-3-46　《新标准初中教本　物理学》中液体内的压力、水的上压力插图

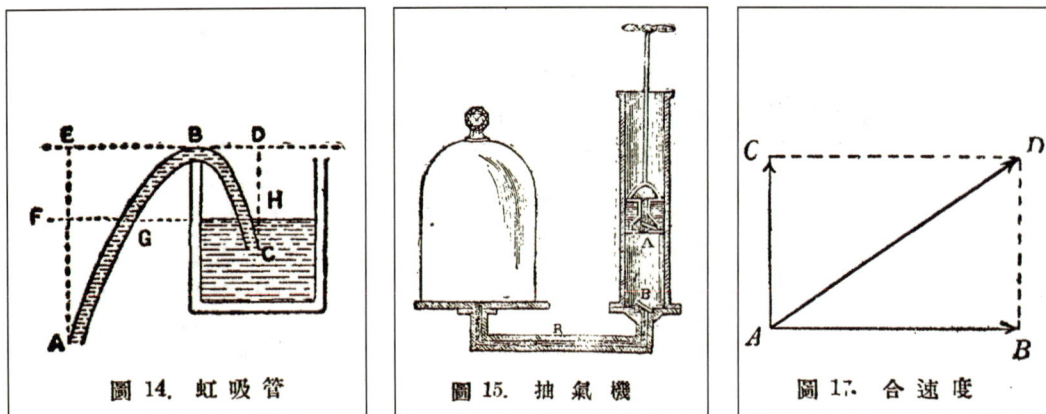

图5-3-47

图5-3-47　《新标准初中教本物理学》中的虹吸管、抽气机、合速度插图

在本书的最后一章结论部分，介绍了自然科学、物理学、物理学与人生三个问题，探讨了自然科学、物理学的概念，物理学与人生的密切关系。

（五）大东书局出版的物理教科书

大东书局是1916年在上海创立的一个重要民营出版发行机构，主要出版中小学教科书、法律、国学、中医、文艺、社会科学丛书和儿童读物等，该书局在20世纪30年代逐渐进入物理教科书编写领域，出版发行了一些有影响的物理教科书，如表5-3-5所示。

表 5-3-5　1927—1937 年大东书局出版发行的主要物理教科书统计表

书名	类别	丛书	作者	出版时间
初中自然科学教本	初中用	初级中学教本	夏佩白（编著）	1930年
普通物理学	高中用	—	夏佩白（编著）	1932年
物理	初中用	新生活初中教科书	周毓华（编著）	1933年
物理实验法	高中用	高级中学教本	夏佩白（著）	1934年

1. 夏佩白编著的《初中自然科学教本》

1930年，夏佩白编著的《初中自然科学教本》由大东书局出版发行，全书共六册（题名与责任者取自封面，第1、2册编著者为夏佩白、徐养正，第3册编著者为夏艺珩，第4~6册编著者为夏佩白），如图5-3-48所示。本书依据《中小学课程暂行标准》编写，两者结构几乎完全吻合，供初级中学三年使用，1~3册为博物部分，4~6册为理化部分（具体目录如表5-3-6所示），授课160~200次。本书在编排中打破学科知识系统，以生活为中心编写内容，博物部分按照时间顺序编写，理化部分以应用为纲。编写的顺序从现象观察入手再到学理研究。本书中没有较深的学理或公式，各部分叙述采用归纳比较的方法，以为进一步的研究做准备。教科书的体例是编、章、节，节内有若干知识点，章节末附练习题。

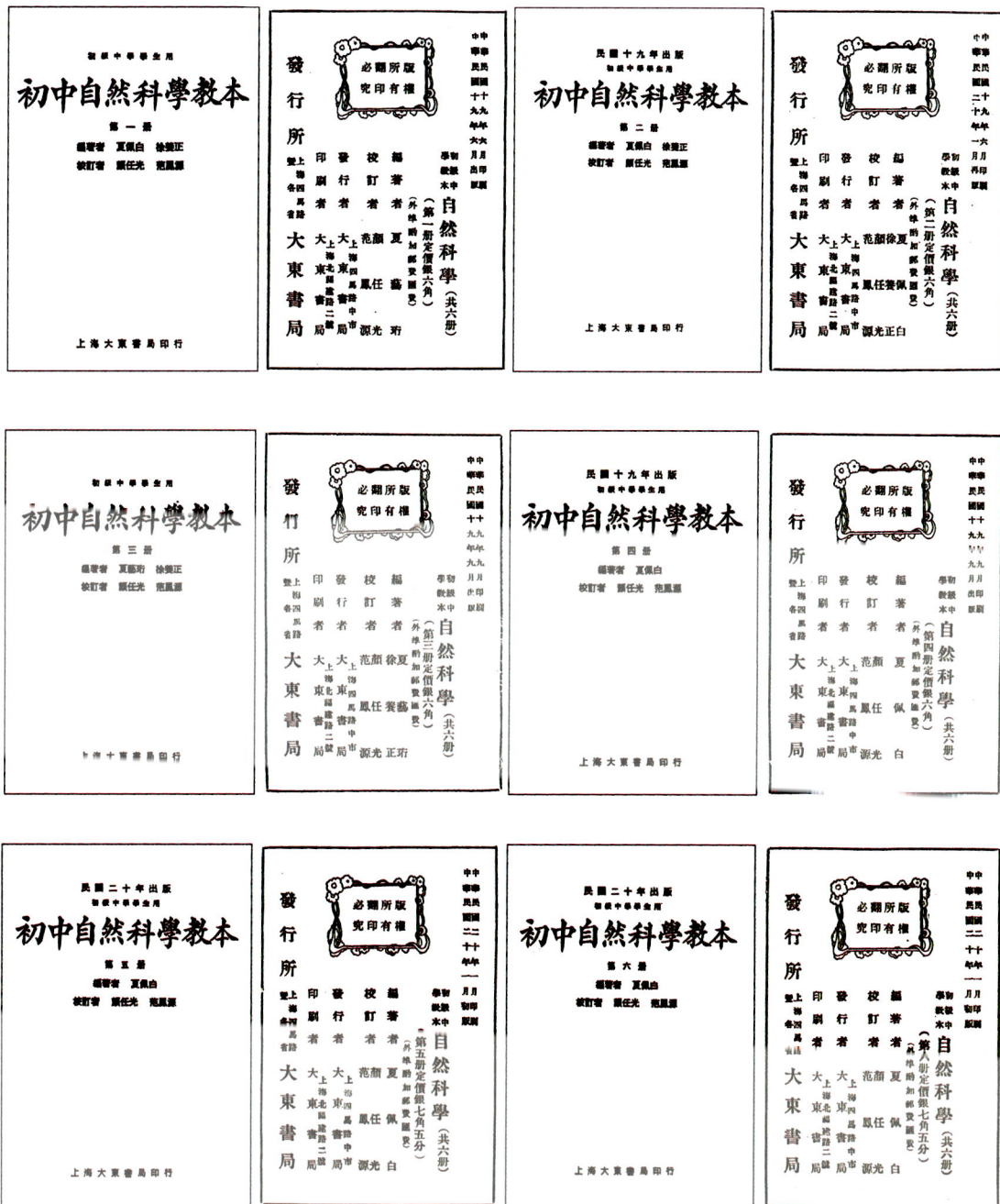

5-3-48

图5-3-48 《初中自然科学教本》（共六册）封面和版权页

表5-3-6 《初中自然科学教本》（理化部分）目录

册	章	节	知识点
第四册	绪论	变化	试验第一，化合、分解，化合、混合，原质，理化学的内容，理化学的价值
	第二十一章 时间与空间	第一节 地球	万有引力，重力，重量、质量，重心，试验第二，法制长
		第二节 时间	自转、公转，恒星日、太阳日，基本和诱导单位，钟表和摆，试验第三
		第三节 风	热的对流，试验第四，风的成因，风的类别，风向和风信器，风速、风压、风阶，风的效用
		第四节 温度	热和温度，温度计，试验第五，辐射热，试验第六，气温，地温，水温
		第五节 湿度	蒸发，饱和蒸汽、最大压力，湿度，湿度计，试验第七
		第六节 降水	物质三态，露点，试验第八，降水的类别，云，雨，雾，露，雪，霰，雹，霜
		第七节 运动	运动、静止，直线运动、曲线运动，等速运动、变速运动，加速、减速，运动法则，试验第九，离心力，试验第十
	第二十二章 大气	第一节 大气的成分	化学部分
		第二节 大气的压力	大气压力和压力之强，试验第十三，气压的变动，气压计，试验第十四，气球和飞船，试验第十五
		第三节 气压的应用	虹吸，吸水机，滴管，试验第十六
		第四节 排气和积气	抽气机，风箱，积气筒，试验第十七
	第二十三章 火	略	略（属化学部分）
	第二十四章 水	第一节 水的成分	略（属化学部分）
		第二节 水的形性	水的特性，水的溶解性，试验第三十一，水的表面张力和微管现象，试验第三十二，结晶水，试验第三十三，水的纯洁法，冰，卤精制冰法，试验第三十四
		第三节 水的压力	液压和类别，试验第三十五，试验第三十六，巴斯加氏原理，试验第三十七，阿基米得氏原理，试验第三十八，密度和比重
		第四节 水的平均	水平面，连通管，试验第三十九，连通管的应用
		第五节 水的动力	动力由来，动力的应用，离心力水车，巴珂氏水车，试验第四十

（续表）

册	章	节	知识点
第五册	第二十五章 衣	第一节 原料	略（属化学部分）
		第二节 功用	热的传导，良导不良导，热传导度，试验第四十二，试验第四十三，体温，衣的功用
		第三节 洗濯	略（属化学部分）
		第四节 染料	略（属化学部分）
		第五节 媒染剂	略（属化学部分）
		第六节 漂白剂	略（属化学部分）
	第二十六章 食	第一节 营养品	略（属化学部分）
		第二节 佐食品	略（属化学部分）
		第三节 嗜好品	略（属化学部分）
	第二十七章 住	第一节 建筑材料	略（属化学部分）
		第二节 灯的种类	石油灯，石油蒸汽灯，煤气灯，水月电灯，试验第四十九，白热灯，弧灯，烛
		第三节 住居的安全	水龙，灭火器，空中雷电，避雷装置
		第四节 住居的卫生	略（属化学部分）
	第二十八章 行	第一节 蒸汽机械	蒸汽机原理，蒸汽机重要附件，试验第五十一，蒸汽卧轮的原理，轮船火车，磁石，试验第五十二，磁力，磁场，试验第五十三，磁感应，试验第五十四，地磁，罗盘，磁的学说
		第二节 电流机械	带电体，试验第五十五，导电体，电流，电池，试验第五十六，卷络圈，电磁石，试验第五十七，电铃，有线电信，发信机，受信机，试验第五十八，感应电流，有线电话，直流交流，直流机，林慈氏定律，反向器，环状直流机，鼓状直流机，交流机，电动机，电车
		第三节 电波机械	电波，无线电信，无线电话
		第四节 汽油机械	汽车（摩托车），小汽油船，飞机
	第二十九章 器具	第一节 金属器具	略（属化学部分）
		第二节 非金属器具	略（属化学部分）
		第三节 单一器械	力的分合，试验第六十二，杠杆，天平，杠秤戥子，磅秤，试验第六十三，滑车，轮轴，斜面，劈，螺旋，试验第六十四，工作工率，摩擦和工作，能

（续表）

册	章	节	知识点
第六册	第三十章 医药	第一节 酸类	略（属化学部分）
		第二节 溶剂	略（属化学部分）
		第三节 防腐剂	略（属化学部分）
		第四节 消毒剂	略（属化学部分）
		第五节 常用药剂一斑	略（属化学部分）
		第六节 油类	略（属化学部分）
		第七节 胶脂类	略（属化学部分）
		第八节 物理治疗大要	X光检查，电光浴，激光治疗，紫光治疗，平流电气
	第三十一章 感觉	第一节 音	振动、波动，试验第七十六，音波，音响，音速，回声，试验第七十七，音的要件
		第二节 乐器	乐音、噪音，音的和谐，音阶，共鸣，试验第七十八，弦乐，试验第七十九，管乐，试验第八十，杂钟乐器，声带，留声机
		第三节 光	光体，透明、不透明，日月食，光度，光的反射，试验第八十一，平面镜，试验第八十二，球面镜，试验第八十三，光的屈折，全反射，试验第八十四，水的屈折作用，大气的屈折作用，透镜，试验第八十五，光的分散，试验第八十六，色，余色，原色，颜料混合，虹，试验第八十七，天空色，旭日色，朝红、夜红，日月晕
		第四节 光学器械	眼，照相机，照相药剂，幻灯和电影，显微镜，天体望远镜，双通望远镜
	第三十二章 装饰	第一节 贵重品	略（属化学部分）
		第二节 芳香品	略（属化学部分）
		第三节 装饰品	略（属化学部分）
	第三十三章 艺术	第一节 文具	略（属化学部分）
		第二节 绘料	略（属化学部分）
		第三节 印刷大要	略（属化学部分）

本书特点如下：

（1）教材内容与暂行课程标准吻合得很好。

（2）前三册问题以复习为主，重在记忆；后三册问题以推理为主，重在思辨，如第三十一章的问题3"人声鱼盆，鱼必下逃，何故？"。

（3）在实验部分，简述实验的方法与设备，供教师灵活采用。如第三十一章"感觉　试验第八十七""午前或午后背日而立，口含水少许喷作细雾，必有色环现眼前，瞬及消灭，可简单明虹的成生原理。"

（4）本书中配有丰富的插图，如图5-3-49所示，有辅助展示仪器的构造的"钟摆"插图；有辅助理解物理现象或物理原理的"热的对流"插图；有用以展示实验装饰及实验现象的"热对流的实验"插图。

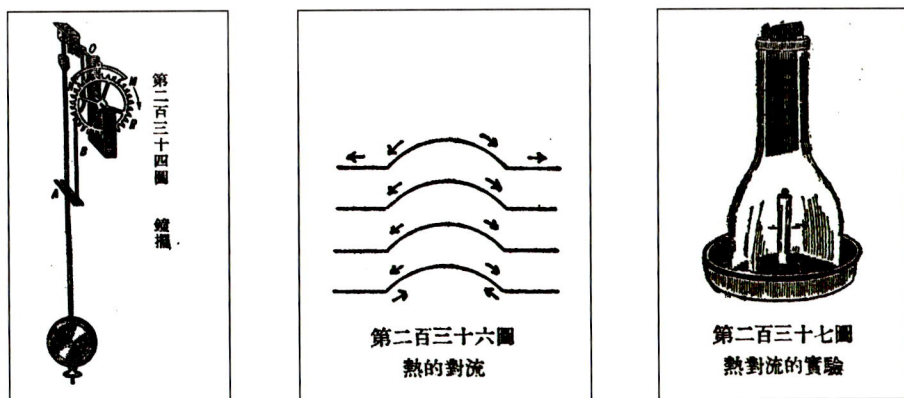

图5-3-49　《初中自然科学教本》中的钟摆、热的对流和热对流的实验插图

2. 夏佩白编著的《普通物理学》

夏佩白编著的《普通物理学》于1932年由大东书局出版发行，如图5-3-50所示。结构包括封面、编辑旨趣、自序、目录、正文、勘误表、版权页。全书由绪论、物性、力学、热学、音学、光学、磁电学、结论八编组成，正文683页，知识点526个，表87个，插图530幅，除了实物图依照外文书籍摹绘，其余部分为说理或细节辅证。

图5-3-50　《普通物理学》（高级中学学生用）封面及版权页

夏佩白作为一名具有丰富教学经验的教师，提出编写此书的目的在于物理学是20世纪极其重要的学科，而当时的教科书大多来自外国教材的翻译，都是用外国的语言文字书写的，内容不完全切合我国物理教学的实际需要，基于此编写了此书。

该物理教科书的叙事结构采用归纳法，对于基本规律详细举例，对于重要公式顺次排列。文字力求简洁清楚，不用模棱两可的叙述。比如在"第一编 绪论 1. 定义"中，关于物理学的定义是这样叙述的：

　　宇宙间万物之性质及变化触于吾人之感官者曰现象，或曰自然现象（Natural Phenomenon）。但属于实质之变化者曰化学现象，属于形式之变化者曰物理现象。依经验以注意自然现象曰观察（Observation）。藉器械研究自然现象曰实验（Experiment）。一种法则能归纳种种类似之现象者曰定律（Law）。凭想象立论以便说明某种现象者曰假设（Hypothesis）。藉假说论自然现象者曰学说（Theory）。

　　故物理学者，即研究物理现象，依观察与实验而求其法则之学科也。

　　本书中涉及的器材，教师可以选择常见且学生又感兴趣的一一进行说明。

　　对于物理现象，用理论与实验并重的方式说明重要的事实和数值及其简易测量方法，但不拘泥于一种方法，比如对于固体比重的测定，有阿基米德原理法、尼科尔孙浮秤法、比重瓶法、焦礼弹簧秤法等四种方法，使得学习者学习观念准确，学习兴趣浓厚。

　　一切的假说或学说，以最新确定者为准，对于磁电装置、最近发明物品的叙述符合时代特征，而删减了其历史上的沿革路径内容，比如关于"光本性"的叙述，阐述了光学发展的最新成果——爱因斯坦的光量子理论。

　　每章末附有若干习题，选择的材料符合科学社会发展的事实和公式定理的运用，减少重复文字及解答方法；公式的证明，按图举例，并展示方法与步骤，有多重方法的，需要学生或教师加以补充。

　　3. 周毓华编著的《新生活初中教科书 物理》

　　周毓华编著的《新生活初中教科书 物理》，是依据教育部的课程标准及江苏省教育厅的初中物理学科教学进度表编辑而成，于1933年由大东书局出版发行，如图5-3-51所示。本书与初中化学联合讲授，讲授生活中的常识，密切联系人们的衣食住行等问题，与夏佩白等编著的《初中自然科学教本》理念相近，体现了大东书局出版物理学教科书的编写特色。全书分成17章184节，共213幅插图，采用章、节、问题、摘要四部分组成的体例形式。其中的问题以计算和解释性题目为主，旨在让学习者巩固所学的知识；摘要列出每一章的主要内容，包括重要事项、重要定律、重要单位、重要公式等。课文内容用四号字和五号字横排印刷，大号字为教材主题内容，小号字由教师根据实际情况取舍。

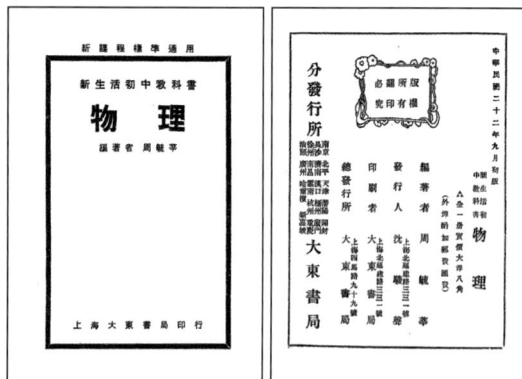

图5-3-51　《新生活初中教科书 物理》封面和版权页

　　本书中配有丰富的插图，用以辅助实物教学。如图5-3-52所示，有展示物理仪器装置的插图，如教材第一图米原器、克原器及英国格林维志天文台标准时钟；有展示物理原理的插图，如教材第十图自来水的输送；有展示物理现象的插图，如教材第八十四图水波。

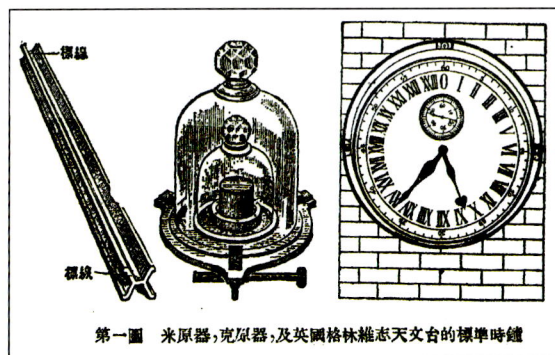

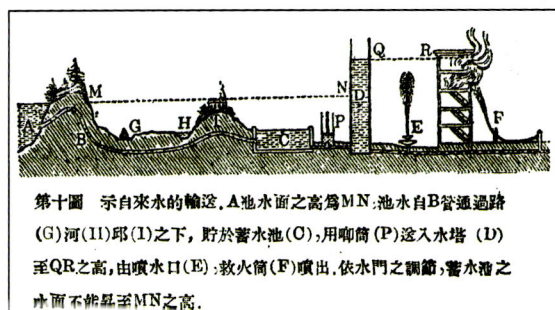

图5-3-52　《新生活初中教科书　物理》插图

实验部分既有简单的说明，又配有插图用以详细展示实验的步骤和仪器的结构。如图5-3-53所示，有的实验与生活较为贴近，可以在教师的指导下由学生单独完成，如教材第四十七图力矩的实验；有的实验可由老师进行演示讲解，或在教师的指导下由学生动手完成，如教材图第二十五托里坼里（同"拖里拆利"）实验。

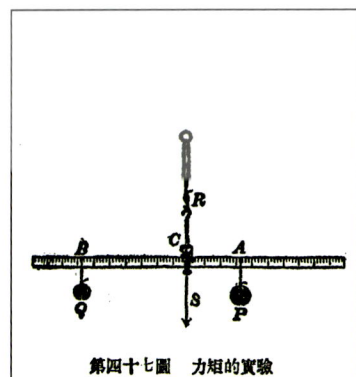

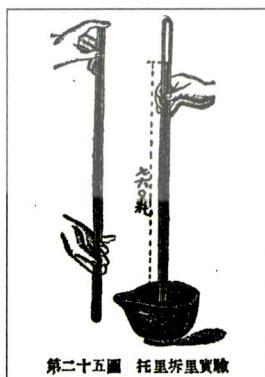

图5-3-53　《新生活初中教科书　物理》中的力矩的实验和托里拆利实验插图

本书的插图特别注重展示科学家的肖像及其在物理学上的贡献，比如牛顿、阿基米德等科学家的肖像图及科学贡献，如图5-3-54所示；注重展示物理学在生产、生活中应用的成就与发展历史，比如展示爱迪生做实验的场景，并配有简单的文字说明；还有飞艇的今昔，展示飞艇的发展史等，如图5-3-55所示。

5-3-54

图5-3-54 《新生活初中教科书 物理》中的牛顿肖像图及小传、阿基米德肖像图及小传插图

5-3-55

图5-3-55 《新生活初中教科书 物理》中的爱迪生实验、飞艇的今昔插图

4. 夏佩白著的《高级中学教本 物理实验法》

夏佩白所著的《高级中学教本 物理实验法》于1934年由大东书局出版发行，如图5-3-56所示。其结构包括封面、自序、目录、作者旨趣、正文、附录、版权页等。

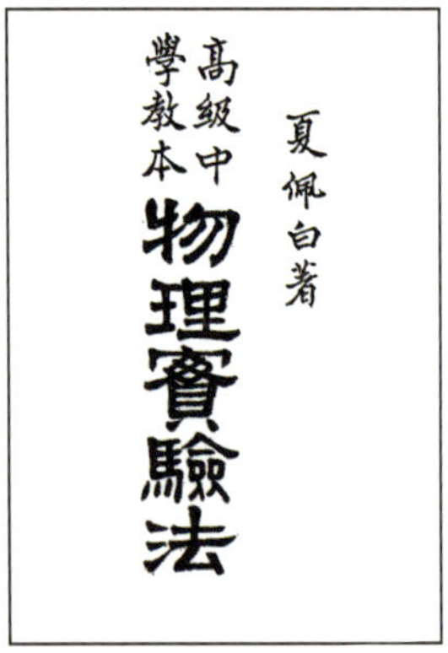

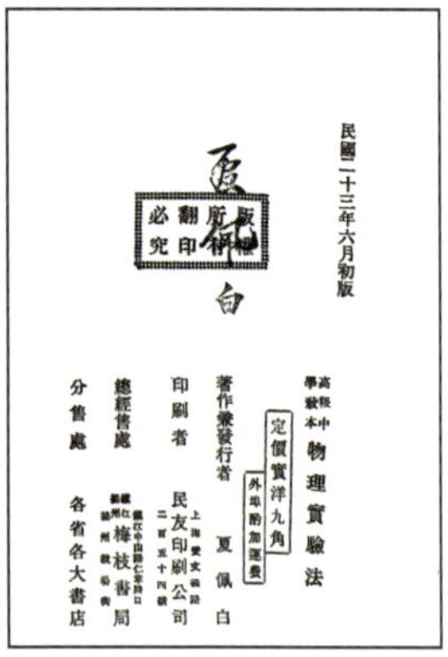

5-3-56

图5-3-56 《高级中学教本 物理实验法》封面和版权页

作者在自序中阐述编写动机：实验对于物理学习者十分重要，但是中学生的实验素养不高，一部分是实验仪器的原因，一部分是教材良莠不齐。作为一名从教的教师，为了振兴我国的教育事业，贡献自己的力量撰写此书，并且试教三年，以选择适合学生的物理实验教材。

作者在旨趣部分阐述了本书编写的一些宗旨、目标。本书的目标是在教学过程中培养学生精密、忍耐、勤劳的习惯，以及观察、思考、创造的能力。本书根据教育部颁布的实验标准，精选了36个实验，分两个学期教学。实验项目除了少数观察现象外，绝大多数偏重测量与计算，藉以达成本书教学的目标。每个实验时间2小时左右。设备力求简单精密，材料普遍价格低廉。在实验完毕后，必定有相当的结果，附录有理论值作为参照，使得学生可以增加做实验的兴趣，而不仅仅是辛苦劳作。实验方法与步骤简明，专设实验注意一栏，提示在实验过程中容易忽略的细节。实验后设有几个问题，起到复习或者推理的作用，锻炼青年的思考力与创造力，教师还可以补充更好的问题。考虑到实验设备的成本，除了第一、第二实验由全体同学操作，其余实验可以分类轮流操作，每类4组，每组16人计算，48人的班级只需3组相同的仪器即可。附录中的设备估价表，可按照上述方法计算实验成本。

每个实验包括实验目的、器具、工作、问题四部分，其中工作分四项，可以轮流操作。

附录部分包括本书实验的理论值，以及完成本书实验需要准备的设备最低配备价值一览表。

（六）北平文化学社出版的物理教科书

北平文化学社是民国时期民间重要的出版机构之一。1932—1937年出版的中学物理教科书以及初中综合科理化教科书有3部，如表5-3-7所示。

表5-3-7　1932—1937年北平文化学社出版的主要物理教科书统计表

书名	类别	丛书	作者	出版时间
初级中学 物理学（第二版）	初中用	—	王鹤清（著）	1932年
初中物理	初中用	新课程标准文化初中教本	沈星五（编著）	1935年
高中物理	高中用	新课程标准文化高中教本	沈星五（编著）	1934年

1. 王鹤清著的《初级中学 物理学》

王鹤清是北平师大附中的知名物理教师，其根据新课程标准所著的《初级中学 物理学》于1932年由北平文化学社出版发行，如图5-3-57所示。该教科书按照初中物理课程标准规定的教学内容编写，以学生常见的事物和现象为材料，用科学知识系统统领全书，适应学生的学习心理，便于学生养成随时随地注意自然现象与事物的习惯。教材叙述清晰浅显，适合论理，期望学生养成正确的物理概念。

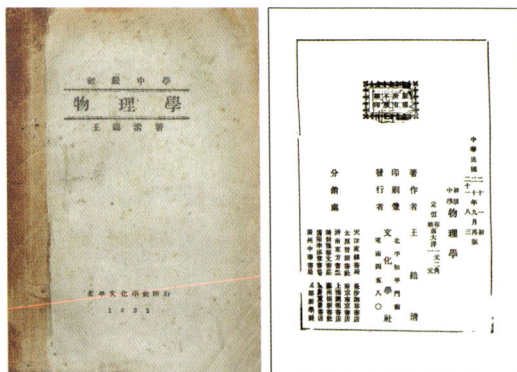

5-3-57

图5-3-57　《初级中学 物理学》封面和版权页

该物理教科书内容选材注重贴近实用，比如讲授汽车、飞艇、飞机、电机、电车、电报、电话、有声电影、无线电等的原理，以增加学习者学习科学的兴趣。

本书特别注重实验。在物理学现象或原理的叙述前，先通过实验、观察，推出论断，让学习者获得实际经验，以掌握科学研究的方法，养成科学习惯。比如图5-3-58所示的第二章第三节"空气之重量"，首先呈现实验：

取篮球或足球一，用压气筒饱进空气而紧拴之，用秤权其重量。次放出空气，有何感觉？（　　　）在权其重，有何变化？

另领取中空之金属球一，用抽气机抽去球内之空气，随密闭活塞，悬于天平之一端，而权其重量（图2）。次启活塞，起何现象？（　　　）天平他端加入砝码，至平衡为度。

由精密实验结果，平常空气一公升之质量为1.2公分。

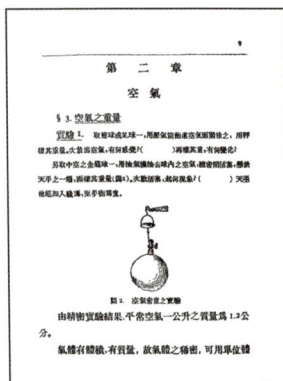

5-3-58

图5-3-58　《初级中学 物理学》中空气密度实验内容

全书分成八章，步骤紧凑，脉络贯通，章节末附有纲要及习题，便于记忆和练习。本书内容每周教学2小时，在一年内完成。还设有需要学生自己或在老师指导下完成的作业，形式灵活多样，比如笔记、绘图、制造、实验记录、旅行参观、课外阅读科学杂志及书报等。

本书插图丰富，共计280多幅。如图5-3-59所示，作为实物教学的辅助，用以呈现仪器结构，如教材插图6抽气机；呈现实验装置图，如教材插图11连通管；呈现生活中的场景，如教材插图14救火。配有科学家的多幅肖像画，并附有小传，增加学习者的敬仰之心和学习兴趣，比如牛顿肖像图附牛顿小传："牛顿为英之数学家、物理学家，创立重力定律，运动三定律，为近世科学之基础；又发明二项定理及微分积分法。"

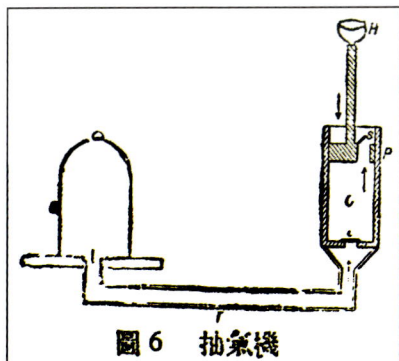
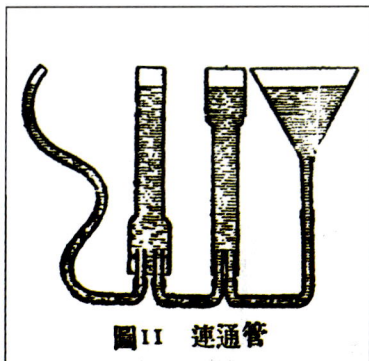

图5-3-59

图5-3-59 《初级中学物理学》中的抽气机、连通管、救火插图和牛顿肖像及小传

此外，本书与初中化学相互联系，凡是在化学中出现的内容，在本书中都不重复叙述。

2. 沈星五编著的《新课程标准文化初中教本 初中物理》

沈星五根据新课程标准编著的《新课程标准文化初中教本 初中物理》，于1935年由北平文化学社出版发行，如图5-3-60所示。全书分上、下两册，共19章，299个知识点，附有插图287幅。体例为章、节、知识点，节后附有习题，习题为计算题、解释题；章末附有本章摘要，简要介绍本章的知识体系。

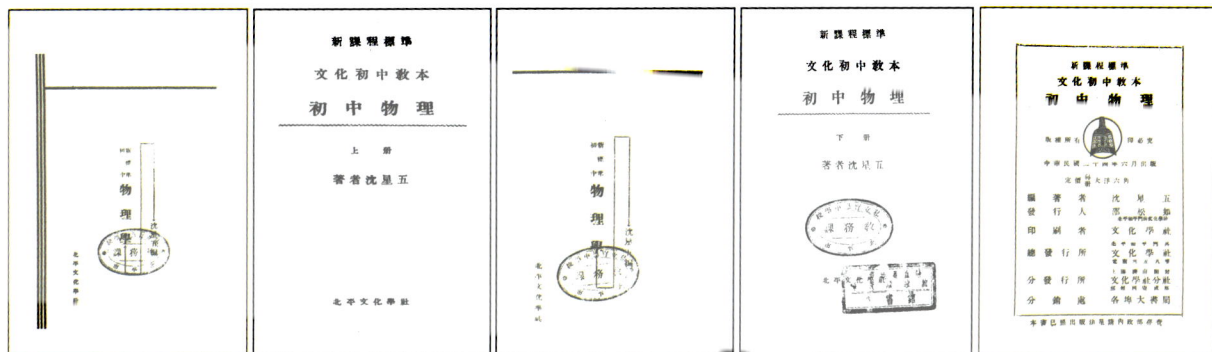

5-3-60

图5-3-60 《新课程标准文化初中教本 初中物理》（上、下册）封面、扉页和版权页

第二节 日益规范的物理教科书（1927—1937）

本书有丰富的插图，帮助呈现物理现象、物理实验，如展示空气的占据性的实验装置和实验现象、证明阿基米德原理的实验装置图，如图5-3-61所示。

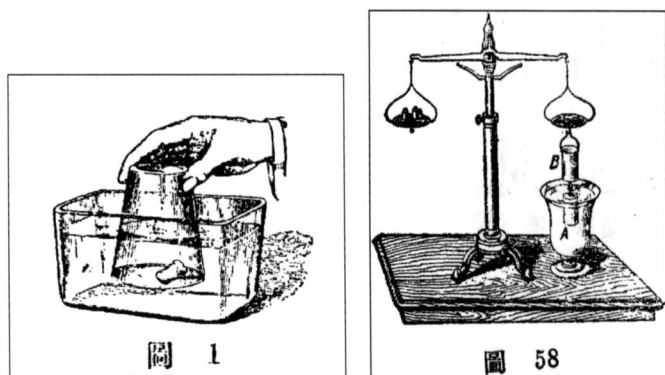

5-3-61

图5-3-61　《新课程标准文化初中教本　初中物理》中的实验装置图

3. 沈星五编著的《新课程标准文化高中教本　高中物理》

沈星五根据高中物理课程标准编著的《新课程标准文化高中教本　高中物理》教科书，于1934年由北平文化学社出版发行，如图5-3-62所示。全书分上、下两册，共22章，538节，470幅图。第一章单位及计量，第二章至第八章力学，第十三章声学，第十四章至第十六章光学，第十七章磁学，第十八章至第二十一章电学，第二十二章辐射，书末附录有声电影、宇宙射线等。

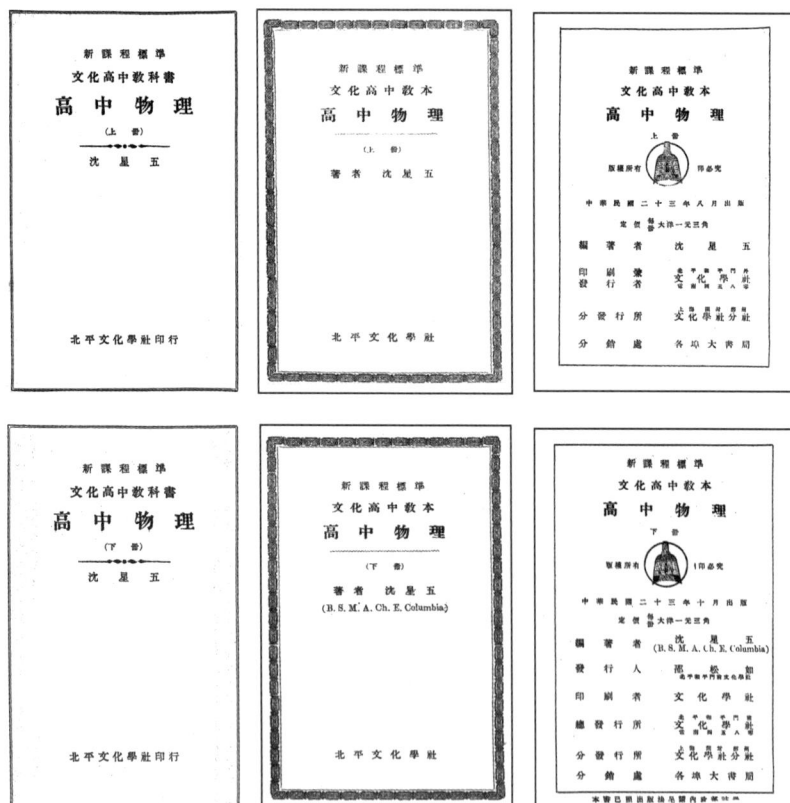

5-3-62

图5-3-62　《新课程标准文化高中教本　高中物理》（上、下册）封面、扉页和版权页

本书体例包括章、节，节后附习题，章末有摘要。习题包括解释题、证明题、计算题三种类型，章末摘要简明呈现本章内容。

本书的编写特点是叙述得当，材料充实；对最新发现或发明之事物，如无线电报、无线电话、有声电影、电视、原子构造理论等都有简明的叙述。译名采用通用翻译，其他的采用原文名称列入，术语的英文翻译出现在脚注中。

本书实验及插图特别多，以增加学习者学习的兴趣。如图5-3-63所示，教材插图1展示空气占据性的实验装置及实验现象，"在玻璃杯内之水面上置一软木塞，上盖一玻璃杯。将此玻璃杯压向水面下（图1），杯口下之水并不升入杯内，而杯内空气则几仍保存原有的体积"。教材插图4展示实物图"千克器模型"；教材插图11呈现物理现象"与水流垂直摇船"；教材插图27呈现物理原理"向加速度公式证明"。

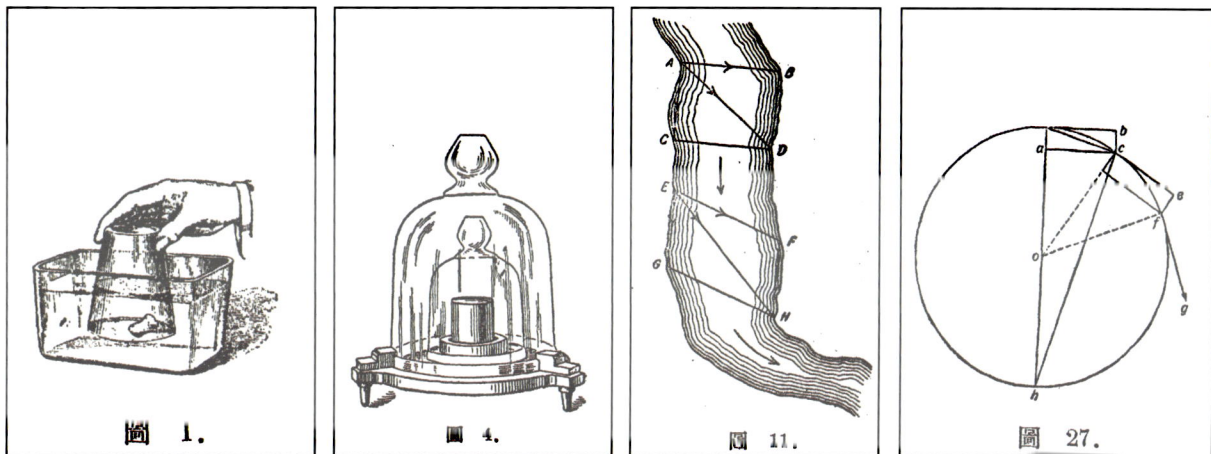

5-3-63

图5-3-63 《新课程标准文化高中教本 高中物理》（上、下册）插图1、4、11和27

（七）北平师大附中理科丛刊社出版的物理教科书

1922年9月，著名教育家林砺儒奉命就任北京高等师范学校附属中学校主任。在就职演说中，他指出："中学教育是全人格教育。"全人格包括文化素养的人格化、思想道德的人格化和理想情操的人格化等。教育目的是使中学生人格独立，健全发展。兼任主任（即校长）期间，他首先试行中小学"六三三"学制，将原来小学七年、中学四年改为小学六年，初、高中各三年。北平师大附中实施新学制完全是在摸索中前进的，一切规章制度、课程，都是自己制订，自己试行，1927—1937年其出版的主要物理教科书有3部，如表5-3-8所示。高中分一部、二部，一部是文科，二部是理科，教材内容由本校教师自定、自编、自选。

表 5-3-8　1927—1937 年北平师大附中理科丛刊社出版的主要物理教科书统计表

书名	类别	丛书	作者	出版时间
高级中学　物理实验	高中用	—	方嗣樱（编）	1932年
初级中学　物理学	初中用	新标准初级中学	方嗣樱（编）	1934年
新实用物理学	—	—	［美］布莱克、戴维斯（著），薄善保、聂恒锐、高同恩（译）	1935年

1. 方嗣樱编的《高级中学　物理实验》

方嗣樱是北京师范大学物理系教授，其编写的《高级中学　物理实验》，于1932年由北平师大附中理科丛刊社出版发行，如图5-3-64所示。该书内容包括导言和基本测量、力学、热学、音学、光学、磁电学，附录包括技术、物理常数及数学常数表、物理实验分配表、物理实验仪器购置设计、名词对照表。

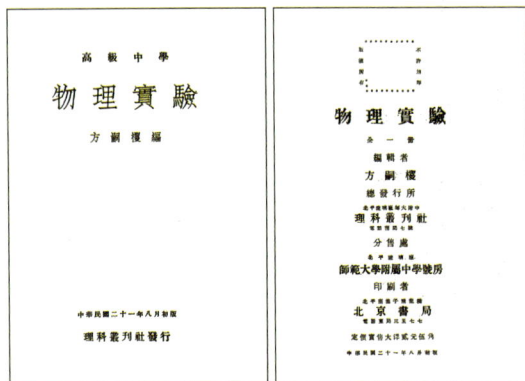

图5-3-64　《高级中学　物理实验》封面和版权页

本书导言部分包括目的、计量、误差、救济法、准确与精密、有效数字之数位、计算、仪器、解图法、观测记录及报告。

本书每个实验包含目的、仪器及材料、要理、方法、记录五部分。

本书在1936年根据新课程标准进行了修订，在封面上加上"新标准"三个字。结构与初版基本相同，对部分实验内容进行了调整，比如将实验九、二十、二十二等，调整为大学物理实验。

2. 方嗣樱编的《初级中学　物理学》

方嗣樱编的《初级中学　物理学》是在其讲授物理学的基础上编著的教科书，1934年由北平师大附中理科丛刊社出版发行，如图5-3-65所示。该书突出物理学的研究对象是物质与能量，并在借鉴《密尔根　盖尔　初等物理学》编写特点的基础上编写。本书以物质构成基础的分子论和能量基础的波动论为线索，贯穿全文；第一章导言部分对于单位和量进行了详细论述，对力、热、磁、电、音、光和辐射等物理现象的理论解释都是建立在波动理论基础上。

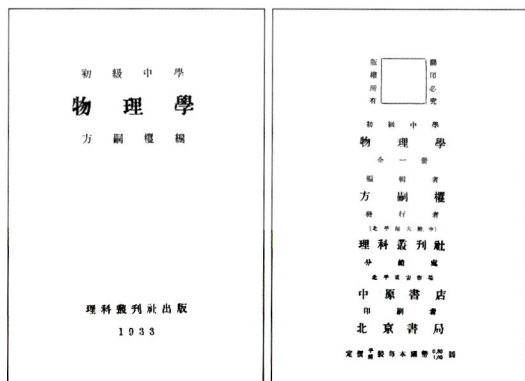

图5-3-65 《初级中学 物理学》封面和版权页

全书共19章，含197个知识点，体例含章、节、摘要、总习题四部分；配有丰富的插图，共244幅插图，并配有彩色插图，如图5-3-66所示。插图的作用在于辅助实物教学，展示物理现象、基本原理、仪器结构、实验装置图，如图5-3-67所示的教材插图，第一图演示空气占据空间的物理现象，第三图展示标准千克，第四图展示物理天平的结构，第十四图展示液体传递压力及连通器的原理。

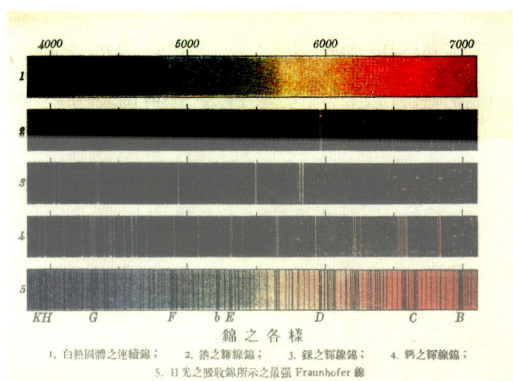

5-3-66

图5-3-66 《初级中学 物理学》中的彩色光谱插图

  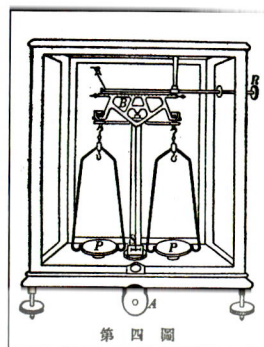

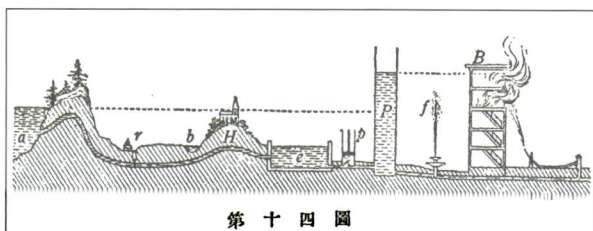

5-3-67

图5-3-67 《初级中学 物理学》中的插图

3. 薄善保、聂恒锐、高同恩翻译的《新实用物理学》

由布莱克与戴维斯著，薄善保、聂恒锐、高同恩翻译的《新实用物理学》，于1935年由北平师大附中理科丛刊社出版发行，如图5-3-68所示。全书共31章548个知识点，每一章后有小结和思考题，附录部分为基本物理量表和每一章的习题。

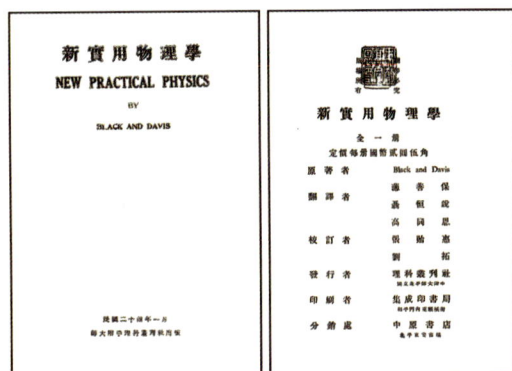

5-3-68

图5-3-68　《新实用物理学》封面和版权页

该版本教科书的一个突出特点是注重联系生活生产实际，注重物理学知识与工程实践应用相结合，并引介西方最先进的工业生产技术。布莱克与戴维斯在原著序言中也指出，"研究普通物理学之要务，首在了解日常所习见各机械之构造及其作用之基本原理。本书中之各部分，即专致力于日常生活中之物理学诸原理的应用，而不在分子物理，或原子构造之探讨也""使实验室中之物理与家庭、街市、工厂中之物理直接关联，所采之问题，宁取其实际应用者，而不取编制者"。同时，提出物理教科书的编写要注意易于教授和引导学生的学习兴趣。"特别注意于教材之排列，务使其易于教授""由吾人之经验，深知学生如在无意识中，发现其所习某科学之实际应用时，必得最大之愉快"。如图5-3-69所示。

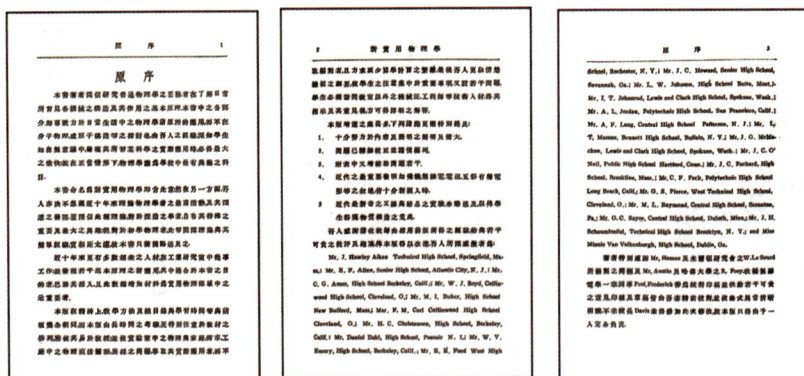

5-3-69

图5-3-69　《新实用物理学》序言

布莱克与戴维斯在原著序言中还指出，该版本物理教科书将当时最新和最重要的物理知识，如飞机、无线电、电视、五彩有声电影、汽车机械结构等引入教科书内容，对X射线与结晶等最新物理实验进展也做了介绍。如图5-3-70所示列举了教科书中部分机械插图。

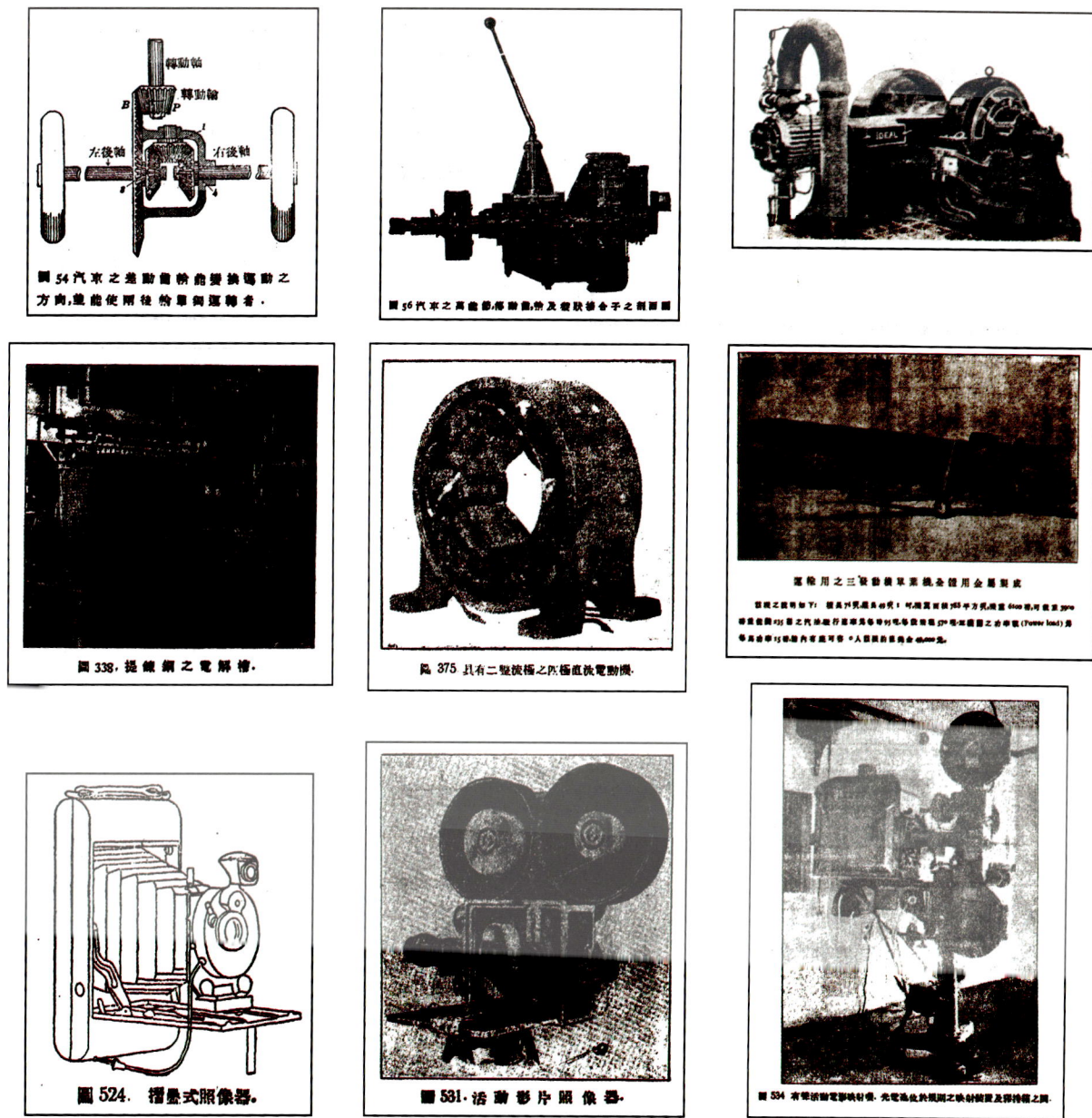

图54 汽车之差动齿轮能变换驱动之
方向,並能使用後輪單向運转者.

圖56 汽车之离合器傳動齿轮及变聚结合子之剖面圖

圖338. 提炼铜之电解槽.

圖375. 具有二整流极之匹极直流电動機.

運輸用之三相交動機單業機全铜用金属製成

圖524. 摺叠式照像器.

圖531. 活動影片照像器.

圖534 有聲活動電影映射像. 先電氣化共规則之映射装置及採挥板之圖.

5-3-70

图5-3-70 《新实用物理学》中的部分机械插图

（八）正中书局出版的新课程标准物理教科书

正中书局于1931年由陈立夫创立于南京，是一家隶属于国民党中央的国民党党营出版机构。建立初期，正中书局以编辑中学教科书和课外读物为主，后来逐渐扩大到大学教科书编辑出版以及学术专著、民众读物、儿童读物、字典等。1933年，正中书局编写了一套适应1932年新课程标准要求，突出三民主义"党化教育"需要的中小学教科书。1935年，由陈杰夫编著的《初级中学物理学》教科书由正中书局出版发行，如图5-3-71所示。

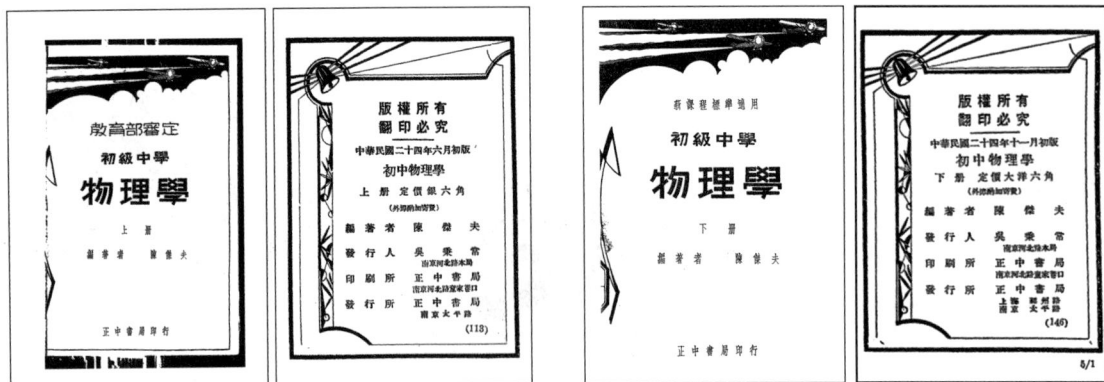

5-3-71

图5-3-71　正中书局出版的《初级中学物理学》（上、下册）封面和版权页

　　本书是按照教育部1932年颁布的《初级中学物理课程标准》和江苏省教育厅初中物理进度表要求，结合编者在东南大学附中教授初中物理科的教学经验编制而成的物理教科书，是一套符合国家标准、地方特点，由中学物理教师编写、党营出版机构出版的物理学教科书。该书内容与其他出版社出版的物理教科书并无不同，包括力、声、热、光、磁、电六部分内容，分成上、下两册，共计23章，218个知识点，210幅插图。

　　本书选材以解释日常生活各种现象为目的，期望得到轮廓清晰的观念，为高中学习奠定基础；体例是章、知识点、练习题、复习题。知识点后的练习题是生活中常见事项的问题，让学习者有应用原理解释各种自然现象的机会；章末的复习题，全章的要点尽在其中，将学习者所学习的知识在此再次组织呈现，用以替代复习。

　　本书具有丰富的插图，用以辅助呈现实验装置。如图5-3-72所示的教材插图，第四图用来说明浮力的分量；第八图为潜水艇的正剖面图，呈现潜水艇的基本结构和基本工作原理；第二二图用毛细现象图呈现出将细小的玻璃管插入水中，水会在管中上升到一定高度才停止的现象。

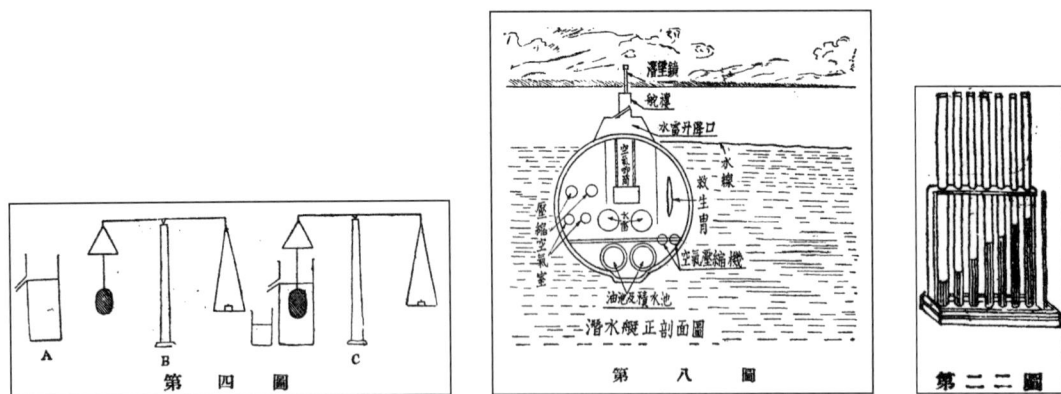

5-3-72

图5-3-72　《初级中学物理学》中的第四、第八、第二十二图

（九）钟山书局出版的物理教科书

钟山书局出版的物理教科书的特点是编写者以大学教授为主体，如中国物理学家，电磁学、无线电学专家，中国无线电教育的先驱倪尚达，其在1933年是国立中央大学物理系的教授。1927—1937年钟山书局出版的物理教科书主要有3部，如表5-3-9所示。

表 5-3-9　1927—1937 年钟山书局出版的主要物理学教科书统计表

书名	类别	作者	出版时间
高中物理学	高中用	倪尚达（编著）	1933年
高级中学物理学实验教程	高中用	戴运轨（编著）	1933年
初级中学适用物理学	初中用	高行健（编著）	1936年

1. 倪尚达编著的《高中物理学》

由倪尚达编著，叶少农、王佐清助编的《高中物理学》于1933年由南京钟山书局出版发行，如图5-3-73所示。全书包括上、下两册，上册包括力学与物性、热学、音学及波动三编，共计16章；下册包括光学、电磁学、近代物理概论三编，共计15章。

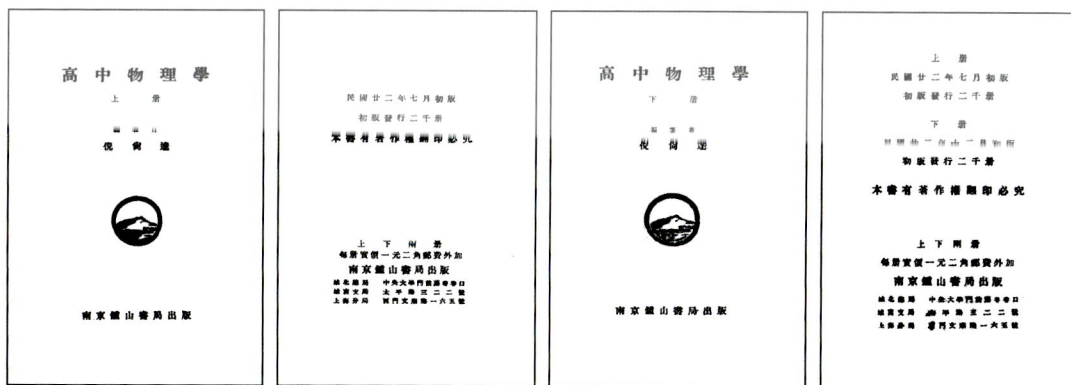

图5-3-73　《高中物理学》封面和版权页

本书叙述物理学上各种重要定律及现象等内容时，都是从实验出发，希望让学习者先获得物理观念，而后融合物理理论。书中的各项基本概念，有意识地反复出现，希望帮助学习者加深理解。书中的说理注重借助比喻，辅以浅显流畅的文字，使学习者易于理解。实验注意尽量采用简单且便于自制的仪器。

全书各章附有不少例题，均应用了所学公式，以贯通理论与实用的目的，讲授时需一一演算；对于多个例题，可选讲1题，其余的由学习者自学。

本书在各个章节末附有习题，上册每章有20个，下册每章有30个，其中问答题占五分之二，计算题占五分之三。

本书附有丰富的插图，借助插图可以形象教学。如图5-3-74所示，有的辅助呈现仪器的结构，如教材第一章第二图"天平的结构"；有的呈现物理原理，如教材第二章第七图呈现加速率为矢量的原理；有的呈现物理现象，如教材第四章第七图马拉车呈现力的相互作用现象。

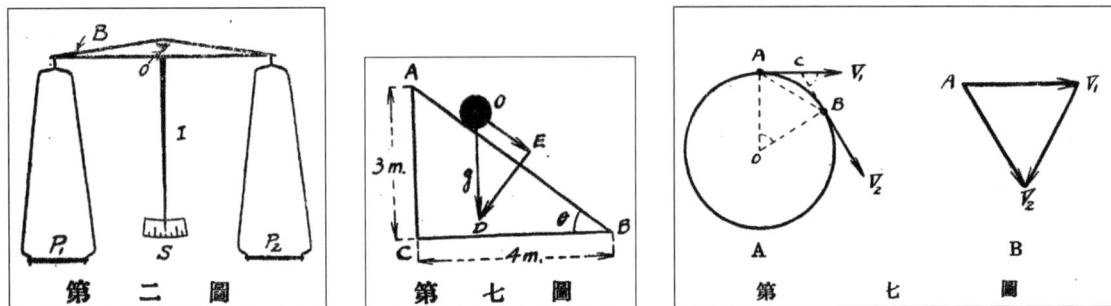

5-3-74

图5-3-74　《高中物理学》中第一章第二图、第二章第七图、第四章第七图

2. 戴运轨编著的《高级中学物理学实验教程》

前面介绍过戴运轨在开明书局出版的《开明物理学教本》，《高级中学物理学实验教程》则是戴运轨根据1932年颁布的《高级中学物理课程标准》中实验教材的规定，编写的实验教材，于1933年由南京钟山书局出版发行，如图5-3-75所示。全书共有40个实验，实验的目录顺序按照课程标准的次序，每一个实验单独印制、自成系统，任课教师也可以根据讲授的方便，调整次序。每个实验由目的、器具、方法三部分组成，后附实验记录纸。每一个实验后附录2~3个问题，帮助学生对实验加以思索，领悟实验的精神和要旨。实验附录记录纸，学生把实验的结果和问题的解答记在记录纸上，教师批阅后，装订成册。

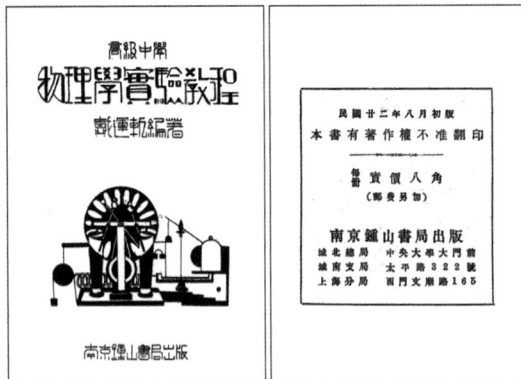

5-3-75

图5-3-75　《高级中学物理学实验教程》封面和版权页

本书实验方法较为容易，并考虑设备和理解上的便利，力求简单，让学生容易操作，取得良好的教学效果。实验操作中，仪器设备的装配和拆卸由学生自主完成，可以引起学生的兴趣，养成学生自主实验的习惯。每个实验内容后，附有实验记录的纸，以便学生随时记录实验报告，并经教师批阅后，装订成册。如图5-3-76所示。

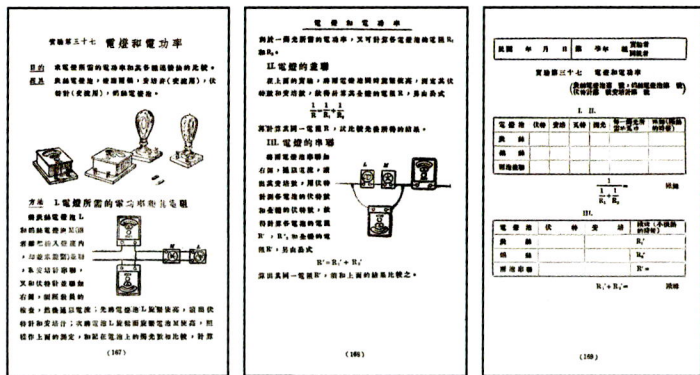

5-3-76

图5-3-76　《高级中学物理学实验教程》中的电灯和电功率实验

本书写有"学生须知"，实验前要求学生必须认真阅读实验说明，掌握实验步骤和方法。实验时要集中注意力严密观察，避免实验错误，对实验过程和结果要翔实记录等。

3. 高行健编著的《初级中学适用物理学》

高行健编著的《初级中学适用物理学》教科书，是依照教育部初级中学课程标准撰写的，于1936年由南京钟山书局出版发行，如图5-3-77所示。全书168页，分成绪论、力学、声学、热学、光学、磁学、电学、能八编，共计427节，配有插图156幅，习题30套，195道题目，节、插图、习题、小题目都在教材中独立编写序号，便于查找。

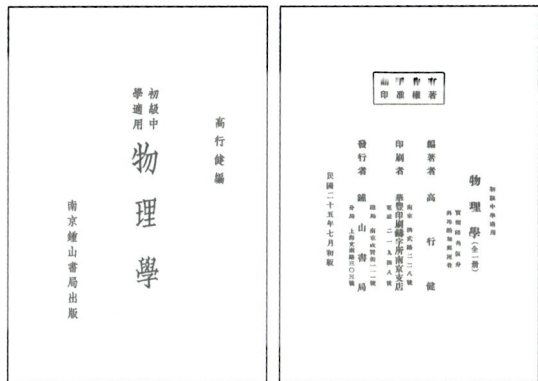

5-3-77

图5-3-77　《初级中学适用物理学》封面和版权页

本书体例结构包括封面、课程目标、勘误表、总目次、正文、附录、版权页。最大的特点是在封面后，第一次出现摘录的课程目标与教法要点，以时刻提醒教师和学生。如课程目标部分，提出"使学生了解简单之物理现象""养成……习惯，引起……之兴""注重练习……官能及手技，以增进……技能"，与21世纪我国的第八次基础教育课程改革的目标有些类似。在教法要点上，提出"以生活为中心""讲解时，应以启发学生之理解为首要""教材具体化，与日常生活相近""注重实验、习题，在课堂上留下深刻印象，在课外自动寻求答案"。

这些课程标准的要求在教材正文中得到了很好的体现，如第一编第一章"物质的三态"，开始就是两个演示实验：

演示1：取空玻璃杯覆水中，则水在杯外；若将杯口倾斜，即见许多气泡，自杯中逸出，水也就此流入。

演示2：取足球一个，打足空气后置天平上称之；放去空气，再称一次；称得的重量。前后是否相同？

在正文的叙述中主次分明。概念采用黑体字，正文五号字，解释举例部分采用六号字，起到解释概念的作用。如第一节中归纳空气是一种物质，通过演示，指明空气占有空间，具有重量，因而是物质，既与学生的生活联系密切，又可引起学生的学习兴趣。

（十）其他出版机构的物理教科书

除了上述出版机构依照新课程标准编写了物理教科书外，其他一些规模较小的出版机构也陆续出版了物理教科书，呈现出物理教科书编写出版的市场化多元的特点，具体情况如表5-3-10所示。

表 5-3-10　1927—1937 年其他出版机构出版的物理教科书

书名	类别	作者	出版机构	出版时间
高中物理学	高中用	卢熙仲、许浈阳、黄巽、朱志滌（编）	广州蔚兴印刷厂	1931年
物理实验	高中用	吴祖龙、李韵菡（编）	黎明书局	1933年
初中物理	初中用	阎玉振（编著）	立达书局	1933年
中国初中教科书物理学	初中用	杨孝述、胡刚复、胡悫风（编）	中国科学图书仪器公司	1933年
初级物理实验	高中用	蔡亦平（编著）	燕北理科教育研究社	1935年
高中标准物理学	高中用	李直钧（编译）	北平直钧科学实验社	1936年
汉译达夫物理学	高中用、大学用	佟韶华（编译）	戊辰学社	1936年

1. 广州蔚兴印刷厂出版的《高中物理学》

本书编者之一许浈阳，1912年赴美国留学，1918年回国，先后受聘于广州培正中学、岭南大学附属中学担任理科教师，同时又受聘于岭南大学，任物理系讲师。在岭南大学任教期间，与在本校任教的美国籍教师赖福合著《中学物理教科书》，该书出版后，各地中学纷纷以其作为教材。

卢熙仲、许涉阳、黄巽、朱志滁合编的《高中物理学》于1931年由广州蔚兴印刷厂和国立中山大学物理系阅书室发行，如图5-3-78所示。我们选择这本书讲述，意在介绍当时物理教科书出版的繁荣和机构出版资质审定的宽松。该书在"编辑大意"中指出，本书根据教育部颁布的《高级中学普通科物理暂行课程标准》编辑，作为高中物理的教科书。本书选材适合中国国情，贴近现代生活，使学习者知道理论物理与应用物理的关系，引发其对科学研究的兴趣。本书叙述了重要的物理知识、物理学的重要原则，全书分成力学及物性学、热学及气象、电学及磁学、光学及音学四部分，共计33章，一年时间讲授完毕，每周讲授3小时、实验2小时。

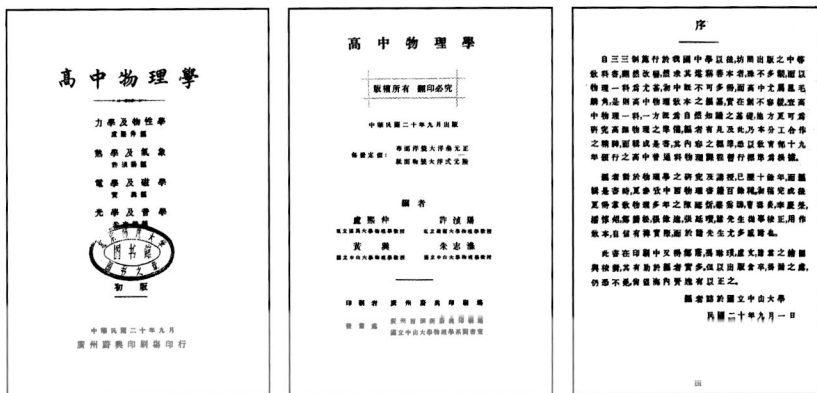

图5-3-78　《高中物理学》封面、版权页和序言

本书与作者编著的物理实验教材相辅而行，讲授到与实验相关处，以符号并在页底注明关系，力求理论与实验一致。本书采用通俗易懂的文字叙述，横排大小号文字排印。大号文字为主要教材，如一般的定义、基本原理定律等；小号文字为辅助教材，如现象的说明、原理的解释、一般的应用等。在每一节的题目以下横线标出；正文内重要的词语采用波浪线标出，节内重要内容如基本单位、推出单位用波浪线标出，正文采用大号文字叙述，解释采用小号文字，如图5-3-79所示。

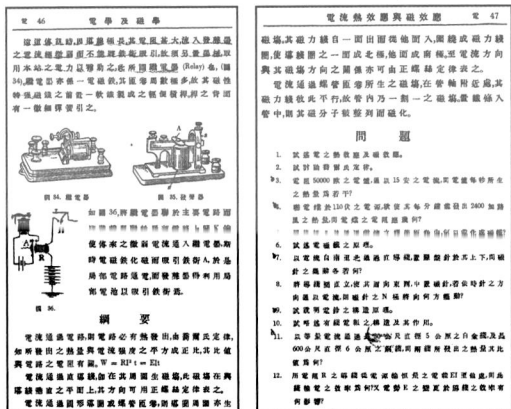

图5-3-79　《高中物理学》样卓

2. 黎明书局出版的《物理实验》

黎明书局于1929年由复旦大学的孙寒冰、伍蠡甫、章益等教授发起创办，旨在介绍当时最新的世界名著。书局采用股份制，由孙寒冰任总编辑，伍蠡甫任副总编辑[1]，后来又出版高级中学课本、黎明师范教本、农业专业书、乡村教育图书。

吴祖龙、李韵菡两位具有丰富教学经验的教师编辑的高中用书《物理实验》于1933年10月初版发行，1935年5月再版发行，如图5-3-80所示。本书主要结构有封面、自序、编辑大意、目录、正文、附录、版权页、封底广告。

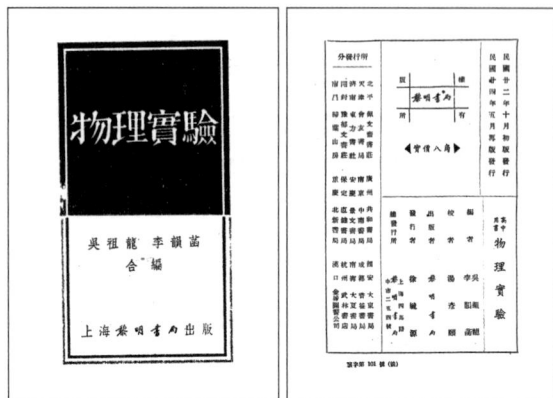

图5-3-80　　《物理实验》封面和版权页

本书在自序部分阐述了编写本书的动机。编者作为中学教师十分重视实验的作用；西学东渐以来，科学成为主流，实验又是科学的基础；在作为基础教育的中学教育中，实验非常重要，但在教学过程中缺乏好的实验教本，教师多参考英文原版教材，对于学习能力差的学生，教学效果大减；作为多年的从教者，根据授课的经验，采用充实的材料、简洁的文字，唤起师生对实验的重视。

本书以1929年的中学暂行课程标准为依据，分成力学、热学、磁电学、音学、光学、无线电六编，共58个实验，按照教学仅需36个实验，教师有很大的选择空间。

每个实验由问题、用品、导言、方法、记录及结果、习题六部分组成。问题用于启迪学习者的思路，明确实验的目的。导言部分，采用简明的语言论述原理。实验所用的用品力求简便，无论是学校还是家庭都容易准备。实验方法力求简易，学生根据教材就会操作，避免含混不清。记录及结果部分列有表格，学生根据课本的表格将记录及结果填入，以便写报告时作为根据。实验之后的习题，举一反三，起到对实验的复习作用。

附录内容相当丰富，包括计算公式、单位换算的相当量表、密度表、干燥空气在不同温度与压力下的密度、固体之线性膨胀系数、物体之比热、饱和空气中水之重量、相对湿度之百分率、鞍煅短铜丝之电阻、正弦与正切之自然值等，可以完全满足实验操作之材料查询的需要。

3. 立达书局出版的《初中物理》

1933年，闫玉振根据新课程标准编著的《初中物理》由立达书局出版发行。全书共15章，附有

[1] 邹振环. 伍蠡甫创办黎明 [J]. 民国春秋，2001（4）：38-41.

199幅插图；体例是章、节、问题，如图5-3-81所示。具体知识的叙述是首先介绍生活中的现象，再阐释物理概念，最后介绍应用。对于复杂的问题采用小号字以附注的形式进行解释。封面出版时间采用公历而不是民国纪年。

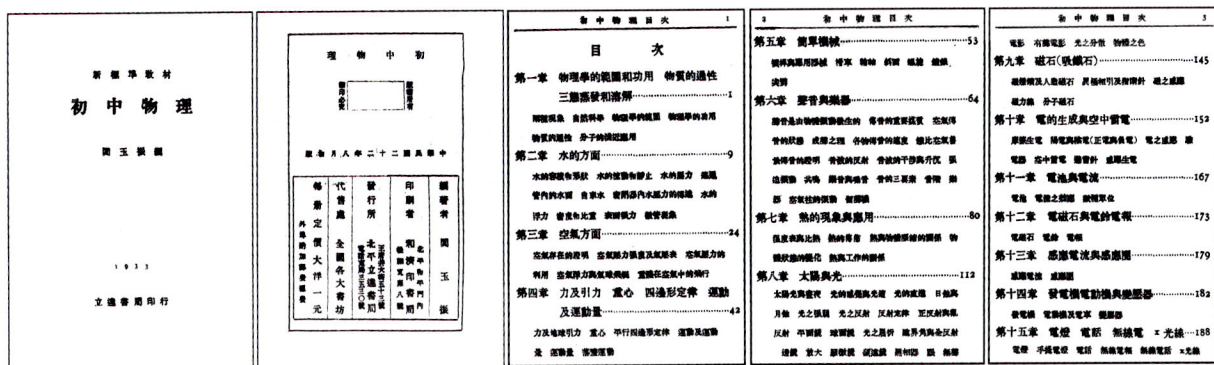

图5-3-81　《初中物理》封面、版权页和目录

　　本书开始注重以科学精神、正确的科学态度以及物理思想方法教学。如对自然科学与非自然科学进行了分类，提出自然科学是"研究自然现象的学科"，界定了物理学的研究对象和范围，提出学习物理学可以"明了自然现象，能得到精神的愉快。就思想方面说，见自然现象若能知其原因，可破除愚昧谬妄的迷信。而人类的思想可得正轨的发展，使智识更显光明。就物质方面说，物理学能制出精巧奇妙的机械和最好的日常用品，增进人类的幸福"，如图5-3-82所示。

图5-3-82　《初中物理》关于物理学学科性质的描述

　　此外，该书课文编写的秩序体现了赫尔巴特的预备、提示、联想、总结、应用"五段教学法"思想。以"水的浮力"一课为例，本书的编写处理秩序为，首先提示学生日常生活中重的物体在水中重量减轻、木在水中可以漂浮、舟船可浮在水面行驶等自然现象以引起学生的学习兴趣，接着引出"浮力"概念，通过物理实验总结出阿基米德定理，让学生掌握浮力的规律，最后通过潜水艇的工作原理，让学生掌握物理学规律在自然界和社会生活中的应用。归纳出原理，最后用简洁的语言对原理进行解释。如图5-3-83所示。

第三节　日益规范的物理教科书（1927—1937）

图5-3-83　《初中物理》中"水的浮力"编写内容

教材具有丰富的插图，有实物图、原理图、实验示意图、物理生活应用图等，用来辅助教学，展示物理现象，如喷水井插图、浮沉实验图、飞机、飞艇实物图、液体表面张力示意图等，如图5-3-84所示。

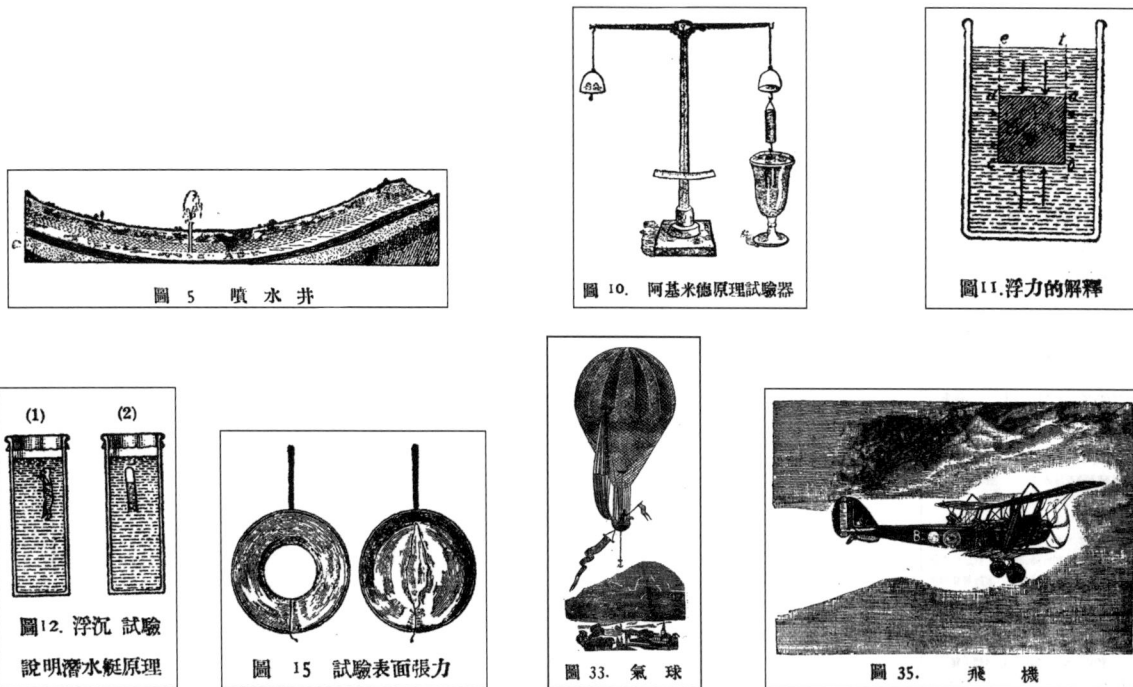

图5-3-84　《初中物理》插图示例

4. 中国科学图书仪器公司出版的《中国初中教科书 物理学》

中国科学图书仪器公司出版的《中国初中教科书 物理学》由杨孝述、胡刚复、胡崇风合编，如图5-3-85所示。杨孝述是松江府中学堂首届毕业生，考入清华大学学习，擅长数、理、化诸学科。

后又公费赴美留学，于1914年毕业于美国康奈尔大学电工系。1929年2月，到上海担任中国科学社总干事。早在留美期间，为提倡科学，振兴中华，他和好友杨杏佛、竺可桢、胡明复等发起组织中国科学社。回国后，又与任鸿隽、卢于道等努力发展社务，并取得美国退还庚子赔款的资助，在上海成立总社，创办明复科学图书馆、中国科学图书仪器公司，任常务董事兼总经理。

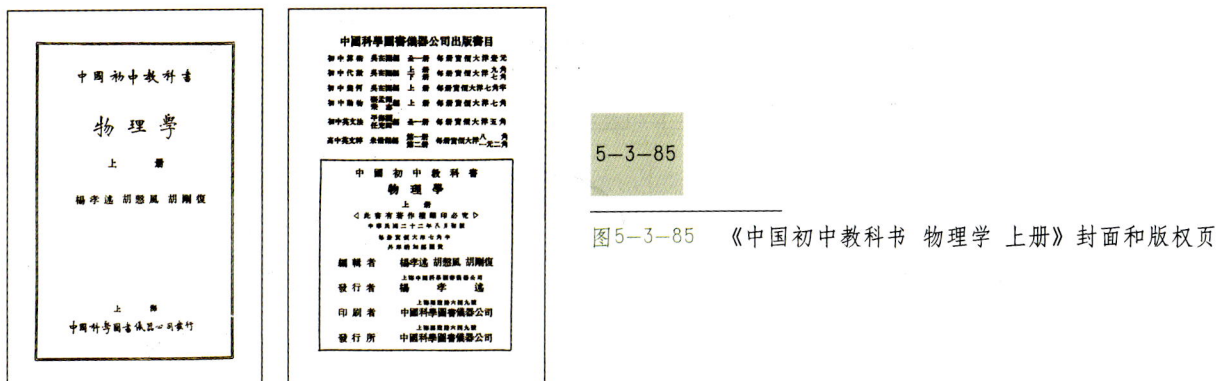

图5-3-85　《中国初中教科书　物理学　上册》封面和版权页

胡刚复早年就学于南洋公学，是我国近代物理学事业奠基人之一。1909年考取第一届庚款留美生，赴哈佛大学物理系深造。1918年获得博士学位后回国，在南京高等师范学校任教，创建了我国最早的物理实验室。中央研究院成立时，曾协助蔡元培创建物理研究所。在中国物理学家中，他是第一个从事X射线研究并取得重要成就的科学家。1931年至1936年任交通大学物理系教授，主讲"光学"课，还针对四年级学生的毕业论文，开设实验研究、问题讨论和专家演讲等，对培养学生的思维能力与动手技能起到了重要的推动作用。

本书依据初中物理课程标准编写，选材时考虑学生的经验与兴趣需要，实验设计与应用可选用日常生活器具，以引导学生了解日常生活中常见的物理现象。本书对问题的叙述以学生常见的事物作为先导，接着引入普通原理，再举实例展示原理如何应用，以增加教科书学习的趣味性。比如本书引导学生先从熟悉的简单器械入手开始学习。

对于物理学基本原理，本书反复呈现，便于学生课外自修，使得教师有充分时间从事问答及习题演算。全书约80课，每课课文3~4页，时间安排原则上按3个小时授2课。每课设置习题若干，包括计算题与问答题，旨在使学生熟悉基本原理。

本书特色之一是特别注重对一些疑难概念与重要原理的论述。为了让学习者掌握正确的物理概念，在学生学习之初，对让学生难以区别的两个概念"质量"与"重力"的区别，在课文中采用小号字插入关于质量与重力的陈述。为了普及"能量不灭定律"，在本书中也特别加入"能"一章。

本书中配有丰富的插图，在上册130个问题中，附有120幅插图，插图的作用在于辅助理解物理现象、物理原理、仪器结构、实验装置等，如图5-3-86所示，教材插图90展示等加速度的概念与计算原理、插图113展示空气的对流、插图117展示沸腾实验装置、插图119展示摩擦生热现象、插图121展示蒸汽机的主要结构。

第三节　日益规范的物理教科书（1927—1937）

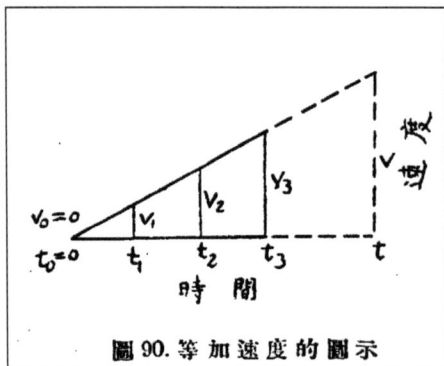

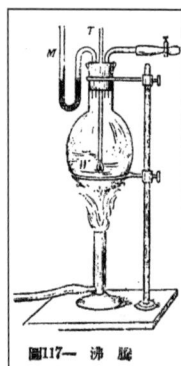

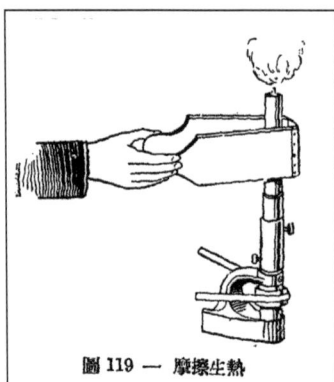

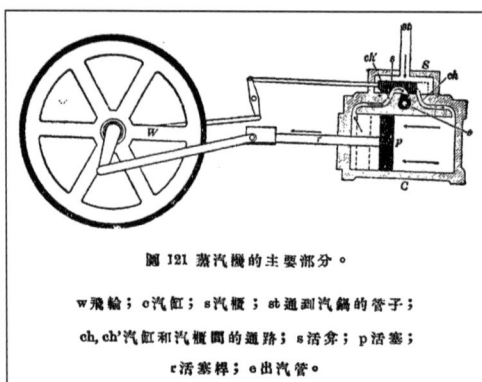

圖90. 等加速度的圖示　　圖113 空氣的對流　　圖117— 沸騰

圖119 — 摩擦生熱

圖J21 蒸汽機的主要部分。

w飛輪；c汽缸；s汽櫃；st通到汽鍋的管子；
ch,ch'汽缸和汽櫃間的通路；s活舌；p活塞；
r活塞桿；e出汽管。

5-3-86

图5-3-86　《中国初中教科书　物理学》中的插图

5. 燕北理科教育研究社出版的《初级物理实验》

《初级物理实验》由燕北理科教育研究社在1935年出版发行，由蔡亦平编著。本书的结构包括封面、编辑大意、目录、绪论、正文、附录、版权页，全书共117页。蔡亦平与蔡亦明还于1935年在燕北理科教育研究社合编出版高中补充用书《物理学问题演习》。这两本书的封面和版权页如图5-3-87所示。关于作者和出版社的研究资料较少，其应以出版教辅材料为重点，故择其简要选介。

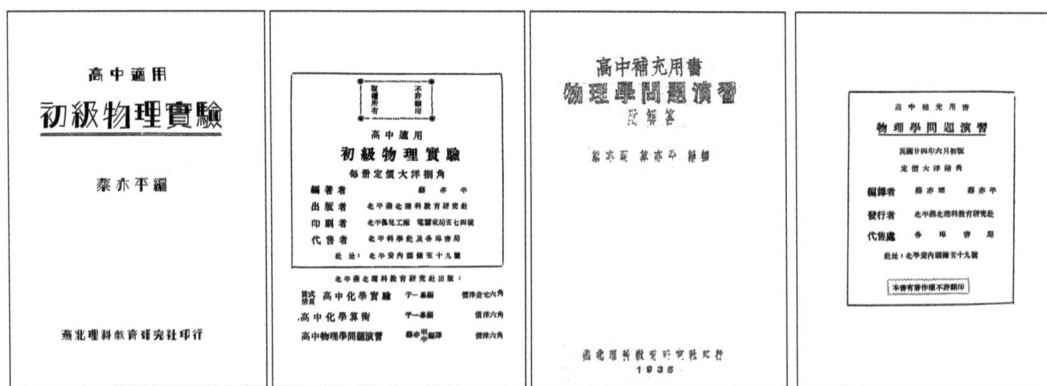

5-3-87

图5-3-87　《初级物理实验》《物理学问题演习》封面和版权页

《初级物理实验》绪论部分主要介绍常用仪器，如尺、游标卡尺、螺旋测微器、天平、停表等的原理、构造、使用方法，以及报告、计算、百分差、图解和实验规则。本书以教育部中学课程标准为依据编写，列出40个实验。每一个实验由目的、仪器、方法、结果、问题等部分组成，按照完整实验过程和实验报告的逻辑展开，如图5-3-88所示。附录部分是物理常量表及数学常数表，仪器选择均为价格便宜且普通学校容易准备的。《物理学问题演习》实为现在的物理学习题集，如图5-3-89所示。

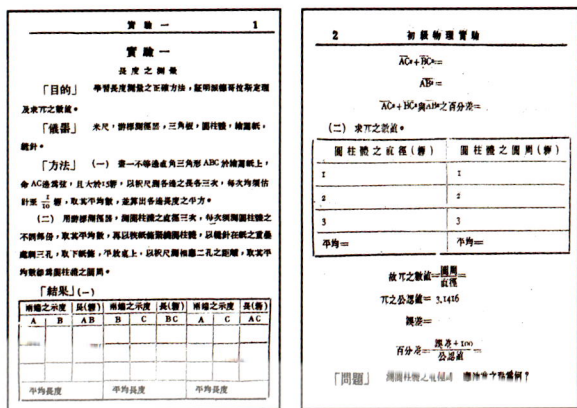

图5-3-88　《初级物理实验》实验样章

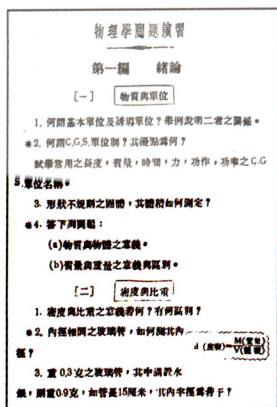

图5-3-89　《物理学问题演习》中的习题

6. 北平直钧科学实验社出版的《高中标准物理学》

本书编译者李直钧，1922年12月毕业于北京大学土木工程系，获得工学学士学位。[1]1924年至1940年在北京四中任物理教师，是北京四中数理化教学的"三大台柱子"之一。他正直、真诚、执着、坚毅，把自己的收入用在公益之上，先后创办直钧科学实验社、直钧小学、直钧幼儿园。

《高中标准物理学》是按照教育部颁布的全国高级中学课程标准及大学入学程度编译而成，由北京直钧科学实验社于1936年出版发行。全书共分三册，上册力学；中册波动、热学、声学、光学；下册电磁学。1936年10月初版，目前仅收集到上册力学部分（如图5-3-90所示），其余两册未找到，是否因为受到战争的影响而损坏，尚需进一步确认。本书需与《高中物理实验》《物理讨论

---

[1] 刘振国、白振祥. 学博为师的老馆长：李直钧［N］. 河北师大报，2011-4-25（3）.

题》两本书配合使用，完成高中的教学。基本结构是封面、弁言（序言）、目录、正文、版权页。内容部分分成编、章、节，每章末有问题与讨论、本章的参考书目。

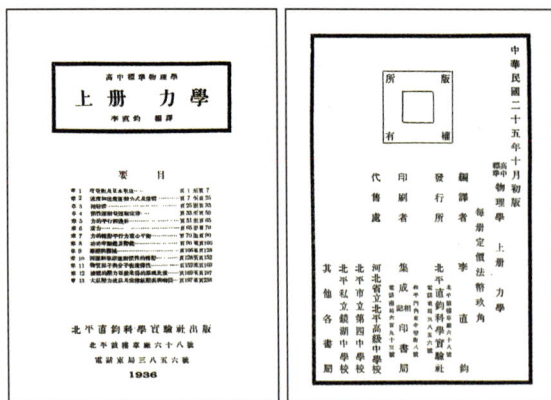

图5-3-90 《高中标准物理学上册 力学》封面和版权页

由于是物理教学名师编写的教材，本书注重教学实际。教材的难度比课程标准的略高，是为升学做准备；注重学习者做题能力的训练，因此举例示范很多，比如在落体运动有三个例子，反复演练落体运动公式，期待学生在教学过程中注意掌握解题的要领，做题时需要先做草图分析实际情况及各量之间的关系，多用画图的办法帮助解题。

本书叙述、讨论注重实际，文字简洁实用。上册第一章"度量衡及基本单位"的第一节"观察与实验"的叙述如下：

§1 观察和实验 就宇宙间自然发生之现象而注意其经过之情况是为观察。专赖观察以求事物之因果关系，其事颇难；或因现象发生之机会较少，稍纵即逝；或因环境复杂，不易求得何者为因，何者非因。故吾人于可能范围中使用适当仪器，布置相当环境，使其现象再行实现以资研究，是为实验。

量度 观察和实验中最关重要之事项实为量度。物理学进步之有今日以此；物理学展望之远于无穷亦以为此。

本书插图的特色是，在插图图注下配有详细的解释说明，如图5-3-91所示的教材插图16"抛射体运行的路径"，运动分解成在抛射方向的等速直线运动，重力方向的等加速直线运动，合成轨迹是一个抛物线。

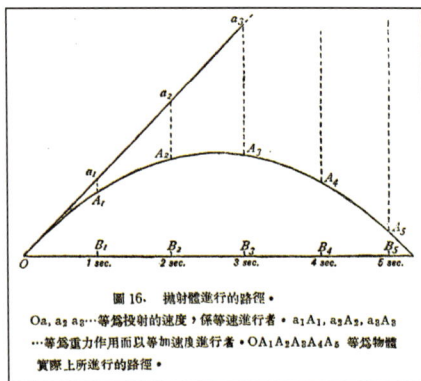

图5-3-91 《高中标准物理学上册 力学》中的插图

本书的配套教材是《高中标准物理讨论题》，其结构是封面、开端语、目录、正文、版权页，出版时间是1935年8月，如图5-3-92所示。其内容涉及力学、热学、声学、光学、磁学、电学，共90个主题进行讨论，每一主题下，设有若干问题；问题来源为国内大学的入学考试题、高中会考题、中外名著上的问题，由浅入深，范围很广。

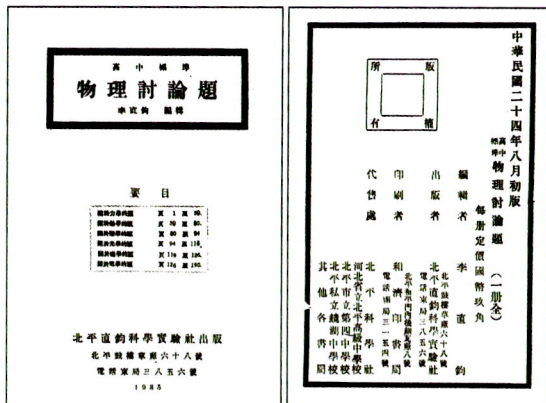

图5-3-92　　《高中标准物理讨论题》封面和版权页

对于问题的讨论，需要先明确事实逐步解答，不能直接套入公式、直接得出结果。因此，在计算时要求必须使用计算尺或简略计算法，避免仅仅变成数学的练习，而离开物理的本质。习题中的插图，作为讨论的依据，不可缺少，有的是实际装置图，有的是最新设备的插图，用以开拓学生视野，如图5-3-93所示。

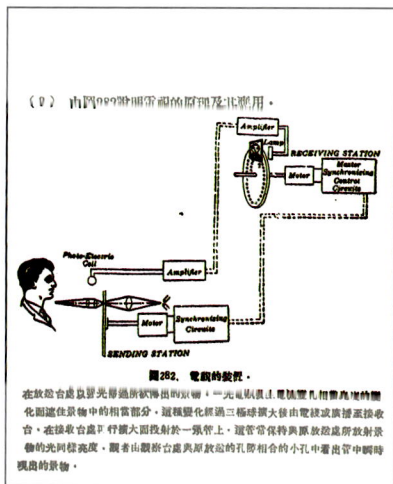

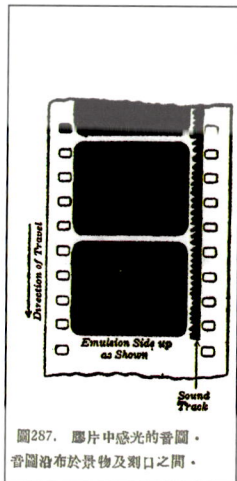

图5-3-93　　《高中标准物理讨论题》中的电视机、有声电影和胶片插图

7. 戊辰学社出版的《汉译达夫物理学》

《达夫物理学》是当时的清华大学、北京大学、扬州中学、师大附中、宏达学院采用的国外原版教材。大学教授佟韶华编译的《汉译达夫物理学》（上册）于1936年11月由戊辰学社出版发行，

如图5-3-94所示。它是当时国内最早的《达夫物理学》译本之一，后陆续有郭元义翻译的《达夫物理学（上、下册）》等出版。

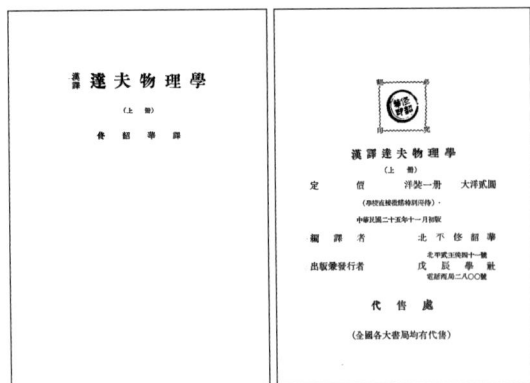

图5-3-94　《汉译达夫物理学》（上册）封面和版权页

本书自序部分介绍了翻译的动机及过程，如图5-3-95所示。当时国内高级中学采用最多的外国教材是《达夫物理学》《金博尔物理》。由于高中学生的英文水平有限，阅读国外原版教材感到困难。作者根据自己的讲义和学生的笔记，翻译完成当时最新的第7版《达夫物理学》。其作为高中学习的教材，删去六号字的部分，将关于热学的高温计算、熵的知识点全部删去；波动、力学的转动部分，可根据学生的情况，选择性讲解。本书的练习题选自大学招生考试题，都附有答案，方便师生学习。

图5-3-95　《汉译达夫物理学》（上册）自序内容

本书上册按照课程标准的内容划分，包括第一编力学与物性，上篇力学，下篇物性学；第二编波动；第三编热学。上册共364页。下册由电磁学、声学、光学等六编组成，已经校阅，但是由于日本发动全面侵华战争，《汉译达夫物理学》（下册）未能出版。

本书的特色之一是给出了物理学研究的两种常用逻辑方法，即归纳法和演绎法。在物理书内，演绎法比归纳法要多，基础的原理主要用归纳法发现。本书还给出了物理学的逻辑体系，即自然现象、度量、观察和实验、假说、物理理论。

第六章

全民族抗战与解放战争时期的物理教科书（1937—1949）

　　1937年7月7日卢沟桥事变后，我国进入全民族抗战时期。在这个时期，国民党统治区、共产党抗日革命根据地和日本沦陷区都基于各自政治、经济、工农业生产需要编写了物理教科书。1945年9月至1949年9月是解放战争时期，解放区和国民党统治区各自编写了物理教科书。

第一节
国民党统治区的物理教科书（1937—1949）

1937—1949年，在国民党统治区域，为适应抗战的需要，教科书中增加了爱国主义的内容，以及与战争有关的知识。政府加强了对教科书的审查力度，并于1942年推行国定教科书，由七大书局"国定中小学教科书七家联合供应处"印刷发行。

一、国民党统治区的教育政策变化

（一）全民族抗战时期教育政策的变化

全民族抗战开始后，国民政府权衡利弊，在1937年8月决定以"战时须作平时看"为教育工作总方针，颁布《总动员时督导教育工作办法纲领》，以"一切仍以维持正常教育"为主旨。为了研究战时教育，时任国民政府教育部部长陈立夫组织成立了战时教育研究会。1938年4月，国民党召开临时全国代表大会，正式制定了"抗战与建国双管齐下"的战时教育方针，"改订教育制度及教材，推行战时教程，注重国民道德之修养，提高科学的研究与扩充其设备"。

国民政府教育部根据这一方针，制定的《战时各级教育实施方案纲要》，明确了战时教育的9大方针和17项实施要点，其中关于教科书编写问题，提出"对于各级学校各科教材须彻底加以整顿，使之成为一贯之体系而应抗战与建国之需要，尤宜尽先编辑中小学公民、国文、史地等教科书及各地乡土教材，以坚定爱国爱乡之观念"，随后制定的《战时各级教育实施方案》，对教科书编写和出版发行作出新的规定："成立各级学校各科教材编订委员会，先草订或修订各级学校各科课程标准，再依照课程标准制订各科教材要目，以为选择教材及编辑教科书之标准"，其中，公民、国文、历史、地理教科书，由国家编辑，颁发应用。[1]国民政府教育部制定《国立中学暂行规程》，陆续创办国立中学等教育机构。规定中等学校课程，添设战时特种教材和实施后方服务训练。

1940年，国民政府教育部为满足抗战需要，修订了1936年的初、高中课程标准，主要增加选修课，将英文改为选修。初中分成甲、乙两组，甲组就业，乙组升学准备；高中也分甲、乙两组，甲组侧重理科，乙组侧重文科。

---

[1] 贺金林. 百年来我国中小学教科书供应体制的演变与启示［J］. 课程·教材·教法，2012（2）：70.

为了落实对战时教科书的管理与控制，国民政府教育部成立了各科教材编订委员会，规定公民、国文、历史、地理等教科书由国家编辑。

（二）战后的教育复员

抗日战争胜利后，时任国民政府教育部部长朱家骅颁布了接受复员的临时措施，包括《战区各省市教育复员紧急办理事项》14条、《教育复员及接受敌伪教育文化机关等紧急处理办法要项》13条。国民政府教育部颁布的这两个紧急办法，对接收敌占区的文化教育机关作出了明确的规定，对稳定收复区的文化教育事业起到了积极作用。

1945年8月，国民政府教育部颁布了《战后教育复员紧急办法》，规定"各级学校教科书，应与各大书店印刷所接洽印行国定本，并采用战前审定本"。放开教科书版权，国立编译馆重新开始各书局自编教科书的审定工作。

1945年9月下旬国民政府在重庆召开全国教育善后复员会议，讨论制定教育复员政策，并对全国教育工作进行调整和重新部署。抗战胜利后，全国进入了一个重要的历史时期，教育问题成为全国的基本问题。但是抗日战争胜利后国民党忙于发动内战，教育发展缓慢，教科书主要是使用原来国民党统治区的国定本教科书，以及各书局在战前编辑出版、适当修订后重新发行的教科书。

二、国民党统治区的物理课程标准修订

1941年分别对初中、高中物理课程标准进行了修正，修正后的初中、高中物理课程标准分别称为《修正初级中学物理课程标准》和《修正高级中学物理课程标准》。

（一）《修正初级中学物理课程标准》

1941年修正课程标准在目标、实践支配方面的要求均未发生变化。教材大纲部分调整如下：（六）液体之浮力，船舶排水量；（八）气体之压力，大气压力，气球；（十四）单摆，与圆运动；（十九）温度，温度计之分度法；（二三）热之传播，热水瓶，火炉，冰箱；（二五）光之反射及折射；（二八）放大镜、照相机、望远镜、显微镜、眼镜；增加了（三八）无线电。

考虑到当时抗日战争进入相持阶段的情况，在实施方法概要部分，提出"（三）务必将教材具体化，以使其与学生的日常生活相近，与国防生产有关联。"删除酌量添授物理科特殊教材项目。

（二）《修正高级中学物理课程标准》

《修正高级中学物理课程标准》在目标部分，提出"（三）使学生略知物理学与其他自然科学及国防生产之关系"。

时间支配部分：讲授及示教每周3小时。学生分成甲、乙两组，甲组学生实验每周1次，每次2小时；乙组学生实验每2周1次，每次2小时。

对教材大纲部分进行了删减整合，与1936年版高中物理课程标准相比较减少了10个知识点，变化如下：

（一）（二）不变；（三）……重心（增加）；（四）固体之弹性与应变，胡克定律（原五）；（五）液体中之压力，液体比重之测定（汉埃方法），巴斯噶原理，水压机（原六、七整合）；（六）浮力，阿基米德原理及应用（物体比重之测法），船坞与潜水艇（增加、原八部分内容）；（八）原十一；（九）原十二；（十）原十三；（十一）原十四；（十二）其他简单机械，各种简单机件之配合（新增）；（十三）功之原理，机械利益与效率，功率（原十五部分内容）；（十四）运动：位移、速度、加速度、等速运动、等加速运动（原十六部分内容）；（十五）自由落体运动，抛射体运动，枪炮射程（增加，原十六部分内容）；（十六）牛顿之运动三定律、万有引力定律（原十七部分精简）；（十七）圆周运动：向心力与离心力、摆（原十八、十九整合）；（十八）简谐运动（只限于简单叙述），转动：角速度、角加速度、飞机（增加）（原十九、二十整合）；（十九）摩擦、摩擦系数、摩擦对运动的影响，坦克车（增加，原二一）；（二十）原二二；（二一）分子与分子运动，扩散、黏滞性，附着力及内聚力，表面张力及毛细现象（原二三、二四整合）；（二二）温度及温度计，绝对温度（增加）（原二五）；（二三）原二六；（二四）原二七；（二五）原二八；（二六）原二九；（二七）原三十；（二八）原三一；（二九）热之传播，暖室及制冷设备（原三二、三三整合）；（三十）原三四；（三一）原三五；（三二）原三七；（三三）原三八；（三四）共鸣，声波速度之测定（增加）（原三九）；（三五）弦之振动与气柱之振动（原四十精简）；（三六）音阶，简单乐器，人耳（增加）（原四一）；（三七）原四二；（三八）光之直进，光之速度（原四三精简）；（三九）照明（增加）、光度及光度计（原四四）；（四十）原四六；（四一）原四七；（四二）两类透镜（原四八调整）；（四三）原四九；（四四）……人眼（增加，原五十）；（四五）不变；（四六）原五一；（四七）原五二；（四八）光之极化及复折射（新增）；（四九）原五三；（五十）原五四；（五一）原五五；（五二）原五七；（五三）原五八；（五四）……电场及电位（新增，原五九）；（五五）原六十；（五六）电流，湿电池与干电池（原六一细化）；（五七）极化作用与局部作用，蓄电池（原六二、六三整合）；（五八）原六四；（五九）电池之联接法，电阻之联接法，惠斯登电桥（原六五、六六、六七整合）；（六十）原六八；（六一）原六九；（六二）原七十；（六三）原七一；（六四）原七二；（六五）原七三；（六六）电磁圈，电话（原七四、七五整合）；（六七）原七六；（六八）原七七；（六九）原七八；（七十）光电管，电视及有声电影（增加）（原七九）；（七一）电磁波，无线电报及无线电话（原八十、八一整合）；（七二）原八一；（七三）原八三。

实施方法概要部分：教法要点强调，"凡有地方性之本国教材应尽量引用"，物理学部分特别应用与"国防生产有关的"。实验教材部分：甲组与1936年版完全相同，列出35个实验；乙组，列出23个实验。必做实验甲组由32个变为30个；乙组必做实验15个。

1948年颁布的《修订初级中学理化课程标准》中，初中又将理、化合并，高中有单独的《修订高级中学物理课程标准》。由于当时正处解放战争时期，并没有出现按照此课程标准撰写的教科书。

三、国民党统治区的物理教科书

1937年全民族抗战开始，为了保证国民党统治区的教科书供应，由正中书局、商务印书馆、中华书局、世界书局、大东书局、开明书店、交通书局组织的中小学教科书七家联合供应处统一印刷发行。1945年抗日战争结束，教科书版权放开，各出版社又开始了物理教科书的编辑出版工作，但在总体出版数量上与前十年差距太大，数量减少太多，约为1927—1937年间的一半。

（一）正中书局的新中国教科书物理学

抗战时期由于国定教科书的推行，民间书局在教科书的编写上没有多大作为，唯有正中书局除外。全民族抗战开始后，正中书局迁往重庆，应形势需要在业务上有所发展，编印了大量战时读物，后仍以教科书、自然科学、三民主义及国民党党政要人的著作为主。

正中书局遵照国民政府教育部1941年颁布的修正课程标准，开始编辑新中国教科书系列。该套教科书于1945年初版，之后多次再版。

1. 常伯华编著的《新中国教科书　初级中学物理学》

常伯华编著的《新中国教科书　初级中学物理学》依据1941年的《修正初级中学物理课程标准》编著，1944年由重庆正中书局出版发行，如图6-1-1所示。全书分成上、下两册，包括绪论、物性学、力学、热学、声、光、磁电七部分，全书共32章，296幅插图。

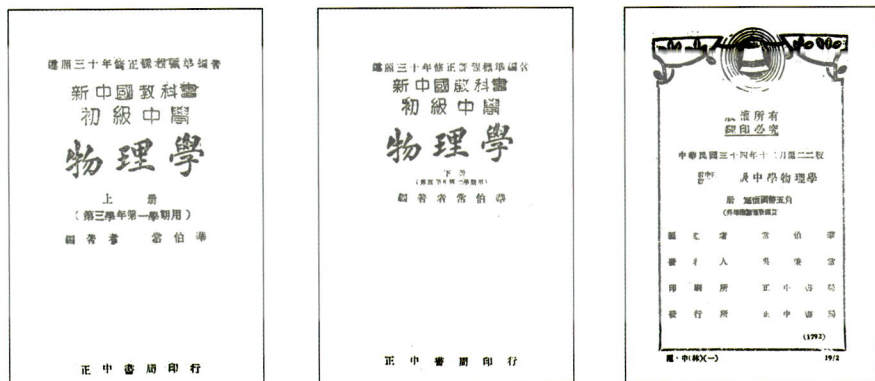

6-1-1

图6-1-1　《新中国教科书　初级中学物理学》（上、下册）封面和版权页

教科书封面印有"遵照三十年修正课程标准编著""新中国教科书"字样。本书体例采用篇、章、节结构，章末附习题，题目以需计算或经过思考后可以解决的问题为主，没有死记书本知识的题目。

本书中知识点叙述从日常生活中的现象出发，再通过实验来归纳验证，语言朴实通俗易懂。比如"声的发生"一节，"如钟鼓等可以发声的物体，叫做发声体。发声体在发声时，常发生急速的振动"。通过两个实验音叉的振动归纳出声音是由于物体的振动产生的。如图6-1-2所示。

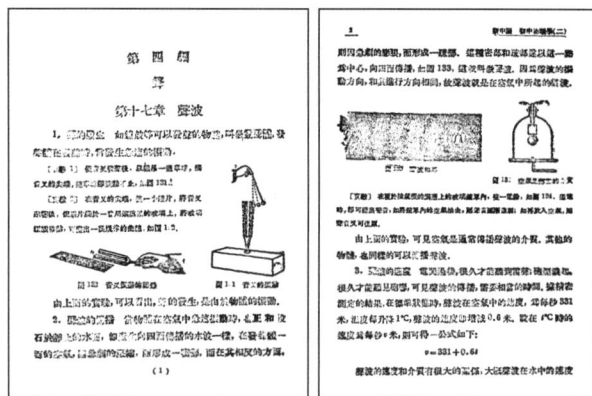

6-1-2

图6-1-2　《新中国教科书　初级中学物理学》样章

本书有丰富的插图，文图配置优美，辅助实物教学。如图6-1-3所示的呈现实验现象的插图——教材插图131"音叉的振动"，呈现物理现象的插图——教材插图133"声波和耳"。此外，虽为初级中学物理学课本，课文的插图具有物理规律的抽象性，数学公式表达的内容也比较多。

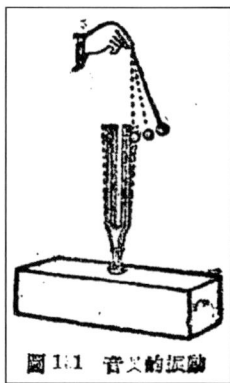

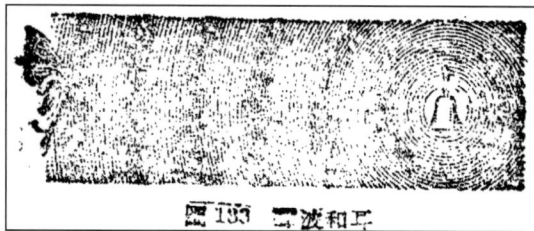

6-1-3

图6-1-3　《新中国教科书　初级中学物理学》插图131、133

2. 张开圻编著的《新中国教科书　高级中学物理学》

张开圻编著的《新中国教科书　高级中学物理学》依据1941年的《修正高级中学物理课程标准》编著，1945年由重庆正中书局出版发行，如图6-1-4所示。全书分成上、下两册，包括绪论和力学（6章）、物性学（4章）、热学（4章）、声学（2章）、光学（6章）、磁学（1章）、电学（11章）七编共八部分内容，全书480幅插图，35个表格。

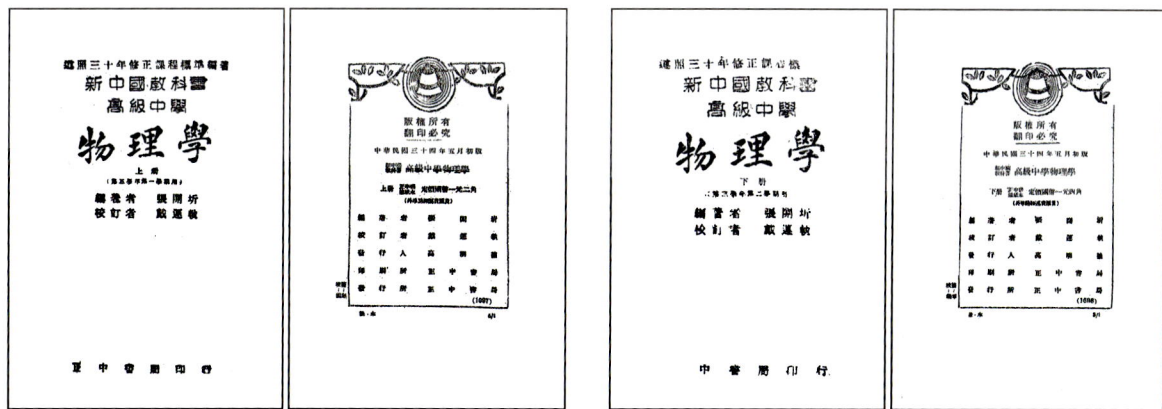

图6-1-4　《新中国教科书　高级中学物理学》（上、下册）封面和版权页

　　教科书封面印有"遵照三十年修正课程标准编著""新中国教科书"字样。本书体例采用编、章、节结构，章末附习题。题目以计算或经过思考后可以解决的问题为主。作者在编辑大意中指出编写的意图，"本书叙述物理学现象和重要定律时，都从初步入手，循序渐进，使学生易于明了，而得一整个有系统的概念"，如图6-1-5所示。

　　此外，作者注意到插图和物理实验对于物理教学的重要性。"本书对于原理和现象，除用浅显的文字说明外，插图甚多，使学生按图推考，更易领悟""教室中的表演实验，在物理学讲演时，颇为重要"。课文中的关键词采用中英文对照方式编写，有助于提高学生的专业英语水平。绪论部分介绍了自然科学与物理学的研究对象、方法和两者之间的关系，注重物理学科思想方法的教育，如图6-1-5所示。

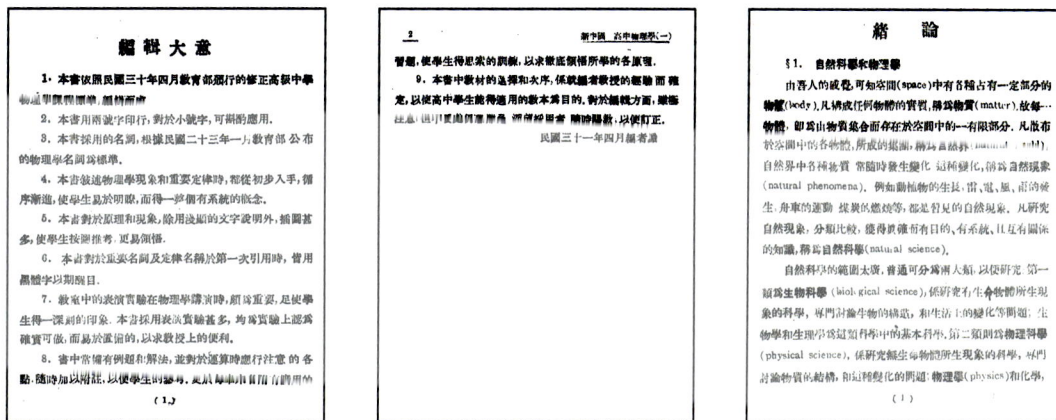

图6-1-5　《新中国教科书　高级中学物理学》编辑大意和绪论

本书内容尽量从日常生活出发，归纳出物理现象，再通过实验来归纳验证，语言比较通俗易懂，配上插图的直观解释，容易理解。如图6-1-6所示的"如声的传播，必赖物质。如悬电铃或闹钟于抽气机底盘上的钟罩内而使之发声，同时将空气抽去，则声渐弱，倘将空气放入，则声又强。"作为高级中学物理教科书，其课文内容数学化、抽象化、逻辑化也比较突出，放在现在高中的教学中，内容的难度系数也是比较高的。

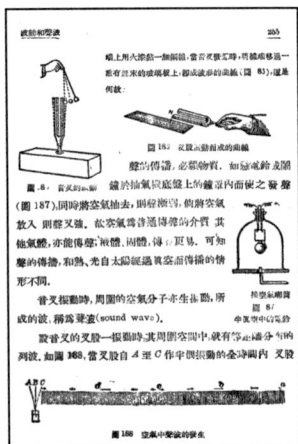

6-1-6

图6-1-6 《新中国教科书 高级中学物理学》样章

本书在课文字体印刷上也颇有建树，对于第一次引用的重要名词及定律名称，都用黑体字，起到醒目的作用。比如图6-1-7所示的"位移"概念："物体或质点的位置改变的量，称为位移（displacement）。位移的量兼有大小和方向，故亦称为向量。设一质点自位置A移至B点，其位移即可用$\overrightarrow{AB}$表示（图22），如再由B移至C，其位移为$\overrightarrow{BC}$，结果和自A至C的位移$\overrightarrow{AC}$相同。凡一位移量和数个位移的结果相同的称为合位移（resultant displacement）；由数个位移推求合位移的方法，称为位移的合成（composition of displacements）"。

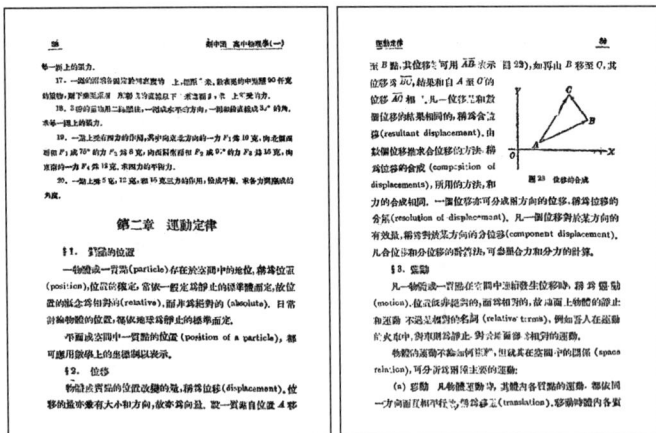

6-1-7

图6-1-7 《新中国教科书 高级中学物理学》中关于"位移"的概念内容

书中有例题和解法，并说明运算时应注意的要点，且随时加以附注，以便学生参考，如图6-1-8所示。

6—1—8

图6—1—8　《新中国教科书　高级中学物理学》中的例题

（二）世界书局的新课程标准物理学

全民族抗战时期，世界书局根据修正标准出版了"新课程标准世界中学教本"。

1. 寿望斗编著的《新课程标准世界中学教本　高中新物理学》

该书根据1941年的《修正高级中学物理课程标准》编著，1945年由上海世界书局出版发行，如图6—1—9所示。全书分上、下两册，包括绪论和物性、力学、热学、音学、光学、磁学、电学七编共八部分内容，全书共360节，插图446幅。

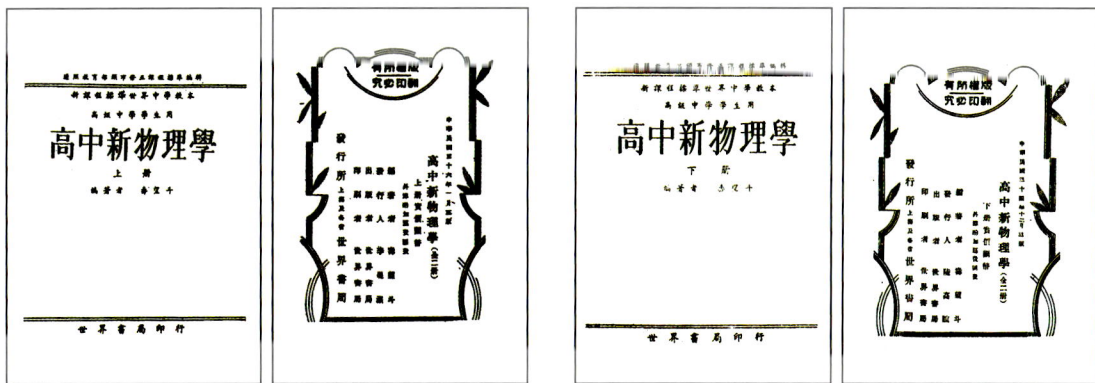

6—1—9

图6—1—9　《新课程标准世界中学教本　高中新物理学》（上、下册）封面和版权页

本书体例是编、章、节，特色之一是在章末附有复习提要，将本章中所有的公式、定义、定律、单位、仪器、方法等，分类列标题，并留有空白。学生学习后自行复习，再填写摘要；章末附问题，以计算题和学生经过思考后得出结论的题目为主，旨在巩固教材知识，促进学生思维的发展。

第一节　国民党统治区的物理教科书（1937—1949）

本书选材包含重要的物理学现象、原理和规律，还特别注重知识的应用，比如讲授常见的光学仪器眼镜、照相机、映画器、活动影片、放大镜、显微镜、望远镜、潜望镜等的原理；注重物理学史知识的渗透，比如第205节"光之波动说"讲述1678年惠更斯提出波动学及发展的过程。

本书有丰富的插图和表格，其中插图446幅，表格22个。其中，插图有助于展示物理现象，揭示物理规律，呈现仪器结构，如图6-1-10所示；表格多用来呈现一些物理常数，如不同物质对黄色钠光的折射率表。

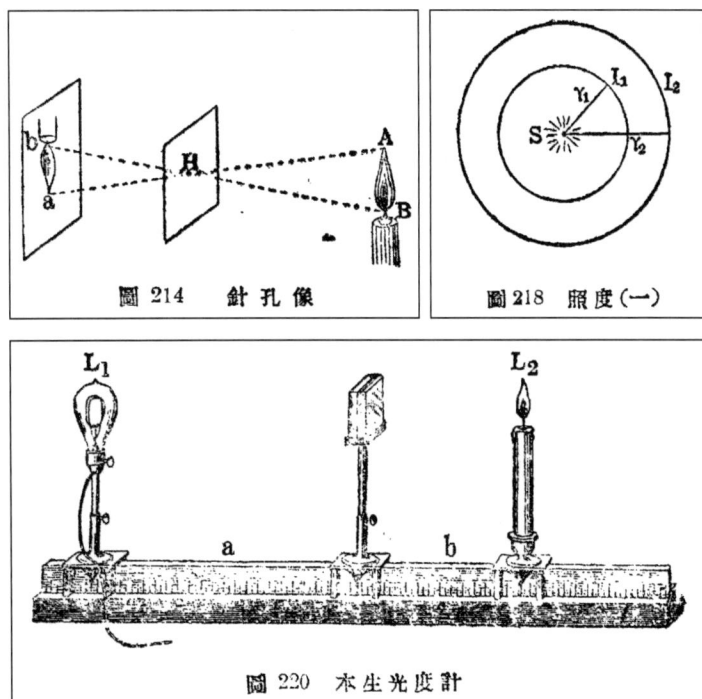

6-1-10

图6-1-10 《新课程标准世界中学教本 高中新物理学》中的插图

2. 何守愚、陈公衡编著的《初中新物理学》

何守愚、陈公衡编著的《初中新物理学》是依据1941年的《修正初级中学物理课程标准》编写而成的，1947年由上海世界书局出版发行，如图6-1-11所示。全书包括上、下两册，共计18章。

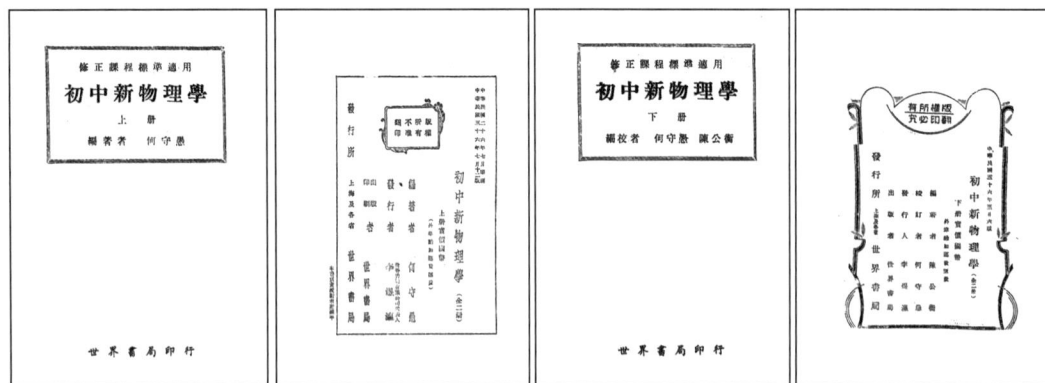

6-1-11

图6-1-11 《初中新物理学》（上、下册）封面和版权页

本书内容选材以常识和生活为中心，尽量采用归纳法导出各种定律和原则，以引起学生研究物理的兴趣。本书文字叙述力求浅显，说理简洁明了，比如物质的概念"银币是用银铸成，桌椅是用木料造成，刀斧是用铁制成，故如银、木料、铁等，是占有空间的一部分，并能由感觉得确认其存在的，称为物质；而银币、桌椅、刀斧等，是兼有一定的形状及大小的，称为物体"。

针对初中学生数学程度较低，害怕物理问题中的数学表达和计算的心理，本书首先举例，给出明确的解题示范，让学生明了计算的方法，以消除各种困难。比如学习"密度"概念后对有关计算题的学习：

若以d表示密度，m表示质量，V表示体积，得一公式如下：

$d=\dfrac{m}{V}$，或密度$=\dfrac{质量}{体积}$

［例1］设有铁一块，体积为10立方厘米，质量为78克，求其密度。

【解】因$V=10$立方厘米，$m=78$克，

故$d=\dfrac{78}{10}=7.8$克/立方厘米。

本书采用章、节体例，每章末附有本章纲要，节末附有问题。每章提纲简明地归纳本章的内容，学生在学习完后，增加一次复习的机会，对全章内容有一个整体的认识。对于问题，学生根据本节所学的内容，可以自主求出答案，包括计算题、思考推理题，以启发学生的推理理解能力，进而养成思考的习惯。

本书选择的实验是编者经过多次验证确实可靠的，采用的图表力求明显，使学生容易领悟。比如：

【实验1】试用卷尺，测定教室内的黑板长、宽各为若干米，地面面积为若干平方米，及教室内容积为若干立方米。

本书的名词及各种单位，依照国民政府教育部颁布的物理名词规定，在书末附有中西名词对照表。

本书有丰富的插图、表格，辅助学生理解课文内容。上册108幅插图，下册139幅插图。如图6-1-12所示的插图有的呈现仪器结构，如教材插图3"弹簧秤"；有的呈现实验装置及实验现象，如教材插图4"液体的压力"，即为呈现第二章"水"实验1的装置及实验现象图；有的呈现物理原理，如教材插图5"水压机的原理"；有的在物理知识应用上呈现仪器的结构，如教材插图6"水压机"。另外，本书有表格帮助学生理解，比如长度表、密度表，用表格简洁地列出长度单位信息和常见物质的密度，如图6-1-13所示。

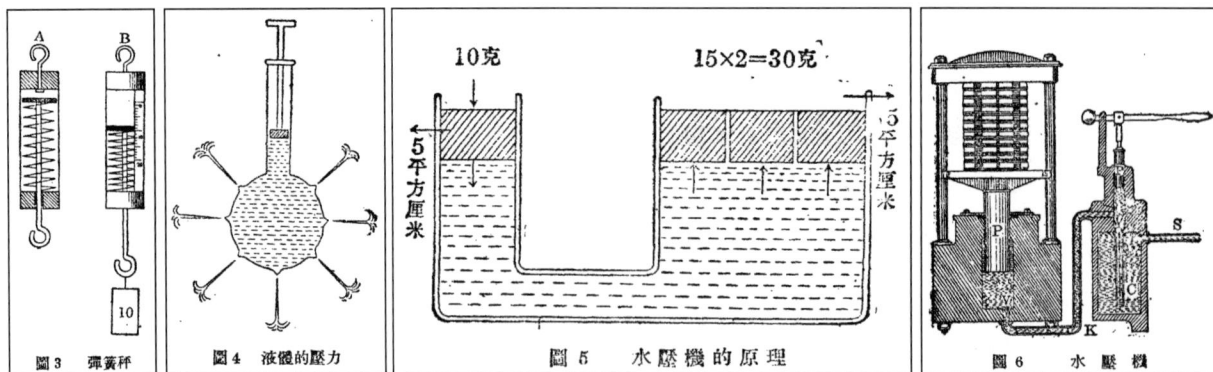

図3 彈簧秤　　図4 液體的壓力　　図5 水壓機的原理　　図6 水壓機

6-1-12

图6-1-12 《初中新物理学》插图3、4、5、6

中　名	西　名	略　號	合市用制
仟米(公里)	Kilometer	Km.	
佰米(公引)	Hectometer	Hm.	
什米(公丈)	Decameter	Dm.	
米(公尺)	Meter	M.	3市尺
分米(公寸)	Decimeter	dm.	
厘米(公分)	Centimeter	cm.	
毫米(公厘)	Millimeter	mm.	

長　度　表

[附註] 上表所列各級單位,均按十進,實際上應用以仟米,米及厘米為最多.

密度表(單位是克/立方厘米)

鉑	21.5	銀	10.5	玻璃	2.6	酒精	0.79
金	19.3	銅	8.9	水	1	醚	0.72
水銀	13.6	鐵	7.8	冰	0.92	木	約0.5
鉛	11.3	鋁	2.7	石油	0.8	橡皮樹	0.24

6-1-13

图6-1-13 《初中新物理学》中的长度表、密度表

（三）上海北新书局出版的物理教科书

北新书局是1924年在北京建立的民营书店。北新书局一开始是依靠《语丝》同人的帮助，尤其是鲁迅、周作人兄弟的支持，方才立足。1931年、1933年两度被查禁，此后总局迁往上海。北新书局的全盛期是在1925—1937年，此后的战争让它受到很大打击，并于1952年关闭，1953年被并入四联出版社。其出版的书籍经历了从新文艺书籍到教科书、儿童用书的转向。

由胡悫风编、上海北新书局1948年出版发行的《初中物理学》，依据1941年的《修正初级中学物理课程标准》编写，如图6-1-14所示。全书分成上、下两册，体例是章、节，几节之后又有摘要、习题。选题也是以日常生活中所见现象为主，旨在使学生了解其中的物理学原理。

6-1-14

图6-1-14 《初中物理学》（上、下册）封面和封底

本书的特征之一是导言部分，叙述了物理学的目的、物理学与真理的关系、物理学的深远意义、物理学的研究方法四个问题。本书具有丰富的插图，上册120个问题，102幅插图。每一个问题的叙述都从日常生活中的现象入手，归纳出原理或规律。语言平实，通俗易懂。比如传导问题的叙述：

把银质的茶匙浸入沸水，露在水外的匙柄不久就变得极热。若瓷质的茶匙则不然，浸入沸水的部分可以极热而露在外面的一部分则仍冷。由经验可知，凡金属如金、银、铜、铁之类都是极容易传热的；凡如非金属如瓷石、羽毛之类都是极不易传热的。凡容易传热的物质称为良导体，不容易传热的物体称为非导体。

本书的插图可以辅助呈现实验现象及装置、物理原理，如图6-1-15所示的教材插图89呈现各种金属的传导实验装置，插图92呈现室内空气对流的原理。

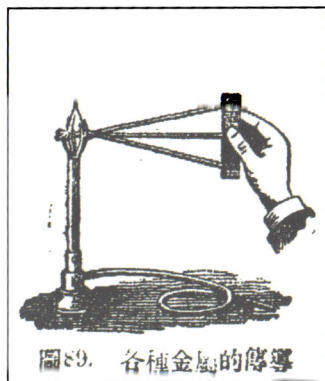

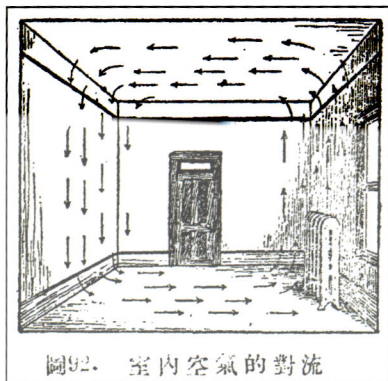

6-1-15

图6-1-15 《初中物理学》中的插图89、92

第一节 国民党统治区的物理教科书（1937—1949）

（四）开明书店出版的物理教科书

根据国民政府教育部战后教育复员紧急办法，各级学校可以采用战前审定的教科书。作为七大书店之一的开明书店，在1946年第八次再版了《开明物理学教本》，新编了《初级中学物理实验》《高级中学物理实验》等教科书，翻译了《基本实用物理学》，如表6-1-1所示。

表6-1-1 1937—1949年开明书局出版的物理教科书

书名	类别	作者	出版时间
初级中学物理实验	初中用	丁燮林、王书庄（编著）	1947年
高级中学物理实验	高中用	丁燮林、王书庄（编）	1945年
基本实用物理学	高中用	［美］勃拉克（布莱克）、台维斯（戴维斯）（著），陈岳生（译）	1949年

丁燮林，曾任职北京大学物理学教授、国立中央研究院物理研究所所长、山东大学物理学教授、台湾大学教务长。王书庄，1928年毕业于北京大学物理系。曾任国立中央研究院物理研究所助理研究员、副研究员，山东大学教授。作为大学教授编著了初、高中的物理实验教科书。

1. 丁燮林、王书庄编著的《初级中学物理实验》

丁燮林、王书庄两位教授编著的《初级中学物理实验》是根据国民政府教育部初中物理实验课程标准编写，在1939年完成书稿，1947年7月完成初版印刷，如图6-1-16所示。本书结构有封面、版权页、编辑大意、目录、实验须知、实验，全书49页，采用活页装订法，实验完成后，沿左方小孔撕下，方便老师评阅。

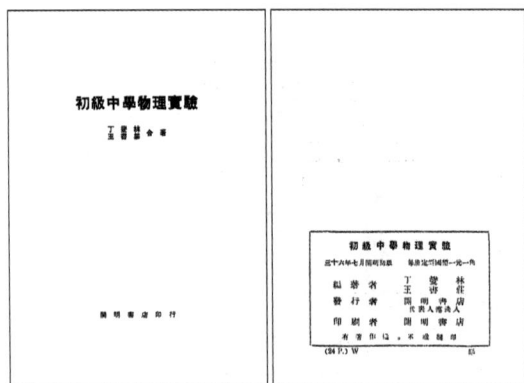

图6-1-16 《初级中学物理实验》封面和版权页

本书收录21个实验，每个实验需1个小时完成，每两周做1次实验，满足一学年教学的需要。文字叙述力求浅显严谨，尤其是对学理的解释和实验的说明以简洁为主，比如实验11单摆中关于"周期"的解释，"换一简单说法，以A点或B点为起点，则摆动往返一次所需之时间，为摆之周期"。

本书实验编制依据三个原则：学生通过实验所得的数据和结果，加深对物理现象、原理、规律的理解；练习使用各种简单物理仪器，进而了解其构造与原理；学生熟练计算得数和记录结果的方法，养成良好的实验习惯。

每个实验的叙述包括四部分：目的、方法、答案空白、附注。其中的附注部分列出实验所需仪器和零件。本书中的实验仪器都力求简易，普通初级中学都可以准备。

2. 丁燮林、王书庄编的《高级中学物理实验》

丁燮林、王书庄两位教授编的《高级中学物理实验》，依照国民政府教育部1932年的中学课程标准和1934年中学物理学设备标准编写，1935年完成，1945年2月初版，1947年2月三版，如图6-1-17所示。本书结构有封面、版权页、编辑大意、目录、引论、实验、附录。

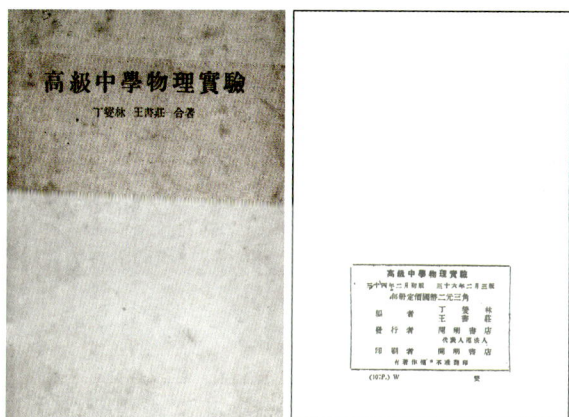

图6-1-17　　《高级中学物理实验》封面和版权页

作为高中物理实验书，其编制原则有三个：一是学生对物理学的基础原理、定律、重要的物理变化、物理常数等，通过实验加以证明或测量；二是学生练习使用各种普通的物理仪器，并了解其原理及构造；三是熟悉数据处理和记录结果的各种方式、方法。

本书引论部分包括常用仪器、作图线法、准确度、实验须知。附录部分为物理常数、数学常数及公式、对数表及三角函数表、计算尺的原理及用法、英汉及汉英名词对照表。

本书总计有40个实验，每个实验所需时间大致相等，为2个小时左右。每一个实验的叙述分成六个部分：目的、解释、仪器、方法、得数、问题。这种模块化的写法，与同时代的高中物理实验书类似，比初中的物理实验书更加规范。

为解决学校设备不足的问题，在假设每个实验仪器只有1份的情形下，将40个实验分成4期进行，比如第一期实验：1、2、3、4、5、6、7、8、10、13；第二期实验：12、14、15、16、21、22、24、25、27、35；第三期实验：9、11、17、18、19、23、28、30、38、39；第四期实验20、26、29、31、32、33、34、36、37、40。

3. 陈岳生翻译的《基本实用物理学》

布莱克和戴维斯合著的《实用物理学》作为美国的中等教育物理教科书，在当时中国翻译版本众多，在中国国家数字图书馆检索题名为"实用物理学"的书籍，可以检索到16本。翻译者陈岳生，在整个民国时期长期活跃于基础教育、高等教育和出版发行一线。

陈岳生翻译的《基本实用物理学》分成上、下两册，将能量不灭理论作为基本定律贯穿全书。本书包括绪论、力学、物性、音学、热学、电磁学、光学等共27章内容，基本结构是封面、原序、自序、目录、正文、附录。在正文每章中的几节内容后，会有几个问题或计算题，以备复习用。每章后附有提要，提炼出本章的知识要点。其封面和封底如图6-1-18所示。

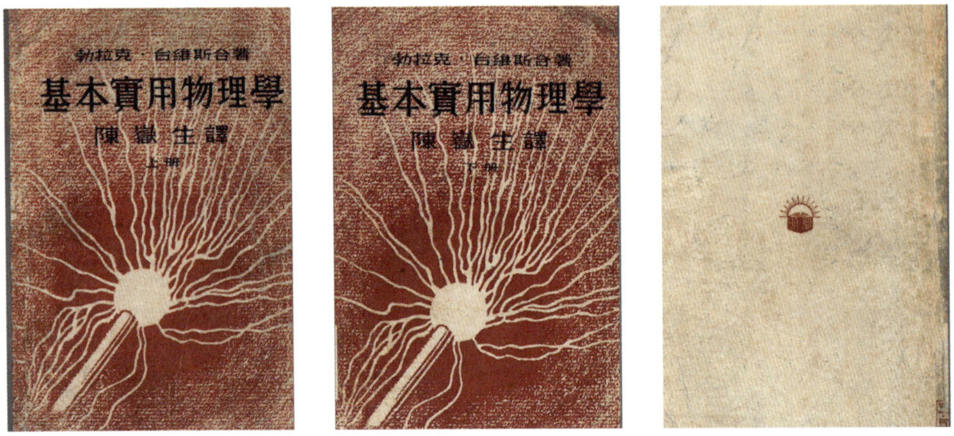

6-1-18

图6-1-18 《基本实用物理学》（上、下册）封面和封底

本书插图很多，插图绘画仔细，内容简明，下面注有文字，学生一看便知，可以帮助学生理解物理现象与知识，具有物理教育上的价值；显示了物理学在现实世界的情况，展示了物理学与人生的关系。如图6-1-19所示。

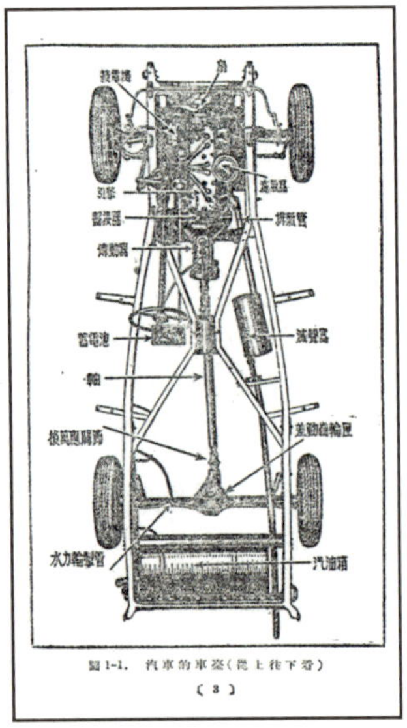

6-1-19

图6-1-19 《基本实用物理学》中的插图

（五）商务印书馆重印的《复兴初级中学教科书　物理学》

周颂久（周昌寿）在1934年按照1932年国民政府教育部颁布的《初级中学物理课程标准》，编辑过与本书同名的《复兴初级中学教科书　物理学》，本书按照1936年国民政府教育部修正颁行的《初级中学物理课程标准》编辑而成，1938年8月第1版，1946年，国民政府教育部审定第93版，如图6-1-20所示。全书分成上、下两册，上册96页，下册97页，共包括26章内容，教师可以根据实际教学情况进行调整。内容选材为学生应该具备的常识，并以日常生活中的现象为其中心，将物理学中各种基本定律、物理概念融入其中。此本为课堂讲授教本，另有专门的实验教科书。

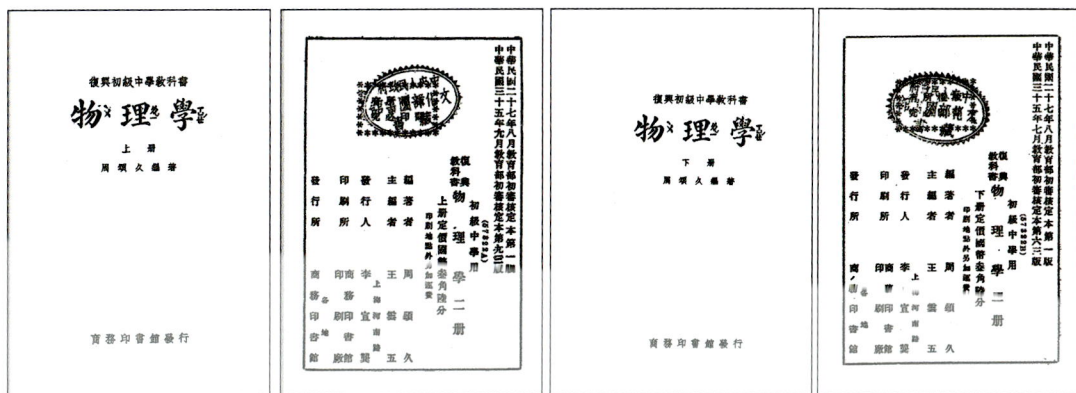

6-1-20

图6-1-20　《复兴初级中学教科书　物理学》（1947年版）封面和版权页

本书每章末都有几个问题，选自学生常见的事情中又有怀疑的问题。这类问题对于学生发现知识效果很好，期望使用本书的教师特别注意这些问题对学生的启发。本书注重解释，未涉及计算，以降低物理学的学习难度。

全书共有插图145幅，与同时期的物理教科书中插图的作用类似，用以辅助理解物理现象、仪器的原理，展示物理的生活情境。

（六）中国科学图书仪器公司出版的《中国科学教科书　初中物理学》

中国科学图书仪器公司于1929年6月由中国科学社在上海创立，以出版印刷科技图书为主。中国科学社原名科学社，于1914年由中国留美学生在美国发起，次年改为中国科学社，1918年迁回国内，1928年定址上海，1955年迁至北京并入科学出版社。

1. 杨孝述、胡刚复、胡悫风合编的《中国科学教科书 初中物理学》

杨孝述、胡刚复、胡悫风合编的《中国科学教科书 初中物理学》，依据《修正初级中学物理课程标准》编写，1948年由中国科学图书仪器公司出版发行，如图6-1-21所示。全书分成上、下两册，上册152页，下册135页，共30章238节，252幅插图。

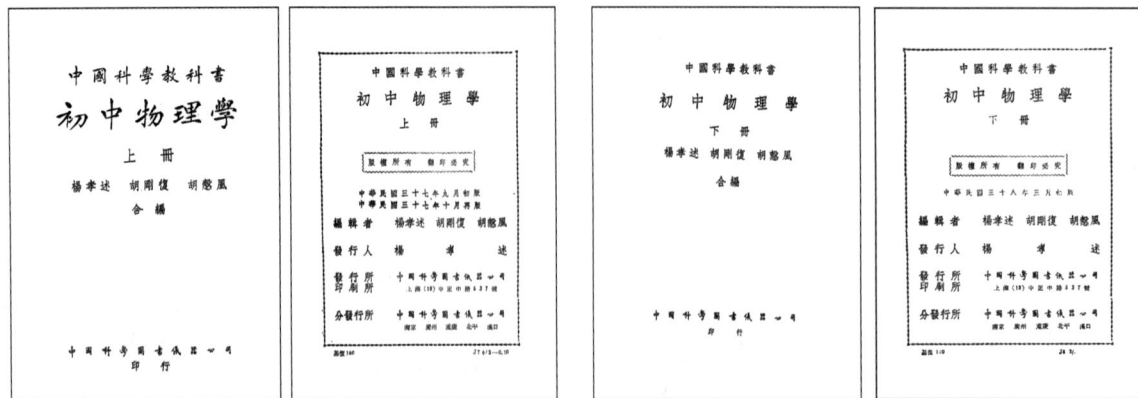

6-1-21

图6-1-21 《中国科学教科书 初中物理学》（上、下册）封面和版权页

本书的选材考虑到学生的经验、兴趣与需要，选择能引导学生了解日常中常见的物理现象的内容。各章节的呈现顺序，将最简单的内容放在教材最前面，比如力学从秤、轮轴等简单机械入手，因为其与学生生活最为接近，实物实验随手可取，日常应用又极其广泛，容易引起学习者的兴趣。对于基本原理则多次详细的呈现，既便于学生课外自学，也使老师在课堂上有更多的时间进行问答或习题的演算。

本书中对于问题的讨论，首先以介绍学生常见的事物为先导，其次介绍其物理原理，再以实例演示原理如何应用，做到从日常生活中来，到日常生活中去。

本书中特别列出了质量与重量的区别，并引入能量一章，期望将最为基本的概念在学习之初传达给学生。

本书的体例为章、节，节后有习题，计算与问答并重，期望学生通过习题加深熟悉基本原理；章末复习题，起到复习本章知识的作用。

本书有丰富的插图，用以辅助实物教学，如图6-1-22所示。有的呈现物理量的单位，比如教材插图1"厘米的长度"，给学习者以清晰的主观印象；有的呈现物理现象，比如教材插图2"用杠杆撬重物"；有的呈现仪器结构，如教材插图3"天平——等臂杠杆"；有的呈现实验现象、实验装置，如教材插图31、32呈现水能传力实验的装置与现象。

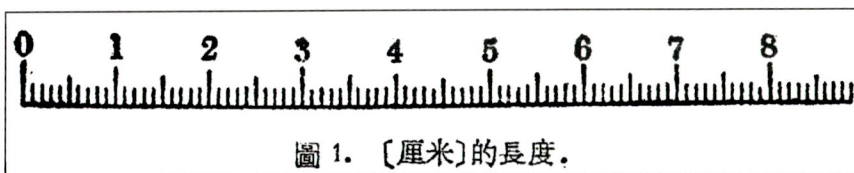

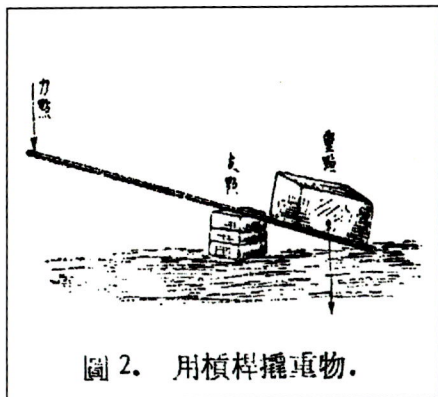

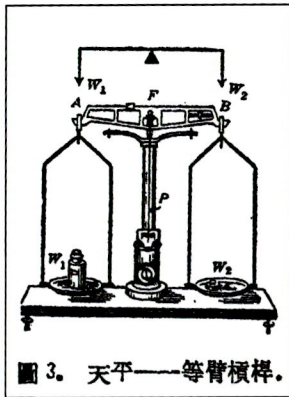

圖 1. 〔厘米〕的長度.

圖 2. 用槓桿擺重物.

圖 3. 天平——等臂槓桿.

圖 31. 水傳力於器壁. 圖 32. 水傳等力達於一切方向.

6-1-22

图6-1-22 《中国科学教科书 初中物理学》中的插图

2. 严济慈编著的《中国科学教科书 高中物理学》

严济慈，物理学家、教育家，是中国现代物理学研究工作的创始人之一，中国光学研究和光学仪器研制工作的奠基人之一，中国研究水晶压电效应第一人。

严济慈编著的《中国科学教科书 高中物理学》，1948年由中国科学图书仪器公司出版发行，如图6-1-23所示。本书分上、下两册，共87章494节，531幅插图，标题简明明确。本书从新中国成立之初一直沿用下来。

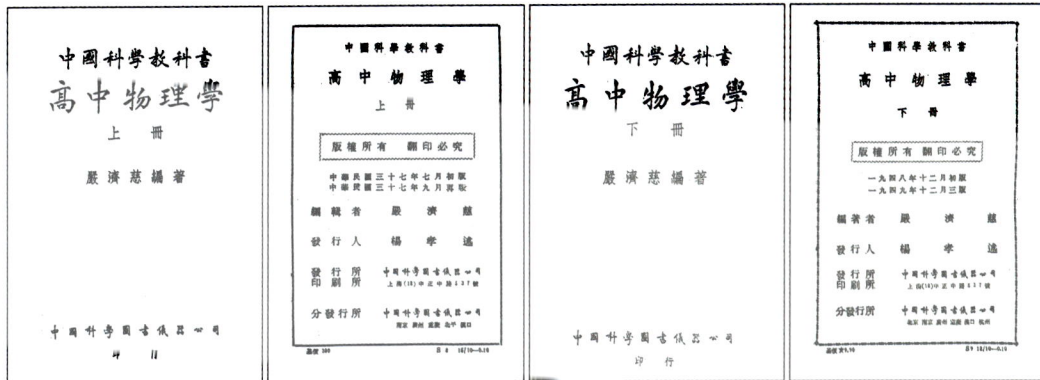

6-1-23

图6-1-23 《中国科学教科书 高中物理学》（上、下册）封面和版权页

本书之目的，在于增加知识，增长技能。从读者日常所见事实的实际经验出发，连贯说明，恳切平易，增加学习者学习科学的兴趣，养成其科学应用能力。比如第18节对"物质不灭"原理的叙述：

自然界中所见之任何现象，从未有并无物质存在，而能自行演出者；故现象之生，恒需凭借物质，且亦须由物质以显示之。有时见其变迁，如各种化学作用是；有时见其失踪，如盐之溶解，水之蒸发是。在一切类此之情形中，吾人咸能证明此不过物质外形之变迁，以致逃出吾人五官直接之察觉，其实，物质之本身，并未消灭也。积自古迄今人类之经验，知物质之组织，仅能变化至某项程度，而其本身永不消灭；同理，物质亦不能凭空创生；是为物质不灭原理（Principle of Conservation of Matter）。

本书中插图的作用与同期其他版本物理书籍作用类似，独特之处在于出现了彩色印刷的插图，如图6-1-24所示，鲜明地呈现了原子之结构、原子能的产生。

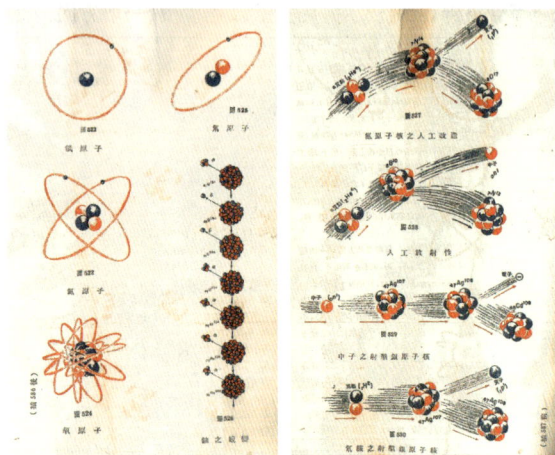

6-1-24

图6-1-24 《中国科学教科书 高中物理学》中的插图

本书每章末附有习题，题目用到的数据根据生活中实际情况，比如"一本书，长18厘米，宽12.5厘米，厚8厘米，共计1400页，重1140克。求纸之厚度及其密度"。书中所用物理名词，多从中国物理学会规定。

第二节
沦陷区的物理教科书（1937—1945）

1937年7月7日，日本发动卢沟桥事变，开始全面侵华，华北、华东、华中、华南等广大地区相继沦陷。1940年3月日本扶植汪精卫在南京成立伪国民政府，统治区域包括苏、浙、皖大部分地区，以及上海、南京两市和鄂、湘、豫、赣、鲁等省的小部分地区。在这些区域，汪伪政权大力实施奴化教育，其中对教科书的渗透、管理和控制，是其贯彻"和平、反共、建国"方针的重要手段。

一、汪伪政权的教科书审定政策

1938年3月1日，汪伪临时政权教育主管部门组成了教科书编审委员会。同年5月颁布《教科书审定规程》，9月颁布《修订教科书审定规程》，规定学校使用的教科书，需要经过汪伪政权教育主管部门审定，小学学校使用编审会编制的教科书。1939年1月，教科书编审会更名为"修正教育部直辖编审会"，简称"伪教育部编审会"，负责初等、中等教科书及印刷品的审查。

教科书审定标准包括：适合国情，适合时代性，适应汪伪政权的合法性，体现"中日亲善、建设东亚新秩序、复兴东方文化之精神"；内容充实，事理正确，切合适用；分量合适，深浅有度，条例分明，有相当的问题研究或举例说明，有相当的注释、插图、索引等。并对从前各大书局发行的教科书进行分别审查，给出适用、不适用、修改后适用等结论。

1940年汪伪政权建立后，为了"确立中日永久和平"，要"以善邻友好为教育方针"，开始恢复沦陷区的教育体系。其教育围绕反动的"和平、反共、建国"的教育方针，提倡科学教育，以扫除浮嚣空泛的学风。1941年12月太平洋战争爆发，其教育政策围绕"完成战争之使命"而制定。

在沦陷区，最初中小学无统一的教本，汪伪政权建立后，陆续出版了小学各科教科书，但中学版本迟迟没有发行，直到1944年出版了国文、公民、地理、历史、英语、日语六种教科书，其余课本采用审定制度。

二、新民印书馆出版的物理教科书

1938年，新民印书馆在北平开业，其是具有日伪色彩的一个出版部门，意在推行奴化教育，所以创立之初的主要业务就是印刷发行华北地区的教科书，同时出版了杂志《中和月刊》《艺文杂志》等。其在日军华北占领区的天津、济南、保定、太原等城市设有分馆，在北平北礼士路建有规模较大的印刷厂。1945年8月15日，抗日战争胜利，该馆关闭，其印刷厂被国民党的正中书局接收。

为汪伪政权服务的新民印书馆，因借鉴或使用日本印刷设备和技术，其教科书印刷比较精美，插图的色彩比较鲜艳。课文也注意采用浅显明白的语体文，流利生动，插图和标注也力求美化。

1. 新民印书馆出版的《初中物理》

由汪伪政权教育主管部门编审会编著的《初中物理》是依据国民政府1936年修正颁行的课程标准编写的，于1939年由新民印书馆出版发行，如图6-2-1所示。本书分上、下两册，上册包括绪论、水、空气、物质的弹性、运动和力、简单机械、热和温度及热量、膨胀、物态之变化、热的传播，下册包括声波和乐音、光的直进和反射、光的折射和色散、光学仪器、磁体、雷电、电流和电池、电流的效应、电磁感应及其应用。

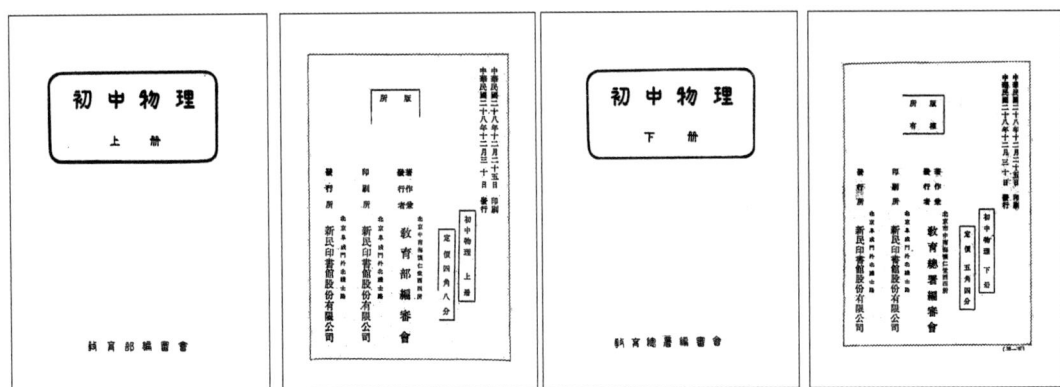

图6-2-1 《初中物理》（上、下册）封面和版权页

本书章节体例：每章首列有本章要旨，引起学习者研究的动机。比如"第一章　绪论"的本章要旨为"1. 说明物理学所研究的事项及其目的。2. 认识物理学上应用的单位和十进制的便利。3. 确定物质和力的概念。"每章末列有本章提要，以便学习者领悟书中的要点，得到一个整体的概念，比如第一章的本章提要为"1. 物理学是研究物性、运动、热、声、光、磁、电等现象的科学，其目的在启发认知，增进文化……4. 物质是构成物体的实质。物体占有空间的部分。物质的三态是气态、固态、液态……5. 凡推引一切物体的作用，统称为力……"。

本书以常识和生活为中心，后以实验说明学理，激发学习者研究自然界事物的兴趣，推导出系统性的重要原理，并养成生活上利用自然的习惯。

本书对重要原理和普通现象的说明，多采用浅显的文字，比如"表面张力"的定义"液面和紧张的橡皮膜一样，有收缩到最小面积的力，称为液体的表面张力"。

本书中的实验力求简单，且都是经过屡次实际验证确实可做的。如图6-2-2所示的金属的容积膨胀实验图：“图104，一铜球在平常温度恰能在环中通过；若将铜球加热，再置环中，就不能通过；待其冷却后，则又复通过。”

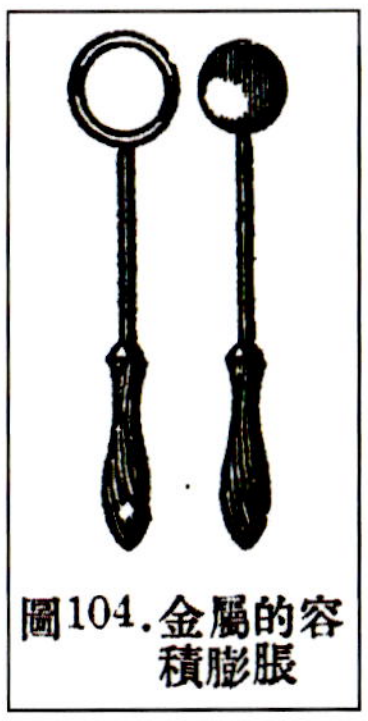

6-2-2

图6-2-2 《初中物理》中金属的容积膨胀实验插图

本书的习题部分，采用简单的问题，形式包括解释题和计算题，学习者可以自主求出答案，以得到思维的训练，更清楚明白原理和现象。

本书中插图丰富，帮助学习者领会原理现象，如图6-2-3所示的教材插图11“器壁所受的压力”，呈现液体压力的方向；教材插图19“自来水”，呈现应用连通器工作的自来水的原理图；教材插图20“阿基米德原理的实验证明”，呈现实验装置；还有彩色插图，呈现各种的光谱。本书注重物理学史的渗透，给出物理学家肖像图，并附注介绍其成就，增加学习者对物理学习的兴趣。

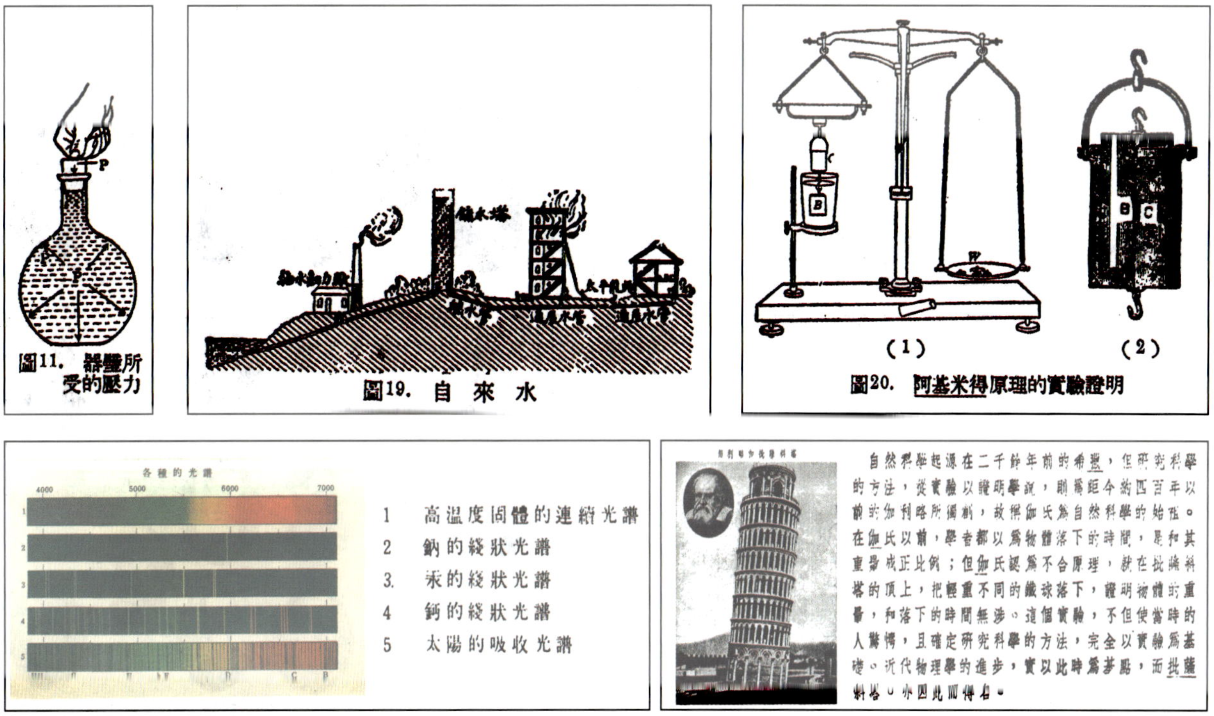

6-2-3

图6-2-3 《初中物理》中的插图

2. 新民印书馆出版的《高中物理》

由汪伪政权教育主管部门编审会编著的《高中物理》（全一册）于1940年由新民印书馆发行。全书包括绪论、物性论、力学、热学、声学、光学、磁电学七部分，共计322节、402幅插图。本书的封面和编写大意如图6-2-4所示。

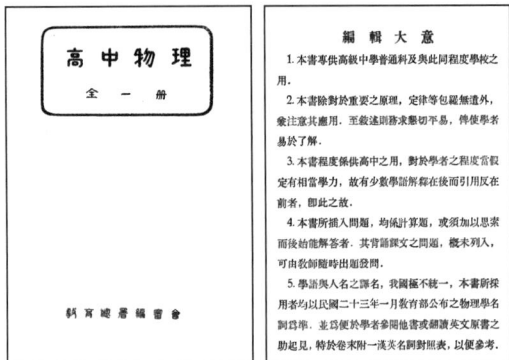

图6-2-4　《高中物理》封面和编辑大意

本书正文用语偏文言文，采用繁体字较多；注重物理学史知识介绍，如图6-2-5所示在正文前呈现了物理学发展历程中著名物理学家的肖像及小注，简述物理学家的生平和主要成就，同时介绍物理学发展脉络，增加学生对物理学的学习兴趣，对物理学家的敬仰。

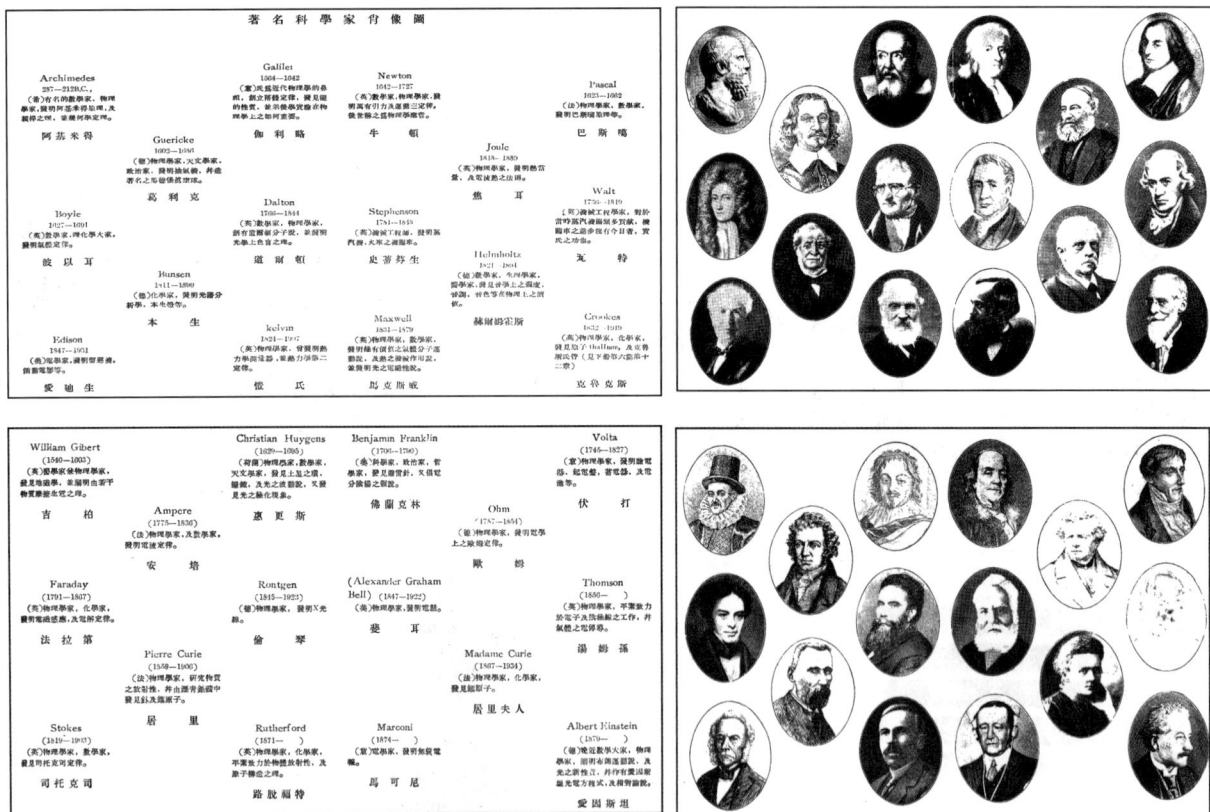

图6-2-5　《高中物理》中的物理学家肖像图及小注

本书在知识内容上较为前沿。比如，在绪论中介绍了物理学的研究对象，自然科学的学科分类，以及学习物理学的功用。在获取物理学知识方法的部分，提出学习物理学知识有学习他人之成果、进行思考推理和观察实验三种途径，区分了定量研究、定性研究方法等，如图6-2-6所示。

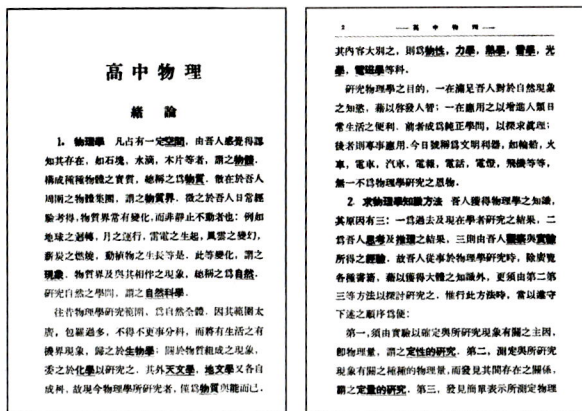

图6-2-6 《高中物理》绪论

此外，该版教科书的物理学原理透视图、实物图印刷精美，用以辅助理解物理学原理的效果比较明显。如历史上著名的马德堡半球实验，插图是直观图画，X光线装置图是透视机实物照片，同时配上脚穿皮鞋的透视图，用以介绍的这个技术在当时是比较先进的，如图6-2-7所示。在第六篇中编写了"量子论与原子之构造"，引介了普朗克"量子说"、爱因斯坦的"光量子假说"和"光电效应"等，如图6-2-8所示。在今天看来，其作为高中物理学教科书，内容也是比较前沿的。

图6-2-7 《高中物理》中的插图

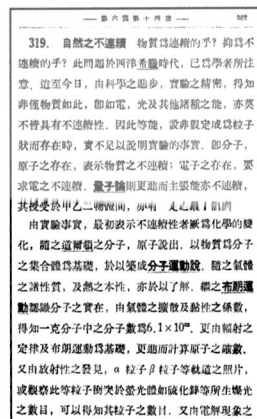

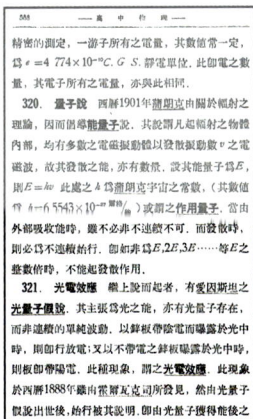

图6-2-8 《高中物理》中"量子说""光电效应"等内容

三、汪伪政权的"国定"物理教科书

在1940年6月汪伪政权"第一次全国教育行政会议"上，汪伪政权教育主管部门呼吁迅速编印"国定"教科书，并随后启动了"国定"教科书的编审工作。其中初中教科书于1940年10月底完成初稿，11月份陆续完成出版，由华中印书局、三通书局、新亚印书馆、中央导报发行所印刷发行。

伪《国定教科书　初中物理》的封面设计以学段为依据，初中有比较抽象的花边图案，封面显眼处印有"国定教科书"，署名为"教育部编审委员会"。其依照汪伪政权教育主管部门修订的初中物理课程标准编写，1942年、1943年由上海华中印书局出版发行，如图6-2-9所示。全书分成上、下两册，共13章内容，261个知识点，245幅插图。

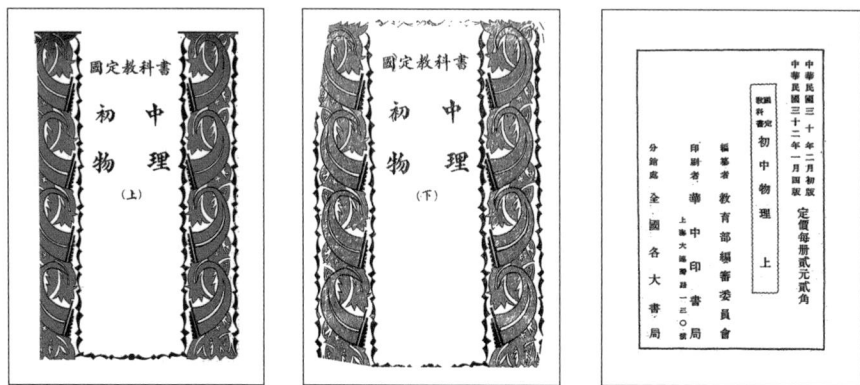

图6-2-9　伪《国定教科书　初中物理》封面和版权页

本书结构是封面、编辑大意、目录、正文、版权页，每一章下设单元，每个单元包含几节，章末有摘要、习题，这与同时代的教科书体例相同。教学时间为初中第三学年，每周3个小时。

本书的特色是在书本最后附录测验题190道，包括填空、选择、计算等题型，可以起到复习巩固知识的作用。

第三节
伪满洲国的物理教科书（1931—1945）

　　1931年9月18日，日本发动九一八事变侵占我国东北，并于1932年3月在长春建立伪满洲国，年号大同，1934年改年号为康德。从侵占东北三省直到1945年日本投降，日本对中国东北的殖民统治长达14年。在殖民统治期间，日伪当局对东北人民实施奴化教育，企图从思想上泯灭东北人民的民族意识和国家观念，其十分重视中小学教科书的编写，希望通过教科书对东北人民进行思想上的殖民渗透。

　　伪满洲国的教科书采用审定制度。根据在中国国家数字图书馆的检索，满洲图书株式会社在1944年发行了由松尾俊市、樱谷清太郎合著的伪教科书《（满语）物理》，其封面和版权页如图6-3-1所示。

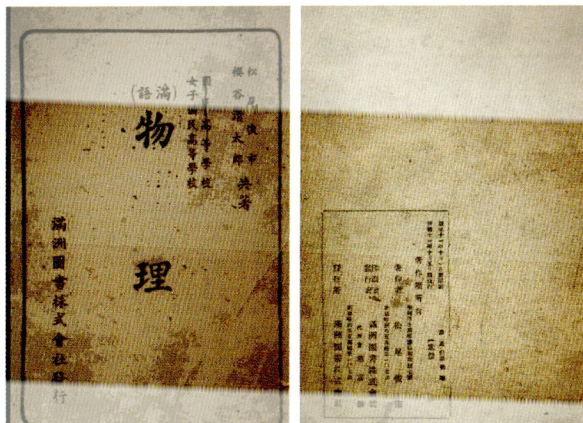

图6-3-1　伪教科书《（满语）物理》封面和版权页

　　满洲图书株式会社是伪满傀儡政权建立的出版发行企业，简称"满图"，1937年在长春开业。伪满傀儡政权的股份占79%，日本东京、大阪4家出版企业的股份占21%。日本人石川正作、驹越五贞先后任理事长，理事多为日本人。主要业务为出版、印刷、发行各类教科书和一般图书，旨在对中国人民灌输奴化思想。1939年在长春设立子公司——满洲图书配给株式会社，简称"满配"，实为"满图"的总发行机构。在哈尔滨、奉天（今沈阳）等16个城市设立营业所，在伪满境内各县城和大集镇设立400个贩卖所。1945年8月，日本投降，"满图"及其子公司"满配"倒闭。

伪教科书《（满语）物理》全书292页，包括绪论、物性、热学、力及运动、波动及音、光、磁气和电气、索引八个组成部分，其目录如图6-3-2所示。

图6-3-2　伪教科书《（满语）物理》目录

伪教科书《（满语）物理》中使用文字多为汉语和日文对照，甚至多处根本没有汉语直接冠以日文名称，该伪教科书中大量使用日文片假名已成为普遍现象，如图6-3-3所示。日本殖民者企图通过这种文字"嫁接"的方式，破坏中国语言文字的纯洁性，变相渗透，让学生逐渐习惯在学习中接触日文，最终达到通过语言同化来混淆国家观念的目的，进而达到用日语所代表的"大和文化精神"取代中华民族悠久文化思想、民族精神的目的，使东北人民彻底沦为日本殖民者的奴隶。

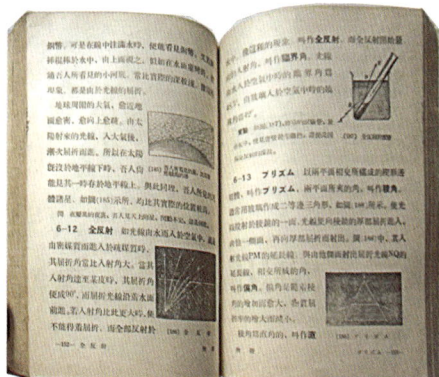

图6-3-3　伪教科书《（满语）物理》样章

第四节
中国共产党革命根据地的物理教科书（1927—1949）

1927年中国共产党建立了第一个革命根据地。革命根据地的教育显著区别于中国传统教育和国民党统治区域的教育，是以服务革命、服务生产劳动为主要任务的教育。在革命战争的不同时期，教科书作为根据地教育的重要组成部分，其编写经历了从小学教科书到中学教科书的过程。

一、中国革命根据地的教育概况

中国共产党领导下的革命根据地教育包括1927年至1937年土地革命时期根据地的教育、1937年至1945年全民族抗战时期抗日民主根据地的教育，以及1946年至1949年三年解放战争时期解放区的教育。

（一）土地革命时期根据地的教育

苏区教育是中国有史以来由无产阶级领导的第一次大规模的工农大众革命教育的成功实践，其初步建立了一套独具特色的教育体系。

1. 苏区教育发展历程

苏区的教育，是在"工农武装割据"的特定历史条件下产生的。它的发展，主要分为两个大的阶段。第一阶段是从1927年10月井冈山革命根据地建立至1931年11月中华苏维埃共和国临时中央政府在瑞金成立，这是苏区教育的初创阶段，这一阶段以红军教育为主，办学形式包括教导队、短期培训班等。第二个阶段是从中华苏维埃共和国临时中央政府成立到1934年10月红军被迫战略转移，这是苏区教育的大发展时期。

2. 苏区教育方针

1934年1月，毛泽东根据马列主义的教育学说，在第二次全国苏维埃代表大会上提出了文化教育的总方针，是"在于以共产主义的精神来教育广大的劳苦民众，在于使文化教育为革命战争与阶级斗争服务，在于使教育与劳动联系起来，在于使广大中国民众都成为享受文明幸福的人"。

3. 苏区教育体系

苏区教育的首要任务是干部教育，其次是以识字运动为中心的工农群众教育，最后是儿童教育。苏区儿童教育的目的是"训练参加苏维埃革命斗争的新后代，并在苏维埃革命斗争中训练将来共产主义的建设者"[1]。苏区建立了比较完善的教育网和较健全的小学教育制度，在极为艰难的情况下，培养了一代新人。

4. 苏区教科书编写概况

这一时期尚未编撰出版整套的学科教科书，仅编有"读本""常识""识字""游艺"等几类主要课本，如列宁小学的《国语读本》、低年级儿童的《红孩儿读本》等，以简明生动、具备韵律的语言向学生宣传该时期中国共产党的战时需要。教科书的编撰沿袭了中国共产党早期的文化宣传材料，更符合战争需要，更能激发战斗热情与共鸣，在文本内容和形式上体现出极大的原创性。

（二）全民族抗战时期根据地的教育

抗日民主根据地的教育，是新民主主义教育发展的另一个新阶段，也是最伟大、最生动和最活跃的一个阶段。

1. 抗战教育发展历程

中国共产党领导的人民武装除巩固陕甘宁边区外，深入敌后，陆续建立了晋察冀、晋冀鲁豫、晋绥、山东、华中、鄂豫皖、东江、琼崖等抗日民主根据地。为适应抗日救亡的需要，中国共产党根据十年苏区教育建设的经验在各个抗日民主根据地实施了"抗战教育"，从而把新民主主义的教育推向了蓬勃发展的新阶段。

2. 抗战教育方针

全民族抗战一开始，1937年8月，党在《中国共产党抗日救国十大纲领》中，就提出了"改变教育的旧制度、旧课程，实行以抗日救国为目标的新制度、新课程"。1938年又进一步提出抗战的教育政策，"第一，改订学制，废除不急需与不必要的课程，改变管理制度，以教授战争所必需之课程及发扬学生的学习积极性为原则。第二，创设并扩大各种干部学校，培养大批的抗日干部。第三，广泛发展民众教育，组织各种补习学校、识字运动、戏剧运动、歌咏运动、体育运动，创办敌前敌后各种地方通俗报纸，提高人民的民族文化水平与民族觉悟。第四，办理义务的小学教育，以民族精神教育新后代"。

3. 抗战时期干部培养——中学教育

抗日战争初期，中学的主要任务不是为高校输送毕业生，而是为根据地的建设和战争的需要培养干部并培训提高现有的地方干部水平。

---

[1] 毛礼瑞，沈灌群. 中国教育通史：第五卷［M］. 济南：山东教育出版社，1988：177.

（1）陕甘宁边区在抗日战争时期是党中央所在地，与敌后抗日民主根据地相比，处于相对和平的环境。陕甘宁边区1938年秋成立边区中学，收容学生200余人。课程设有政治、军事、国语、数学、历史、地理、自然、新文字、音乐、体育、美术等。因此，在陕甘宁边区中等教育发展中也曾出现过旧型正规化的倾向，这比较集中地表现在1942年修订的边区中学师范两个暂行规程草案中。草案规定中学学制为初中三年、高中三年，师范学校为初级三年、高级二年。并规定了相应的偏重文化学习的课程。这种恢复战前中学和师范学校学制与课程的做法，严重偏离了陕甘宁边区的实际情况和要求，党的整风运动和1943年召开的边区中等教育会议纠正了这种倾向。边区政府提出改善中等教育，使之适合边区建设的需要，"确定各中学、师范学校担负提高现任干部与培养未来干部的双重任务，一方面接受小学毕业生，一方面接受现任区乡干部、小学教师及其他工作干部分别教育之"。这样边区中等学校的干校性质被明确地规定下来。课程设量主要根据形势和各地情况来决定，要求精简、集中、密切联系根据地的建设实际。比如1944年初中共西北局宣传部和边区教育厅拟定的中等学校课程设置，在课程内容上，数学、国文、史地、自然等文化课占三分之二，政治理论和生产技能课占三分之一。[1]

（2）1940年秋季，晋察冀根据地华北联合大学的师范部改为教育学院，内设教育系和中学班。次年三月又抽调学员中年龄较小，具有初、高中文化水平的和来自平津等城市的学生，成立了中学部，设有初中班和高中班。课程设置与联大各系科要求不同，多是普通文化课，如国文、数学、物理、化学、历史、地理、生物、外语等。目的显然是在"做较长时间和较正规的科学文化培养"。

（3）其他抗日根据地也和晋察冀根据地一样，在根据地开辟之初，为解决最急需的干部问题，首先开办各种短期训练班。在民主政权比较稳固之后，即着手恢复和发展小学教育，稍后则尽力恢复创办师范学校和中学。根据地中学既要包括普通中学的特点，重视语文、算术等文化课的学习，更要急抗战之所需，设置政治、军事、群众工作及根据地政策等课程。

4 中学教科书使用情况

在教材方面，数、理、化、生物、英文等科目大都是采用国民党统治区的旧课本。语文课除一部分采用旧制中学的教材外，大多数是毛泽东的著作和报纸上的文章。史地和政治课的内容是讲革命史与解放区的地理形势、减租减息、清算斗争和抗日的形势和任务等。1942年后，陕甘宁根据地除修改上一阶段编的《中级国文》外，新编了《中等国文》（如图6-4-1所示），晋察冀根据地新编了《中等国语》，山东根据地新编了《国语读本》，这一时期的教科书确立了与根据地实际相结合的特征。

---

[1] 毛礼瑞，沈灌群. 中国教育通史：第五卷［M］. 济南：山东教育出版社，1988：206-211.

6—4—1

图6—4—1　《中等国文》（共两册）封面和第二册扉页

（三）解放战争时期的教育

在解放战争时期，中国共产党除了巩固和发展老解放区的教育以外，对广大的新解放区的学校教育工作也进行了恢复、发展和改造，为夺取全国政权、建立新中国有计划地培养了大批人才。

1. 巩固区教育任务

巩固区包括革命老根据地（老区）和全民族抗日战争胜利后及解放战争初解放的地区（半老区）。在解放军开始反攻后，这些地区大部分已完成了土地改革，无论是在政治上还是经济上都有较稳固的基础，是解放战争的后方。解放战争所需的人力、物力主要是靠老区和半老区的支援，这就决定了老区和半老区的教育必须为战争服务，其中干部教育在首要地位。同时，老区和半老区还及时地总结了战争初期教育工作的经验教训，整顿发展了中学教育和小学教育。

2. 主要解放区干部培训——中学教育

晋冀鲁豫解放区有各类干校30余所，中等学校50所；山东解放区在1946年有中等学校40余所；苏皖解放区在1946年初有普通中学68所。陕甘宁边区在1948年有中学、师范学校27所。至1948年8月止，东北地区共有中学145所，其中不少都办有地方干部训练班。这些学校为东北的建设和百万大军进关作战，输送了大批干部，有力地支援了平津战役和整个解放战争。

3. 干部教育向普通教育的转变

全民族抗日战争胜利后至解放战争初期，老区和半老区的中小学教育曾得到迅速地恢复和发展，并能紧密地为解放战争服务，为土地改革服务。如1948年1月东北解放区发布了《关于知识分子的决定》，2月又发布了《关于中等教育的招示》，重申了党对知识分子一贯争取、教育和改造的政策。同年8月，东北解放区中学发展为145所，较1947年增加38%，学生61898人，增加了54.4%。1949年7月，山东解放区有中学107所。1948年秋季，东北与华北大部分地区获得解放，山东和其他解放区也获得迅速恢复和发展。新的形势要求在教育方面，既要考虑到解放战争继续发展中对各种干部的迫切需要，也要考虑到新中国成立以后大规模的经济恢复和建设所需要的干部。经济恢复和建设所需要的干部不仅要有无产阶级的政治觉悟，而且必须掌握一定程度的科学知识和技能。于是学校教育正规化的问题又提到日程上来，首先涉及中等学校，因为它既直接担负着大量培养一般建设干部的任务，也要为高等学校提供学生来源。1948年8月12日至30日，东北行政委员会召开第三次教育会议；8月20日至9月5日，华北解放区召开了中等教育会议；9月3日至21日，山东也召开了第三次全省教育会议，都重点讨论了中等学校教育的正规化问题。东北解放区在第三次教育会议的总结中指出，在课程方面加大文化课的比重，中学文化课占90%，政治课占10%。

4. 中学教科书的编撰情况

1946年到1949年期间，中学课本的编撰取得很大进展。中等教育各学科课本逐步完成，基本解决了中等教育课本供应问题。同时，随着中等教育由干部教育性质转型至普通教育，中等学校课本也逐步学科化，改变了内容杂乱的现象。该时期中学课本编撰逐步规范，出版了几套中学课本，以国文、历史等文科学科为主，物理教科书较少，仅见到东北、华东、华北解放区在翻译或者在旧中学物理教科书版本基础上修订的物理临时教材，这是中国革命根据地教育行政部门第一次编撰中学物理教科书。

二、革命根据地的物理教科书编写

（一）东北解放区的物理教材

1946年8月，东北的解放区成立了东北行政委员会，陆续编写了一些物理教材。

1. 六一部队编委会翻译的《高中临时教材 物理学》

由六一部队编委会翻译、东北书店（1949年7月改名为东北新华书店）1949年发行的《高中临时教材 物理学》（如图6-4-2所示），翻译自苏联法利耶夫和皮尔斯基合著的物理教科书。全书分上、下两册，上册包括绪论、力学、热学三篇，276页，插图231幅；下册包括电学、光学两篇，259页，插图208幅。

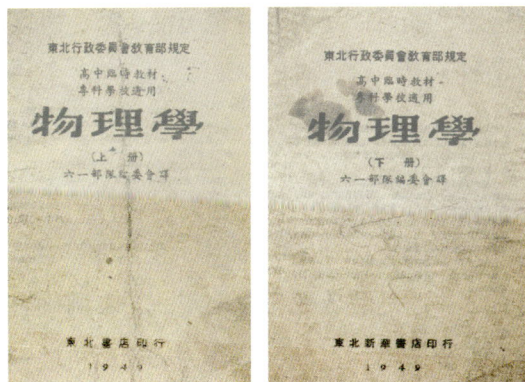

6-4-2

图6-4-2 《高中临时教材 物理学》（上、下册）封面

本书特点在于不仅让学生具备认识自然、改造自然的精神，具备运用各种实验的结果、得出并说明各种科学原理的能力，同时使学生可以运用各种科学原理对日常各种自然现象作出科学的解释，并反过来启发指导学生改造自然，内容生动实用。

教材的另一特色是将理论与实验课合并在一本教材上，比如力学这一章，在学习了观察与实验、量法、长度量法、刻度尺、软尺、长度量法中的误差等6节理论知识后，第7节就是实验室实验：量细铁丝的直径。陈述结构包括实验目的、实验材料、实验步骤，部分实验还有习题，可以巩固所学实验知识，启迪思考。

2. 戴运轨编著的《初中临时教材 物理》

东北行政委员会审定的中学物理教材，除编译苏联物理教科书外，还选用国统区较为适合的物理教材，比如以戴运轨1932年编的《开明物理学教本》为蓝本，在课本封面上注明"东北行政委员会教育部规定""初中临时教材"字样作为初中物理教材，由东北书店印行，封底标有镰刀、斧头、齿轮、步枪等明显的新民主主义革命的标志，如图6-4-3所示。

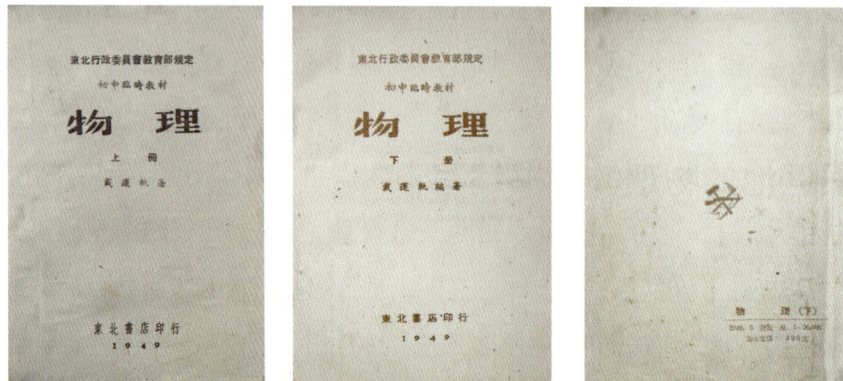

图6-4-3　《初中临时教材 物理》（上、下册）封面和封底

该教材与戴运轨编的《开明物理学教本》内容完全相同，在封面后增加了前言，并在前言部分特别强调由于教材的临时性，各学校可根据具体情况灵活运用，如可以对内容分量灵活调整，可以增加或减少。该教材还强调教师教学不要被课本拘束，要因地制宜，活用课本。

（二）华东解放区的物理教材——江云清编著的《实用物理》

经山东省政府教育厅审定的初级中学适用临时课本《实用物理》，由江云清编著，1949年8月由华东新华书店出版，上海联合出版社印行，如图6-4-4所示。这是解放战争时期唯一一本明确署名编著者的新编初中物理教材。全书包括绪论、压力、浮力、分子力、运动、分合力、简单机械、热、声、光的现象、光学器械、磁电现象、电的应用等13章，共181页，210幅插图。

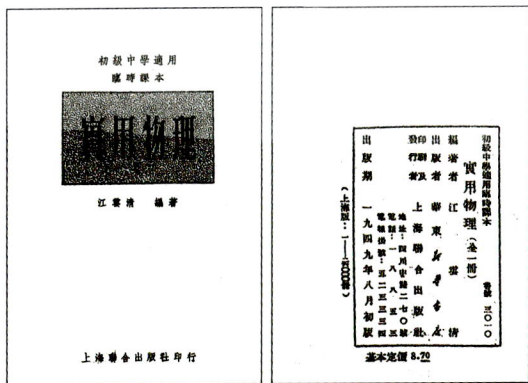

图6-4-4 《实用物理》（上海版）封面和版权页

本书作为中学临时课本，同时还是青年的自学读物。具有如下特点：

第一，编写架构：本书的体例是章、节，章末有"研究和做"的问题。

（1）每一节由主标题和副标题两级标题组成，如第二章第一节"挑水的经验"，副标题为"压力的意义"。

（2）每一节的叙述从常见的现象出发，或从常用的器械入手，或以经历的叙述作为先导，或以简易的实验来开端，加以研究讨论，得出原理和定律，再叙述其应用，力求学用能一致。比如"挑水的经验"一节，从"挑水的时候，要费些力气，这是因为水担子有重量的缘故，但水担子的重量从何处产生呢？"从水担子问题导入课题，通过讨论水担子的重量来源，接下来分析相同重量但宽窄不同的担子，压肩膀感觉不同。用配图来辅助说明，然后通过计算比较、讨论，给出压力的概念为"每一单位面积上受到的力量而言的"，如图6-4-5所示。文字力求通俗，插图多而鲜明，并有详细注释，使学习者明了研究的途径，产生学习的兴趣。

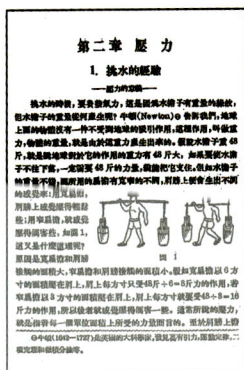

图6-4-5 《实用物理》中关于"挑水的经验"的内容

（3）在每章或每节后，附有"研究和做"的问题，这些问题大都是日常遇到的，或者和实用相关的，使学者养成学用一致的习惯，如图6-4-6所示。关于"做的问题"，学者要把所用的东西，做的原理方法和结果等，做成详细的报告，奠定日后做专门研究的基础。如第五章第一节的"研究和做"部分有14个问题如下：

1. 自来水笔不下水时，为什么将笔挥动而急停，水即流出？

2. 斧头和斧柄松动时，为什么将斧柄在地上下击，斧头能嵌入？

3. 手拍衣服，为什么能除去灰尘？

……

14. 设想一下，假若地心引力骤停，则地球上的东西将如何？

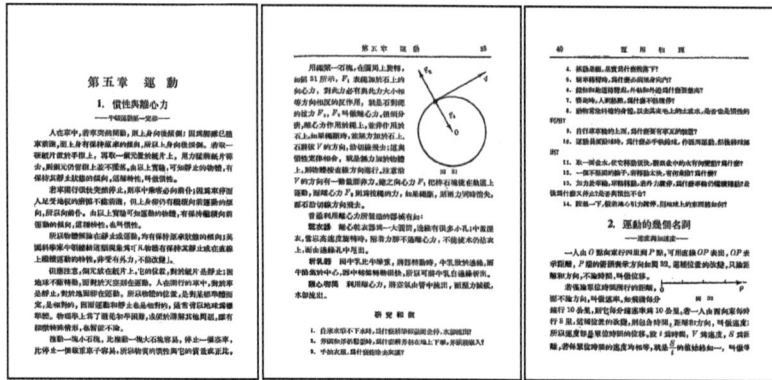

图6-4-6 《实用物理》样章

第二，教材内容以实用为主，着重于日常现象的解释和应用器械的说明，如水担子、水桶、秤、脚踏车、风车等；其他新颖的理论和新的器械，如发电机、电报、感生电流等，也搜罗在内，以增加学习者的新知。

第三，增加革命宣传内容。根据革命将在全国取得胜利、面临建设新中国的实际情况，结合物理学研究的方法，在绪论中增加第二节"为什么要学习物理学？——为建设新中国而学习""怎样学习物理学？——理论和实践的一致"两部分内容，如图6-4-7所示，让学生在学习物理知识的同时，明确个人学习与建设国家的关系。

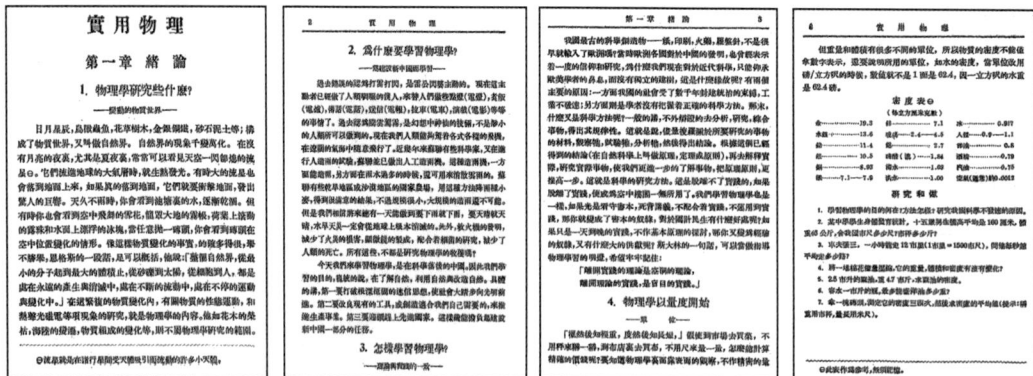

图6-4-7 《实用物理》绪论

（1）"为建设新中国而学习"。在绪论第二节中通过研究物理学的收获和近年苏联的科学成就，说明在科学落后的中国学习物理学的目的是"了解自然，利用自然，改造自然。具体地讲，第一要打破根深蒂固的迷信思想，使社会大踏步向光明前进。第二要改良现有的工具，或创造适合我们自己需要的，来推进生产事业。第三要迎头赶上先进国家"。

（2）"理论与实践一致"。在绪论第三节中阐述中国古代科技辉煌而近代科技落后的事实，并归纳原因："一方面我国的社会受数千年封建统治的束缚，工业不发达；另一方面则是学习者没有把握科学正确的研究方法。"科学的研究方法是"尽量搜罗关于所要研究的事物的材料，观察它、试验它、分析它，然后得出结论。根据这个已经得到的结论（在自然科学上叫做原理、定理或原则），再去解释实际，研究实际事物，使我们更进一步了解事物，把原理原则，更推高一步。这就是科学的研究方法"。绪论中还以斯大林的一句话"离开实践的理论是空洞的理论，离开理论的实践是盲目的实践"作为物理学习的明灯。

（三）华北解放区的物理教材——《初中物理学》

经华北人民政府教育部审定、由华北新华书店出版并发行的《初中物理学》，于1949年3月出版，如图6-4-8所示。全书包括目录、正文、附录译词对照表三部分，共180页。正文包括物性、车和船、秤、声音、热、太阳和光、磁铁、雷电、电流、结论10章内容，211个小节。

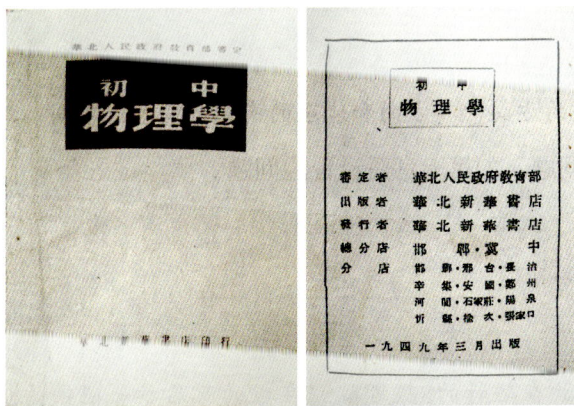

图6-4-8 《初中物理学》封面和版权页

本书具有如下特点：

第一，编写架构。本书的体例是章、节、摘要及问题四部分。

（1）章标题采用楷体四号字，如第一章标题"第一章物性"。节标题采用阿拉伯数字排序，以黑体中括号括注节标题，如第一章第一节"1.【水】"。如图6-4-9所示。

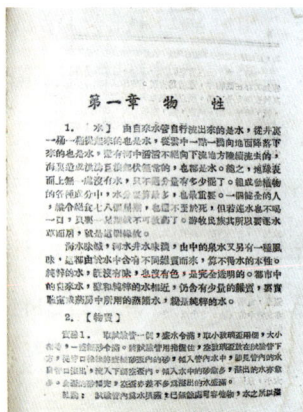

图6-4-9 《初中物理学》样章

（2）本书的内容采用生活中的例子、现象、实验等引入课题，最后归纳得出结论。如第1节"水"，从自然水、井水、降水、河流中的水、海里的水等导入。归纳出水的性质"纯粹的水，既没有味，也没有色，是完全透明的"。

（3）每章内容最后的摘要部分，简要叙述本章中涉及的主要知识点。如第七章"磁铁"由"161 磁铁矿""162 磁铁""163 磁针""164 磁力线""165 磁的分子说""166 地磁"和"167 罗盘"七节组成。

摘要：

1. 磁极是磁铁上磁性最强的两点，在磁铁的两端。

2. 磁针静止时，其两极恒取一定的方向，向北的名为指北极，或作北极，或作N极。

……

7. 磁针在地面上静止时所指的方向，即地磁的方向，其方向和地理的南北方向各有不同。

（4）在每一章的后面对应设置巩固本章知识的问题，如第七章后设置的问题：

1. 如何可以检出一段铁是磁铁还是铁？

2. 两块磁铁，孰强孰弱，如何知道？

……

7. 试将（a）一块纸板，（b）一块铁板，放在磁针的S极近端，在板的背后放一磁铁的S极，则S极的情形如何？

第二，插图辅助教学。全书共有插图169幅，统一编号，并且标有图注及标签。采用黑板印刷，有的展示物理现象、物理原理、实验仪器等，如图6-4-10所示，教材插图169"X线所投的影"、插图167"阴极线的弯曲"等物理现象，插图1a"液体内的压力"、插图4"自来水"的原理等，可以帮助学习者理解物理现象，增加对物理学习的兴趣。

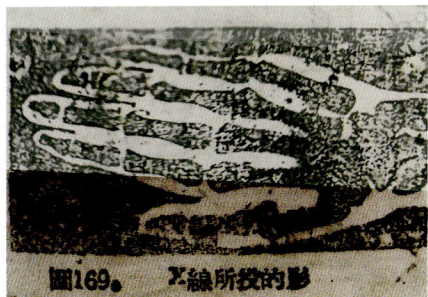 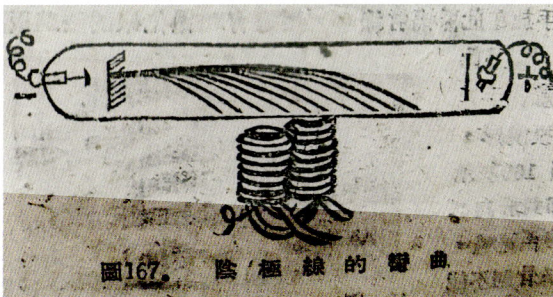

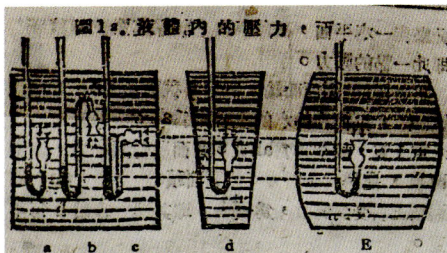 

6-4-10

图6-4-10 《初中物理学》中的插图

第三，实验促进学生理解。全书共有实验135个，统一编号。实验采用实验操作、实验结论的方式呈现，其中必要的实验还配有实验装置或实验现象图辅助学习者理解。如教材实验1的叙述：

实验1. 取试管一个，盛水令满，取小玻璃杯两个，大小相等，一盛细沙令满。将试验管用指撮住，空玻璃杯放在试验管下方，从管口将盛细沙杯内的沙，倾入管内水中，即见管内的水自管口溢出，流入下面空杯内。倾入水中的沙越多，溢出的水越多。全杯的沙倾完，空杯亦差不多为溢出的水盛满。

结论：试管内为水填满，已无余处可容他物，水之所以溢出，正为腾出空处收容细沙所致，故溢出的水容积大致与沙相等。

第四节　中国共产党革命根据地的物理教科书（1927—1949）

后　记

"小课本，大启蒙，大学问，大政治"，在石鸥先生的顶层设计和学术思想指导下，我们开始编撰本书。我们仿佛踏上了中国近代新式教育的探索之路。物理教科书承载着"教育救国、科学救国"的历史使命和时代责任。晚清新式学堂的兴起，为西方物理学知识的系统引入开辟了教育路径。民国时期，现代物理教育体系逐步建立。随着教育改革的不断深化，基于课程标准的中学物理教科书体系开始形成。百年物理教科书的演变历程，不仅映射出我国近代科学发展的艰辛与不易，更见证了中华民族追求现代化、追求科学真理的坚定信念与不懈努力。

历史的回响与启示

19世纪中叶，西方列强的入侵迫使中国打开国门，西方科学文化知识开始涌入这片古老的土地。最初的物理教科书多为翻译作品，语言比较晦涩，插图比较稀少，但它们的出现却如同一道曙光，为渴望新知的中国青年学子打开了通往科学世界的大门。这些书籍不仅传播了基本的物理知识，更在国人心中播下了科学思想的种子，激发了他们对科学的浓厚兴趣和对技术进步的无限向往。

进入20世纪，特别是辛亥革命之后，随着民主共和观念深入人心和教育改革的不断推进，中学物理教科书的内容日益丰富，图文并茂的教科书逐渐成为主流。这一时期，教科书开始注重理论与实践的紧密结合，通过实验图示、生活实例等方式，将抽象的物理概念变得生动具体、易于理解。这不仅极大地提升了教学质量，而且有益于学生科学思维的培养和创新能力的提升。

然而，回顾这段历史，我们不能不正视其中的曲折与挑战。战乱频仍、经济动荡、教育资源匮乏等问题，严重制约了教育事业的发展和进步。尽管如此，一代又一代的教育先驱们以坚韧不拔的精神，不断探索适合中国国情的物理教育模式，为后世留下了宝贵的精神财富和丰富的教育经验。

图文并茂的教育意义

图文并茂的教科书不仅是知识传递的重要媒介，更是文化传承的生动载体。图像能够直观展示物理现象，帮助学生跨越语言障碍，快速理解复杂原理；而文字则提供了深入思考和理论阐述的广阔空间。二者相辅相成，相得益彰，极大地丰富了学生的学习体验，提升了他们的学习效果。在这一过程中，中国学者逐渐形成了自己独特的教材编写风格，既借鉴国际先进经验，又不失本土特色，体现了文化自信与教育创新的深度融合。

展望未来

站在历史的新起点，回顾1840年至1949年间中国物理教科书的发展历程，我们深刻体会到了教育对于国家发展、民族复兴的重要性。当前，随着信息技术的飞速发展，数字化、智能化已成为教科书发展的新方向和新趋势。未来的物理教科书，或将以更加多元、互动、智能的形式呈现，但无论形式如何变化，其使命始终是坚持正确的政治方向，弘扬中华民族的优良传统，落实教育改革，培根铸魂、启智增慧，培养德智体美劳全面发展的社会主义建设者和接班人。

我们期待，通过对物理教科书发展历程的回顾与反思，能够激励更多的学子学习物理、研究物理，成为物理科技工作者。期待更多的教育工作者投身于物理教科书研究与改革创新之中，为培养适应新时代要求的科技人才，为推动中国乃至世界的科技进步贡献智慧和力量。让我们携手前行，在继承中创新，在创新中发展，共同书写物理教育更加辉煌的篇章，为人类的文明进步和繁荣发展作山更大的贡献。

2024年8月10日 于山东

（赵长林，德州学院院长、教授；李玉峰，聊城大学教育科学学院副教授）